EL PADRE VARELA

BIOGRAFIA DEL FORJADOR
DE LA CONCIENCIA CUBANA

*PREMIO EMILIO BACARDI MOREAU, 1948
*PREMIO MEJOR BIOGRAFIA,
 DIRECCION DE CULTURA,
 MINISTERIO EDUCACION. CUBA, 1949.

COLECCION CUBA Y SUS JUECES

EDICIONES UNIVERSAL. Miami. Florida, 1984

ANTONIO HERNANDEZ TRAVIESO

EL PADRE VARELA

BIOGRAFIA DEL FORJADOR
DE LA CONCIENCIA CUBANA

EDICIONES UNIVERSAL

**P.O. Box 450353 (Shenandoah Station)
Miami, Florida 33145. U.S.A.**

© Copyright 1984 by Antonio Hernández Travieso

Library of Congress Catalog Card No.: 51-21483

I.S.B.N.: 0-89729-347-9

—Primera edición, Cuba, 1949 por Jesús Montero, Editor.
 Biblioteca de Historia, Filosofía y Sociología #28.

—Segunda edición, Ediciones Universal, Miami, USA. 1984.

OBRAS DEL MISMO AUTOR

Varela y la reforma filosófica en Cuba.
  Jesús Montero, Editor.
  La Habana, 1942.
  Library of Congress Card # 44-45493
          . . . .

La personalidad de José Ignacio Rodríguez.
  Revista Universidad de La Habana, 1946.

          . . . .

Bartolomé de las Casas, pensador político, historiador y antropólogo.
  Por Lewis Hanke, La Habana, 1949.
  Versión española de Antonio Hernández Travieso.
  Library of Congress Card # 50-27844
          . . . .

Obras en preparación o próximas a publicar:

La emigración de 1868, y otros relatos cubanos del siglo XIX.
          . . . .

Aproximación a la filosofía.
  (Un texto introductorio).
          . . . .

Treinta años atrás.
  (Crónicas y artículos periodísticos
    premonitorios de la crisis cubana).

RECONOCIMIENTO:

Herminio Portell Vilá
Henry Allen Moe +
Fernando Ortiz +

A mis muertos queridos

AL LECTOR

La nueva aparición de la biografía del Presbítero Félix Varela responde al beneplácito crítico con que fue acogida en 1949, al extremo de haber sido considerada entre las veinticinco mejores obras escritas sobre Historia cubana.

También esta segunda edición nos brinda oportunidad para reiterar nuestro punto de vista de que los restos del Padre Varela se extraviaron o perdieron definitivamente, pese a la opinión en contra de una Comisión universitaria, integrada en La Habana en 1954, y donde su más caracterizado experto científico, el doctor Israel Castellanos, Jefe a la sazón del Gabinete Nacional de Identificación, excusó su participación directa con los trabajos de la susodicha Comisión.

En aquel momento dejamos expresadas nuestras conclusiones, sostenidas en el contexto de la biografía, en un artículo publicado en el periódico El Mundo, de La Habana (¡Ojalá sean los restos de Varela!, El Mundo, La Habana, 13 de noviembre de 1954), donde pospusimos toda inclinación sentimental al rigor científico que debe presidir cualquier investigación histórica. Sobre todo, cuando pocos días antes de que la Comisión universitaria iniciara sus labores, un miembro de la misma me expresara en conversación privada, que 'la Universidad no podía permitir que aquellos no fueran los restos de Varela'.

Varela—que es sin duda el primer héroe civil de Cuba—no necesita ante el criterio histórico, de que sus restos reposen aquí o allá. Lo que hace inmortal a Varela es su obra visionaria de estadista, antiesclavista y pensador, y su inmensa labor de patriota cubano, teólogo y predicador católico en los Estados Unidos. La desaparición de sus restos es un episodio más de la irrespetuosidad de los azarosos tiempos que le tocó vivir en una sociedad insensible y a medio organizar, tal como trasciende del contenido de esta obra.

De igual modo lamentamos que no se haya reparado en la prolífica obra teológica de Varela en lengua inglesa. En especial su famosísima polémica sobre las distintas versiones de las Sagradas Escrituras publicadas en lenguas extranjeras por la Sociedad Bíblica de los Estados Unidos y sus discrepancias sobre el movimiento abstemio, de neta inspiración protestante, y que llegó a infiltrarse y dominar el criterio católico norteamericano sobre tan delicada cuestión doctrinal. Estos trabajos, de emprenderse por teólogos e historiadores habrían de compensar con creces la labor consagrada a ellos. Tal vez, esta nueva edición de la biografía de Varela estimule a tan digna tarea de erudición. No hay que olvidar que en el pasado, pese a la obra notoria de muchos iberoamericanos, dentro y fuera de los Estados Unidos, sus obras pasaron inadvertidas o apenas hurgadas. Hoy, con el cambio de los tiempos, los estudios iberoamericanos se han expandido por todo el universo culto, y en las lides del pensamiento, nuestros mejores hombres se equiparan a sus pariguales del resto del mundo civilizado. Es por eso que no perdemos las esperanzas que esta nueva edición de la biografía de Félix Varela contribuya, hoy más que antes, a esparcir y dar a conocer la simiente de los tan diversos talentos de nuestro héroe, al ser más leída y comprendida su obra y tener a su disposición los especialistas el mismo y bien nutrido documental en que nos hemos basado para describir la aventura vital de Félix Varela, 'El primero—y tratemos de parafrasear a su discípulo Luz y Caballero—*que trató de enseñarnos* a pensar'.

Oleo que se conserva en la Oficina del Historiador de la Ciudad de la Habana. La firma es de 1837.

I

COMIENZA LA BIOGRAFIA

Don Francisco Varela o Barela, según fuesen arbitrarios en ortografía los amanuenses, o imprecisos los cambios consonarios de la lengua, era oriundo de una villa castellana con resonancias históricas en tiempos de Carlos V, Tordesillas. Abrazó carrera de armas por vocación y destino aventurero, y a su vida casi ignota, tocó dar aliento a Félix por itinerario semejante al polen que arrastran los vientos. Señalado a servir en la Isla de Cuba, hizo buen matrimonio con María Josefa Morales, la hija del Teniente Coronel del Regimiento fijo de La Habana, don Bartolomé Morales.

Al momento de su matrimonio, ostentaba grado de Teniente en los Ejércitos de S. M. Católica, había surcado las rutas oceánicas y realizado destinos diferentes para su rey con merecimientos y citas honrosas. A veces como pagador de las milicias, a veces encargado de acarrear material humano, colonizador hacia la Gran Antilla, nos lo topamos por Islas Canarias en los instantes que don Luis de las Casas deseaba incrementar la agricultura cubana, no sólo con negros forzudos, sino con los mejores trabajadores de campo de la monarquía. Pero don Luis, que también deseaba robustecer con canarios la blancura criolla, se estrelló en su intento con las eventualidades típicas de su agitado y brillante momento universal. Es de esperar que esta vez don Francisco Varela o Barela no sacase otros merecimientos y honras de su misión a Islas Canarias que penalidades y mareos de viaje.

Francisco Varela y María Josefa Morales se desposaron en la Iglesia del Espíritu Santo de La Habana en la primavera de 1783. María Josefa no era habanera, había nacido en Santiago de Cuba. Entre la fecha del matrimonio y aquella en que vió la luz Félix, nacieron sus hermanas María de Jesús y Cristina. Es posible que cuando Félix no contase más que dos o tres años de edad, muriese su madre. Don Francisco no encontró entonces mejor consuelo a la pérdida irreparable de su mujer que sustituirla y se casó por segunda vez. De la nueva unión se conoce otro descendiente, Manuel, del que se afirma que fué próspero comerciante y muy viajero. Este casó a su vez con una descendiente de irlandeses, Carlota Guillermo, cuyo apellido original sería Williams, y su progenitor, uno de los pocos inmigrantes de dicho origen que vinieron a Cuba a principios del siglo XIX. Respecto a María de Jesús se ha pensado que abrazara la vida religiosa, pero es falso. De las cartas que su hermano le dirige parece deducirse que también contrajo nupcias y hasta tuvo prole, por la cual Félix se preocupa tanto como por la de Manuel y Carlota, uno de cuyos hijos bautizara por poder desde el exilio. En cuanto a Cristina, es probable que muriese sobre 1845, pero nada consta al efecto. (*)

Por su parte, doña María Josefa Morales constituye la biografía común de una mujer confinada en la vida sin huella de una colonia española de fines del setecientos. Nacida para buscar seguridad en el mundo bajo la protección masculina o entre las murallas de un convento, muere tan calladamente que no ofrece tiempo a señalar en ella otro acaecimiento notable que haber dado vida, y muy pronto abandonado, huérfano, a nuestro protagonista.

Desde el momento de su orfandad, Félix fué el mundo de cuatro mujeres, sus dos también tiernas hermanas y sus tías Rita y María Morales. Esta última fué monja de carmelitas, y Rita su madrina de bautizo. Por ellas sintió Varela proclividades de hijo, ellas por él temblores de madre. Cuando le ordenaron presbítero fué para su tía monja que brindara la primera misa. Y por las hembras de su familia afirmó extemporáneamente, que uno de los atrasos de la sociedad provenía de la preocupación de excluir a las mujeres del estudio de las ciencias, o a lo menos de no poner mucho empeño en

---

(*) Son muy escasos los testimonios que obran sobre la familia de Varela. Aun esta segunda hermana puede que sea tan convencional como su propio nombre. Todavía en 1911, cuando se trasladan los presuntos restos de Varela a La Habana (V, Cap. XVIII), se suscitó una enconada polémica entre los posibles descendientes de nuestro héroe. La rama materna de Varela negó rotundamente la existencia de tales por rama paterna, a pesar de que doña Belén Capetillo y Peralta, alegara ser nieta de don Manuel Varela y doña Carlota Guillermo. Según la señora Capetillo, sus abuelos tuvieron cuatro hijos, un varón y tres hembras. De éstas, Francisca Varela y Guillermo casó con Camilo Peralta y Moreno, cuya hija Camila fué la madre de la señora Capetillo.

ello, contentándose con lo que privadamente, por curiosidad, pudieran aprender; siendo así que el primer maestro del hombre era su madre, y que esto influía considerablemente en el resto de su educación.

Parece que hermanas y tías supieron algo más que llenar sus vidas con quehaceres domésticos y devociones religiosas, lo que halaga sus existencias y bastante la historia cubana. El patriarca de nuestras letras, don Antonio Bachiller y Morales, en las vísperas de la Guerra de los Diez Años, se mostraba renuente a conceder a las mujeres capacidad para las ciencias, y no lo afirmaba con énfasis teórico, sino con acento ejecutivo desde su butaca directora del Instituto de Segunda Enseñanza de La Habana.

El abuelo, don Bartolomé, era castellano, tanto que, como sus ancestros, había descalabrado cabezas moras en Africa. A su existencia adormilada y sin novela en el Regimiento fijo de La Habana, se contrapuso un ascenso a coronel y la asignación inmediata a la Florida oriental.

Las Floridas habían vuelto a la posesión española luego de la independencia norteamericana, y es al segundo de los gobernadores de la región Este, al achacoso y moribundo Juan Nepomuceno Quesada, a quien va a asesorar. Don Bartolomé lleva consigo a Félix y a su hija Rita. Es aproximadamente 1791, y el huérfano cuenta escasos cuatro años de edad.

Don Francisco es casi seguro que no participó de las emociones del corto viaje. Por lo menos no queda su rastro en la Florida. Tal vez permaneciera asedentarizado en La Habana, cuidando su nueva descendencia, tal vez metido en más lejanas andanzas. De su deceso en San Agustín, donde se ha supuesto que muriera, no habla ni el latín de elegante y firme trazo del Padre don Michel O'Reilly, ni el romanceado de sus sucesores. Sus últimas noticias dicen de un ascenso a capitán en 1790, en La Habana, y haber fallecido antes de 1806, fecha en que Félix está de retorno al lar nativo.

En San Agustín, cabecera del viejo fundo español, el huérfano crece. No es hermoso. Es enjuto de carnes y moreno, pero posee ojos grandes, negros, que apuntan miopía. El muy irlandés, muy salmantino y seguro de sí mismo, Padre don Michel, le enseña latín y música. Cuando no aprende, Félix se acerca a la naturaleza. Se corre como otros niños, a las orillas del río Matanzas, y en las aguas tranquilas, cabrilleantes y calientes del mediodía observa los movimientos masivos, graciosamente rítmicos, de manadas de marsopas persiguiendo a los pequeños peces.

El sol hiere firme, y posiblemente el niño ni recuerde cómo hiere en su Habana distante. El cielo es azul y está orlado de nubes blancas y grandes. En el confín, cielo y tierra parecen unirse en la línea grisácea de los arenales. Y al atardecer, cuando todo se difumina y el cielo se torna rojizo y el sol restalla sus franjas encendidas en las combas de las nubes gordinflonas, él se hace preguntas misteriosas, calladas, que sólo el abuelo o el buen Padre don Michel pueden contestarle. Pero más el Padre don Michel; él le ha dicho que al atardecer Dios recoge en su mano a sus dos mundos, porque cielo y tierra son dos mundos y uno solo a la vez. Algo semejante al misterio de la Trinidad y a la presencia de Dios en todas partes. Y Dios está allí, entre las nubes gordinflonas, los arenales, el cielo rojizo y entre las marsopas que reposan en el fondo del agua. Todo le viene teóricamente a Varela de su niñez, aún el horror por la esclavitud. El ojo avizor de Dios también se halla entre la casa del gobernador y el río, mirando directamente desde la iglesuca a la plaza donde se hacen las ventas de esclavos.

Quizás el negro no sea más que un enemigo vencido del blanco, sin la belleza ni el arresto del indio semínola. Quizás un enemigo idólatra y oscuro, como los moros de quienes el abuelo comenta cuando habla de sus tiempos africanos, pero todos son hombres y todos pueden ser cristianos. Y cuando se habla en la tertulia del abuelo, y los militares en mayoría retornan a sus hazañas y escaramuzas donde los hombres mueren o son sojuzgados, discrepa la sola voz de don Michel. El siempre alude a los semínolas que bautizará las próximas navidades o a los negros que instruye en la doctrina de Cristo. O cuando hay amenazas de rebelión y flechas que sorprenden a los caminantes de los silenciosos arenales, se duele y lamenta de que no haya paz. Es que los hombres son distintos entre sí. Otro miembro de la familia O'Reilly, don Felipe, es soldado. O sea, quizás, que ambos, don Michel y don Felipe, son soldados; don Michel, de Cristo; don Felipe, del Rey. Pero los de Cristo quieren un mundo sin enconos, mientras los del Rey prosiguen hablando de las batallas donde los hombres se aniquilan.

Sin embargo, a Varela, que ya cuenta más de ocho años de edad, le gusta también el fuerte San Marcos. Gusta cruzar el levadizo pero no mirar a las aguas grises del foso, percibe un fuerte cosquillear de la piel y vértigo, y sólo se le pasa el malestar cuando ya asciende la rampa por la que también suben los pesados cañones los días de alarma. Conoce el fuerte, desde el cuerpo de guardia donde se calientan los soldados ateridos las noches de frío, hasta la capilla con su San Marcos incrustado en la roca coquina. Estos son sus placeres y le gusta el fuerte, pero no que los hombres se maten. Como a don Michel, le atraen los espectáculos de concordia humana. Y cada navidad, en que los semínolas descienden por las fofas sendas para recibir aguinaldos y bautismo, le va integrando una imagen muy viva de lo que constituyen sus predilecciones hasta obligarle el carácter. Definitivamente, él no desea ser soldado del Rey, sino de Cristo. Las glorias apacibles de don Michel O'Reilly le atraen más que las muy sonadas de don Bartolomé. En ese espíritu va creciendo en edad y avezándose en latines y música, hasta que don Michel no tiene otra cosa que enseñarle en materia de educación que el camino hacia una buena casa donde pueda quedar completamente instruído en materia divina y humana. El joven Félix posee una buena cabeza para el estudio y su aplicación le hace apto para las humanidades y la teología.

Pero el abuelo es de muy distinta opinión. La tradición de la familia es militar. Los méritos contraídos por él y por el padre del niño le abrirán privilegios insospechados si ingresa como cadete en los Ejércitos de S. M. Félix cuenta escasos catorce años. Es un adolescente espigado pero recio de opinión, y cuando el abuelo, en vísperas de partir hacia La Habana, trata de disuadirle que no es a las humanidades y a la teología que se importen en el Real y Conciliar Colegio Seminario de San Carlos y San Ambrosio a donde debe acudir, sino al entrenamiento de las armas, el adolescente explota en un exabrupto: "Yo quiero —dice—, ser soldado de Jesucristo, porque mi designio no es matar hombres, sino salvar almas."

Don Bartolomé nada arguye si no es para consentirle la vocación prematura. A su frustración momentánea de no ver prolongarse en el amado nieto la carrera que tanto le enorgullece, le compensa la idea de pensar que a los catorce años muchos embelecos se prenden circunstancialmente en las ilusiones de un niño. Y el nieto es eso, un niño, iluso como todos, a quien, y a pesar de su firmeza de criterio, nadie creería cambiando los goces lícitos del mundo por el menester espinoso y duro del sacerdocio.

Al abandonar el viejo fundo español para retornar a su nativa Habana, el adolescente que parte de San Agustín no deja tras sí el único recuerdo de su inmediata niñez, sino también el muy triste e inolvidable de la muerte de su tía y madrina, doña Rita, que vivió lo bastante para proporcionarle el cuidado maternal que reclamaba su prematura orfandad.

En el cementerio católico, emplazado en la vetusta calle Tolomato, quedaban para siempre los restos de doña Rita, y en el corazón del viajero la pena tenue, pero persistente que sólo dejan las separaciones irremediables. Porque ni su corazón ni su mente hacían presentir al joven Félix Varela que en un distante futuro el último esfuerzo de su poderosa voluntad estaría dirigido por reposar eternamente en la misma tierra que acogiera a su segunda madre.

II

UN ESCOLAR SE ASOMA A SU CONTORNO

Vestido noblemente de negro, un adolescente de figura delgada traspasa el umbral del Real y Conciliar Colegio Seminario de San Carlos y San Ambrosio de La Habana. Empuja suavemente una mampara y ya percibe un vaho de frescor que contrasta con la brisa sofocante de la calle. El adolescente se descarga del sombrero que usa y de un cartapacio de papeles que lleva bajo el brazo, después, inquiere por los trámites de matrícula. Ahora rastrea entre los papeles del cartapacio. Trae partida bautismal, partida de matrimonio de sus padres, expediente de limpieza de sangre, constancia de los méritos y ascensos militares de su padre y de su abuelo. Al ojear los folios puede apreciarse de dónde procede y qué inspira este joven. Consta que sus progenitores son de linaje distinguido, cristianos viejos y que él es apreciado como sujeto de buenas costumbres, recogido, modesto y sobre todo, aplicado a las letras.

Cuando volvemos a tropezarnos con nuestro adolescente le hallamos en un patio de naranjos que circundan una fuente. La temperatura es agradable y los naranjos están frutecidos. Los jóvenes que allí se mueven comentan locuazmente sobre asuntos escolares y sobre unos mismos temas de metafísica, súmulas, lógica, retórica.

Durante el poco tiempo que ha transcurrido en el Colegio Seminario, Félix Varela, que es uno de los escolares que hace ocio en el patio de naranjos, ha aprobado con éxito dos asignaturas para su Bachillerato en Artes. Son súmulas y lógica. Ambas las ha cursado con el Padre José Agustín Caballero.

Varela, al igual que sus compañeros de estudio admira al que toda La Habana conoce, simple y deferentemente, como el Padre Agustín. El Padre Agustín es un famoso profesor que ha cambiado el sesgo y hasta el ambiente en que solía estudiarse el clásico

Organum, de Aristóteles; casi puede decirse que lo ha tomado de pretexto para introducir conceptos típicos del *Novum Organum,* de Bacon. Pero mejor es asistirle a una de sus clases para saberlo.

Desde la cátedra donde se alza, el Padre Agustín escudriña sus apuntes con objeto de dar con la lección marcada para ese día. Dichos apuntes, escritos con letra autógrafa y menudas abreviaciones, el autor los ha bautizado *Philosophia electiva.*

El título es prometedor, pero no infrecuente en la época. Tras el título se hallan las ideas que él ha escogido con juicio crítico del pensamiento universal. Es una selección a veces no muy coherente, a veces cauta si se la aprecia en relación con las fuentes más modernas de donde las abrevara, pero sí atrevidas para el ambiente español de los inicios décimononos. A algunos, dice el buen Padre, puede que les parezca poco lo que explico, a mí se me antoja suficiente, pero no les costará gran trabajo aprender muchísimo más con la sola lectura de los autores que cito.

Estamos en 1804, el maestro ha redactado sus apuntes en 1797, y aunque sus enseñanzas son de lógica se encuentran muy entreveradas de lo que modernamente se conocerá como teoría del conocimiento y aún como cuestiones privativas de la psicología empírica, que entonces pasaban por cuestiones de lógica.

Hoy, por ejemplo, el Padre Agustín nos diserta de las operaciones del entendimiento. Habla de la extensión de las ideas, por supuesto, de los cinco predicables de Porfirio. Y antes de adentrarse en el tema que sorbió el seso medieval, declara paladinamente que las universales no existen, calificando de aparatosos a los escolásticos que tanto hablan de Porfirio y sus categorías.

El Padre Agustín es así. Una vez decidido no se inhibe el juicio, aunque ello le acarree los riesgos y disgustos propios a los innovadores. Cuando discurra sobre la argumentación, lo hará aún para desdeñar el repaso en las figuras y modos del silogismo. Es su actitud más firme, y más moderna, porque recalca que prescinde deliberadamente de dicho estudio por no ser necesario para argumentar correctamente. Pero con el raciocinio mecánico es distinto. O sea, con el método científico. En Europa, afirma noticiosamente, nadie puede ser tenido por filósofo a menos que siga este camino en la explicación de los fenómenos físicos. Claro, que no es el raciocinio mecánico, como lo llama el Padre Agustín, el que prima en sus apuntes. El es sólo un profesor de lógica que atisba temas que incurren hasta en el acaecer científico contemporáneo, sin serle permisible marchar más lejos que sentar abiertamente que la filosofía siempre se revitalizará con el contacto fresco de la ciencia. Por reiterarlo, una vez sacó fama y acusaciones de radical. Entonces, era 1795, llevado del valiente arrojo de su treintena de años y por el creciente desarrollo de la industria de la caña de azúcar, que demandaba nuevas técnicas, se proyectó públicamente a solicitar en los programas universitarios la inclusión de estudios tan empíricos como la física, la anatomía y fisiología humanas. Por supuesto que el Padre Agustín había solicitado también en aquella ocasión la reforma total de la Universidad, que en más de medio siglo de fundada no había realizado nada en favor del progreso científico isleño. A la acusación directa y cierta le revirtieron el ataque solapado y desmoralizador, que si en nada menguó sus ideas sí quizás le condicionó mucho desencanto.

A pesar de esta actitud renovadora y haber solicitado también la creación de una cátedra de gramática española en todas las escuelas cubanas, el Padre Agustín continuaba expresándose en sus clases en latín, escribiendo sus apuntes en latín y presidiendo las discusiones literarias también en latín. ¿Y quién no ha presenciado una de estas discusiones que se celebran en La Habana y que también enferman las enseñanzas del más avanzado profesor de filosofía hispanoamericano?

Si tales disputas se desarrollan en el único convento donde se brinda primera enseñanza, el de los Padres Belemitas, un niño las abre recitando una loa a María Santísima, si en la Universidad o el Colegio con un farragoso discurso latino y hasta una invocación a los Santos por los escolares, que luego pasan a discurrir en forma deductiva sobre premisas de todo jaez, sin que en la discusión entre el "raciocinio mecánico" de que hablara el Padre Agustín. Lo más gravoso es el cariz de violencia que asumen las discusiones literarias. En mejor arguyente se convertía aquel que más gritaba, y el populacho hallaba en ello, y en los números musicales con que solían amenizarse tales actos, un motivo de fiesta no muy frecuente en La Habana, a la vez que un pretexto para desfogar sus tendencias plebeyas aplaudiendo y pateando en favor de sus candidatos.

Sin embargo, no vaya a creerse que el buen Padre Agustín aprobase enteramente aquel pedaleo peripatético, ni que su complacencia
por tolerarlo estuviese condicionada a la bondad de su razón, pero
estaba, como lo estaba España y toda la América, cogido entre las
mallas de una tradición malsana, próxima a caducar y deshacerse,
pero que aún le aprisionaba, ahogándole en sus más nobles empeños
renovadores. El partidario de la enseñanza de la física experimental,
de la anatomía y fisiología humanas no podía simpatizar, no sim-
patizaba con las formas arquetípicas de la peor ascendencia escolástica, pero era un momento de encrucijada, al menos para Cuba
y la Península, y en esa transición expectante se encontraba José
Agustín Caballero, simplemente vislumbrando las nuevas formas
que pugnaban por suplantar a las antiguas y que no acababan por
imponerse en Cuba, quizás por falta de ambientación, quizás por
carencia de una voluntad más fuerte y una mente más hecha al
raciocinio mecánico que la suya propia.

III

CIERTO, FORMAS NUEVAS CAMBIAN AL MUNDO

Las ideas son como las cuentas de un collar que se deshace. Una rueda y deja expedito el caer de otra. Una verdad de orden biológico impuso la certeza social de que los hombres nacían iguales y la ciencia empírica llegó más lejos al descubrir que nobles y villanos poseían la misma coloración de la sangre. Aún el gusto teórico de Platón por las utopías se revivió hasta que una de veras quedó establecida en una colonia inglesa de América. En los tiempos en que el gran Napoleón clamaba por dinero y más dinero para usurpar territorios por la guerra, la joven república norteamericana descubría al dinero como instrumento de conquista sin la guerra, y sus inventores compraban por una bagatela al amo de Europa tierras tan vastas como para construir el imperio más compacto y temible del mundo. A ojos de mentes lúcidas, estos fenómenos sociales se hacían de consideración tan digna como los trabajos del infeliz Lavoissier, que desbrozando a la alquimia de superchería filosofal y metiéndola en nuevas nomenclaturas ideales y tubos de ensayo, la convertía en ciencia de los cambios físicos.

Entonces solía hablarse, como siempre, de la transición de los tiempos, pero había para ello una frase acuñada, se hablaba de "los cambios del siglo", y los hombres pensadores, que eran aquellos que sin esfuerzos metafísicos trataban de explicarse la gran porción de la realidad universal leyendo gacetas francesas e inglesas, no pasaban inadvertidos los hechos que iba generando el optimismo décimonono en torno al industrialismo anglofrancés y a las innovaciones políticas norteamericanas. Especialmente los hombres pensadores del lado occidental del Atlántico que hablaban español y portugués, se dieron a notar que el mundo estaba cambiando, que había naciones que surgían impelidas por la convergencia de energías conocidas y jamás utilizadas, en tanto otras, declinaban inexorablemente en la compulsión inversa de fuerzas conocidas y mal aplicadas.

España era de las últimas. La gobernaba un hombre flojo, que jamás había calentado cabeza leyendo deliciosos franceses e ingleses y que se molestaba cuando le interrumpían sus cacerías o los deliciosos vasos de agua helada con pan que tomaba al final de ellas, para hablarle de los negocios del estado. Siendo príncipe, aquel monarca que se llamó Carlos IV, hizo burlas de los cornudos ante su padre, y éste, que jamás lo había sido, le respondió, "eres casado, hijo mío, y corres los mismos peligros". El hijo no tomó seriamente la admonición del padre, y sin embargo era cornudo.

El padre, don Carlos III de Borbón, asesorado de hombres perspicaces, se lanzó a la revitalización del mundo ibérico depauperado por los Austrias, y embarcó en aventuras riesgosas tratando de recuperar las pérdidas. De haber ganado muchos hubieran sido sus dones. El hijo guerrea sólo por consejos de validos cobardes, o se deja llevar a las batallas por sumisión a otras naciones.

En su lecho de muerte, don Carlos III volvió con las admoniciones a su hijo para que no se desprendiese de los consejos veraces del Conde Floridablanca. Tan pronto como expira, la infiel María Luisa de Parma, esposa de Carlos IV, hace saber al sabio consejero que es ella quien manda, sin detenerse hasta colocar en la posición más influyente del reino a su amante preferido, don Manuel Godoy.

Carlos III durante su reinado renunció a los beneficios que le tocaban en el monopolio comercial de América, y aflojó las gabelas para que prosperasen nuestros pueblos; bajo Carlos IV las formas más elaboradas de exacción y favoritismo comercial resurgen. Si bien la corte metropolitana acogía risueñamente al desenfreno real, en las cortes virreinales y en los palacios de Capitanías no se escondían los bisbiseos de las inmoralidades de rey y reina. Una mujer hermosa cerca de Godoy convencía con mejores argumentos que las más razonadas exposiciones de los leales súbditos. Podía inferirse que las ligaduras entre monarca y vasallos ultramarinos crujían de puro estar reventándose.

Cuba avizoraba por entonces posibilidades económicas desde que el habanero Francisco de Arango y Parreño había hecho ver al Floridablanca de la decadencia, que la Gran Antilla podía convertirse en despensa de productos tropicales si se le facilitaban los medios para trasplantar a ella semejantes sistemas agrícolas a los que él y un rico hacendado, el Conde de Casa Montalvo, pudiesen copiar en un viaje de fisgoneo por las posesiones antillanas de ingleses y franceses.

No fué preciso que los dos criollos emprendiesen la excursión para hacerse renombre, la rebelión de los negros del Guarico fué el mejor espaldarazo a sus previsiones.

Los franceses que huyeron de la carnicería comenzaron a arribar por cientos a las costas cubanas, y con su terror y su ruina acarrearon sus técnicas de siembras y la necesidad perentoria de ponerse a trabajar para resarcirse y copar desde Cuba el ávido mercado europeo y norteamericano, que se engullía todo el café, todo el cacao, todo el azúcar, toda la miel y la cera y el tabaco de las islas calientes del Caribe. A partir de 1791, los cubanos comenzaron a mirarse vanidosamente en torno, porque desarrollaban una riqueza en incremento de sistemático aspecto agricultural e industrial que no disfrutaba ninguna otra colonia hispana.

Como la prosperidad advino de aluvión y casi sin avisar, La Habana, que era el único sitio de la Isla donde podía vivirse con cierta holgura, se encontró despojada de galas con que acoger a los ricos hacendados que acudieron a establecerse en ella para gastar los doblones que les producían sus distantes haciendas.

El Marqués de la Torre había prohibido en las postrimerías del reinado de Carlos III techar con guano las casas, comenzando la construcción del Palacio de Gobierno, la Plaza de Armas, un teatro y una alameda junto al mar, para que los habaneros salieran a tomar el fresco las tardes calurosas. Después, don Luis de las Casas había terminado la Alameda del Prado y erigido la Casa de Beneficencia lejos de las callejuelas pegajosas. En fin, La Habana era una ciudad a medio hacer, sucia, pequeña, encinturada de murallas, que repentinamente había adquirido importancia comercial y se iba enlodando y ensuciando más con el tráfico creciente de carretas, quitrines y volantas de anchos ejes, que difícilmente podían doblar en las esquinas. Pero las hermosas no por eso cejaban de exhibirse en quitrines y al atardecer, por las dos alamedas, y los pocos hacendados y vegueros repartidos en sus posesiones de la provincia, acudían desde Jesús del Monte, Santa María del Rosario y aún desde los distantes predios de San Julián de los Güines y Bejucal, para negociar refaccionamientos, tratar con la Factoría de tabaco, recibir arados o comprar rico tasajo de Montevideo con que engordarse ellos y sus negros. Las calles no estaban empedradas, y los días sin lluvia empolvaban el charol de los peatones que iban por los lugares céntricos de Tejadillo, la Catedral, Paula y las Puertas a extramuros. Cuando llovía, el lodo alcanzaba el tobillo, y solamente por imperiosa necesidad se salía a la calle; por supuesto que en los alrededores mencionados había esparcidas gruesas tozas de rica caoba, para salvar los pies de agua y fango.

Señal de los cambios del siglo cubano se daba asimismo en la vida doméstica. En la distante provincia de Cuba ya solía mantenerse el horario francés de las comidas. La principal de ellas se hacía en Santiago a las doce meridiano, mientras que en La Habana continuaba el horario a la española, con la división del día en dos porciones, comida a las tres de la tarde, siesta, merienda a las cinco, paseo después, y cena entre diez y doce de la noche.

El más importante de los cambios domésticos, posiblemente el único que apuntaba hacia la integración de una débil conciencia criolla, era la evolución de la olla podrida española en ajiaco. Garbanzos, lacón, chorizos, eran productos caros que venían de la Península, y el criollo modesto estaba aprendiendo a cocerse un caldo más higiénico y saludable, utilizando como sustancia yuca nativa, plátano silvestre, tasajo de Montevideo y carne de puerco embarrilada en Nueva Orleans y traída a La Habana en los muy veleros clippers norteamericanos.

Aquellos que se interesaban en mejorar y embellecer a La Habana encontraban la recia oposición de don Francisco de Arango. Antes, decía con la autoridad que le daba haber columbrado el futuro económico de Cuba, antes es enriquecerla que adornarla y asearla. Inviértanse los dineros del hermoseamiento en pagar el salario de un Fiscal para la proyectada Junta de Fomento de la Agricultura que yo propongo. Si don Francisco de Arango y el Conde de Casa Montalvo eran los promotores y teóricos del mercantilismo cubano, tal vez no lo fuesen de la suciedad habanera, porque después que la famosa Junta de Fomento para la Agricultura devino en Real Consulado de Industria y Comercio y don Francisco, en vez de Fiscal fué Síndico del mismo, comenzaron a divergir en muchas cuestiones, al extremo que, en los términos muy cordiales en que siempre mantuvieron relaciones, llegaron a formar sus respectivos cuerpos de adictos, bastando que los aranguistas dijesen sí ante cualquier cuestión para que los montalvistas afirmaran no, y viceversa.

Y nada más que por recíproca mortificación o porque don Francisco era muyególatra. Por ejemplo, mientras el Conde de Casa Montalvo había apoyado el establecimiento de la Real Sociedad Patriótica de Amigos del País, Arango lo había combatido siguiendo aquel método justificador de todas sus injustificaciones, y que solía llamar de "contemplación y templanza". Pero en lo que sí convergían ambos jefes de la opinión criolla era en sacar el mejor partido personal y colectivo de la situación privilegiada que disfrutaban, y con el viejo Aristóteles, que como buen griego de los antesiglos hubiese despreciado una lanzadera mecánica, que toda la economía debiera descansar sobre el trabajo esclavo. Por supuesto que a la inversa de Aristóteles, el ideal cristiano les obligaba a meliorar el radicalismo sobre la cuestión que habíase vuelto candente desde la Declaración de los Derechos del Hombre y las arremetidas contra la esclavitud de los excéntricos filantropistas ingleses. Don Francisco, por ejemplo, que murió dándose golpes de pecho por aquello de haber fomentado la esclavitud en sus años mozos e influyentes, esbozaba en su famoso "Discurso sobre la agricultura" hasta las normas a seguir para tener sojuzgado al negro, y como hombre genial al fin, las dejaba trazadas en muy cortas palabras, bastaba nada más que alejarlo de la civilización de los blancos para garantizar su sumisión. Si bien había genialidad en la fórmula aranguista, no había, en cambio, originalidad, ya que él calcaba el mismo principio por el cual, Carlos IV, monarca reinante, para mantener la fidelidad de sus súbditos ultramarinos, no permitía que se abriesen nuevas Universidades en América.

Teóricamente defendían aranguistas y montalvistas el librecambismo, prácticamente el estrechamiento de las relaciones comerciales con Norteamérica. Las ideas políticas, mucho más diáfanas en Arango que en Montalvo, se supeditaban a la concepción establecida que poseían del mundo insular, que a la vez lo estaba a la veleidosa órbita metropolitana. Pero reconociendo, como verdades indubitables, las ventajas parlamentarias de Inglaterra e intuyendo que en los EE. UU. se disfrutaban libertades, aparte de prosperidad económica. Otras lucubraciones de don Francisco pudiéranse adjudicar a la esfera ideal y distante de la pura metapolítica, porque para él a españoles e hispanoamericanos solamente la vigorosa y absoluta monarquía les enfrenaba la connatural indisciplina.

Arangos y Montalvos fueron, no obstante, muy útiles a don Luis de las Casas y a su gran Intendente del ejército y la hacienda, don José Pablo Valiente. Con ellos y con otras figuras no menos notables pudo inaugurar muchas de las instituciones destinadas a poner en movimiento la pesada maquinaria ideológica de una colonia inexplotada, más conocida por su posición estratégica de Antemural de Indias que por sus posibilidades económicas y humanas. Y aunque los carriles económicos estaban echándose cuando don Luis abandonara la gobernación colonial, sus establecimientos, los que con genio iluminista fundara y fortaleciera, veníanse al suelo por la carencia de interés público. Aranguistas y montalvistas, pese a su estrecha colaboración con las Casas creían ya más efectivo para el bienestar público la acción mercantil del Real Consulado, que la rectora de la Sociedad Patriótica.

Despuntaba el año 1802 cuando arribó a La Habana su nuevo Obispo. Se le esperaba desde el inicio de la centuria y había expectación. ¿Sería don Juan José Díaz de Espada y Fernández de Landa un envidioso gruñón como el fenecido y que Dios tuviese en la gloria, don Felipe José de Trespalacios? ¿Vendría a entorpecer como éste la obra de progreso del poder secular? No podía olvidarse que Trespalacios se opuso a cuanto don Luis de las Casas deseó hacer. Autoritario, lo había sido por razón de su investidura y capricho, porque ni fué hombre de preparación, ni aún de amplio sentido común, puesto que dejó hasta podrirse el archivo de su episcopado.

A pesar de las conjeturas, al enfrentarse los habaneros de mayor rango con el nuevo prelado quedaron bien impresionados. Alto, de rostro hermoso, gesto distinguido y firme, poseía también conversación fácil y fluyentemente culta. Y nada más, porque sólo se supo que luego de las solemnidades de estilo había enfermado gravemente del terrible vómito negro.

A su cabecera se puso el abogado y médico, Tomás Romay. Del vómito negro no era fácil salir con vida. Existe la leyenda que el Obispo tenía muchos deseos de vivir, por lo que hizo promesa al doctor Romay, que si se salvaba dotaría a la Isla de cementerios.

Repuesto de la grave dolencia, los habaneros supieron otras y muy distintas cosas del Obispo. Su disensión, por ejemplo, de las ideas alimentadas por Arango y Parreño contra las Sociedades Patrióticas y el ornato y la sanidad públicos. De lo primero, cualquier suspicaz hubiera podido imaginar que la discrepancia se originaba en que al ser vizcaíno Espada no iba a repudiar una institución nacida en tan interesante región española. De lo segundo, quizás porque el Obispo venía imbuído de ciertas concepciones de boga artística que adquiriera a través de su estrecha amistad con el pintor Goya y algunos neoclásicos franceses. ¿De lo sanitario? Posiblemente Espada pensaba que el estado de la Isla era tan terrible, que apenas se pisaba su tierra cuando enfermedades mortíferas apresaban al forastero para matarle.

El prelado aspiraba a realizar muchas y muy diversas obras. Era expansivo y dominante. Deseaba reformar al clero y a la decoración sagrada de la Catedral. Cultivaba el trato de los hombres más liberales y los hacía amigos de su predilección. También divagaba con los jóvenes estudiantes del Colegio, y muchas veces se le veía cruzar el patio de naranjos, para adentrarse en las aulas y preguntar a los escolares sobre sus conocimientos. Cuando don José de Arango, que era Censor de la Real Sociedad Patriótica leía el discurso de recepción al Obispo, como miembro y Director de la Institución, ya era comentario público que Espada planeaba amplias reformas en su diócesis.

Con dignidad peculiar, el Censor deslizó en su discurso un acicate que más bien parecía una pulla contra el nuevo Director. "Ya presagiaría yo, dijo, la funesta disolución de la Sociedad si la fortuna de que goza hoy la diócesis de La Habana no se comunicara a esta Junta para abrirnos un campo inmenso de las más lisonjeras esperanzas."

El período interesante, movido, de la Sociedad Patriótica ya sabemos que había terminado con el mandato de don Luis de las Casas. Muchos de sus integrantes dejaron de tener fe en el éxito corporativo o nunca lo tuvieron y hasta combatieron su creación. Hablemos con lisura y verdad, había dicho don Francisco de Arango y Parreño al referirse a las Sociedades Patrióticas, si las que hay en la Península apenas sirven para reedificar, ¿cómo hemos de persuadirnos que la que se establezca en La Habana ha de ser capaz de hacer desde los cimientos tan complicado edificio?

Y tenía razón Arango y Parreño, la Sociedad no sólo carecía de recursos, sino que sobraba en proyectos y discordias disimuladas.

Entre los proyectos estaba aquel de don Luis de las Casas de traer canarios como colonos, el de fomentar la parte oriental de la Isla, sin faltar hasta la edición de un diccionario provincial cubano y la construcción de las calles de La Habana. Sin embargo, el proyecto de más encono y sustancia a la vez había sido presentado por el Padre Agustín. Pedía la reforma de la enseñanza y atacaba la autoridad universitaria, que imponía a los maestros y profesores enseñar conocimientos "desterrados mucho tiempo ha de las academias más responsables de Europa, de quien es y debe ser émula la América".

Fué el toque de desbandada, por exceso de generalización en la idea de modernizar o por la agresión directa a los frailes tomistas universitarios, porque en materia de reforma escolar más práctico se había comportado Arango y Parreño al proponer en su "Discurso sobre la agricultura", la creación de una cátedra de matemáticas, una buena escuela y laboratorio químicos y un jardín botánico, con el solo fin del perfeccionamiento agrícola.

Pero entrambos proyectos se alzaban los ideales utilitarios e inmediatos de la educación, encarnados en don Francisco, y los antropológicos, díganse humanistas, del *siècle philosophique*, de más largo alcance, del Padre Caballero. Don Francisco, como colonialista, lo era de la más rancia cepa, al buscar los rendimientos pródigos e inmediatos de los conocimientos aplicados. Caballero también buscaba los mismos rendimientos, pero como maestro al fin, expandiendo universalmente dichos conocimientos a toda clase de actividad. No hay duda que tanto Arango como Caballero compartían un ideal de perfeccionamiento colonial, pero en Arango la aspiración es fenicia, en tanto que en Caballero es helénica.

También podía medirse el fracaso de la Patriótica comparándolo con los éxitos del Consulado de Agricultura, ya tan importante que el gobernador de la Isla nada hacía sin contar antes con el sesudo acuerdo de los cónsules. Sólo que ni había la buena escuela propugnada por Arango, ni laboratorio químico, ni nada por el estilo aplicado a la agricultura. Unicamente un cura perseverante, que día a día se alzaba sobre su cátedra para dictar lección, en la esperanza de hallar al discípulo en quien resonase el eco de su mensaje y con nuevas fuerzas realizase la tarea que él había perfilado.

José de Arango, primo muy adicto de don Francisco, y que acogía a Espada en el seno de la Patriótica, a medida que avanzó en su discurso fué esparciendo más y más palabras de amargo pesimismo, hasta que recalcó sin esperanzas: "De día en día ha desmayado la Junta, ha disminuído el interés, se discuten menos los asuntos."

Lo que ocurrió dos semanas más tarde hizo saltar de contento al corazón del Padre Agustín y de asombro al clero, autoridades y pueblo de La Habana. El nuevo Obispo obligó a los curas a asistir a unas Conferencias morales, que organizó para edificación y ejemplo comunal; suspendió los excesivos "repiques de muerto" de las iglesias; limpió de cruces y otros recordatorios supersticiosos las callejuelas de la ciudad y prohibió las famosas procesiones de disciplinantes que recorrían La Habana para escarnio de la Iglesia y comisión de crímenes. Ya en faena, se adentraba en la propia catedral para cambiar su decoración churrigueresca y sus cuadros "de mal dibujo" por imágenes y pinturas avenidas al neoclasicismo imperante en Europa. Con este evento, los numerosos malquistados que surgieron a virtud de la recién inaugurada política episcopal, comenzaron a llamar a Espada iconoclasta, y ya con sarcasmo de su autoridad, afirmaban que él era más apto para mandar ejércitos que sacerdotes. En lo último no andaban muy descaminados, la entereza y energía vasca del Obispo estaban a prueba de todo comentario, y con semejante decisión a como hacía cumplir sus pastorales, no se mellaba por las censuras de sus enemigos, porque en el corto tiempo de su estancia habanera ya se encontraba rodeado de un grupo leal y brillante que le aconsejaba y apoyaba en sus medidas. Por supuesto que en ese grupo figuraban el Padre Agustín, el joven presbítero Juan Bernardo O'Gavan, el doctor Romay y el coronel de milicias, tan gran ciudadano como mal poeta, don Manuel de Zequeira. A todos les llamaba "mis cooperadores", y no los llamaba sin la cierta petulancia de que también le acusaban sus enemigos.

Ahora es cuando comienzan a comprender los habaneros que una extraña transición está rompiendo muchos de los moldes de su acostumbrada vida de relación. De igual modo a como en el puerto de La Habana se contemplan numerosos buques de bandera extranjera, para el laboreo intelectual y social nuevas banderas comienzan a flamear en las pocas bibliotecas que existen, y las familias empingorotadas, los profesores, los bachilleres y escolares compran los autores que cita el Padre Agustín y hasta enciclopedias francesas de diferentes propósitos ideológicos, que exhiben sin bochorno. Sólo la Universidad permanecía impávida e impositiva, "tributaria escrupulosa del peripato", tal como reiteraba el Padre Agustín.

Varela, que se revuelve y atisba ante estos alumbrones, nuncios de un mundo de distintas posibilidades; que ha visto al Obispo colarse en clase y hacer preguntas a los estudiantes y hasta disertar sobre materia filosófica, ahora cursa con el dominico fray Remigio Cernadas, Texto aristotélico. Cernadas, como orador sagrado y teólogo, disputaba los laureles al Padre Agustín, y en el momento en que brinda sus clases a Varela es el favorito de las familias de abolengo, que le consideran tan antológico como para editarle algún que otro de sus grávidos sermones latinos.

También estudia física con el Presbítero Juan Bernardo O'Gavan, pero no la física experimental a que aspiraba Caballero. O'Gavan que comenzara sus enseñanzas en 1805, había nacido en Santiago de Cuba. De temperamento apasionado era más brillante y profundo en materia de derecho, civil y canónico, que en materia filosófica. Sin embargo, pasaba por el más radical de los reformadores, porque era él quien con más calor hablaba de los filósofos modernos. También autoritario, Espada intuía en él su segundo, y en ese paso le iba marcando el ritmo de su carrera eclesiástica, que irónicamente se iniciaba como profesor de física.

En 1806 se graduaba Varela de Bachiller en Artes. En sus lecturas, en las experiencias y cambios que ha contemplado en torno a su ambiente escolar, encuentra el mismo espíritu de indagación, la misma ansiedad cognoscente en los filósofos modernos que en Aristóteles y el Angélico Doctor. Hurgando en los cursos farragosos que ha recibido de Aquino puede descubrir que el esfuerzo no lo lleva el santo por conciliar arbitrariamente creencia y ciencia, porque ambas constituyen módulos divergentes que acercan al primer impulso, Dios. A El nos vamos por la fe y por el análisis de su obra. Tan en derechura se va al Creador por mística intuición, como por la reconstrucción sintética del mundo por El creado. ¿Acaso no aprendió de niño que por las noches Dios recogía en su mano a sus dos mundos? ¿Y quién, qué más se adentre en el conocimiento de la naturaleza de las cosas, no aprenderá a acercarse a la mente infinita que las creó? E iba en su amor a Dios a entregársele plenamente.

Con impaciencia escribe al Obispo Espada: "Desde mis primeros años he tenido los deseos más ardientes de ser útil a la Iglesia, por lo que le suplico me conceda enseguida la licencia de vestir los hábitos clericales, abscribiéndome al servicio de la iglesia que corresponda."

Los cinco días que mediaron entre la premiosa y hasta impertinente solicitud y la autorización episcopal fueron de angustiosa expectación. Soldado de Cristo, dijo una vez al buen abuelo que le había consentido la vocación, y ya estaba en víspera de recibir las armas iniciales de esa milicia. Cuenta diecinueve años. La niñez le es algo remoto, como las mañanitas en San Agustín, el río, el fuerte, las navidades en que los indios venían por aguinaldos y el entero Padre O'Reilly, conmovido ante el espectáculo que él mismo organizaba. Ahora va a ser un poco como él, y la existencia se le ha ido desde entonces como un sopor de imágenes que se le asoman al espíritu para recordarle cómo se ha cumplido el futuro que proyectara en aquel arranque emocional frente a don Bartolomé. Todo el mundo le encomia. Por ejemplo, el Presbítero José Candelario del Carrillo, le juzga aplicado, estudioso, juicioso, demostrando en todos sus deseos el estado eclesiástico. Es tiempo de redescubrimiento de sí mismo. Posiblemente Varela se asombró un poco al repasar en todos los nombres con que había sido bautizado: Félix Francisco José María de la Concepción.

El 31 de mayo de 1806, en la rehermoseada Catedral de La Habana, recibió la tonsura de sus cabellos de manos del Obispo. El 9 de agosto, se presentaba vistiendo hábitos ante el tribunal que iba a conocer la "defensa" de nueve proposiciones sobre lógica, psicología, física y embriología (*anima et generatione*); examen de grado sin el cual no obtendría el título de Bachiller.

En rigor de verdad, ¿qué podía abonarse al conocimiento científico discurriendo silogísticamente sobre estas dos aserciones típicas sacadas del examen de grado de Varela?

"Más probable que las demás es la hipótesis copernicana y por tanto que el sol se contenta sólo con el movimiento de rotación."

O

"Las cualidades sensibles provienen únicamente de disposiciones mecánicas."

Ahora bien, si algo había de novedoso y atrevido en la enunciación de ambas proposiciones, era que las doctrinas de Copérnico fueron consideradas como heréticas durante el Renacimiento, y cuando Galileo dedujo por observaciones telescópicas la rotación del sol, afirmando también con Copérnico la teoría del heliocentrismo, la Inquisición dictó un decreto, jamás revocado, por el que se declaraba, que suponer al sol centro del sistema planetario era una falsedad que estaba en pugna con la Sagrada Escritura. Por otra parte, en la segunda de las proposiciones se daba entrada amplia a las teorías mecanicistas de Descartes. Sólo que el modo de discurrir no era el seguido por el raciocinio mecánico, que según el Padre Caballero estaba en vigencia en Europa, "de la que América tenía que ser émula".

Por esta época ya Varela es un remolino de impaciencias. Aquella sensación de malestar general e hiperestesia que sentía de niño al mirar un foso o al contacto de ciertos objetos, se le agudiza tanto como se le afina su propia sensibilidad espiritual. Aparte de un aventajado estudiante y fervoroso creyente, es un fino ejecutante del violín, que se complace en la más bella música que se compone. Para un espíritu como el suyo la música se valora por los pensamientos que provoca al avivar la afectividad, lo cual reitera al decir: "la música tiene entrada libre en mi corazón"; y en la música se le van sus ocios más estéticos y delicados.

Quien ama la combinación armoniosa de los sonidos establece reciprocidad entre música y palabra. El sonido como fundamento de ambas expresa los estados anímicos del hombre, los exterioriza en matices y amplitudes que señalan una posición espiritual distinta, excluyente de otra cualquiera. Si el roce con superficies ásperas, o aún levísimos cambios de temperatura afectan su sensibilidad cutánea, el oído se le destroza con el latín con que trasiegan profesores y alumnos. No es prejuicio, es costumbre de sentimiento y de perfección artística. El idioma del Lacio es un producto acabado y finito al que incrustarle nuevas expresiones es tanto como añadirle nuevos tonos a una composición de Palestrina. El conocimiento del latín se lo define, en uso de liberalísima profesión, como la comprensión total de unos elementos agotados, que no pueden relajarse más allá de la acercada imitación a las formas usadas por quienes lo construyeron y manejaron.

Los conocimientos que posee del latín, y quizás hasta las opiniones que expresa al respecto, le valen que el Obispo, sin nombrarle oficialmente, le permita ejercer como Preceptor de latinidad en el Colegio Seminario. El entusiasmo que despliega el joven Varela sirve para encauzar guías hacia mejores hábitos de estudio a los escolares y seminaristas que acuden a sus repasos. A irles desbrozando del sucio latín con que arriban procedentes de las escuelas conventuales de retórica, es tarea que le abstrae, al extremo de hacerle descubrir la casi total metódica de la pedagogía que habría de desarrollar posteriormente: dejar hablar al alumno, hacerle decir y ensayar los nuevos giros y construcciones, interviniendo solamente para corregirle los errores. Y el maestrico que no rebasa la veintena de años se sobrepone en esfuerzos, así como era y nos lo han pintado, delgado, con grandes ojos negros y usando prematuros quevedos.

Consumido en la llama docente y el ardor religioso, alterna sus clases diurnas con los especiosos estudios teológicos de la noche. Con el Padre Agustín se prepara en el Colegio, en Moral y Teología escolástica; en la Universidad, en tanto, estudia a Santo Tomás, con el Presbítero José Ricardo Martínez. Su vida se habrá de caracterizar por una actividad extraordinaria que sólo cederá ante la muerte. Apenas sin concluir sus últimos estudios en el Colegio y la Universidad ya las hace de preceptor. Esa actividad se le acrece en noviembre de 1808, cuando recién salido de la defensa de las rituales proposiciones con que se gradúa de Bachiller en Teología, le escribe al Obispo suplicándole le admita como opositor a una cátedra vacante en el Colegio Seminario. La cátedra era la de Santo Tomás y Melchor Cano, y estaba destinada a su maestro universitario, el Presbítero Ramírez, y aunque Varela no pensaba disputársela, como bien aclaraba, lo hacía con el solo objeto de contraer méritos, porque "he cifrado mis aspiraciones en el profesorado". Muy seguro había de estar de sí mismo el bisoño teólogo, cuyas aspiraciones profesorales podían venirse definitivamente al suelo, si metido en oposiciones tan difíciles resultaban desaprobados sus ejercicios. Pero quizás ni tuvo tiempo de meditar en unos resultados adversos, porque dos semanas más tarde agobiaba al Obispo con nuevas peticiones. Ahora le comunica que ya se encuentra listo para recibir la investidura de las cuatro órdenes menores y el subdiaconado, aunque bien teme ser rechazado en sus pretensiones, debido a que carece de recursos materiales para mantener con apropiada dignidad la posi-

ción que reclama. Eso sí, aclara, que si la congrua que posee la
estima el Sr. Obispo insuficiente para establecerse en La Habana,
es bastante para hacerlo en la aledaña villa de Guanabacoa. Pero
una vez más Espada accede a las peticiones de Varela. Ya está
prendado de sus dotes y de su espíritu perseverante. Como una
deferencia, el Obispo ofrece el oratorio de su residencia del Cerro
para que se integre el sínodo que investirá con el subdiaconado
al tenaz curita sin plata que tocaba el violín, se preparaba para unas
oposiciones y sobre todo, deseaba servir a Dios desde el altar. El
sínodo fué presidido por Juan Bernardo O'Gavan, cuya carrera eclesiástica acababa de culminar en aquel momento al recomendarlo
Espada para el vicariato.

La antevíspera de las navidades de 1808, el subdiácono Varela
pasaba al Monasterio de Santa Catalina a servir en los oficios religiosos. Su vida puede definirse con las palabras de su contemporáneo
y también clérigo, el Presbítero Manuel García, quien afirma por esa
época, que Varela "constantemente está sobre los libros". Pero
como Varela no puede estar en todo a la vez, y así lo comprende
Espada, le dispensa de asistir a las famosas Conferencias morales.

¿Qué más daba en el ancho y nada prejuitivo criterio episcopal
que el joven subdiácono asistiese o no a las Conferencias morales?
Espada las había estatuído como valladar a la inmoralidad, al rutinarismo y a la ignorancia de los clérigos que bendecían matrimonios
secretos, ejecutaban repiques a tanto el campanazo y patrocinaban
procesiones bullangueras con finales de cuchilladas, y lo que él deseaba eran párrocos en misión social, hombres cultivados que pudiesen contribuir al desarrollo de la precaria comunidad isleña, no
solamente en el buen nacer o el buen morir, sino en el conocimiento
de la astronomía, las enfermedades, la higiene, la educación. Por el
antiguo sistema se estimulaba la simonía, la superstición, cuando
menos al sincero pero funesto y horrible fanatismo. Elementos
humanos frescos se imponía sumar al movimiento ya en marcha, y
el joven subdiácono constituía una promesa halagadora para la lista
de sus "cooperadores". Con la dispensación que el propio Varela
solicitó, había quedado de tácito admitido en el ya escogido grupo.

En los cuatro años que llevaba Espada al frente de la mitra había
transformado totalmente la vida religiosa y mucho del ambiente en
que se desarrollaba la vida civil cotidiana. La Sociedad Patriótica
volvía a ser el centro de las elucidaciones cultas de su primera época,

o posiblemente alcanzaba un auge que jamás soñaran, ni su fundador Las Casas, ni su detractor Arango y Parreño, que ya se le había sumado. En una extensión diocesana que corría casi de extremo a extremo de la Isla había hecho sentir su influencia inaugurando cementerios, vulgarizando la vacuna antivariolosa, fundando escuelas. Cruzando espesuras en recias volantas y por caminos penosos, su resistencia física se había demostrado pareja con su firmeza moral, y si mosquitos y jejenes no le arredraban en sus excursiones, tampoco las comunidades reacias a los cementerios y a la vacuna. Contra aquellos que estimaban sacrílego sacar de los nichos de las iglesias a los muertos o que consideraban inocua la vacuna antivariolosa, improvisaba discursos y pastorales convincentes. ¿Dejaríais, les dice, que un voraz incendio abrasase vuestra propiedad, vuestra esposa, vuestros hijos, si en vuestras manos tuvieseis los medios de evitarlo? Y con la perífrasis les ejemplifica del horrible contagio que se esparce en las naves de los templos, entre cuyas paredes se pudren los cuerpos infectos de los fallecidos.

Pero en La Habana es donde más se derrochan sus dones. Asociado con el nuevo Intendente de la hacienda, don Alejandro Ramírez, también modelo de ilustración y progreso, funda la escuela de pintura San Alejandro, y pide con urgencia a su viejo amigo Francisco Goya, un buen maestro para ponerlo al frente de la misma. Protector y mecenas de las artes y la educación, a la vez que encarga esculturas a Italia, acoge a los pintores en tránsito, o premia a maestros que enseñan en los barrios pobres, o aún dota y obliga a que se eduquen bien a las asiladas de los conventos. No obstante, de La Habana es de donde parten las acusaciones de iconoclasta, jansenista, masón con que sus enemigos creen justificar la actividad y rara conducta del prelado, y La Habana es el último refugio al que se reducen los contrarios de los cementerios para entorpecer la construcción del que le correspondía. La firme resistencia que le ofrecieron con este motivo sirvió para redoblar su celo, no sólo donó Espada terrenos de su propiedad para emplazarlo, sino que dirigió la obra hasta que José Perovani dió el postrer retoque a la resurrección universal, que pintara en las paredes de la capilla. Después, organizó el desfile exhumando los restos del Mariscal de Campo don Diego Manrique, que menos afortunado que él no pudo salvarse del vómito negro que le llevó al sepulcro, y los del Obispo de Milasa, cuyos despojos, juntos con los del Mariscal, sirvieron para simbolizar el abrazo de la muerte que en vida se daban, en la procesión inaugural, las autoridades eclesiásticas y militares, representadas por el propio Espada y por el Marqués de Someruelos, gobernador a la sazón de la Isla.

Luego de la aventura sanitaria del cementerio, Espada marchó derechamente a la enseñanza primaria. El suizo Pestalozzi con sus métodos de educación había revolucionado a Europa, tanto que don Manuel Godoy, que amén de libertino era hombre de información universal, estableció en Madrid el Instituto Pestalozziano con el fin de experimentar en España las nuevas corrientes pedagógicas, y a Madrid con expreso encargo de estudiar y observar en la novísima institución envió al Presbítero O'Gavan. Infortunadamente, O'Gavan no disfrutó de tiempo suficiente para completar sus observaciones, la caída de Godoy y la destrucción del Instituto por las turbas enardecidas aceleraron su regreso a Cuba, con sólo noventa días de estudio práctico.

Ya estaba preparando O'Gavan su informe para la Sociedad Patriótica de La Habana, cuando el Obispo le distrajo de su tarea señalándole presidente del Tribunal de Oposiciones a la Cátedra de Santo Tomás y Melchor Cano, que integraría junto con el Director del Colegio Seminario, Presbítero Domingo Mendoza, el Padre Agustín y el también Presbítero Gabriel de Lafuente y Vargas. A las oposiciones concurrieron el profesor de teología de la Universidad, Presbítero José Ricardo Martínez; el Teniente Cura, Miguel Sánchez; el Bachiller Juan Bautista Encinoso de Abreu y el Subdiácono Varela, que acababa de graduarse de Bachiller en Teología. La cátedra, como era de esperarse fué ganada por el experimentado maestro Ramírez, y hubo, como en todos estos ejercicios de tradición escolástica, su incidente penoso y desagradable, porque el bachiller Encinoso de Abreu recibió como premio a su esfuerzo las calabazas del desaprobado, mientras Sánchez y el muy bisoño Varela obtenían la aprobación de sus ejercicios.

Sin embargo, tales oposiciones constituyen un sello oportuno con que cerrar esta otra, temprana etapa de la vida de Varela, que concurriendo tan joven a contender con su maestro Ramírez, hacía palpable la enérgica fibra del educador que en él alentaba, y cuya mejor demostración brindara mucho antes, desde el momento mismo en que se iniciara con ideas nuevas y singulares como Preceptor de latinidades de su amado Colegio San Carlos.

IV

ESTILO CONTRA CAÑONES, MERCANTILISTAS CONTRA MONOPOLISTAS, DOMINICOS CONTRA INQUISICION

A don Salvador de Muro y Salazar, Marqués de Someruelos y Presidente Gobernador y Capitán General de la Isla de Cuba, le preocupaban más los sucesos políticos de Europa y América que los eventos intelectuales del Colegio San Carlos, más el Consulado que la Sociedad Patriótica, más su tranquilidad que la de los muertos reposando en los nuevos cementerios. Y aunque era gordo y de piernas cortas, taimado y disimulador, también era valiente y se mordía las entrañas de impotencia ante las depredaciones impunes que realizaban en aquel año de 1808 los malditos ingleses. Como ni él, ni las Españas de Carlos IV disponían de buques para salir a rociarles metralla, se las ingeniaba por encontrar recursos, que si bien no se aviniesen del todo con el merecido desquite que reclamaban los agresores, al menos sí con la murmurante opinión pública, que también se exasperaba ante los desafueros y reclamaba remedios. Pronto los halló el claro meollo del Marqués en el ardiente estilo literario con que redactó una pulida proclama donde, con citas de las Crónicas de Pero Niño, demostraba que entre las notables carencias de los *demonios del norte*, estaban los sentimientos cristianos. Después clamaba venganza, como mejor consuelo, haciendo votos finales porque los hijos jamás olvidasen las afrentas sufridas por sus progenitores.

Cosas de la política entre naciones, o que el Marqués poseía todas las grandes cualidades con que se adorna el hombre público. A los seis meses cumplidos de la primer proclama lanzó otra para protestar de la forma en que Fernando VII había sido "seducido" por los franceses. Se extendía a hablar del "santo furor" hispano, "capaz de romper y hacer pedazos las cadenas que oprimen a todas las naciones europeas", y como en su anterior, aludía a Inglaterra, pero

esta vez entre signos de admiración, como "nombre dulce y conso-
lador para el género humano, al que debe añadirse desde hoy, escudo
de la humanidad afligida".

Alguien, por supuesto, y en buena teoría de la impotencia acu-
mulada, era culpable de todo, o lo había instigado todo, y ese alguien
lo encarnaron los franceses. El Marqués fué temerario, porque daba
lugar a que en la Isla de Cuba pagasen la "instigación" los miles
de fugitivos que estaban convirtiendo esta tierra en despensa europea
de productos tropicales. Pero había más, la eventual alianza de España con Inglaterra, hacía temer al General Montalvo, hermano del
Conde, que los peninsulares entregarían a Gran Bretaña el tráfico
marítimo, lo que significaba la ruina criolla, porque los ingleses,
que jamás habían contemplado con simpatías nuestro progreso agrícola, no iban a llevar en sus naves los mismos productos que se afanaban en producir en sus posesiones antillanas. La nueva guerra,
por tanto, no auguraba para montalvistas y aranguistas, más que la
frustración mercantil cubana por culpa de los abyectos enredos de
la política europea.

En La Habana; o sea, en el único e importante centro comercial
de la Isla, las gentes de pro se inclinaban al afrancesamiento. Unos
con pasión, como el marquesito de Casa Calvo, que detenía su corcel
dondequiera para decirlo. Otros, porque pensaban que seguir la
moda de Francia era tanto como marchar acorde con la cultura,
la sanidad, la supremacía de la razón y el poderío humano.

Claro que en ese abigarrado grupo no se incluía a los monopolistas, que enseguida se incorporaron al movimiento francófobo.
Ellos eran los que derivaban provecho manteniendo los principios
y sistemas del arcaico monopolio comercial de Cádiz. Los ultrapro-
teccionistas que pensaban, por ejemplo, que las harinas embarcadas
por el viejo Stephen Girard debían salir de Filadelfia, atravesar el
Atlántico, tocar España y ser reembarcadas hasta La Habana. En
otras palabras, constituían el pequeño núcleo defensor de la teoría
de las banderas, que cambiaba el costo de los derechos aduanales
según la misma harina norteamericana viniese bajo enseña de España o de los EE. UU., y no por patriotismo, sino porque lo complicado del sistema se prestaba a confusiones de manipulación de
mercancía y con ello al abierto margen para recargar precios y
obtener mayores utilidades. Los monopolistas odiaron a los france-

ses, precisamente porque no lo hicieron los mercantilistas, y este punto de disparidad se originaba en que los mercantilistas fueron, desde que adquirieron influencia, decididos partidarios del comercio libre, al juzgar que una nación que producía un solo, gran producto, justo era que pudiera cambiarlo en las mejores condiciones por todos los demás que necesitaba y no producía.

Aún ante el problema de la esclavitud, donde existía coincidencia universal entre los dos grupos rivales, monopolistas y mercantilistas se separaban en la apreciación final de la cuestión. Los monopolistas contemplaban al negro como género de comercio, "bultos de efectos", mientras los mercantilistas lo comprendían en la lista de sus más valiosos aperos de cultivo. Por lo que no fué extraño, que mientras los monopolistas agitaban la enseña de Fernando "el deseado", al momento de la invasión napoleónica, los mercantilistas mantuviesen un discreto opinar y una atenta vigilancia de los acontecimientos.

Empero, iba terminando 1808 y la tormenta que se avizoraba desde sus principios todavía no estaba desencadenada. El famoso embargo norteamericano afectaba poco a los habaneros, y la balanza comercial recogía la entrada por puertos isleños de 50,000 barriles de harina y 1,607 negros, con menudencias de vino, manteca, tasajo. Se habían vendido 125,000 cajas de azúcar, 137,000 arrobas de café y 33,000 de cera, tan pura y blanca como la veneciana. Del tráfico de buques se contaron 602 de bandera norteamericana, o sea, casi un noventa por ciento del total que tocaron nuestras aguas. Y si de las balanzas de comercio no se desprendía que los monopolistas tenían que aferrarse vigorosamente a las tradiciones españolas para sobrevivir, se desprendía, en cambio, que los mercantilistas volvían los ojos hacia Norteamérica como áncora de sus ideales económicos para rescatar a Cuba de las embarazosas situaciones europeas.

Pero no respiraban tranquilos los mercantilistas; el embrollo internacional cada vez se hacía más intrincado, y a la ley del embargo sucedió el "Non-Intercourse Act", que prohibía taxativamente a los estadounidenses comerciar con ingleses y franceses. Esta medida servía para interrumpir definitivamente el tráfico marítimo y llevó a los mercantilistas a reunir con toda prisa al Consulado y prevenir a la metrópoli, que si Cuba no daba salida a las 250,000 cajas de azúcar de su zafra la Isla perecería. También consideraron la ventaja de firmar un convenio con los EE. UU., para garantizar el comercio de la Isla, ofreciendo como prenda de garantía que Cuba, a pesar de ser España aliada de Inglaterra, no sería inmiscuída dentro de los planes de Londres. No obstante, lo que parecía hacedero no cuajaba pese a los propios deseos norteamericanos, lo cual se debía principalmente a la sorda hostilidad de los monopolistas, y cuando finalmente semejaba el triunfo del criterio consular, la tormenta rompió por la provincia de Cuba, donde radicaba mayor número de franceses. Los santiagueros, quizás inspirados en el "santo furor" que predicara el Marqués, se habían ido en montonera contra los enemigos patrios y los estaban saqueando y apaleando lindamente.

Lo que sucedía en Santiago de Cuba no era para estremecer al Presbítero Juan Bernardo O'Gavan. Peores desórdenes él vió en Madrid cuando la ominosa caída de Godoy. Contempló la destrucción material del Instituto Pestalozziano y como por las ventanas de las casas de los parciales de don Manuel, salieron defenestrados muebles y útiles de todas clases. Tal vez los motines santiagueros fueran sólo el preludio del aniquilamiento de la incipiente y próspera agricultura criolla, como los de Godoy lo fueron para muchas instituciones que contribuían al esplendor peninsular. El "santo furor" también advenía entreverado de buen cúmulo de ideas reaccionarias, entre ellas las encaminadas a borrar cualquier sistema pedagógico que se opusiera al escolástico de los frailes. Por lo que tampoco sería ajeno que O'Gavan sí se estremeciera esta vez, cuando llevado del hilo de su pensamiento cayera concientemente en el temerario paso que acababa de dar desde la Patriótica, al defender sin prejuicios el método educativo de Pestalozzi, y sobre todo, las ideas filosóficas matrices que guiaron su pedagogía.

Todo había ocurrido vertiginosamente. Abstraído por las oposiciones a la Cátedra de teología, se apartó del informe que redactaba sobre sus observaciones madrileñas, pero tan pronto como firmó la última de las actas, se dió por entero a él, y una mes más tarde leía ante los Amigos del País los resultados de la aplicación en España del sistema pestalozziano.

En tesis general, O'Gavan aceptaba el plan, aunque, como especificaba, adentrarse en el método de Pestalozzi "podría servir de materia para un volumen regular". Por supuesto, proseguía, no todas las experiencias realizadas en Madrid resultaron afortunadas. Así, la implantación y cultivo de la gimnasia, provocó algunos accidentes

entre los educandos, que sirvieron como pretexto a los enemigos del
método para atacarlo rudamente. También se dió "demasiada extensión al Instituto, añadiendo cada día nuevos ramos científicos,
como si Pestalozzi se hubiera propuesto formar enciclopedistas",
cuando lo cierto era que el nudo de todo el sistema estaba en la
calidad de la enseñanza y no en su cantidad, que en líneas generales
consistía, "en pasar de unas verdades muy obvias y palpables a
primera vista hasta llegar ordenadamente al laberinto de los problemas más complicados, y en fin, adoptar un lenguaje peculiar
para expresar con la precisión posible todas las ideas que concibe y
combina el entendimiento humano". Luego, y ordenadamente, pasó
a sentar la necesaria troncalidad filosófica de donde se nutría la
teoría de Pestalozzi y la precisó, como era de suponerse, en la tradición empirista representada por John Locke y Etienne Bonot de
Condillac y sus doctrinas atomistas sobre el origen e integración de
las ideas. O'Gavan se entusiasmó llegado a este punto más que con
la idea de escribir un volumen sobre Pestalozzi, y sin ambages llamó
a los mencionados filósofos "genios inmortales", prediciendo que
nadie podría atacar su sistema "sin declarar al mismo tiempo la
guerra a las preciosas verdades que nos han dejado consignadas en
sus escritos el profundo Locke y el admirable Condillac".

A la semana siguiente salió *El Aviso*, con un suplemento donde
se recogía el discurso del Vicario de la diócesis de La Habana. Como
de costumbre, cierto número de ejemplares circuló por México, y
allí, donde los primeros intentos de reforma filosófica iniciados por
Juan Bautista Díaz de Gamarra se iban esfumando ante la cerrazón
escolástica que patrocinaba el agresivo Tribunal del Santo Oficio, se
reprodujeron las palabras de O'Gavan como estímulo y divulgación
entre los elementos de cultura liberal. Pero héte que, cuando los
motines contra los franceses habían estallado por Santiago de Cuba,
le iban llegando rumores a O'Gavan que el Santo Oficio había ordenado tachar por herético, precisamente el párrafo donde elogiaba a
Locke y a Condillac. Aquello no resultaba nada halagüeño para
todo un señor Vicario, menos en los momentos en que lo más rancio
de la hispanidad se jugaba a una sola carta con el objeto de exterminar a los franceses y a cualquier sospechoso de afrancesamiento,
que tanto se podía ser por adoptar la causa política de ellos como por
simpatizar con uno de sus abates filósofos.

Pero la inquietud del Señor Vicario era una inquietud entre muchas. No podía ser menos que la del Obispo, que ya había sido tildado de iconoclasta, liberal, fracmasón y hasta jansenista, y la del Marqués, que habiendo inventado el "santo furor" como frase de consumo patriótico ahora deseaba desvanecerlo en otra proclama dirigida a los "Nobilísimos habitantes de la ciudad de Cuba", para exhortarlos al apaciguamiento y a dejar "vivir en paz a esos franceses agobiados con el peso de su propio nombre nacional, que se acogen a vuestra hospitalidad". Por supuesto, que sin decaer en su ímpetu peculiar, ya que les anunciaba asimismo, que el tirano Bonaparte, amedrentado por "el rugido del león", no encontraba lugar seguro donde guarecerse.

Creía de buena fe Someruelos en la ascendencia de sus bonachonas proclamas, si no por el pulido estilo y ajuste retórico de ellas, por la fuerza de los hechos con que surgían amparadas, ya que brindaba las pruebas de mayor efecto y devoto acatamiento a los ideales de la Regencia española.

Llegado por aquellos días a La Habana, un joven mexicano que se decía muy vanidoso y apegado a los placeres del mundo, portando pliegos donde el rey José Bonaparte ratificaba al Marqués en su cargo de Gobernador, no sólo le había ahorcado, sino que, tomando por testigos al Cabildo en pleno, a la escasa guarnición y a cuanto curioso deseó regocijarse con el espectáculo, hizo que un negro encendiese una pira en la Plaza de Armas, frente a su palacio, y en ella arrojase los papeles que le enviaba el soberano usurpador.

Pero no bastaba. Ni las ardorosas proclamas ni los testimonios de sumisión y fidelidad que brindaba detenían los motines en ascenso de la Tierradentro a la Vueltabajo, y todo porque los monopolistas, que eran mercaderes oportunistas, amén de fervorosos patriotas, compraban los cafetales a los franceses, que ahora huían a la Luisiana, por la centésima parte de su valor. Por descontado, que desaparecidos los móviles de la bullanga, la tierra volvería a adquirir su valor intrínseco, no así las cosechas maduras, cuyo precio en el mercado de aquel momento descendía, amenazando con la ruina inmediata a los mercantilistas. Estos, a través del Consulado, no se daban tregua en clamar desesperadamente ante la metrópoli v en apresurar la firma del convenio con los EE. UU. antes que los disturbios rompiesen en la provincia habanera, que era el ombligo de la agricultura criolla. Nada pudieron prevenir, los días 21, 22 y 23 de marzo de 1809, una turbamulta de "vagos y negros" se dió al saqueo en la capital, llegando a asesinar a uno de los franceses que salió corajudamente a defender su propiedad. Ni el marquesito de Casa Calvo, ni Montalvos ni Arangos fueron molestados. Parecía cierto que el mercenario terrorismo se desplegaba en una nueva fase con el objeto de crear alarma e incertidumbre y frustrar definitivamente el convenio con los EE. UU., que ya estaba listo para ser firmado.

El señor Obispo no pudo contener por más tiempo su grandísima impaciencia ante la parsimonia con que el Marqués acogía los sucesos, y si no le sugirió ponerse él directamente al frente de la guarnición para romperles la cabeza a los revoltosos, al menos dejó entrever al Marqués que sus medios eran inadecuados, por lo que se le propuso, en atento escrito, como capitán de pastores para con buen juicio imponer cordura. "Así, pues, exponía a Someruelos, si las prudentes y activas medidas adoptadas hasta ahora por V. S. no producen el saludable efecto que esperamos, en este caso, los Ministros del Altar, que son los órganos destinados para ofrecer al pueblo los bienes sobrenaturales e ilustrarlo también sobre los temporales, se prestarán con fervor, mediante la insinuación de V. S. y mis prevenciones, a procurar por los medios de la persuasión el restablecimiento del orden y la tranquilidad pública."

El subdiácono Varela, que aún saboreaba los éxitos recientes de haber sido aprobado en sus ejercicios de oposición a una cátedra de teología, se encontró al igual que los demás curas de La Habana, como tropa acuartelada, presta a salir con las armas de su ministerio para contener los desmanes de la chusma.

Pero no fué necesario, el día 24 desembarcó del buque de guerra norteamericano "Hornet", el General Wilkinson, acompañado de toda la oficialidad, para girar imponentes visitas al Marqués y al Obispo. Luego de las visitas, los desórdenes cesaron como por encanto, finalizándose de consuno las conversaciones para el tratado comercial. Si el General Wilkinson puso a disposición de las dos más altas autoridades coloniales las fuerzas con que contaba en el "Hornet", es cuestión que se ignora, sólo es cierto que a partir de aquel instante pudieron negociar los mercantilistas la fijación de aranceles para harinas, carnes, arroz, manteca, menestras, negros, hielo, tablas, arcos, doseles y fierro "que sirvan para envases de nuestros frutos".

Con el Convenio los monopolistas mordieron el polvo, pero no se dieron por derrotados, su rencor se dirigió entonces contra el Marqués. Tranquilamente lo acusaron de afrancesado. Los fundamentos para la acusación eran tan peregrinos como las bases para el saqueo a los franceses. Según sus acusadores, Someruelos era afrancesado porque su madre se había casado con el Marqués de Montarco, que estaba al servicio de José Bonaparte. Como en ocasiones anteriores el Presidente Gobernador echó mano a su estilo y salió a defenderse, esta vez sin presunciones eruditas ni vanos alardes, sino para decir plañidera, honestamente, que no era culpable que la autora de sus días, a quien no veía desde hacía muchos años, se casara con Montarco. Se limitaba, eso sí, a recalcar dos hechos. Primero, que la mejor demostración de su patriotismo estaba precisamente en que su esposa, acompañada de sus dos tiernos hijos, vagaba fugitiva por las tierras de Logroño; y segundo, que basándose en que una vez Montarco había solicitado pena de muerte para los traidores, ahora reclamaba que se le aplicara. Para él, todo un Gobernador en funciones de Capitán General, sólo pedía se le indicase lugar donde servir a la causa española como soldado raso. Por vez primera Someruelos se había dejado de bonachonerías para escribir como un hombre.

Tampoco habían cesado las inquietudes de O'Gavan, los rumores de que el Santo Oficio mexicano había metido baza en su informe sobre el Instituto Pestalozziano se confirmaban con la orden de suprimir el párrafo de su discurso donde se exaltaba a Locke y a Condillac. Fuera de lo que consideraba injusto, el mandato del Santo Oficio equivalía tanto para O'Gavan como la de haberse convertido en un censor censurado, cosa que podía hasta estropearle su carrera eclesiástica, porque los cargos de Vicario general de la diócesis y Juez presidente del Sínodo Catedralicio que le había conferido Espada, aún estaban sin ratificar por el Consejo de Indias. Inmediatamente se dirigió a la Sociedad Patriótica protestando de la medida, y ésta, aconsejada por el Obispo, hizo suyo el discurso, y con toda pompa nombró un tribunal escogido de sus socios, para que, a la vez que considerase el discurso, vindicase el honor ofendido de la Sociedad por la Inquisición mexicana. El tribunal de los Amigos del

País quedó formado nada menos que por los muy tomistas fray Agustín Royé, rector y cancelario de la Pontificia Universidad de San Gerónimo de la Habana y fray Manuel de Quesada, conciliario y exlector de la misma. Por su parte, O'Gavan, presentó un pliego de descargos donde daba muestras de conocer no sólo las obras de Locke y Condillac, sino el buen criterio con que las divulgaba, dejando a un lado la "conducta y opiniones en el orden moral" de los autores y contrayéndose "a sus teorías sobre el entendimiento humano, la generación y el progreso de las ideas".

Coetáneamente a las tormentas políticas se desataron las intelectuales. Los mercantilistas habían hecho morder el polvo de la derrota a los monopolistas. Los empiristas habían arrastrado en su defensa contra la Inquisición a los propios hijos de Domingo de Guzmán. En cuanto al Tribunal del Santo Oficio, O'Gavan, que era profundamente rencoroso, pudo cobrárselas muy pronto al ser elegido diputado y pronunciarse en favor del proyecto de Cortes, por el cual quedaba abolida la Inquisición en España y sus dominios.

V

EN BATALLA CON EL TIEMPO

Mas, ¿qué hace nuestro Varela en medio de estas disputas? Lo hemos visto de subdiácono acuartelarse como tropa en espera de acción, para salir con las armas de su ministerio a persuadir a los alborotadores que cejen en sus propósitos de bullanguería. ¿Es que a él no le abstrae otra intención que estar desvelándose sobre los libros y cumplir obedientemente las órdenes de sus superiores eclesiásticos? Le abstrae también la idea del abuelo. Don Bartolomé está retorcido y nudoso como un viejo naranjo, y no quisiera verle morir sin antes presentársele totalmente armado caballero de la milicia de Cristo. Pero el día ansiado está lejano, por lo que no sabe si es él o es don Bartolomé quien libra la batalla del tiempo. Entre tanto, su existencia es tan angustiosa y tan llena de premuras como antes. Y cuando solicita ser investido diácono, el mejor informe que de él se ofrece es el de su maestro y coopositor José Ricardo Ramírez, que le juzga "radicalmente instruído", llevando "una vida arreglada, recogida y estudiosa", y dando a todos el mejor ejemplo. Pero entre la batalla que quiere librar al tiempo están sus propias batallas intelectuales. No sólo ha seguido con interés el desarrollo del vaivén político, sino la arremetida de O'Gavan contra el Santo Oficio mexicano, y ello le ha estimulado a proseguir sus lecturas filosóficas, que ya son copiosas y originales, añadiendo a sus descubrimientos iniciales y conciliatorios entre la búsqueda de la verdad natural y la intuición de Dios, la contraposición de las modernas investigaciones científicas frente a los residuos aristotélicos de *De Anima* y *De Generatione et Corruptione*, que estudiara en el Colegio y en la Universidad.

Su primer ídolo científico es el fisiólogo y filósofo francés Marie François Bichat. Las teorías vitalistas de Bichat le satisfacen más que el mecanicismo cartesiano, y en las *Recherches phisiologiques sur la vie et la mort* del precursor de la histología, encuentra más sustancia de dualismo psicológico que en todas las explicaciones cartesianas. La existencia es, para Bichat, un impulso que concilia una vida controlada de relación y otra vegetativa o de las tendencias y la supervivencia del individuo. El impulso; o sea, la energía desconocida y armonizadora de ambas manifestaciones, se hace patente en la irritabilidad y contractilidad de los tejidos, que obligan la actividad de todo el sistema animal. Las teorías de Bichat son aún más novedosas que las de Cabanis en medicina o las de Destutt de Tracy en teoría del lenguaje, y tan coetáneas como las primeras investigaciones que realizan los propios ideólogos, encabezados por de Tracy, sobre las sensaciones.

El *Novum Organum*, asimismo, le atrae con la fuerza que sólo en un espíritu investigador puede provocar el método científico. Y leyendo a Malebranche, Varela lo dejará caer de las manos para exclamar: "Lástima que no hubiera tenido un poco del lastre de Verulamio." A él le inspira Bacon igual respeto que a los escolásticos Aristóteles, y la misma expresión que aplicara a Malebranche la hará extensiva a todos los metafísicos, seguidores de quimeras, que desearon apartarse del apotegma sentado por el pensador inglés. No importa que se llamen Condillac o Destutt de Tracy.

El mundo del conocimiento es uno de símbolos, donde los sentidos juegan el papel principal, porque es a través de éstos donde se empalman aquéllos con la realidad que los hace brotar de la mente humana para construir las ideas que nos explican la naturaleza. El símbolo de una nota musical, por ejemplo, ofrece la idea de un sonido, la inflexión de la voz acentúa el símbolo de un estado emocional, y ambos han sido tasados en la experiencia de los sentidos. Es de suponer que Locke, tanto como Condillac y los ideólogos que se afanaban por descubrir la propia naturaleza de las sensaciones, ejerzan en Varela más atracción que los filósofos racionalistas.

Varela, podemos anticipar, será un pensador empirista, con la sola excepción que jamás ningún filósofo ha sido enteramente empirista o enteramente racionalista, porque éstas son clasificaciones de docencia filosófica. Lo que sucede es que la realidad la explica el filósofo por muy diversos medios, sin que le sean ajenos ni los procedimientos empiristas ni las actitudes racionalistas, para quedar predominando en él el acento de una u otra tendencia, y en Varela predominaba el empirismo, porque por vía empirista es que, y a partir de las postrimerías del siglo XVIII, los métodos científicos de investigación y verificación se afinan y perfeccionan de tal manera como para hacer desgajar del recio tronco de la filosofía, y en particular de su más frondosa rama, la física, la mayor parte de las ciencias naturales que hoy conocemos.

El estudioso de Santo Tomás y San Agustín, el observante de Melchor Cano y lector de los místicos, podía recurrir a los métodos más ponderables de la fe con objeto de acercarse a Dios y no cansarse en recomendar, a los que se iniciaban en ciencias naturales, la lectura de la Suma teológica de Aquino. Pero en cuanto abusamos de los dogmas, la fe y sus doctores para explicarnos el desencadenamiento material de los fenómenos naturales por otra vía que no sea la de la experiencia, pensaba, nuestros esfuerzos resultan estériles y en vez de conocimientos adquirimos prejuicios que sirven exclusivamente para perpetuar la ignorancia.

"Creemos muchas cosas —dice Varela, con la mente fija en Descartes—, porque así se creen y han creído por todos; y otras muchas las rechazamos porque tradicionalmente se vienen rechazando por la generalidad. Nos despojamos muy difícilmente de las ideas que nos infiltraron desde la infancia, y en virtud de ellas llegamos a obrar por una especie de hábito. Hemos sido, en fin, educados de modo que tenemos a gala impugnar y eliminar fulminantemente todo lo que contradice nuestras inveteradas opiniones. ¡Cuántos males traen aquí su origen!"

Y éste era el caso conocido de nuestra enseñanza, contra la que se había rebelado su maestro Caballero, y contra la que él estaba brindando muestras de extraordinaria inconformidad al estar siempre sobre los libros, bebiendo y asimilando las más modernas teorías y experiencias, que salían de los gabinetes y laboratorios europeos.

Varela mientras estudia forja y desforja sueños que son como el trazado de su futuro. En las apacibles madrugadas, cuando deja de leer o anotar sueña si fuera profesor. Pero profesor, ¿de teología?, ¿de retórica latina?, ¿de filosofía? En estas tres materias se encuentra apto para enseñar. Pero apto en un sentido nuevo, distinto. Por ejemplo, si fuera sagrada teología, la desligaría de todas las cuestiones escolásticas en que la involucraban los dómines aristotélicos. ¿Si latín? Continuaría cultivando la verdadera lengua del Lacio, no

aquella preñada por voces bárbaras con que también se enseñaba
una filosofía extraña a los tiempos que se vivían. En fin, soñando
en un profesorado fuera de teología o fuera de latín, derivaba invariablemente a la filosofía. De todas maneras, si fuera profesor de
filosofía disertaría en torno a las doctrinas fisiológicas de Bichat,
divulgaría a Linneo, traería a su pupitre profesoral a aquellos dos
"escrutadores de la mente humana" que eran Locke y Condillac, y
en el campo de las ciencias de laboratorio realizaría experimentos de
electricidad, de óptica. Explicaría la teoría de la gravitación universal, de Newton, y explotaría su saber matemático para ejemplificar cómo las más audaces hipótesis que concibe la razón humana
han de marchar equilibradas con los hechos, y cómo en esa armoniosa
interdependencia del hecho y la teoría, se explica la experiencia,
que es todo cuanto necesitamos para acercarnos a la comprensión
de nuestro mundo material. Al cesto irían silogismos, categorías y
definiciones escolásticas, y cuanto embarazara y obstruyera la inteligencia de la verdadera ciencia empírica.

Sin embargo, la cabeza soñadora de Varela tuvo que salirse
muy pronto de estas hermosas cavilaciones para dedicarse de lleno
a la preparación del diaconado y a la revisión total de sus conocimientos latinos, puesto que la cátedra de "Latinidad de Mayores y
Retórica" que desempeñaba interinamente en el Colegio iba a ser
sacada a oposición.

El 10 de diciembre de 1810, se integró en el Cerro, en la residencia del Obispo, el sínodo, que presidió O'Gavan. Varela resultó
aprobado, y tras el ritual de la amonestación y el retiro de costumbre,
le fué conferido el diaconado el 22 de diciembre del mismo año, en
la Iglesia Catedral.

Ya por esa fecha Espada le había ratificado en la preceptoría,
pero las oposiciones no se celebraron hasta marzo de 1811, formando
el tribunal O'Gavan y los doctores y presbíteros, Miguel de Anaya,
José Ricardo Ramírez y José Casimiro de la Torre.

Como opositores se presentaron Varela y su amigo y contemporáneo el Presbítero Manuel García, que era quien le había visto
siempre sobre los libros. Celebrados los ejercicios, el tribunal votó
por unanimidad a favor de García, y Varela tuvo que salir despedido
de su preceptoría el 31 de aquel mes y año, ya que ese día tomó
posesión el ganador.

Aquel no fué un desengaño. Varela era diácono y su contrincante presbítero, y solamente si éste se hubiere comportado tan mal como aquel Bachiller Encinoso de Abreu, que fué desaprobado en las oposiciones de teología, es que hubiese tenido oportunidad de ocupar en propiedad la cátedra. Sin embargo, y aunque Varela da muestra de ser un joven muy impaciente, García no llegó jamás a igualarle su fama de latinista.

Tuvo entonces nuestro diácono que darse con renovado ardor a sus estudios eclesiásticos y colocar mayor lastre a las alas de sus propios sueños, porque el abuelo estaba cada día más rugoso, más abatido, y no era de olvidar que ambos le tenían empeñada una carrera al tiempo, y en la carrera estaba embebido Varela cuando los acontecimientos europeos vinieron a alterar el ritmo de la vida criolla y a colmar sus sueños en una súbita e inconcebible realidad.

En la Península la Regencia del reino había sido disuelta, y colocada la soberanía nacional en manos de unas Cortes, donde tenían representación todas las provincias españolas. La Isla de Cuba envió también sus delegados, y ojalá que las primeras elecciones, que fueron protestadas, las hubiesen anulado, porque de nuestros dos representantes, el Marqués de San Felipe y Santiago, no hizo más que jurar el cargo, cuando ya estaba buscando una licencia para largarse, y don Joaquín Santa Cruz, jamás abrió la boca en una sesión, a menos que no fuese para responder al pase de lista.

Ante el fracaso de esta representación, los escamados criollos se dispusieron a seleccionar mejores hombres, y como a la Isla se le reconocían dos diputados, decidieron los de la Patriótica y los del Consulado; o sea el Obispo y don Francisco de Arango, enviar hombres de mayor preparación e inquietud. Los escogidos fueron Andrés de Jáuregui y el Presbítero O'Gavan, que acababa de ser ratificado por el Consejo de Indias, Vicario gobernador de la diócesis. Pero si bien Jáuregui, que era uno de los miembros más distinguidos del Cabildo habanero, a la par que brillante exponente del mercantilismo isleño, salió triunfante por La Habana, no así O'Gavan, que quedó como segundo suplente de su región natal, al ser derrotado por don Tomás del Monte y Mesa y por don Francisco Antonio Bravo.

Mientras ocurrían estos trajines electorales, Varela se preparaba para solicitar el presbiterado. Si bien parecía que don Bartolomé iba a ganar la batalla que tenía empeñada con el tiempo, el aspirante a Presbítero había olvidado que de tanto correr él aparejado y disputando con el tiempo, se le había adelantado de tal manera, que su edad no alcanzaba a la legal para ser investido sacerdote.

Solamente el Obispo podía salvar el infranqueable obstáculo. La edad requerida eran veinticuatro años y Varela acababa de cumplir veintitrés. Pero dejar pasar la oportunidad era tanto como dejar ir a don Bartolomé sin que le contemplase armado caballero de Cristo.

Así, lleno el pecho de angustia volvió a dirigirse a Espada, solicitándole la exención de edad, que sería de once meses, puesto que las témporas se celebrarían en aquel diciembre. Como el argumento de los once meses quizás resultase poco convincente ante la fina inteligencia del Obispo, empleó el íntimo y reservado que se presentaba a sí mismo, para satisfacción propia y pleno reconocimiento al abuelo, que ya se había percatado que la vocación de Félix no era la prendida a un dulce embeleco de la pubertad. Por eso fué que Varela impetró a Espada con vehemencia y sinceridad haciéndole confidente de sus más esotéricas expectaciones con estas palabras: "dígnese admitirme al sacerdocio en consideración a mi abuelo, que próximo al sepulcro por su avanzada edad, graves y notorios males, espera de la bondad de Vuestra Señoría Ilustrísima, ver conseguido el fruto de sus desvelos en la educación y carrera del que expone."

Espada accedió, y evacuadas enseguida las informaciones de rigor, se celebró el sínodo, el 12 de diciembre, en el propio Colegio Seminario, bajo la presidencia del doctor Cristóbal Manuel de Palacios, Deán de la Catedral.

Al día siguiente se realizó el ritual de la amonestación en la Iglesia del Santo Angel, y el 21, el Obispo confería a Félix Varela el sacerdocio frente al altar mayor de la Catedral.

Apto para decir misa, ofició por primera vez en la iglesia anexa al Convento de Santa Teresa, donde se hallaba recluída su tía monja. Aquella primera misa no la dijo sólo para las hembras de su familia, la dijo también para dar gracias fervorosas a Dios por haberle dispensado el infinito don de que aún viviese don Bartolomé. Era la mejor reparación que podía brindarle por aquellas palabras de su adolescencia, dichas un poco en exabrupto.

Lucía insólito que el Vicario de la diócesis no hubiese presidido el sínodo que esta vez aprobaba el presbiterado de Varela. La razón estaba en que O'Gavan había partido apresuradamente para la Península, a ocupar el escaño en las Cortes que correspondía a Santiago de Cuba, ya que Tomás del Monte había renunciado y a Francisco Antonio Bravo, primer suplente, le habían sido anulados sus poderes.

Entonces fué cuando el Obispo, que desde 1807 trataba de reformar los planes de estudio del Colegio, decidió reunir en una sola cátedra los estudios de filosofía, que hasta ese instante compartían el Padre Agustín y O'Gavan, explicando el primero, Lógica y Metafísica, y el segundo, Física y Etica, designando como profesor de la misma nada menos que al recién estrenado presbítero, don Félix Varela y Morales.

¡Cuánta no fué la alegría del nuevo sacerdote! ¡Cuánto el contento de la tía y de las hermanas! ¿Y el del buen abuelo? Don Bartolomé, en medio de su regocijo, también daba gracias infinitas a Dios por haberle permitido vivir tanto. No sólo para contemplar a Félix soldado de Cristo, sino profesor en la más importante cátedra del Colegio San Carlos.

VI

BARRER, HASTA EL ULTIMO POLVO

Al tomar Varela posesión de la cátedra de filosofía, el Colegio Seminario tenía treintinueve alumnos. De ellos veintiséis eran becados. Fungía como director el Presbítero Domingo Mendoza, repartiéndose la enseñanza en la forma siguiente: El Padre Agustín, Sagradas Escrituras y Moral; José Ricardo Ramírez, Teología; Justo María Vélez, Jurisprudencia; Manuel García, Latinidades de Mayores y Retórica; Francisco María Castañeda, Mínimos de Latinidades; y Pedro Abad, Matemáticas. Casi todos los profesores eran sacerdotes seculares y criollos. Muchos de ellos no alcanzaban treinta años de edad y trabajaban en un mismo empeño creador junto con el Obispo diocesano por realizar en materia docente algo distinto a la Universidad.

Aunque en sus orígenes el Colegio fué equipado para impartir enseñanza primaria conjuntamente con secundaria, aquélla había sido abolida y ésta sobrepujaba en calidad a la superior que se suponía brindaba la Universidad de San Gerónimo. Los esfuerzos del San Carlos despertaron la consiguiente rivalidad en los doctores universitarios, recrudeciéndose la pugna desde 1807, en que el Obispo Espada había dispuesto la creación de dos nuevas cátedras, una de Derecho civil y otra de Matemáticas. Si bien la Universidad admitió de tácito los nuevos estudios, les opuso, no obstante, toda clase de impedimentas con objeto de evitar la matrícula en Derecho, y menos que por dicha materia se confiriesen grados. Es esa la razón por la que Justo Vélez aparece en las Guías de Forasteros de entonces bajo el título genérico de Profesor de Jurisprudencia.

Ninguno de los obstáculos interpuestos hizo disminuir el tesón episcopal. Al contrario, haciendo uso de los derechos que le conferían los Estatutos del Colegio reclamó a la metrópoli, continuando las clases su desarrollo normal y abriendo un campo de nuevas oportunidades a los jóvenes seglares, que nutridos hasta indigestarse de derecho canónico ignoraban en cambio las leyes españolas, que como nunca se aumentaban con la apertura de Cortes. Aún la presencia en éstas de O'Gavan y Jáuregui indicaba que la debatida cuestión se resolvería con la celeridad de lo que acreditaba en su esencia ser sustancia vital para un cuerpo legislativo. Este inexorable augurio fué el que movió a Espada a dar otro paso de avance en sus reformas, y reunir en un solo grupo toda la materia concerniente a los estudios filosóficos, designando profesor a la persona que lucía más apta para su desempeño. Pero inaugurada la nueva cátedra, las Cortes no daban muestras de aprobar los proyectos que desde hacía cinco años se desenvolvían con regularidad en La Habana. Los negocios públicos en España siempre marchaban con lentitud, se viviese bajo Felipe II o bajo el imperio de una Cámara semipopular con todos los poderes concentrados en su mano. Y no fué hasta el año de 1813 que las Cortes resolvieron a favor del Obispo de La Habana.

La oposición universitaria al establecimiento de los nuevos estudios, fué reveladora, no tanto de su anacronismo, como de la carencia de espíritu científico que en ella predominaba. Tres de sus principales disciplinas, latinidades, filosofía y teología, pertenecían propiamente al Convento de los frailes dominicos, y éstos gozaban el privilegio de explicarlas, al igual que cualquier otra de la Universidad, sin poseer títulos de bachilleres. Sus pariguales que no eran dominicos, eran doctores, pero el grado se les confería mitad por profesar en la Universidad, mitad como remuneración a sus servicios docentes. Vale suponer que si alguno de los gerónimos estaba de veras capacitado para ejercer funciones académicas consagraba sus esfuerzos a obtener una cátedra del San Carlos, como había sido el caso del Presbítero José Ricardo Ramírez, ya que el Colegio pagaba salario a sus maestros.

Félix Varela, formado en el San Carlos, ahora Presbítero y profesor, poseía suficiente espíritu crítico para catar tanto las limitaciones universitarias, como las propias y típicas del Colegio donde, siguiendo el mandato fundador del Obispo Hechevarría, que databa de 1769, debía enseñarse "según los nuevos experimentos que cada día se hacen y nuevas luces que se adquieren en el estudio de la naturaleza."

Pero lo cierto con Félix Varela fué que comenzó sus clases al uso y estilo de sus predecesores. Y es que un nuevo profesor se comporta siempre como un aprendiz de ciclista; está tan ensimismado en mantener el equilibrio, que nunca ve el poste donde tiene que estrellarse necesariamente para hacerse ciclista o profesor. El aprendiz de ciclista mira a la rueda, el profesor a los que antes que él estremecieron con sus pasos el escenario académico. Sin embargo, ni el ciclista contempla perennemente como gira la rueda colocada bajo su vista, ni el profesor los métodos de sus maestros. Si ambos poseen aptitudes algo se las saca a flote, al ciclista los encontronazos, al profesor los alumnos.

Cada día, Nicolás Manuel de Escobedo, uno de sus discípulos más devoto, va a servirle de secretario en la preparación de lecciones.

Aquella tarde Escobedo leía sobre lo que iba a ser materia próxima de enseñanza. Leía, confiesa Varela, sobre algunas cuestiones especulativas que constituían nervio para los que gustaban discutir escolásticamente.

De repente Escobedo se detuvo y le preguntó con el natural candor del que se muestra ávido por el genuino conocimiento: "Padre Varela, ¿para qué sirve esto?". Fué para mí, prosigue el Presbítero, como un sacudimiento que despierta a un hombre de un profundo letargo." En otras palabras, fué el encontronazo definitivo que decide al ciclista mirar al horizonte y no a la rueda.

Varela le respondió con llaneza:

En efecto, "eso no sirve para nada".

No obstante, el novel profesor nada hizo por reformarse en su propósito de enseñar cosas inútiles. También los profesores saben las cosas inútiles que enseñan y se obseden en hacerlo. Pocas semanas más tarde Varela tuvo que redactar los elencos de clase y a ese fin escogió, como proposiciones principales, muchas del tipo escolástico que habían provocado la encuesta de Escobedo.

El deseo de halagar a su protector hizo que entregara los elencos al secretario del Obispo y también profesor del Colegio, Francisco María Castañeda.

Espada los leyó y luego con displicencia dijo:

Bueno, "este joven catedrático va adelantando, pero aún tiene mucho que barrer", mientras señalaba como inútiles, precisamente las proposiciones que Varela juzgaba hasta más brillantes.

De regreso al Colegio, Castañeda, que era hombre sencillo, contó en detalle al joven profesor la opinión del Obispo.

Impresionado doblemente, Varela se dió enseguida a la tarea de suprimir las proposiciones indicadas como inútiles, y envió a la imprenta lo que era como un resumen o programa para el repaso, que entonces se designaba con el nombre de Elenco.

No quedó satisfecho. En su cabeza se revolvían la pregunta de Escobedo y las críticas del Obispo, y ya decidido, como el buen ciclista, a mirar hacia el horizonte y no hacia la rueda, ordenó más tarde reimprimir sus proposiciones. Esta vez fué él mismo quien tachó y retachó todo lo que le lucía anacrónico, estéril o inútil. Llevado de las palabras de su protector, estaba decidido a barrer, pero barrer hasta el último polvo del escolasticismo o inutilismo, dondequiera que se asomase.

Cuando devolvió al impresor el texto del tantas veces recompuesto Elenco, lo hizo encabezándolo con un verso virgiliano de íntima esencia lucreciana: *"Felix qui potuit rerum cognoscere causas"*. Sesenta años más tarde, en Nueva York, don Antonio Bachiller y Morales exclamaba al descubrirlo: "¡Este es el primer ensayo hecho en Cuba de filosofía moderna!"

A partir de ese momento, inició sus clases en español. Fué sorprendente, tanto para los tradicionalistas como para los renovadores. El Padre Agustín, que en 1796 había incluído en su fracasado plan de reformas escolares la cátedra de gramática española en todos los centros de estudio, se estremeció complacido, mientras algunos oscuros frailes y doctores, que otrora solicitaron la proposición de Caballero fuese sometida a la aprobación real, comentaron despechados, que al joven Varela le preocupaba innovar por el mero deseo de alcanzar notoriedad. De consuno, el innovador fué bautizado unánimemente el Cartesio cubano. Por los frailes y doctores, peyorativamente; en forma muy seria, por el grupo de personas ilustradas que estaban dramatizando, junto con él, los inicios de la cultura científica criolla. Podía haber sido más, el Cartesio español, porque era nuestro cubano, el primero de los profesores hispánicos que adoptaba la lengua nacional para explicar filosofía. Empero, Varela tuvo una respuesta adecuada para los escolásticos, y fué consagrar un día de la semana al latín. No al bárbaro de los gerónimos, sino al clásico de Marco Tulio y Virgilio, cuyo manejo consideraba imprescindible para el enriquecimiento humanístico de los estudiantes.

El que fuera preceptor de latinidades y perdiera la cátedra de retórica un año antes, con esta medida estaba brindando la mejor muestra de su amor por la lengua que la opinión culta de su época le reconoció manejar como nadie.

Ya hemos visto que nuestro profesor no charla con sus discípulos solamente en el aula. Los lleva hasta la intimidad de la conversación personal y en la propia celda que ocupa en el Colegio, y que sus muchachos llaman "el cuarto".

Esta actitud siempre ha sido aventurada dondequiera que el rigor científico y la enseñanza honesta no acompañen al profesor. Pero en los tiempos en que desafiar al escolasticismo español era como a San Jorge desafiar al dragón, su actitud se tornaba en extremo peligrosa. Varela confiesa que la ignorancia era tanta en su época de reformador, que había conocido a muchos, "que al oír hablar por primera vez del movimiento anual y diurno de la tierra, de la fluidez del espacio, de la pesadez del aire, de la ley de atracción universal y de otras cosas semejantes, se creyeron objeto de un engaño". Qué hábilmente no debieron haber sido dirigidos sus esfuerzos, cuando en lugar de provocar la disminución de su prestigio por la novedad de sus enseñanzas y métodos de trabajo, vió aumentárselo por día. Era que los adolescentes habaneros jamás oyeron hablar con tanta sencillez y claridad a sus exmaestros, ni les habían escuchado disertar tan distintamente sobre temas tan diversos y hondos sin el menor síntoma de sabichoso empaque.

Por su parte, el profesor, rezumaba energía creadora por todas las manifestaciones de su espíritu, hallándose dispuesto a dar cuanto se le solicitase de su impronta docente como de su producción literaria, su vocación religiosa o sus predisposiciones artísticas.

En su impronta docente, por vez primera, implantaba un sistema de enseñanza acorde con las teorías sobre la formación de las ideas en la mente humana, que compartía con el empirismo anglofrancés, y en la que centraba la discusión metodológica de Pestalozzi, de que hablara en su célebre informe el Vicario O'Gavan. Si las ideas se integran por sensaciones, que son los elementos mínimos concientes; en otras palabras, los átomos que hacen la estructura del concepto, y éstos a los juicios, que son los que se comparan entre sí, proporcionándonos las generalizaciones, se hace inteligible que es por la raíz misma del conocimiento por donde se ha de comenzar y no por sus frutos. O sea, proceder en todo a la inversa de los dómines. Si ellos marchan de las generalizaciones, él marchará de las ideas particulares. Y ya, en habla de menester teórico, y de acuerdo a lo que afirmara O'Gavan en su disertación, procediendo de lo sencillo a lo complejo, de lo fácil a lo difícil, de lo particular a lo general. Todas las categorizaciones, en fin, que por conclusión definen al atomismo filosófico en acepción pedagógica.

El método de Varela fué trastornador, puesto que a la inversa de los escolásticos, hablaba y no leía al brindar sus lecciones, y al hablar lo hacía en romance, y aún lo que hablaba era muy poco, porque su sistema consistía precisamente en que hablaran sus alumnos. Tocante a esta innovación, nos cuenta, con similar ingenuidad al episodio de Escobedo, como ponía en ejecución su sistema, que hizo estremecer a los escolásticos puros y a los que refugiados en Descartes continuaban disfrazando al escolasticismo, tras el postulado empirista del "pienso, luego existo", pero practicando la misma intuición y deducción racionalistas que en la escolástica y en el pensador francés.

Mi manera de explicar, afirmaba Varela, consistía "en llamar la atención de mis discípulos ofreciéndoles no mortificarlos con largos discursos, e indicándoles que por otra parte yo conocería muy pronto si había merecido su atención. Explicábales enseguida la materia que me proponía que aprendiesen, poniendo mucho cuidado en no divagar, y en ser claro y preciso, después, eligiendo uno de ellos, le exigía que me considerase como su discípulo y que me *enseñase* aquella lección. Yo procuraba hacer mi papel preguntando si no estaba muy clara la explicación, y cuando me encontraba *enseñado*..., quedaba satisfecho. De este modo conseguía mayor fruto con menos trabajo, pues la experiencia prueba que mientras el profesor hace una dilatada exposición de su doctrina, están sus discípulos, unos casi dormidos, otros haciendo reír a sus compañeros con alguna travesura, y otros, que tienen deseos de aprender, se hallan sumamente disgustados, porque acaso no entendieron una parte de la explicación y pierden la esperanza de entenderla, porque el maestro sigue divagando, como es indispensable que suceda cuando se quiere hablar mucho sobre un punto, cuya explicación exige muy pocas palabras".

Contemporáneamente a estos primeros ensayos, arribó a La Habana el Ilustrísimo don Pedro Varela Jiménez, Arzobispo de Santo Domingo. El primer prelado de Indias ostentaba la distinción como una dulce reminiscencia histórica. Su diócesis había quedado pobrísima luego de todas las vicisitudes políticas y sociales que sufriera. Pero don Pedro Varela, se había impuesto la tarea castellana, si no de elevar su mitra por la riqueza al rango de otrora, sí a una altura intelectual que reciprocara a la ilustración del siglo. Dentro de este tipo de preocupaciones, le interesaba fundamentalmente renovar las enseñanzas del Colegio Seminario de su Archidiócesis.

El Arzobispo fué presentado a todos los profesores del San Carlos de La Habana. Siguió con atención las enseñanzas que aquí se ofrecían y sólo manifestó señalado interés en las del Presbítero de su mismo patronímico. Le asistió a sus clases y le consagró una amistad que llegó a la confidencia al solicitarle que escribiera un texto de filosofía con iguales alcances a los propósitos que estaba desarrollando entre sus discípulos. Para el profesor era materia de pulir, ordenar, revisar sus apuntes y elencos, refrescar algunas ideas y sintetizarlo todo en unos breves tratados que comprendieran los amplios estudios que entonces se incluían bajo el nombre de filosofía. Así fué cómo salieron impresos los dos primeros tomos de la obra planeada en cuatro, en 1812 y en la Tipografía de Antonio Gil, con el título de *Institutiones Philosophiae Eclecticae ad usum Studiosae Juventutis.*

Si nos llevamos de las siempre ricas noticias de don Antonio Bachiller y Morales o de las más sobrias de José Manuel Mestre, constataremos que los dos tomos aludidos comprendían los estudios de lógica y metafísica, en tanto que el tercero y cuarto, moral y ciencias naturales, respectivamente. Pero cuando nos solazamos en la lectura de dicho primer tomo hallamos que en él hay de todo, menos de lógica formal. Más de metodología científica, y aún de una ciencia nueva que el propio Mestre, tan partidario de la ortografía ortodoxa a veces escribe sicología, pero que en los tiempos de Varela se la solía designar, un poco ambiguamente, estudio de las manifestaciones del espíritu.

En realidad a Varela costó trabajo vencer su timidez y lanzarse a la realización de su primer obra, y esa candorosa timidez le quedó reflejada en los dos primeros tomos, que salieron sin nombre de autor, y en los prolegómenos del primero, donde aclaraba con suma modestia, haberse decidido a escribir "por los deseos de sus amigos, no menos que por los de un hombre de grandes y preclaras virtudes que le inspiraba la más devota veneración y los más sentidos afectos", y del que pensamos que más pudiera encarnar el Obispo de La Habana, que don Pedro Varela Jiménez.

A pesar del achaque de modestia, nada hay en este primer tomito, perdido por mucho tiempo, que no esté en el Varela eterno de la Miscelánea Filosófica, las Lecciones de Filosofía o las inolvidables Cartas a Elpidio. Su brevedad la preside una asimilada erudición, que no es la pegada en luengas horas de transcripciones, sino de profunda interpretación; porque se mueve con una soltura e independencia en los criterios que expone, que obligan, a virtud de su anticipada madurez y antes de examinar en detalle a la obra, insistir nuevamente sobre su posición filosófica, que el mismo autor declara ecléctica: "porque sólo se demuestra filósofo quien persigue única y exclusivamente la verdad y la estrecha en sus brazos dondequiera que la encuentra, sin preocuparse de los autores de la doctrina, y se inclina más ante la razón que la autoridad." No obstante, a los ojos de nuestro tiempo, la propia declaración de Varela es insuficiente, una clasificación más sutil se impone, hurgando en los cauces mismos donde su pensamiento se alimenta. Y en esas dos grandes vías nutrientes de la filosofía, el racionalismo y el empirismo, contemplar con mayor minucia, cómo predomina en nuestro reformador el empirismo, tan marcado que toca directamente a su extremo sensualista. Lo cual no es difícil de demostrar, sino que él lo declara paladinamente en su famosa carta de 1840, cuando sus discípulos del Colegio estaban a la greña, polemizando sobre Victor Cousin.

La famosa carta no tuvo las repercusiones deseadas. Dirigida a Manuel González del Valle, éste no quiso publicarla, y era que Manín, como le llamaba Varela, estaba refugiado en la protección oficial y había "cogido iglesia", como se decía entonces, para desde allí mejor dirigir la fusilada contra Luz y Caballero, alimentando al público grueso con que ser sensualista era tanto como bordear los precipicios del ateísmo, la anarquía y el materialismo. Ignoraba González del Valle, como los demás seguidores de Cousin, que ciencias hoy tan maduras como la sociología o la psicología, iban precisamente a desarrollarse a fines de la centuria que le tocó vivir, gracias a las doctrinas sensualistas, que más y más iban arraigándose en la superioridad del método científico y en la interdependencia experimental entre el hecho y la teoría, que ya Varela, en medio del fárrago escolástico de 1812, anunciaba con calor desde los Prolegómenos de sus Instituciones.

Luz, el mejor de los discípulos y directo continuador de Varela, mantuvo enhiesto su criterio frente a unos adversarios, que explotando la hipocresía típica de un ambiente enrarecido por la esclavitud y la venalidad administrativa, deseaban ocultar que al ateísmo también podía llegarse por Espinosa, como a la anarquía por Kant y al materialismo por Hegel, y a quienes Varela, cuando era más santo que hombre y más del otro mundo que de éste, le sobró agudeza para llamarles "triunvirato de la heterodoxia racional producida por cartesianismo".

Empero, sobre las voces polémicas de los discípulos hubo la de José Luis Alfonso, que se alzó admonitoria y profética para decirles: ¿qué hacéis disputando sobre cuestiones que sólo una veintena de personas conoce? Las páginas que malgastáis dando la impresión de que los cubanos están divididos deberíais emplearlas en "difundir los conocimientos en las masas para ilustrarlas, y no sembrar la desconfianza y la discordia entre los que apetecen y trabajan por el adelantamiento del país". Os doy el *tort*, por el doble pecado de errar y de ser imprudentes. El error filosófico vuestro consiste, "en considerar el materialismo como consecuencia inmediata y necesaria de la doctrina sensualista, de tal manera que no pueda existir la una sin el otro". Vuestra imprudencia está en atacar tan fuertemente los principios de Luz, que si es materialista "no lo será sin duda por seguir la escuela de Locke". "De Varela, que es el hombre más espiritualista que conozco, aprendí la doctrina de Locke, que también profeso sin ser por ello materialista."

De esta fecha, 1839, datan en nuestra Isla los prejuicios contra el sensualismo. Los doctores universitarios habían triunfado al fin, aunque tardíamente, puesto que todo ocurrió tres años antes a que la Universidad fuese secularizada. Sin embargo, ya la división entre cubanos y españoles era demasiado honda, y cada argumento en pro o contra de uno de los bandos se agotaba hasta las heces. La polémica, comenzada por un artículo de Domingo del Monte para hacer reclamo en torno a *El Plantel*, una revista que publicaba bajo los auspicios de la Sociedad Patriótica, dió pretexto a todos los que por celos o por envidia deseaban cobrárselas a Pepé de la Luz, el criollo que más influía entre sus contemporáneos. Hasta dos maestros oscuros y atrasados de noticias de Puerto Príncipe, se dieron en jalear al que había recogido de los proscritos Varela y Saco, la misión de guiar a la juventud cubana.

Del desliz de Del Monte y la agresividad de Manín González del Valle, derivaron ventajas no sólo las órdenes religiosas que poseían casas de educación en La Habana, sino hasta los historiadores españoles del siglo XIX que se ocuparon de Cuba o de los cubanos. Los primeros, porque esperaron vanamente que los hijos de los buenos católicos abandonaran las aulas repletas de Carraguao, para irse a las de ellos. Los segundos, porque entre los muchos cargos que tenían que hacer contra el responsable teórico de la frustrada guerra emancipadora de los Diez Años, no venía mal considerarlo entreverado de materialismo. Así, con muy contadas exclusiones, de don Justo Zaragoza a don Marcelino Menéndez Pelayo, tomaron juntos o individualmente a Varela y a Luz, bien para espetarles la diatriba acusatoria, bien para envolverlos en insidiosas sugerencias. Don Marcelino, por ejemplo, que escribía su *Historia de los heterodoxos españoles* cuando la suerte política de Cuba estaba bien teñida en sangre, nos presentó un Varela salvándose de "los escollos del sensualismo" sólo por "la pureza de su fe católica", "por más que algunas sombras de los errores políticos y filosóficos de su tiempo anublaran su mente".

Como este libro va dirigido al gran lector, conviene prevenirle sobre los prejuicios que se tejieron en torno a Varela. La mejor demostración contra todas las imputaciones, y la mayor justicia a su clara inteligencia, se halla en el examen crítico de los puntos de vista que expresó a través de sus obras capitales. Partiendo, por tanto, de la primera importante de éstas, y llevándonos de las mismas palabras del Presbítero, comprenderá el lector que "va a recorrer un nuevo campo que por entero desconoce y que a este fin le es necesario desprenderse de prejuicios en los que de antiguo puede estar imbuído".

La primera acotación sobre las *Instituciones*, es una erudita. Con su publicación daba cumplimiento el autor a otro de los mandatos del fundador Obispo Hechavarría, quien ordenaba escribir un "texto adecuado a las circunstancias de su clase y de sus alumnos", al profesor que pasara a explicar filosofía en el Colegio. Y ese mandato nadie antes que Varela pudo hacerlo efectivo, a excepción del Padre Agustín con su *Philosophia Electiva*, pero ni ésta fué continuada en todos sus alcances, ni Caballero quiso darle los merecimientos de la imprenta.

"Quien desee aprovechar en el estudio, dice Varela, practique estas dos normas":

"Despójese de toda clase de prejuicios y hágase la idea de que nada sabe."

"No lea muchas cosas a la vez, sino mucho de cada cosa."

"Hay quienes creen, prosigue, que saben más si han leído muchos autores aunque no hayan entendido a ninguno, dando la impresión de que tratan más que de leer libros de devorarlos. Y no es que al decir esto reprobemos una abundante lectura a propósito de cada cuestión, sino aquella ligereza de ánimo de muchos que piensan crecerá tanto más su fama cuantas más citas de autores puedan hacer al tratar de una doctrina."

"Se ha de evitar no menos la tendencia opuesta, el servilismo de entregarse a un solo autor rehusando la consulta de otros. Lo procedente es confrontar los autores que tratan una misma cuestión, para mejor comprenderle, pero con el cuidado de no pasar de uno a otro sin haber entendido a conciencia al anterior. Consultemos, además, los resultados de nuestro trabajo con los otros, escuchemos a los más doctos y nada admitamos, por mínimo que parezca, que pueda contribuir a nuestro aprovechamiento en el estudio."

Ya en materia, distingue cuatro partes en la filosofía. "Lógica, que dirige la mente. Metafísica, que estudia las propiedades universales de los objetos y cuanto no nos es perceptible por los sentidos. Etica o moral, que se ocupa de las costumbres, y Física, que investiga todos los aspectos de la naturaleza. Por lo que en consecuencia, la filosofía puede definirse como el "conocimiento cierto de todas las cosas."

Esta definición es típica y alcanza la ilimitada amplitud que sólo el optimismo empirista de los siglos xviii y xix podía engendrar. No obstante, si por su amplitud la definición supone un alcance rosado al conocimiento, no deja por igual razón de sofrenarse. Que todo efecto natural tiene su causa natural, en los términos empiristas que el poeta filósofo, Tito Lucrecio Caro, divulga e impulsa definitivamente en la cultura occidental, se resuelve en la búsqueda de dichas causas por los métodos habituales de la ciencia, y aunque ésta no lo conoce todo, como fin teórico, lo aspira. Este es el motivo de que goce la definición un favor muy justificado en los momentos en que disciplinas tan relevantes como la física, la química, la fisiología, dejaban de ser especulativas para hacerse ciencias de laboratorio. Y como los estudios filosóficos de esta época comprendían dichas ciencias bajo el común denominador de *Física*, he aquí una razón más que refuerza la amplitud definitoria, y que no dejará de ser a su vez, eterno sueño de la filosofía.

Pero queda otro punto por aclarar. También Varela nos afirma que la filosofía toca en su estudio de las causas fundamentales "hasta el propio autor del universo". ¿Qué quiere decir con ello un pensador que hemos filiado empirista? Llevados de la alharaca que en torno a Luz y Caballero formaron sus adversarios con el traído sensualismo, ya habría punto para soslayar a Varela escurriéndose peligrosamente, si no al materialismo, hacia las formas pensantes contrarias, tanto más peligrosas para un espíritu religioso, y que él mismo hemos visto que llamaba "heterodoxia racional". Pues bien, ni lo uno ni lo otro. Varela se conserva en esta cuestión escolástico puro, dirigiendo sus esfuerzos por conciliar y dar paridad a "razón y fe". Para la más pura filosofía medieval, razón es aquello que concierne con la explicación del mundo de los hechos naturales, la fe es la creencia en cada uno de los dictados que la autoridad de la Iglesia produce para acercarnos a Dios. La razón nos lleva necesariamente a la fe, ésta nos trae obligadamente a la razón. Dios ha creado al mundo, El es causa incausada y por su voluntad la tierra en que vivimos existe. De este hecho no hay otra evidencia que la que nos proporciona nuestra fe; pero pongamos por ejemplo, cuando bajo ciertas circunstancias de atmósfera un objeto no arde, podemos encontrar la causa del fenómeno por vía de la razón en la ausencia de oxígeno. Por la razón no podríamos encontrar explicación al misterio de la Trinidad. Por la fe, so pena de caer en las más groseras formas de superstición, tampoco la explicación de por qué un objeto no arde bajo ciertas condiciones de atmósfera. Razón y fe, no se interfieren en la concepción del cristianismo filosófico medieval, marchan aparejadas, la una hacia la indagación y acercamiento al mundo empírico —empírico significa mundo de los hechos—, la otra, hacia el acercamiento y comprensión de Dios, el mundo tras este mundo.

Más adelante y con tal carácter de pura esencia cristiana y católica enjuiciará Varela el problema razón y fe:

"La razón humana está por debajo de la divina y la angélica, y sufre graves obcecaciones, a las que, como creyentes, hemos de buscar su explicación legítima en el pecado original, cuyos efectos nadie, en absoluto, podrá negar con argumentos eficaces, ni aún siquiera los incrédulos (por) más que tratasen de hallarles otras explicaciones."

Lo que no le impide hacer justicia al poder del razonamiento humano: "Hemos de reconocer y dejar bien sentado, y así nos lo enseña la propia experiencia, que el entendimiento del hombre es de tal condición que (no) puede conocerlo todo, enredado como está entre las inclinaciones de la carne, y que necesita de una sabiduría providencial que lo oriente y lo salve de irremediables extravíos. Pero reconozcamos también que dispone de su propia fuerza y eficacia para investigar los hechos de la naturaleza sin necesidad de ajenas ayudas."

Si a este párrafo con espíritu seglar suprimimos las inclinaciones de la carne por las influencias de la psicología individual en la práctica de los métodos de investigación científica y la intervención providencial, por algo, en fin tan aleatorio e indefinible, como la intuición, o como quiera que deseemos llamar a la parte en que la razón alumbra con teorías sin precedentes la explicación de un fenómeno o grupo de fenómenos naturales, tendremos a nuestra disposición la regla de oro para el ejercicio del método científico.

El enjuiciamiento de la razón trae de consuno a nuestro Presbítero a la cuestión de la autoridad. Comienza por estimar a ésta de dos procedencias, divina y humana. La divina derivada de las Escrituras y la Iglesia; la humana, del testimonio de los hombres. Teniendo ambas distintas finalidades, si divina, de las cosas divinas; si humana, de las cosas humanas.

En ese camino concurre a la demostración del por qué de algunas de sus aseveraciones en cuanto a los Santos Padres, para zanjarnos la cuestión a través de reglas muy concisas, la primera de las cuales afirma que:

"La propia razón nos aconseja que obedezcamos a la autoridad divina en lo referente a la fe y a las costumbres."

Y la segunda, que condicionará los propósitos de la III y la IV:

"También nos exige que si Dios comunica alguna enseñanza sobre cosas estrictamente propias de la naturaleza, la creamos aunque repugne a la experiencia y a la comprensión humanas."

Regla que inmediatamente vuelca en la III, pues "la Sagrada

Escritura no fué dispuesta para los doctos en las ciencias físicas, sino para la información de los hombres piadosos, por lo que no hay un solo argumento de ella derivada, con excepción de su verdad histórica, que pueda ser incompatible con los sistemas filosóficos".

"De la Escritura, prosigue, surge una fuerte argumentación contra ciertos sistemas de filosofía, en sus explicaciones acerca de la formación del Mundo y del Diluvio Universal, porque a este propósito la verdad histórica de la Escritura y dichos sistemas son incompatibles."

Dicha incompatibilidad brota debido a que, "los autores sagrados se acomodaron a la comprensión del pueblo rudo y se valieron, por esto, de un lenguaje vulgar. Podemos apartarnos de tal modalidad de estilo sin que ello suponga una merma de la fe, sino un empleo discreto de la razón, pues reconocemos en dichos autores la prudencia, y no la ignorancia, como norma de sus escritos."

Así llega a la discusión de lo que constituía tema preferente de polémica en su labor renovadora contra el escolasticismo habanero, exponiendo con claridad y sin que se preste a equívoco alguno, una "Regla única", en la que declara enfáticamente:

"La autoridad de los Santos Padres en filosofía es la misma que la de los filósofos en los que se inspiran."

Y a renglón seguido, y como corolario:

"No tiene, pues, su autoridad la menor importancia cuando se apoya en doctrinas de Aristóteles o de Platón, como tampoco la tiene la de estos filósofos, ya que sus errores son demasiado patentes. Por el contrario, la autoridad de Newton es mayor que la de todos los Santos Padres."

Para Varela no existe otra autoridad en materia empírica que la de la ciencia, y cuando termine por examinar la de los Santos Padres, arremeterá contra la de los magistri y dómines, con el pretexto de sentar otras cuantas "Reglas referentes a la autoridad humana".

Sin embargo, previamente y con acerada intención, fijará en la propia regla el papel importantísimo del profesor, "cuya sabiduría nos ha de servir de estímulo para sobrepesar las cuestiones con el mayor cuidado antes de admitir su falsedad", sin que su prestigio llegue "hasta paralizar y oprimir nuestro entendimiento". Imprecando finalmente: "...¡Oh, misérrimos peripatéticos, que hacéis resonar la trompetería aristotélica y habláis siempre con palabras prestadas!"

Esta última parte nos dice con harta elocuencia cuál era el estado real de las enseñanzas filosóficas en La Habana, administradas y regidas en su esencia por los fundamentos autoritarios que emanaban de los Santos Padres y del filósofo de filósofos, Aristóteles. Cuyo estudio estaba colocado de espaldas a todo el adelanto científico de los tiempos, puesto que ni Aristóteles, ni Santo Tomás eran examinados con juicio crítico, y menos aún con intención revalorizadora de sus doctrinas, como sólo llegaría a acontecer treinta años más tarde en la secularizada San Gerónimo. Sin excepción histórica alguna, en La Habana de las "Institutiones" solamente leían con gusto crítico a Aristóteles y a Santo Tomás, Varela y sus maestros Caballero y O'Gavan. El psitacismo era lo usual y lo más adecuado a la forma latina imperante. Aún de las ideas cartesianas, que coetáneamente comenzaban a circular, no se sacaba mayor provecho que tomarlas como escudo a la vez que excusa, para la reiteración en los hábitos escolásticos. La gran innovación de Descartes, fué su individualismo filosófico, presentado con absoluta originalidad en su escepticismo inicial ante todo el conocimiento acumulado con objeto de someterlo a reexamen. Su gran lastre, las matemáticas, que con su deducción de principios fundamentales le llevó a pervertir la investigación empírica. Los escolásticos habaneros, como dijimos, tomaron lo segundo y abandonaron lo primero, que era seguir en las mismas.

Ahora bien, si los escolásticos se refugiaban en Descartes para continuar en su ininterrumpida jerga de deducciones y silogismos, Varela lo atacaba despiadadamente por lo mismo. Así, cuando establezca que la hermosura de las hipótesis "procede de su conformidad con la naturaleza", se valdrá de una nota para decir que lo que "explica la excelencia de la filosofía de Newton, es ser toda ella simple, experimental y uniforme, por lo que a las hipótesis se refiere, y asentadas por lo demás, en cálculos evidentísimos y en experimentos bien probados. Por el contrario, la filosofía cartesiana se fundamenta de ordinario en nuevas conjeturas y ficciones, y sólo por excepción se atempera a los fenómenos y se somete a la prueba de evidentes experiencias".

Para Varela la experiencia comienza con la actividad sensorial ya que, "la mente del hombre, encerrada en el cuerpo a modo de cárcel, se sirve de los sentidos como ventanas para ver, esto es, para conocer, y de ellos depende casi siempre en sus operaciones".

No hay duda que la influencia de Locke, en primer término y luego la de Condillac, se marca definitivamente en el párrafo que acabamos de citar. Pero no se conforma con abandonar la cuestión en este punto limitado, sino que considera también la relatividad sensorial a que aludieran Locke y el propio Descartes, para continuar: "por lo que según estén los sentidos mejor o peor dispuestos para cumplir su misión, así tendrán los actos del entendimiento una mayor o menor garantía de exactitud. Es además nuestra mente de tal condición y naturaleza que con la práctica continuada del ejercicio llega a adquirir una cierta facilidad, llamada hábito por los filósofos, que se arraiga en razón directa de la persistencia de la costumbre, hasta transformarse en una especie de instinto. Se deduce de lo dicho que el entendimiento es una facultad sometida a las pasiones, a los sentidos y a los hábitos, factores los tres que han de ser enmendados y corregidos para que contribuyan debidamente a la averiguación de la verdad".

Desde su punto de vista ya es indudable que no existe otro medio de adquirir la evidencia de los hechos naturales que por vía sensorial: "Debemos repetir las sensaciones y someterlas a frecuente examen, tratando de corregir los sentidos con los sentidos; esto es, de someter las sensaciones de un sentido a la comprobación de otros sentidos que puedan captarlas."

Inmediatamente, sienta en forma conclusiva lo que ya sabemos, que él es un empirista extremo; o sea, un sensualista:

"...Si las experiencias concuerdan y los diferentes sentidos convienen entre sí satisfactoriamente respecto a una percepción dada, es muy difícil incurrir en error."

Si el sensualismo de Varela ha servido para alimentar falsas opiniones sobre su fe, no menos ha sido útil a los que le han negado saber filosófico, al aseverar que no conoció a Kant. Por supuesto, ambos y contrapuestos grupos de severos jueces poseían, al momento de producir sus ligerísimos fallos, un conocimiento muy pobre de la obra del primer profesor de filosofía moderna en Cuba. Por lo que se hace necesario también, exhaustar las lagunas de ignorancia abiertas a causa de la segunda de dichas opiniones. Para ello basta sentar previamente que la concepción vareliana del conocimiento fué la misma, antes y después que emitiera su conciso y mordaz juicio crítico sobre el trascendentalismo cognoscente de Kant, del que se burlaba al explicarlo, solicitando excusas de los lectores, porque quizás él, tanto como Kant y los kantistas, tampoco lo entendiesen.

Así, dice, "de acuerdo al sistema de Kant, la experiencia no es ni fuente, ni *criterio* de verdad, ni tampoco se encuentra en la actividad de la mente o en nuestra razón. Por lo que ambas, razón y experiencia, deben ser apoyadas en *otro principio;* y a este sublime principio debemos *trascender* o elevarnos, en orden a considerar la *razón pura*, despojada de las imágenes de los sentidos y de las ficciones del razonamiento"...

Entrando en el nervio mismo de la interdependencia objeto-sujeto vuelve a la carga contra las formas espirituales en que consiste la razón pura, que a su entender nulifica la experiencia, solicitando nuevas indulgencias de los lectores, que pudieran pensar que en esta ocasión se encuentra desvirtuando la teoría kantiana del conocimiento, al decir que Kant no recurre a la experiencia como criterio de verdad. Pero ruego a ustedes, prosigue, que observen que aunque Kant afirma abiertamente que todo su sistema está basado en la experiencia, cuando lo examinamos, vemos que la experiencia que usa es de naturaleza muy diversa a la acostumbrada. El dice que la experiencia está compuesta de un elemento objetivo, que se halla en conformidad con la naturaleza del objeto, y otro subjetivo que está en el intelecto del sujeto cognoscente. Ahora bien, dichos elementos subjetivos carecen de valor al menos que los comparemos con los objetivos, y a la vez los objetivos no pueden ser comprendidos ni por los sentidos, ni por el mero razonamiento. Por lo que la experiencia es realmente nula, aunque de ella hablen tan frecuentemente sus escritos, donde todo se abandona a la razón pura, que bien podemos designar el ideal, o mejor aún, la ficción.

De lo que no hay dudas es que Varela jamás fué aficionado a la filosofía alemana, siempre la designó torturadora de mentes y viciada de heterodoxo racionalismo. Pero además, no es ocioso recordar, que durante el primer cuarto del siglo xix, Kant era todavía en Europa una rara novedad, y sólo a fines de la centuria una tendencia avasallante en España, por obra de otro cubano, José del Perojo, primer traductor a nuestra lengua de la *Crítica de la razón pura* y uno de los más fieles discípulos de Kuno Fischer.

Como veremos más adelante, el primer contacto de Varela con la obra de Kant, se evidencia por sus discípulos, que al descubrir en

La Habana de 1821 a un plagiario del gran filósofo alemán, ofrecían el más alto testimonio de la erudición y sabiduría del gran maestro y pensador criollo.

* * *

Vimos ya los términos psicologistas con los que define nuestro joven profesor a la lógica, y como "aquella facultad que dirige nuestra mente hacia el conocimiento de lo verdadero", que se origina "cuando el hombre, guiado por la luz de la naturaleza investiga la verdad y hacia ella tiende, por decirlo así, a impulsos del propio instinto de la razón". Esta lógica la llama *natural*, porque es a virtud del "propio instinto de la razón" que seguimos "la natural aptitud y facultad de inquirir la verdad". En ayuda de ella viene la lógica *artificial*, que está constituída por "cierto conjunto de preceptos o de reglas obtenidas de una asidua observación y de la experiencia, que nos conducen al conocimiento de la verdad". De ahí que crea "utilísimo ignorar las categorías aristotélicas" y juzgue "sorprendente la garrulería escolástica sobre las proposiciones", que no merecen ni "la pena del comentario", ocupándose solamente de la definición y la división.

Si buscásemos un orden comparativo y tomásemos a nuestros tres primeros pensadores, el Padre Agustín, el Presbítero Varela y don José de la Luz, notaremos que se preocupan menos por la lógica formal que Enrique José Varona, a quien tocó divulgar en su época a Wundt, a Bernard, a Darwin, y a toda la plana mayor del empirismo finisecular. A Varela le preocupa la metodología científica para dirigir por nuevos caminos la inquietud intelectual de los jóvenes. Le preocupa deshacer el método autoritario en ciencia empírica. Sus ataques son tan intencionados y exhaustivos al respecto, que en una de las proposiciones escolásticas que desarrolla al final del libro, pone en boca del que defiende la proposición "La filosofía ecléctica es la mejor de todas", y ante la objeción de que ésta "carece de aquellas doctrinas indispensables para comprender a los doctores católicos que dieron nombre a la escuela peripatética, las siguientes palabras:

"Abundan demasiado quienes pretenden con este argumento, como si se tratase de un pavoroso fantasma, asustar a la juventud y apartarla de los estudios más recomendables. Lo injustamente que proceden se aprecia advirtiendo que no es posible asentar en principios erróneos las más trascendentales enseñanzas."

"A nadie se le oculta, y por mi parte trataré de ponerlo en claro, que la filosofía escolástica no es más que un cúmulo farragoso de errores, por lo que no puede ser mayor la equivocación de los que sostienen que es el fundamento de todas las ciencias. Los Doctores y los Santos Padres merecen muy escasa consideración cuando se enredan en las cuestiones escolásticas y se nos ofrecen como meros filósofos, sin que por esto se nos pueda argüir de impiedad, puesto que no hacemos más que seguir las enseñanzas que ellos mismos nos legaron al reconocer la plena libertad de juicio en todo lo que no se refiera a la fe y a las costumbres. Dejen de atormentarnos los oídos y de ensañarse con nosotros y con nuestras opiniones los que creen que no pueden dar un paso en el estudio de la Sagrada teología, sin el íntegro conocimiento de las mil cuestioncillas escolásticas, a no ser que lo que busquen —me lo temo y sentiría acertar—, no sea la Sagrada teología, que es una ciencia divina, si no una especie de sombra de la teología... Es de justicia advertir que el confuso amontonamiento de minucias y términos que censuramos no se puede achacar en modo alguno a los Santos Padres, sino a las escuelas de los peripatéticos que de tan terrible peste llenaron a las ciencias. Con razón decía un autor doctísimo: Leo a Santo Tomás para entender a sus intérpretes, pues se expresa aquél con más claridad y sencillez que éstos. Reconozco que los bárbaros vocablos de la escolástica encierran una concisión con la que evitamos muchas veces la ampulosidad de lenguaje, por lo que también los emplean nuestros filósofos, pero una cosa es admitir ciertas voces y valernos de ellas y otra muy distinta incurrir en los errores peripatéticos. Guardémonos, no obstante, de creer que la naturaleza y utilidad de la ciencia dependen de los términos usados por las escuelas. Sería acaso mucho más útil eliminarlos todos de una vez."

"Por lo que respecta a Santo Tomás creo que se le puede entender a perfección sin estar imbuído en las inútiles minucias de la escolástica. Pero admitamos que en modo alguno eso fuera posible sin tener que recurrir a los peripatéticos. Acudid a ellos en ese caso, manejadlos; y si a pesar de todo no aclaráis vuestra confusión, creedme que nada tan necesario contienen los libros de Santo Tomás que sin ellos la Sagrada teología no pueda subsistir. Contienen la doctrina peripatética, y nada más. Y que se entiendan dichas en son de paz estas palabras acerca de doctor tan eminente, por el que siento en lo más íntimo de mi espíritu un profundo amor y reverencia y a cuya sabiduría no regateo mis alabanzas. Los defectos aludidos son propios, no de los hombres, sino de las circunstancias de los tiempos. Más querría no comprender las minucias escolásticas de Santo Tomás que tener que sacrificar para entenderlas tiempo y trabajo y mi capacidad de bien juzgar, perdida entre las absurdas ambigüedades de los aristotélicos."

Varela barrió el último polvo del escolasticismo poco tiempo después, en 1813, al publicar en español el tomo III de las *Instituciones,* o sea, el consagrado a la moral.

Como para la aventura no contaba más que con el apoyo del Obispo, dió una excusa, que a su vez es reflejo de su inalterable modestia: "Los que piensen de diverso modo adviertan que no es precisamente el deseo de innovar el que me mueve, sino el de evitarles a los jóvenes que costean esta impresión un gasto que sería casi superfluo, si la orden superior es como se espera." La orden no era otra que el acuerdo de Cortes disponiendo el uso del español como lengua de la enseñanza. Asimismo, inauguró en ese año las enseñanzas de física experimental, iniciándolas con el establecimiento de un modesto laboratorio que costeó con todo entusiasmo el mecenas Espada, y donde no faltaba la imprescindible máquina neumática y había hasta un sistema planetario movible, que obviaba la explicación de la teoría de la gravitación universal de Newton.

Del nuevo establecimiento no sabemos que pensaría el circunspecto don Francisco de Arango, que tan tenazmente se había opuesto a la fundación de la Sociedad Patriótica, y que frente a la reforma escolar del Padre Agustín contrapuso su colegio de ciencias experimentales, que tampoco llevó a cabo. Lo cierto es, que gracias al amparo de un Director de la Patriótica y desde el mismo San Carlos a que pertenecía el Padre Agustín, otro sacerdote, sin intereses en la agricultura, sin relieve suficiente para influir en las corporaciones de hacendados y mercaderes, sin otro arraigo que su saber y sus deseos de transformar la mentalidad criolla, realizaba lo que todos ellos ansiaban y ninguno llevado a vías de hecho. Ni Caballero con sus ideales antropológicos del *siècle philosophique,* ni Arango con los suyos de intelectual ególatra y capitán de industria.

Pero lo que supo aquilatar Arango del decidido profesor de filosofía, fué su creciente popularidad. Varela, en su impronta religiosa alcanzaba la distinción de ser designado por el Obispo para pronunciar el sermón con que serían precedidas las elecciones de los nuevos diputados a Cortes.

El sermón lo dijo el lunes 25 de octubre de 1812, en la Iglesia del Santo Cristo del Buen Viaje. Inspirado en el texto de Zacarías, se refirió al pasaje donde profetizaba que el Señor convertiría los gemidos en cánticos, las penas en delicias, la perturbación en paz eterna, si el pueblo amaba la verdad y la paz.

"¿Y de qué otro modo deberé yo hablar, dice Varela, a un pueblo católico que se congrega para pedir al padre de las luces el acierto en un acto civil, que siendo justo producirá una gran parte de la felicidad pública, y cuyo vicio puede ocasionarle la miseria?"

En esta manera continúa para que desatendiendo el electorado sus pasiones, y escuchando solamente "la voz apacible aunque enérgica de la razón, no considere más que el bien de la patria". "Dejad todas las miras privadas que puedan presentaros como odiosos los ciudadanos más beneméritos, y como apreciables los más delincuentes. Meditad y reflexionad vuestra elección; no procedáis por un ciego instinto y mera costumbre, que es otro de los principios que inducen a error al entendimiento. Ciudadanos virtuosos y sabios deben ser objeto de vuestras miras, sean del estado y condición que fueren De este modo podéis gloriaros de haber contribuído al bien de la patria."

Enseguida pasaba a una exhortación que por su carácter parecía venir en afinidad muy directa con la serie de hechos de violencia que venían sucediéndose desde 1809:

"Conservad la paz y el sosiego público que debe caracterizar a un pueblo cristiano. No quebrantéis por pretexto alguno esta tranquilidad, porque induciréis a males mayores que los que queréis evitar. Se engañan mucho los que creen que sirven a la patria con excitar acciones que, aunque justas e íntimamente combinadas con el bien público, unas circunstancias poco felices suelen convertirlas en calamidades y miserias. Estos hijos indiscretos de la patria la devoran. Sacrificad vuestros intereses privados en obsequio de la sociedad. Ojalá se impriman en vuestros pechos estas máximas de la verdadera política, y entonces conoceréis que no es la multitud de enemigos que lleva el vencedor asidos a su carro triunfal, quien trae la felicidad a los pueblos, sino sus virtudes que inspiran unas sabias leyes."

En aquellos días Arango Parreño, que era uno de los candidatos. se sentía muy desasosegado. Los años transcurridos desde los motines contra los franceses habían sido duros, aunque bien resueltos para los intereses azucareros de la Isla. Sin embargo, renovadas amenazas se cernían sobre el horizonte criollo. El mismo pensaba que la dependencia de España era la culpable de todos los vaivenes a que estaba sometida la riqueza naciente del país, y esta convicción le había llevado a lucubrar desde la implantación de un régimen autonómico para la Isla de Cuba, hasta su anexión a los EE. UU. En el instante en que es electo, la más directa de las amenazas apuntaba hacia la abolición de la esclavitud. Consideraba tan peligroso el proyecto congresional por el que se pretendía erradicar el tráfico de negros, que no confiaba ni en la tenaz oposición que Andrés de Jáuregui, y O'Gavan, prestaban a su aprobación, por lo que deseaba acudir en persona al palenque para librar la batalla definitiva en favor de sus intereses.

Reconocido por las frases de Varela, donde sin duda se identificaría entre los ciudadanos beneméritos que aquéllas aconsejaban elegir, quiso publicar el sermón y envió a uno de sus innumerables familiares para que lo obtuviese del sacerdote.

Varela accedió gustoso y la pieza oratoria apareció cuatro días más tarde en el "Diario del Gobierno de la Habana", lo que valió al Presbístero un buen espaldarazo literario, ya que se le reconoció enseguida un estilo diferente que le otorgaba derecho a figurar en la muy reducida pléyade de oradores sagrados, cuyos dos nombres más distinguidos los constituían el Padre Agustín y Fray Remigio Cernadas.

En lo que a su impronta artística concernía, Varela no sólo comenzó a brindar clases de violín, sino que con otros finos amantes de la buena música y la bella literatura, fundó la primer Sociedad filarmónica con que contó la Isla. También, y para entretenimiento de escolares, escribió algunas obritas de teatro, lamentablemente perdidas, y cuya finalidad didáctica no se escapa, ya que no sería desacertado suponer, que el objeto de dichos trabajos era buscar nuevas distracciones con que desviar a estudiantes y maestros de sus habituales discusiones de fin de curso, y aún al propio público habanero, que acudía a los actos académicos con el solo objeto de divertirse, pateando y vociferando a costa de los dómines peripatéticos y sus infelices alumnos.

VII

TENEMOS FILOSOFIA MODERNA
PERO NO CONCIENCIA CUBANA

En lo más ardiente del verano de 1810 había llegado a La Habana
William Shaler. Su primera opinión de la ciudad fué mala. Si la
limpiasen de basuras sería saludable todo el año. Pero no se hacía,
y cada verano los habaneros iban a refugiarse preferentemente a
las colinas de Jesús del Monte y a Casablanca, huyendo más que
del calor, de la fiebre amarilla y la tifoidea. Particularmente ese
verano había hecho estragos el vómito, pero a Shaler no le arredraban las enfermedades ni los climas, él era marinero de los siete mares
y sus plantas habían hollado las costas infestadas de Berbería y sus
manos aterido surcando las brumas del Atlántico del Norte.

—Pero, ¿quién es William Shaler?

Un agitador político y un espía disfrazado con el cargo de
Cónsul de los EE. UU.

Cuando el Marqués de Someruelos lo recibe le hace saber que
no esta facultado para otorgarle exequátor. Era manera muy digna
de decirle que se largara, pero Shaler se hizo el desentendido y se
dió inocentemente a trabajar removiendo y nombrando agentes comerciales de su país en las ciudades importantes de la Isla.

La tarea en que se absorbió le servía para justificarse mientras
hallaba ocasión de establecer contacto con los miembros más influyentes del Real Consulado de Agricultura y Comercio, porque Shaler
sabía, desde que partiera del puerto de Baltimore, que quien mandaba en la Isla era el Consulado y no Someruelos. O mejor expresado,
que el organismo de referencia, que a él se le antojaba similar a las
Cámaras de Comercio establecidas en los EE. UU., dictaba al gobernador las medidas económicas a seguir y no pocas de carácter
político.

Sin embargo, no resultaba fácil para el agente norteamericano ponerse en contacto con los del Consulado. En ese mismo año de su arribada, don Francisco de Arango y Parreño, carne y espíritu de dicha institución, se había referido con acierto a los propósitos imperialistas de los EE. UU., como "un coloso que se había hecho de todas castas y lenguas y que amenazaba ya tragarse, si no nuestra América entera, al menos la parte del Norte".

Shaler no era un hombre vulgar, aunque sí muy aventurero. Había nacido en Connecticut durante la revolución norteamericana y vivido en Francia durante la francesa. Audodidacta persistente, aunque hablaba el español con dificultad podía leerlo bien y acababa de traducir al inglés, con el título de *"Geographical, Natural and Civil History of Chile"*, la obra de Juan Ignacio Molina. Luego, su interés en la América latina era palmario, además, porque Shaler creía que el comercio con los suramericanos debía hacerse en barcos norteamericanos y los cambios de productos entre los americanos del Norte y los del Sur irse intensificando tanto como las influencias políticas de los primeros sobre los segundos. Esto último le venía por estar convencido que sus compatriotas habían descubierto un tipo de convivencia social nueva y desemejante a toda otra forma puesta en práctica por la vieja Europa. A tal fenómeno, genuinamente americano, Shaler lo designaba, al uso de su patria, con el nombre teórico del *Rational Liberty*. De habérsele exigido que definiese en términos concretos en qué consistía la "libertad racional", hubiese dado una explicación en francés, pero nos habría dejado en ayunas como antes. Cualquiera que hubiese sido, no obstante, nos habría lucido bonita, Shaler hablaba muy bien en francés y el francés era la lengua en que la gente de cultura moderna se expresaba con preferencia.

Ya guardaban en el *State Department* valiosísimos datos sobre la Isla de Cuba, que iban desde la descripción de sus instituciones hasta la distribución de los títulos de Castilla, cuando Shaler fué sorprendido con la noticia de que se había descubierto una horrible conspiración a favor de la independencia. Entre los detenidos había más negros que blancos, y mientras los primeros fueron desollados a latigazos en las plazas públicas, los segundos los condenaron al destierro.

Someruelos, cuyo oportunismo jamás se hizo esperar, también aprovechó la ocasión para patrullar la ciudad con soldados armados hasta los dientes. La famosa y poco conocida conspiración de Román de la Luz, le servía de pretexto para tratar de amedrentar a Shaler y los demás agentes extranjeros, que como éste se hallaban entregados al duro deporte de conspirar contra la hegemonía española en América. Sin embargo, el imponente aparato represivo no inmutó al norteamericano, que sólo se quejaba de no tener suficiente dinero para volcar en el State Department todos los archivos de Cuba.

En medio de los aspavientos de Someruelos, fué que surgió el esperado acercamiento entre Shaler y los patriotas del Consulado, a través del Secretario de tan benemérita fundación, don Antonio del Valle Hernández. Del Valle Hernández, a quien Arango y Parreño llamaba "el más inmediato testigo de mi vida pública y el mejor compañero de mis ideas económicas", era un espíritu afín al de Shaler en eso de las aventuras. Nacido en Rusia de padres españoles, se había educado en Francia con cargo a los fondos de S. M., y allí quizás hubiera permanecido el resto de su cultivada existencia si la revolución no hubiese venido a troncharlo todo hasta el ilustre y real pescuezo de don Luis XVI.

Reunidos, el norteamericano se regocija en saber que del Valle acude a verle a nombre del varón que con respeto considera el más ilustre y de más brillante capacidad de la Isla, don Francisco de Arango y Parreño. Y como enseguida surge la intimidad, Shaler, ni tardo ni remiso, le espeta la tiramira de preguntas que trae preparada por orden de su gobierno:

¿Simpatizaban los capitanes criollos de la industria azucarera con la alianza británicoespañola? ¿Verían impasibles que el comercio se hiciera en buques ingleses en vez de norteamericanos? En fin, ¿contemplarían los hacendados con indiferencia que el "mercado natural de la Isla", como ya designaban a los EE. UU., se viera atacado y empobrecido por la escuadra británica apostada en los puertos cubanos, caso de estallar la guerra?

No, y mil veces no. Pero una desaprobación es un estado espiritual estático. ¿Cómo hacer valer entonces el no de los criollos? ¿Con qué dinamismos le imprimirían la fuerza del hecho? En descubrir tales dinamismos se enfrascaron Shaler y del Valle Hernández.

Por lo menos una entrevista previa con los principales líderes aclararía un plan conjunto de las partes, y del Valle llevó al norteamericano a ver a don Francisco. La entrevista era riesgosa. Shaler permanecía ilegalmente en Cuba y como delegado diplomático de una nación que no sólo se entendía con Napoleón, sino que luego de comprarle la Luisiana amagaba con tragarse la Florida española, sin abonar un *penny*, amén de que los EE. UU. el mejor de los días se enzarzaba a cañonazos con aquel "escudo de la humanidad afligida" que significaba Inglaterra para el Someruelos de los últimos tiempos.

El agente diplomático y Arango y Parreño se ven y hablan, por supuesto, en francés, aunque el norteamericano descubre que su interlocutor comprende algo de la lengua inglesa. El criollo de maneras corteses y gesto distinguido, se muestra a Shaler admirador de las instituciones norteamericanas al par que decididamente antiespañol. Pero Shaler sale convencido de la entrevista que si bien don Francisco pudiera brillar en cualquier posición civil, la suavidad de su carácter no le haría apto para tomar ningún puesto directivo en tiempos de conmociones revolucionarias.

Más tarde visitará al General Francisco Montalvo, el hermano del Conde y ahora rival de Arango y Parreño. Le lucirá correcto, muy delgado, muy pálido y tan valiente y audaz como bien calificado para dirigir en épocas difíciles.

En esta forma el agente estadunidense va pasando revista de los más connotados personajes, anotando sus opiniones, la peculiar idiosincrasia de cada uno, sus fortunas respectivas, si poseen talentos específicos o si son cortos de luces, si son funcionarios probos o rapaces, si se muestran aptos para las funciones políticas que les están encomendadas o se comportan como nulidades en el desempeño de ellas. Así es como opina de Andrés de Jáuregui, el diputado a Cortes que aún espera barco para irse a España. No es brillante, objeta, pero posee sólidos conocimientos y unos principios patrióticos moderados. O del impresionante Obispo, alto y hermoso, dueño de tanta ilustración filosófica como de una energía de carácter rayana en la obstinación.

Por Shaler sabemos que el Intendente de hacienda, Juan de Aguilar Amat, era afrancesado, avaricioso y ladrón; que el Juez Ramos, Oídor de la Real Audiencia, tenía tanta afabilidad y finura de trato como la moral floja y ausente de principios. Es un desfile afortunado de las personalidades que protagonizan aquel estremecido momento colonial al presentárnoslas por sus rasgos más salientes y en el instante más tenso de su farsa humana. Veamos si no, por qué el Teniente General Alava "siempre parece envuelto en la contemplación de su propia importancia", que él presume es la que le gana el favor de las mujeres. Es que Alava es un héroe, aunque gordo y paticorto. Peleó en Manila, y en Trafalgar, como Almirante, y aquí no sólo fué herido y hecho prisionero, sino que logró fugarse de sus captores.

A la escudriñación de Shaler no escapa nada ni nadie, y sus informaciones son abrumadoras a fuer de concisas. ¿Quién pinta con menores y más vivos rasgos las pugnas entre peninsulares y criollos?

Los primeros tratando de monopolizarlo todo por su origen de legendarios conquistadores; los segundos, ridiculizándoles las presunciones y contraponiéndoles el origen americano, distinto y mejor, porque aquí el hombre nace sin tanta atadura y prejuicios a como allá. —¿Y la burla incisiva a los monjes importados que pululan La Habana? No falta quien les haga saber que hay otros países donde se vive moralmente y feliz en la coexistencia de distintos credos.

El trono español y el altar español son los dos pilares de la monarquía que pesan sobre los americanos, porque a su vez están convertidos en fundamento de la absorbente supremacía peninsular. Y el europeo odia al extranjero, aún católico como él, porque el extranjero es experto agricultor, o afanoso comerciante, que trae teorías de librecambio y mejores productos, que prefiere vender en mayor cantidad y más bajo precio que el mercader hispano.

Hay una conciencia colectiva distinta, que todavía se denomina genéricamente americana. Hay apetencias de nuevas luces para la inteligencia, que si va a la Península a buscar inspiración para los colegios que abrirá la Patriótica ya no recurre al viejo Luis Vives, sino al suizo Pestalozzi; y Varela abandona a Aristóteles, y se queja de Feijoo, y busca en Bichat, en Locke, en Condillac, lo que ningún maestro español puede brindarle.

Por eso, cuando del Valle Hernández o José de Arango hablan con Shaler se descubren coincidencias que sólo son explicables por haberse desarrollado los tres en el ambiente distinto de América, coincidencias que ellos no estiman las anulen ni la diferencia de lengua ni las barreras religiosas. Y sería quizás en tal convergencia americana, donde se apuntalara aquel indefinible término de *Rational Liberty*, del que tanto hablaba el norteamericano sin precisarlo jamás.

Como los cubanos no saben mucho de la organización política de los EE. UU., Shaler facilita a del Valle Hernández ejemplares de la constitución y modelos de actas congresionales norteamericanas.

La crisis del alejamiento entre la Península y los isleños, y el acercamiento definitivo del poderoso partido aranguista con Norteamérica se precipita sincrónicamente con el momento en que Varela hace oposiciones a la cátedra de Latinidades de Mayores y Retórica. En dicha fecha llegó copia a La 'Habana de un proyecto del Consejo de Regencia, por el que se establecían reformas políticas, sociales y económicas para las posesiones de América y Asia.

Tan pronto del Valle Hernández lo tuvo entre sus manos corrió a ver a Shaler.

Cuando éste terminó de leerlo no pudo menos que prorrumpir:

"Realmente, ¡es una absurda mezcla de buen sentido e ignorancia de los primeros principios de legislación!"

El proyecto comenzaba por sentar las bases del desenvolvimiento del comercio y de cualquier otra rama de la industria colonial bajo la admonición de un Consejo compuesto por viejos jefes civiles, militares y eclesiásticos. Los americanos, subrayaba Shaler, a quienes se les predica incesantemente que están en pie de igualdad con sus hermanos de Europa, ahora son nuevamente informados que van a entrar en el goce de dichos derechos por las inspiradas recomendaciones del tal Consejo.

Terminaban las reformas restaurando a la orden de los jesuítas, con el objeto de "supervisar la educación de los jóvenes y continuar la conversión de los indios".

Lo cual hizo recalcar finalmente al norteamericano: "Admirablemente calculado, tanto en procedimientos como en declarada intención, para disgustar a todas las tendencias existentes aquí."

Cierto, no sólo perdía el Consulado sus privilegios de ser escuchado directamente por el trono, sino que todas las reformas del San Carlos amenazarían ruina, ya que muchos de sus estudios serían recortados, suprimidos o estrechamente vigilados. Restablecidos los jesuítas era ingenuo pensar que no tratasen de tomar represalias de la institución que surgió precisamente para suplir sus colegios, cuando fueron expulsados por Carlos III, en 1766. Ya podía presumirse a los hijos del de Loyola, haciendo frente común con la Universidad, para borrar todo vestigio de derecho civil, matemáticas, filosofía moderna, y cuanto no fuese ceñirse a los viejos autores, que el Conde de Aranda, con franqueza brutal de iluminista, llamaba "pelagatos".

¡Este chocho mamotreto jamás será implantado!, replicó con energía del Valle Hernández. Tengo escrito un memorial, añadió, que inmediatamente enviaré a Jáuregui, donde a nombre del Consulado, solicito las reformas que verdaderamente necesitamos. No obstante, como tengo prisa, se lo voy a dejar para que lo lea y juzgue con mayor detenimiento.

Es entonces cuando Shaler resume para el *State Department* el contenido del memorial, cuya lectura nos trae a inferir que la conciencia americana de los criollos, como un fenómeno biológico cualquiera, había hecho eclosión anticipadamente, por inesperada presencia de otras causales, hasta devenir en franca conciencia cubana.

El resumen que redactó para su gobierno el emisario estadunidense fué el siguiente:

"De la más urgente necesidad es que el representante del soberano sea asistido por un Consejo Provincial, y que el título de este cuerpo sea el de Consejo Provincial de la Isla de Cuba, ante cuya consideración serán sometidas todas las demás ramas de la administración pública, sea civil o política."

"El Consejo será presidido por el Gobernador o la persona que escoja para asistir a sus deliberaciones, y estará compuesto de veinte miembros de los cuales doce serán requeridos para integrar quórum. Dichos miembros elegirán su presidente, y cualquier otro auxiliar que estimen conveniente para el despacho de los negocios."

"Para la aprobación de una ley, se hará necesaria una mayoría de las dos terceras partes de los miembros, y el proyecto de ley será presentado al Gobernador, que en el espacio de dos semanas de haberlo recibido, lo aprobará o rechazará. En el primer caso, los proyectos advendrán leyes coloniales, siendo promulgadas inmediatamente; en el segundo, el Gobernador explicará sus razones al Consejo por no haber aprobado el proyecto, de modo que cada parte pueda rendir informe al Gobierno General si así lo estimare apropiado."

"Los veinte miembros habrán de ser electos por los cabildos. Al de La Habana corresponderán diez y los restantes se repartirán entre las demás poblaciones, de acuerdo a su riquza y población."

"Las principales atribuciones del Consejo abarcarán no sólo el Departamento de ingresos y finanzas, haciendo una radical reforma de sus abusos actuales —el tiro iba derecho contra Aguilar Amat—, sino también la regulación y política general, tanto del comercio extranjero como del doméstico." Lo cual significaba, en otras palabras, la total y absoluta derrota de los monopolistas.

El Consejo quedaba excluido por igual de los poderes ejecutivo y judicial, pero a su vez, el Gobernador sería relevado de sus funciones de presidente de los distintos tribunales de justicia, siendo suplido por un corregidor.

La parte admirable del Memorial era la última, en ella se reclamaba una Constitución para la Isla de Cuba cuando aún la Península no había terminado de hacer la suya. El audaz proyecto, dada la menguada tradición cameral hispana, fijaba que conjuntamente el Consejo y el Gobernador, señalarían una comisión de siete personas, de más de cuarenticinco años de edad, para redactar el importante código. De esas personas, una mayoría de cinco sería requerida para elaborar el plan de trabajo, que no se abandonaría hasta que estuviese terminado. De sancionarse por todas las instituciones corporativas de la Isla, se sometería finalmente al gobierno general para su aprobación e implantación definitiva como la Constitución de la Isla de Cuba.

Dejemos ahora a del Valle Hernández y a los del Consulado pulir y repulir el Memorial, que en materia política sentaba un precedente sólo comparable con el de Varela en materia escolar.

En el entretanto, veamos cómo se las desenvuelve don Andrés de Jáuregui por las Cartes.

Cuando don Agustín Argüelles hablaba siempre había expectación entre los de la galería. El público acordaba que era uno de los mejores oradores de Cortes. Pero esta vez Argüelles no iba a pronunciar ningún discurso. Sencillamente, se iban a leer unas proposiciones suyas.

Tan pronto el presidente del Congreso, don Diego Muñoz Terrero, autorizó la lectura, el vicepresidente se movió inquieto en su sillón. El vicepresidente era don Andrés de Jáuregui.

Las proposiciones del asturiano versaban sobre la abolición de la tortura del sistema penal español y la trata de negros esclavos de los hábitos de comercio peninsulares.

Se discutió un poco y se acordó aprobar la primera de dichas proposiciones, no así la segunda, que se solicitó pasase a la Comisión de Constitución, donde yacía olvidado un proyecto de mayor alcance abolicionista del Presbítero y diputado mexicano, José Miguel Guridi Alcocer.

Yo pienso, dijo otro americano, Mejía Lequérica, que mientras abolir la esclavitud requiere mucha "meditación, pulso y tino", abolir el tráfico es "una cosa urgentísima".

Entonces fué que se aderezó Argüelles en la propia salsa de su elocuencia, sobre todo, porque deseaba satisfacer las insinuaciones que al respecto le hacían desde Londres.

Manumitir, claro es, que constituye un estado peligroso. Baste recordar, aseguró en frase lapidaria, lo sucedido en Santo Domingo. No así la trata, porque "el tráfico de esclavos, no sólo es opuesto a la pureza y liberalidad de los sentimientos de la nación española, sino al espíritu de su religión. Comerciar con la sangre de nuestros hermanos es horrendo, es atroz, es inhumano, y no puede el Congreso nacional vacilar un momento entre comprometer sus sublimes principios o el interés de algunos particulares".

Jáuregui volvió a estremecerse. Ahora Argüelles se refería con fruición de testigo a la noche del 5 de febrero de 1807, cuando el Parlamento británico aprobó el *Bill* de Wilberforce, mediante el cual quedó abolido el nefando tráfico.

Pero Jáuregui sabía dominar sus emociones y con mesura e hipocresía se alzó a responderle taimadamente:

"No es señor, el interés privado el que me hace hablar en tan grave asunto", aún me identifico con los principios y sentimientos expresados, "que son los míos", pero que se discuta en secreto como cuando se produjo la proposición de Alcocer. Y añadía, como si el recuerdo de William Shaler se agolpara con estos pensamientos:

"A la Isla de Cuba, y en especial a La Habana, a quien represento, es a quien más interesa este punto: Todo aquel vasto territorio goza hoy de profunda tranquilidad. Con la noticia de que esto se trata sin que le acompañe una resolución que concilie tantos intereses como en sí encierra este asunto, puede comprometerse el sosiego que felizmente reina en una posesión tan interesante bajo todos los aspectos. Movimientos demasiado funestos y conocidos de Vuesa Merced agitan una gran parte de América. ¿Y nos expondremos a alterar la paz interior de una de las más preciosas porciones de la España ultramarina?"

Con la reiteración de que el manoseado problema fuese tratado en secreto, terminaba Jáuregui y daba inicio a un pequeño debate, hasta que el Presbítero Guridi Alcocer, no pudo contenerse por más tiempo y saltó a hablar, desesperadamente, como quien ve cerrarse ante sus ojos el último vestigio de justicia:

"Las proposiciones que yo tengo hechas sobre la esclavitud son las mismas que las del Sr. Argüelles. Y me causa admiración el que entonces se mandasen a pasar a la Comisión de Constitución, y ahora se discutan. Mis proposiciones se reducen a que se suavice la esclavitud sin perjuicio de nadie, y sin que ello pueda resultar trastorno alguno. La primera proposición es para que se circunscriba el comercio y se acabe la esclavitud aunque sea de aquí a cien años." Por lo que pido que se considere mi proposición antes que la formación de la Constitución y que se inserte en el *Diario de Cortes.*

Inmediatamente se provocó otro escarceo, de si era o no conveniente darle carácter secreto a la discusión, y triunfó el criterio de Guridi Alcocer, cuyo proyecto de progresiva abolición de la esclavitud era tanto como mantener suspendida la espada de Damocles sobre las cabezas de los mercantilistas y monopolistas habaneros. Decía así la moción del valiente mexicano:

"Contrariándose la esclavitud al derecho natural, estando ya proscrita aún por las leyes civiles de las naciones cultas, pugnando con las máximas liberales de nuestro actual gobierno, siendo impolítica y desastrosa, de que tenemos funestos y recientes ejemplares, y no pasando de preocupación su decantada utilidad al servicio de las fincas de algunos hacendados, debe abolirse enteramente. Pero para no perjudicar en sus intereses a los actuales dueños de esclavos, se hará la abolición conforme a las proposiciones siguientes":

Se prohibe el comercio de esclavos.

Los hijos de esclavos nacerán libres.

Los esclavos serán tratados de igual modo que los criados libres y ganarán salarios de acuerdo a su aptitud y a su trabajo.

El esclavo podrá comprar su libertad por el mismo precio que pagaron por él. Si por inutilidad vale menos, pagará menos, pero si vale más por habilidades adquiridas, pagará el mismo precio de compra.

En caso de inutilidad total, el amo estará obligado a mantenerle.

Es de suponer que Jáuregui con menos parsimonia a como hablara, escribiese enseguida a sus colegas del Consulado y el Cabildo. Pero los muy ladinos mercantilistas esperaron que arribase el *Diario de Cortes* a La Habana, para tomar sus medidas más drásticas contra del proyecto de Guridi, que de aprobarse, a largo plazo, les significaba la ruina, al perder con el negro su más valioso apero de labranza.

Shaler, mientras tanto, se aburría en su peligrosa misión. Al explosivo memorial de del Valle Hernández había sucedido una calma inexplicable, que le iba dando clara noción del *pathos* criollo, o quizás corroboración al pensamiento de Shakespeare, de que las pasiones son como la pólvora, violentas al encenderse pero rápidas en extinguirse. En la capital de la Isla de Cuba, entre los miembros del Consulado, notaba Shaler, todo se desenvolvía "como si nada hubiera pasado".

Sin embargo, el alborear de junio trajo fragata de Cádiz y con ella el *Diario de Cortes*, donde figuraban las mociones de Guridi Alcocer y Argüelles.

El comentario público, tanto en la ciudad como en el campo, fué unánime por todos aquellos que no leyeron el *Diario*: "Se acaba de presentar un proyecto en las Cortes para abolir la esclavitud y darle libertad y representación a los esclavos en el Congreso."

Inmediatamente se convocó a Cabildo extraordinario. Las proposiciones llovieron por todas partes. La más interesante fué la declaración de independencia de la Isla, aunque jurando adhesión a Fernando VII. Contra tal propuesta, hubo la firme y razonada exposición de algunos de sus miembros al insistir que las Cortes, como representantes constitucionales del soberano, poseían derecho para discernir las medidas que estimasen más oportunas al objeto de llevar por el mejor camino los intereses de la monarquía.

Los alarmados aranguistas podían entonces haber recurrido al influyente masón, Conde de Jaruco, un montalvista mal visto por Someruelos, para que se sumase a ellos con la milicia de 1,500 hombres que comandaba y dar entonces la asonada en regla. Pero, o les amedrentó que un revés les acelerase la ruina, que ya se veían encimar con la moción Guridi, o andaban en uno de sus peculiares sí—no, no—sí, y lejos de eso, se dirigieron al propio Marqués con el objeto que fuese éste quien les facilitase las armas necesarias con que defenderse de los negros, que muy infelizmente, sin saber lo que se tramaba, continuaban laborando de sus 20 a 16 horas reglamentarias al día en el chapeo de la caña y cuidado de los cafetales.

En realidad, los aranguistas sólo quisieron impresionar al Marqués, que imperturbable les dió por respuesta un no rotundo. Todo lo cual parece desprenderse de la conversación que sostuvo don José de Arango con Shaler.

Don José, brillándole la calva y los ojos más que nunca, se había aparecido por la morada del norteamericano a notificarle, que de las fulminantes y radicales medidas barajadas por el Cabildo, éste se había decidido por el Parto de los Montes al designarle a él enviado especial ante las Cortes para recalcarles sobre la gravedad implicada en el proyecto Guridi.

Después se desfogó de mala manera contra la falta de capacidad y decisión de los hacendados. Pero bueno, sentenció, ya la necesidad les llevará a actuar cuando España ceda Cuba a los británicos y tengan que resistir plantándose por la independencia.

Se secó con fino pañuelo de encajes la frente y calva sudorosas y prosiguió, dulcificando la voz:

Por descontado está, que el mal ambiente que gozan los ingleses no es extensible a los norteamericanos, "nosotros admiramos vuestras instituciones, vuestras leyes, vuestra forma de gobierno, vemos que por ellas vosotros os procuráis prosperidad y felicidad. Lo que me hace creer, de acuerdo a la situación imperante, que no nos queda otro camino que solicitar la unión con vosotros, adviniendo uno de vuestros estados confederados. Tal medida —continuó gravemente—, se hace interesante para ambas partes. Nuestra posición amenaza o garantiza la navegación del Mississippi, y nuestras bahías, nuestro suelo, nuestro clima, ofrecen increíbles fuentes al comercio y a la agricultura. Y cuando tales y ventajosas cualidades de nuestra Isla, sean desarrolladas por un gobierno como el vuestro, al tiempo que nos haríais ricos y felices, añadiríais incalculables dones a vuestra riqueza nacional y a vuestra importancia política. Por nuestro lado, cualquier otro rumbo que tomemos, en vez de ir a integrar una grande y nueva nacionalidad permaneceremos en el mismo estado de degradación, sin derechos políticos y prestos a ser envueltos perennemente en las guerras de Europa, siempre contra nuestros intereses y siempre contra nuestros sentimientos".

Carraspeó, se secó nuevamente y adelantó: "En el arreglo no estimo que exista una gran dificultad con el problema religioso, el cual espero y creo que pueda reconciliarse. Muchas personas influyentes comparten estas opiniones mías, y en debido tiempo promoverán una revolución, que le repito, será la única que no advendrá preñada de ruina, porque considero asimismo que la independencia es quimérica: sus recursos jamás igualan su sostenimiento."

Shaler quedó sorprendido. Si algo le complacía del largo discurso era saber que si estallaba la guerra entre los EE. UU. y la Gran Bretaña, los criollos lucharían por la neutralidad de Cuba, y se dispuso a responderle en un alto tono diplomático:

Por supuesto, dijo, y es mi deseo aclararle, que "sólo en algunos casos nuestros intereses son los mismos, pero es obvio que jamás los EE. UU. contemplarían con indiferencia lo que aconteciera en la Isla, por lo que en todo tiempo y bajo cualquier circunstancia, ello advendría parte de los puntos de vista y sentimientos del gobierno norteamericano, para promover las relaciones de amistad más íntimas entre los EE. UU. y Cuba".

La respuesta de Shaler pudo haber sido más clara. No obstante, fuera por el tono diplomático que quiso imprimirle, fuera porque en materia de clarificar y definir siempre andaba un poco enredado, su ampulosa vaguedad también pudiera obedecer a que ya se encontraba habituado a los estallidos de inconformidad aranguista.

A los nueve días exactos de todo el trajín, comunicaba con escepticismo al Departamento de Estado:

A la agitación causada por los debates de las Cortes sobre la esclavitud y "que casi pareció amenazar con una revolución, ha sucedido la más profunda tranquilidad".

Sin embargo, don José de Arango se despidió contento. El viaje a la Madre Patria le entusiasmaba. En todo buen viajero siempre se han compensado las penalidades de las travesías con el encanto de los paisajes nuevos. Además, su espinosa, delicada misión le lucía extremadamente atractiva. En fin, él iba a hacerlas, al estilo de Shaler, un poco de agitador político, algo de soplón y bastante como dialéctico de los ideales mercantilistas de los hacendados isleños.

Mientras don José preparaba bártulos, el pobre Jáuregui las seguía pasando negras en Cádiz. Claro que no era por mal trato de sus compañeros diputados. Más finas muestras de adhesión y reconocimiento a sus capacidades no podían brindarle. Le habían exaltado a la Presidencia de las Cortes y hecho miembro, en la Comisión de Constitución, de la sección que correspondía a las limitaciones del Poder ejecutivo. ¡Pero los intereses que representaba! ¡He aquí el punto flaco de su cometido!

A escasa distancia del enojoso problema de la esclavitud, surgía una proposición patriotera de embargo absoluto a los bienes de cuantas personas ostentasen origen francés.

Y ya tenemos nuevamente al delegado del Cabildo habanero, alzándose parsimoniosamente a rebatir la absurda proposición con muy buenas razones históricas y económicas.

Con su defensa de la colonización blanca en Cuba, que desde los tiempos de don Luis de las Casas se había ido frustrando por la incomprensión del gobierno de Madrid, hasta el florecimiento de ella con los acontecimientos del Guarico y la entrada de los franceses católicos en la Isla, evidenció Jáuregui para bien de sus amigos hacendados, que si ellos apoyaban la esclavitud era sencillamente porque España, con sus leyes restrictivas a la inmigración, no les permitía propagar entre los hambrientos agricultores de Europa que en las Antillas había tierras feracísimas donde se cultivaban los más ricos y caros productos del mundo, y que tales tierras estaban a merced de todos los blancos que se aprestasen a trabajarlas.

No es de despreciar, insistía Jáuregui, el adelanto introducido por los extranjeros radicados en Cuba, tanto en la agricultura como en las artes. En el caso específico de los franceses, ya habían salido de la Isla aquellos que no se habían naturalizado. ¿Por qué, entonces, no se aplicaba a la lejana posesión los mismos principios que en la Península, donde no se les molestaba? Las medidas de persecución no sirven más que para arruinar a los otros terratenientes españoles. Por ejemplo, afirmó, conozco el caso de un francés que vendía su cafetal valuado en 20,000 duros en 200. ¿Cuáles son, repito, los resultados y fines perseguidos con todos estos alardes de represalia? Ya lo dijimos, reiteró, la devaluación de la propiedad y la ruina de los propios hacendados españoles.

La sincera defensa de Jáuregui contra los patrioteros inspirados por los monopolistas, hizo que el proyecto pasara a manos del Consejo de Regencia, que era como condenarlo a dormir el sueño eterno entre otros montones de papeles. Sin embargo, Jáuregui no las tenía todas consigo y volvió a escribir a La Habana.

En esta ciudad, y ante el fracaso de la intentona del Cabildo, se iba envalentonando el Marqués. Había descubierto que si bien él contaba con pocas fuerzas para defender cualquier amago de revolución, los aranguistas y los que pudiesen aparecer como sus eventuales aliados, contaban con poco valor o amaban demasiado sus cajas de azúcar para lanzarse en rebeldía armada. Fué a partir de entonces que situó guardia a las puertas del Cabildo, mientras se entendía con el General Montalvo, que ponía precio a su fama de corajudo por el nombramiento de Teniente Rey. Para recalcar su renaciente autoridad, el Marqués aplicó la censura previa, y el primero a quien le tachó un artículo fué al mismísimo don José de Arango. que era tanto como declararle la guerra al partido en pleno de don Francisco.

Por aquellos días comenzó José del Castillo, un joven educado en Baltimore, a publicar *El Patriota Americano*. Shaler le apreció desde el primer momento, era el único criollo que conocía al dedillo las tradiciones políticas y los hábitos de vida de los americanos del Norte, y quizás dicho conocimiento le obviaba insistirle sobre la confusa *Rational Liberty*.

Muy pronto *El Patriota*, como todos los demás papeles periódicos, pudo desterrar de sus columnas los fiambres europeos con que se alimentaba, para reseñar noticias muy interesantes que se producían en el filón aledaño de la actividad habanera.

Llegado el *Diario de Cortes* y los informes de Jáuregui, volvieron a reunirse los del Cabildo para considerar la importante cuestión del embargo a los franceses. En la sesión se fueron a la greña mercantilistas y monopolistas. Los segundos, como don Bernabé Martínez de Pinillos, a fuer de viejos españoles, clamaron por la expulsión no sólo de los galos, sino de todos los demás extranjeros, y como no tenían a mano otro argumento contra los desgraciados que concurrieron a la Isla de Cuba a desafiar la fiebre amarilla y la ciega política colonial vigente, le espetaron que solamente habían acudido a corromper la integérrima moral española y la única religión cristiana. Los monopolistas, al igual que el Marqués, habían olvidado las citas de la *Crónica* de Pero Niño, y también que los únicos corruptores de la religión cristiana que circulaban por la Isla eran los intangibles norteamericanos, aliados de sus rivales mercantilistas y el espía inglés *Mister* Workman, que con ellos veraneaba en Casablanca, compartiendo antibonapartismo y algunos negocios.

El asunto se fué haciendo gordo. Al fin los monopolistas la emprendieron en una gloriosa pasquinata contra los que viciaban su moral y su religión, y no hubo farol, árbol, tinglado o muralla donde no se colgaren o aparecieran pegados cartelones donde se reclamaba la confiscación y subasta de los bienes extranjeros.

Era el momento propicio para un levantamiento, más, cuando ya se esparcía la noticia de que el sustituto de Someruelos se dirigía a Cuba. Pero, como si nada. Shaler se aburrió de esperar y decepcionado marchó al campo a disfrutar unos días apacibles.

Acontecimientos sensacionales y tres guardias armados hasta los dientes sacaron a Shaler de su tranquilidad bucólica. El Marqués quería jugarle una broma pesada.

Le hizo llevar a Palacio. Al enfrentarse con él le preguntó en español:

—¿Quién es usted?

Ante el silencio del norteamericano, volvió a inquirirle:

—¿De dónde viene?

Tampoco hubo respuesta.

—¿Es que no habla español?

Shaler no movió un solo músculo de la cara.

Entonces, el Marqués, fingiendo que acababa de reconocerle, exclamó:

—*Mon cher ami!*, continuando la conversación en francés.

—Creí que se había marchado ante la imposibilidad de concederle exequátur, dijo Someruelos.

Con igual desenfado, Shaler le explicó que al no haber sido notificado oficialmente había entendido que podía quedarse. Y allí mismo ambos se dieron a rebotar punzantes sarcasmos.

—Por supuesto, reiteró Shaler, me iré tan pronto como Vuestra Excelencia me arregle el pasaporte.

—Claro, claro, y yo mandaré por mi parte a castigar a los osados guardias que le detuvieron.

—Sabe usted, prosiguió Someruelos sonriente, que le tomé al principio por afrancesado. Alguien, no sé quién, y puso aire de preocupación, me dió la confidencia. Tiene gracia, ¿eh?

La tenía sin duda. Shaler hubiese querido estallar en carcajadas ante la desfachatez del Marqués, que tuvo que justificar su lealtad a España con una proclama pública. Pero como era cuestión de seguir hasta el final, permaneció en silencio, y dejó que continuase su interlocutor.

—Yo sí puedo asegurarle, enfatizó Someruelos, que soy un gran admirador de los EE. UU., pero desgraciadamente me ha tocado gobernar un pueblo ignorante, ciegamente devoto de la Madre Patria, que posee fuertes prejuicios contra un pueblo y un gobierno que ellos consideran enemigo del suyo.

—Usted disculpe, dijo Shaler con gran dignidad, pero mi gobierno no alienta enemistad contra el de este pueblo.

Someruelos hizo como que perdía la paciencia, y asumiendo un aire penetrante, le ripostó espaciando las sílabas:

—Sí, ya conozco los puntos de vista de su gobierno respecto a este país...

—Bueno, afirmó calmosamente Shaler, los EE. UU. están interesados simplemente en que Cuba permanezca en poder de sus dueños y que no pase a otras manos...

—Correcto, correcto, zajó con reticencia Someruelos, como si fuera a reprochar algo: ¡La misma opinión que sustenta el General Wilkinson!

Cuando Shaler abandonó el Palacio, sabía que su estancia era improrrogable y su gestión fracasada. Había permanecido quince meses ilegalmente en la Isla, y ya nuevas aventuras le urgían por la Luisiana y la frontera de México, y allá se iba, a predicar con la palabra o el fusil, su apostolado de la *Rational Liberty*.

La visita de del Valle Hernández no se hizo esperar.

Estaba solemne y condolido por la repentina marcha de su buen amigo y compañero de intrigas revolucionarias. Pero estaba fundamentalmente solemne, tanto que Shaler no pudo menos que comunicárselo al *State Department*.

Traía también muchos papeles ocultos en la faltriquera, muchos. Entre ellos el voluminoso proyecto de Constitución cubana y el correspondiente discurso introductorio a las Cortes, todo limado, con cada palabra pasada por los mil cedazos de la intención y distribuídas en el significado cabal de las cláusulas.

Del Valle Hernández también estaba pesimista y dejó rodar algunas frases crípticas:

Columbro, declamó, una guerra inminente entre los EE. UU. y la Gran Bretaña. ¡Y vendrá preñada de ruinas para nosotros! ¡Un solo, pequeño grupo avizora claramente este futuro cercano, y él sólo conoce el camino para escapar al desastre!

Prosiguió como si monologara:

La primera medida de Inglaterra será ocupar La Habana y sus dependencias. ¿Y con qué medios, se preguntó a sí mismo, contamos para resistirles? Luego se dejó caer patéticamente los brazos a lo largo del cuerpo.

Shaler le replicó entonces, con voz seca, sin ningún almidonamiento de formas, y como si hubiera descubierto que todo aquel soliloquio, era un pretexto para dar a entender que estaba autorizado a formular proposiciones y a escucharlas:

—Bien, *Mister* del Valle, hemos discutido ya sobre este asunto y jamás malentendido alguno podrá interponerse entre nosotros. Si usted tiene en mente algo que sugerir al gobierno norteamericano, le prometo que se lo trasmitiré enseguida.

—Entonces nos veremos mañana, respondió del Valle. Por de pronto, añadió, le ruego eche un vistazo al proyecto de Constitución y al discurso. Buenas noches, y se marchó con menos solemnidad a como había entrado.

Al día siguiente volvieron a encontrarse. Esta vez del Valle Hernández no lucía solemne sino expectante. Después del saludo pidió permiso para usar recado de escribir, y extrayendo del fondo de su casaca un manuscrito arrugado y repleto de notas marginales se puso a copiar con grafía muy clara, muy límpida algo que llevaba todas las trazas del genio de don Francisco:

"Las Cortes españolas convocadas en la Isla de León, no han acertado a conseguir los dos graves objetos que más interesaban al Estado, a saber: Primero, rechazar a los franceses de la Península. Segundo, interesar los dominios ultramarinos en la causa común, de tal manera que se uniesen en un grande cuerpo capaz de restaurar la fuerza, la dignidad y el decoro de la nación."

"Hay más, parece que en junio último han admitido las Cortes la proposición que hizo la Inglaterra de mediar a fin de obtener la reconciliación de las provincias disidentes con la metrópoli; y se advierte en las resoluciones acordadas en 19 de aquel mes por las Cortes, que no hay ni disposición ni voluntad de facilitar semejante reconciliación pues últimamente se solicita la asistencia de la Gran Bretaña para sujetar las provincias disidentes, en el caso de que a los quince meses nada se haya adelantado."

"Se dice que posteriormente el Gobernador de Curaçao ha proclamado contra Caracas un bloqueo acordado con el gobierno español, y después de la referida mediación no se comprende que aquella disposición se pueda dirigir a otra cosa que a prohibir a los caraqueños toda comunicación con los angloamericanos y aún con las demás provincias hispanoamericanas."

"Por lo que respecta a esta Isla, a pesar de su fidelidad bien notoria —aquí escribió del Valle Hernández sin que le temblase el pulso—, no tan sólo no se ha tratado de vigorizar su gobierno doméstico en disposición de que pueda atender a la propia defensa y conservación del país en caso de cualesquier ataque exterior, sino que ha resuelto la Regencia perpetuar en ella la antigua forma de gobierno, con la creación de otras dos Intendencias en Puerto Príncipe y Santiago de Cuba, las cuales lejos de dar vigor al gobierno lo debilitarán todavía más. Sobre esto le van a dirigir al Supremo Gobierno ciertas representaciones que si bien de pronto han encontrado alguna oposición por efecto de la ignorancia o de la malignidad tendrán más adelante el aplauso que merece."

"En tal estado de cosas comprendemos que viendo los EE. UU. del Norte de América agrandarse la prepotencia marítima y mercantil de la Inglaterra, que abiertamente aspira al comercio exclusivo de las Américas españolas, tratarán de contrarrestar a la Gran Bretaña en lo que sea posible y de provocarla hasta el punto de que ella les declare la guerra. Uno de los medios más eficaces será probablemente promulgar un nuevo *Embargo General* que obligue a los ingleses a retirar sus tropas de la península de España."

"El embargo general, de entrada reduce la agricultura de esta Isla a la última angustia, que es la de no tener mercado donde expender sus frutos, pues es evidente que los ingleses no han de cargar aquí lo que tienen de sobra en sus almacenes de Europa."

"Pero queda todavía pendiente un problema de la última importancia para esta Isla con relación a la Inglaterra. Consiste en saber si ella seguirá hostilizando el comercio de los angloamericanos sin darse por entendida de los agravios que tenga contra ellos o si dejándose llevar de su resentimiento les declarará la guerra y obligará a la España a unirse con ella en razón de la estrecha alianza que existe entre las dos naciones."

"Si la Inglaterra abraza el primer partido siempre sufrirá mucho esta Isla, pero no se verá al menos comprometida a estar individualmente en enemistad con un país destinado por naturaleza a mantener con ella la mejor inteligencia."

"El segundo caso es el que nos amenaza los mayores y tremendos males, pues es de creer que la Gran Bretaña antes de declarar formalmente la guerra a los EE. UU. tratará de asegurarse del puerto de La Habana y demás de la Isla de Cuba con pretexto de defenderlos de toda invasión extranjera y aunque a la verdad tenemos justos motivos de persuadirnos que el gobierno español no consintiese voluntariamente a entregar la Isla a una potencia tan poderosa y temible es de recelar que se viese forzada en algún momento de angustia a acceder a ello."

"Creer como algunos que los ingleses se descuiden en eso o consientan que esta Isla sea neutral es un delirio. La neutralidad supone independencia y ésta no podrá sonar bien en los oídos de nuestro propio gobierno. A los ingleses menos les podrá convenir, pues, ¿cómo se entendería esta neutralidad? Si suponiendo nuestros puertos cerrados a la bandera americana, si se entendiese que hubiésemos de llevar nuestros frutos en buques propios al Norte, siempre sería echar la poca riqueza de esta Isla en la escala contraria. Baste esta demostración para desvanecer dicho presupuesto."

"La defensa de la Isla, o sea, su entrega a los ingleses es pues lo más probable. En tal caso, ¿qué es lo que no tendríamos que temer de una nación que en plena paz y alianza persigue nuestro comercio en el Africa y atropella en esta parte nuestra independencia nacional no tanto por filantropía, como por celos de los ulteriores progresos de nuestra agricultura? Si esto sucede profesándose ellos amigos de nuestra nación, ¿qué sería siendo dueños de nuestra Isla?"

"En ese temido conflicto, ¿qué es lo que tendríamos que hacer? Disuelta desde ese momento la soberanía de la Nación y los lazos que nos unen con ella y su gobierno, el derecho de la propia conservación —derivado de la ley natural— nos ordenaría que a trueque de no vernos entregados al dominio de una potencia extranjera resistiésemos semejante disposición si acaso nos viniese intimada. Tenemos brazos bastantes para acudir a nuestra defensa y medios de subsistencia en el país que no poseen ninguna de las demás islas Antillas. Lo que podía hacernos falta serían armas, municiones y dinero; pues interrumpida la minería en México y atenidos nosotros principalmente a la entrada de nuestras aduanas, serían muy cortos o ninguno los ingresos de nuestro erario y no bastarían a mantener nuestros gastos en un estado de bloqueo, desembarco o asedio, pues gracias al poco orden y economía de nuestras Intendencias, no tenemos repuesto ni sobrante alguno de dinero."

"Tales son los futuros contingentes que nos amenazan eventualmente y han de nacer de la providencia visiblemente hostil a la Inglaterra y a la España de un embargo general, que recelamos acuerde el Congreso. Quiere decir que no nos ocultamos los peligros de nuestra situación, y que no ignoramos tampoco que los EE. UU., aunque poderosamente movidos a estorbar en lo posible el engrandecimiento de los ingleses, y a promover el suyo propio, tienen por ahora el mismo interés que nosotros en no ver caer esta Isla en poder de ninguna nación europea. Pero también nos parece que el gobierno de la Unión Angloamericana es demasiado débil, y su poder Ejecutivo demasiado restrictivo en sus facultades, para creer que un evento repentino y ejecutivo, como el que se recela, pudiese aliviar los males y peligros de esta Isla, en disposición de ponerla en estado de arrostrar y resistir vigorosamente la indicada calamidad."

Puso punto final y fecha a lo que tituló "Nota" y resultó memorial, pero muy rico en la muestra de temperaturas por las que se sucedía la ideología aranguista, que osciló de la autonomía colonial a la anexión con los EE. UU., y que como único balance mostraba que aquel primer agrupamiento criollo, solamente poseía conciencia mercantil y no cubana para el enfoque de los problemas políticos que afectaban a la Isla.

Antes de marcharse, prometiendo a Shaler el envío de algunas estadísticas de población que necesitaba, del Valle Hernández consideró la conveniencia de una postrer entrevista con don Francisco de Arango, pero la descartaron bien pronto ambos por considerarla imprudente y arriesgada.

El 11 de diciembre de 1811, partió para Nueva Orleans don Guillermo Shaler, como ya le llamaban los cubanos. En La Habana dejaba dos buenos amigos, Antonio del Valle Hernández y José del Castillo, que le prometieron mantenerle informado de cuanto ocurriese en la agitada ciudad.

VIII

PERSONALIDAD E IDEARIO

Cuando Varela vió impreso su discurso en el *Diario del Gobierno*, aprovechó la ocasión para dar las gracias al público tanto como a don Juan de Arango por la buena acogida que le habían dispensado.

De conocer los manejos y dobles forros del partido aranguista jamás se hubiera dirigido en aquella forma al pariente de don Francisco, porque él, como muchos otros españoles, peninsulares y ultramarinos, sin hacerse ilusiones al respecto, creía de buena fe que algunas y muy buenas medidas se derivarían de las deliberaciones del Congreso nacional.

Varela no era político, aún más, consideraba a las ideas liberales "simples inepcias". Ahora bien, entre lo que usualmente se entiende por menester político y el verdadero y cívico que debe ejercer el ciudadano amante de su patria, establecía una distinción bien desemejante a lo que en La Habana hacían mercantilistas y monopolistas por el control público. Los líderes de ambos partidos, Francisco de Arango y los Montalvo, el Conde Barreto y Bernabé Martínez de Pinillos, cabezas visibles de mercantilistas y monopolistas, para destrozarse y alcanzar sus fines lo mismo recurrían a Shaler que a la xenofobia o a Rousseau. Y esta división económica más que política se reforzaba con la que de hecho existía en las Cortes y aún entre los propios diputados cubanos.

En el Congreso podían distinguirse hasta tres grupos bien definidos:

En primer término, estaban los afrancesados, que sin provocar la indignación popular entorpecían las órdenes del cuartel general inglés alentando el orgullo de los improvisados militares españoles, para que no obedecieran al duque de Wellington en sus propósitos de aniquilar a las tropas napoleónicas.

Luego venían los que esperaban la expulsión de los franceses del solar doméstico, pero preservando y defendiendo a toda costa la tradición y los recursos nacionales. Este partido, tan patriota como ortodoxo, veía con horror la mezcla de católicos con herejes ingleses, y así, apoyaba indirectamente a los afrancesados en sus afanes de desprestigiar la alianza británicoespañola.

Por último, estaba el partido americano, mirado con recelo y desprecio por aquellos aprendices de parlamentarios que llevaban de corifeo a Agustín Argüelles. Los americanos, acostumbrados a la indiferencia e inferiorización metropolitanas, se alzaban con orgullo a expresar que ellos habían nacido en tierras y panoramas distintos, donde el hombre crecía libre. Eran como Guridi Alcocer, que sin obedecer a otro estímulo que su conciencia, proponía la supresión de la esclavitud. O como O'Gavan, que se desquitaba del Santo Oficio votando su abolición, reforzado en un notabilísimo discurso, donde defendía el derecho episcopal a erigirse en juez único del crimen de herejía.

Sin embargo, los americanos tampoco se mostraban afines. Ellos solían hablar de libertad, pero una libertad confinada a su pequeña provincia, su ciudad o sus pastos y montes, sin columbrar, las más de las veces, la unificación nacional.

Tomando como ejemplos a nuestros dos representativos, contemplamos a Jáuregui haciendo la apología de su Habana, al oponerse a la creación de una Intendencia en Puerto Príncipe y otra en Santiago de Cuba, mientras O'Gavan las defiende con pasión, y a su vez ataca al Consulado. ¿Y por qué lo hace O'Gavan? Sencillamente, porque piensa que por muy deshonestos que sean los Intendentes, para justificarse tendrán que hacer obras, que en largos años de tributación de las regiones orientales a la Intendencia y el Consulado habaneros, jamás la habían revertido en aquellos parajes, abriendo un camino o una escuela. Por otra parte, arguye, el Consulado ha desvirtuado su función y lejos de promover la agricultura en toda la Isla la circunscribe a la capital.

Si no fueran estas solas divisiones, había la general, de constitucionales o liberales y la de serviles o feotas.

Los primeros estaban integrados por gente de la clase media, atenta a los cambios del siglo. Gente honesta y burguesa, que es la que acude a las universidades, viaja, comercia o crea en las artes humanas, y que aspira al progreso político como primer fundamento del progreso material de la nación. Aún no faltan entre éstos inversionistas o propietarios rentistas, que han dejado de creer que unos viejos estamentos con derecho de petición, o la forma decadente de despotismo ilustrado, constituyan los vehículos propios para seguir el ritmo de una civilización que cambia en todos los órdenes de la vida y exige la participación activa de otras clases sociales distintas a las tradicionales. La burguesía peninsular, al igual que la de América, lee gacetas inglesas y francesas, se incorpora a los movimientos artísticos, económicos y filosóficos que se inician en Europa y América, y aún atiende con interés marcado, la marcha ascendente y pacífica de la democracia norteamericana. Esa burguesía es la que genera el movimiento constitucional doceañistas, y sus miembros más conspicuos son viajeros y observadores, como el asturiano Agustín Argüelles, que se embelesa escuchando los debates de los comunes británicos.

Los segundos, o sea los serviles o feotas, son los absolutistas cerrados, la exclusiva aristocracia y el pueblo bajo, hasta donde no llega la luz del progreso. Los serviles han admitido las Cortes como una eventualidad y su presencia en ella es una contingencia que aceptan para utilizarla en un momento dado como medio hacia la restauración política tradicional.

Varela, no sólo es un americano más, sino un miembro típico de la burguesía española. Hijo de un oficial modesto, nieto y educado por otro, disfruta de rentas suficientes para establecerse en una parroquia, aparte de poseer la casa donde reside su familia. Es decir, se halla situado en la vida en el mejor plano para contemplar objetivamente hacia uno y otro extremos. Ni acuciado por la defensa de grandes intereses, puede dejar de mirar a los de arriba como quien contempla un árbol enfermo en disposición de podarle las ramas valetudinarias; ni movido por onerosos privilegios, que le obliguen a mantener en la abyección y la ignorancia a los de abajo, puede dejar de apreciarles tales cuales son y ofrecerles un brazo para ayudarles a una digna incorporación social y económica.

Claro que para la burguesía española, como para Varela, las ideas liberales constituyesen un conjunto de necedades. Con ideas liberales se identificaban en aquellos tiempos las locuras y desmanes de la Revolución francesa y su declamatoria sobre los derechos del hombre, que no respetaban ni en el primario de vivir. Ideas liberales habían promovido las atrocidades del Guarico, que tantos bienes derramaran sobre Cuba. Pero a pesar de las identificaciones circunstanciales de un término con un estado histórico confuso, tanto la burguesía española como Varela eran liberales, porque no de otra abstracción, de otro término se han valido la costumbre y las ciencias políticas y económicas para designar en aquel otro momento histórico que fueron las Cortes constitucionales hispanas a los enemigos del absolutismo, la influencia social en manos de la aristocracia y la no participación de la propia burguesía en los negocios del estado. Ideales por los que luchaban los españoles, fundándose, y aunque luzca paradójico, en los principios asentados sobre los derechos del hombre. Cuando se repasa todo ese cúmulo legislativo registrado en las Actas de las Cortes, y que el ilustre don Rafael Altamira consideraba tan poco conocido como menos estudiado, para indagar en la tradición parlamentaria peninsular, chocamos a cada instante con las palabras igualdad, libertad, hermandad, opresión, típicas e ineludibles del lenguaje político liberal.

El pueblo discierne por tanteos y errores, era imposible que en aquel inicio constitucional de 1812, las bondades de su régimen llegasen hasta él. Las masas eran absolutistas y amaban a Fernando VII, a pesar de que éste felicitara a Napoleón por haberlas sojuzgado, pero le amaban precisamente porque Fernando había sido enemigo declarado de Godoy, sobre quien el pueblo cargaba todos los males que sufría la Península.

Los constitucionalistas no deseaban a Fernando VII, pero respetaban la tradición patria, a la que enfrenaban creándole colateralmente nuevos organismos estatales para hacer de España una nación moderna. Descontado que la política se hace detestable la mayor parte de las veces por su necesaria forma de operación, cediendo y pactando con ideales contrapuestos a los más puros que reclama el ejercicio neto del menester cívico. Pero no es de olvidar que genéticamente todo proceso natural es amorfo en sus inicios, por lo que tampoco debe ignorarse que la aspiración ideal del puro menester cívico se hace en el choque con la cruda, factual realidad política, de cuya síntesis surgen las concreciones nacionales que los hombres aman y veneran apasionadamente.

Para las nuevas generaciones de españoles una de esas más caras concreciones fué la Constitución de 1812, y por ella pelearon y murieron a centenares, hasta hacerla una dulce reliquia popular, cuya evocación estremecía a los hombres libres del mundo hispánico. Jáuregui y O'Gavan firmaron aquel memorable documento, y gobernantes y gobernados lo juraron en La Habana, el 25 de julio de 1812, dándose motivo por ello para grandes festejos y regocijos entre los habaneros, que de tal forma, ahuyentaron un poco la zozobra de sus corazones, angustiados como estaban, porque hacía menos de un mes que la guerra entre los EE. UU. e Inglaterra se había declarado.

Por el flamante código se fijaba la ansiada igualdad entre peninsulares y ultramarinos, los requisitos para la adquisición de la naturalización de los extranjeros, constituyéndose el gobierno de la nación en monarquía moderada. En consecuencia, quedaba establecida la división de poderes, con una firme preponderancia del legislativo, ya que las Cortes interpretaban y derogaban las leyes, recibían juramento del rey, del príncipe heredero y de la regencia, además de nombrar tutor al monarca menor de edad o designar al regente. Aún el veto real debía ir acompañado de sus causas, pudiendo reconsiderarse las leyes un año después de haber sido rechazadas por el monarca.

Aunque la libertad política y de imprenta estaban garantizadas, la libertad de conciencia quedaba "hipotecando el futuro", al establecerse que la religión católica, apostólica y romana "es y será" perpetuamente la de la nación española, prohibiendo "el ejercicio de cualquiera otra". Lo cual significaba un rotundo mentís a los serviles, que en su obnubilamiento acusaban a los constitucionales de incendiarios fracmasones y heréticos jansenistas, según fuesen del estado civil o del eclesiástico, y se hubiesen proyectado por la abolición del Tribunal del Santo Oficio, el Voto a Santiago o la no exención de tributos de la Iglesia al Estado.

En lo que concernía a las colonias, se creaba una Secretaría para la gobernación de Ultramar y un Consejo de estado formado por cuarenta miembros, de los cuales doce de ellos, tendrían necesariamente que haber nacido en las posesiones.

Sobre educación había materia con que regocijar a Varela, a su mecenas Espada y al precursor Padre Agustín. Por un capítulo único, se ordenaba que en todas las poblaciones de la monarquía hubiera escuelas donde se enseñaran primeras letras y catecismo. Asimismo, se estimulaba el establecimiento de universidades y otros centros de instrucción con objeto de difundir las ciencias, la literatura y las bellas artes; haciéndose también obligatoria la enseñanza del texto constitucional, en un supremo esfuerzo por llevar al pueblo, como en Norteamérica y Francia, hasta el conocimiento de las leyes básicas que garantizaban su libertad y sus derechos políticos. Finalmente, se reconocía que todos los españoles podían escribir, imprimir y publicar sin necesidad de licencia, revisión o aprobación algunas, sometiéndose exclusivamente a las responsabilidades civiles que establecieran las leyes.

Por esta última parte, quedaba admitida la capacidad de Varela a escribir sus textos de filosofía en español, cosa que sabemos había realizado antes de promulgarse la carta fundamental. Y como se establecía igualmente una Dirección general de estudios para supervisar la educación, el Obispo vislumbró enseguida la oportunidad de relevar a los estudiantes del Colegio de asistir a la Universidad, con el fin de seguir aquellos pesados cursos escolásticos de "Texto del filósofo y maestro de las sentencias", que tan anacrónicos resultaban comparados con la filosofía moderna que enseñaba Félix Varela.

En el orden de la cultura, los signos constitucionales presagiaban los mismos halagüeños triunfos, que la acción renovadora que partía del San Carlos se encargaba en conquistar. Este, no sólo había abolido aquella cláusula de sus Estatutos, por la cual los hijos de oficiales mecánicos no podían matricularse en el Colegio, sino que ahora, y subrepticiamente, suprimía otra por la que tampoco se consentía que fuesen colegiales, "los que (procediesen) de negros, mulatos o mestizos, aunque su defecto se (hallare) escondido tras de muchos ascendientes", al admitir como alumno a José Agustín Govantes, cuyo aspecto "amulatado", dice Cirilo Villaverde, evidenciaba la mezcla de su sangre. Sin embargo, baldón tan ostensible no pudo impedir, según las previsiones de los poco prejuitivos profesores, que fuese Govantes el primer gran jurisconsulto cubano que brindara clases en la propia institución carolina.

En el terreno mercantil cambiaba la perspectiva, los augurios eran tétricos. Los propios aranguistas habían sellado que la suerte probable de Cuba, de iniciarse la guerra entre los EE. UU. e Inglaterra, sería la de convertirse, por lo menos, en base de aprovisionamientos británicos. Para evitación de los males que aquel evento pudiese implicar, tanto del Valle Hernández como José de Arango, habían enfatizado a Shaler que ir a las armas y declararse independientes de España o marchar hacia la anexión con los EE. UU., constituían las únicas alternativas para los criollos, porque España no sería neutral en un conflicto donde participaba su gran aliada. Ellos, que habían hablado en parte por boca del genio fecundo de don Francisco, no habían contado, como tampoco contara éste, con las previsiones que le deparaba su buena estrella, que meses antes a la declaración de guerra, había hecho aprobar en el Consulado un impuesto extraordinario de aduana, con el fin de recaudar doscientos mil pesos con que socorrer a la precaria metrópoli. La gabela, a todas luces ilegal, puesto que era facultad de las Cortes decidir sobre ella, fué acogida con beneplácito por el Congreso, que no obstante reconocer su viciado origen, ordenó escribir en el *Diario de Cortes*, "lo grata que había sido al Congreso esta conducta". Cinco días más tarde a la muestra de gratitud, estallaba la guerra entre norteamericanos e ingleses.

Así se explica, que luego las propias Cortes, no sólo votaran la neutralidad, sino créditos cuantiosos para convoyar los buques que extraerían las cosechas cubanas de azúcar y café, que de no exportarse, según se hizo constar también en dicho diario de sesiones, ocasionarían "gravísimos perjuicios a los habitantes de aquel país cuya subsistencia primordial depende del giro y negociación de estos frutos".

Para esta fecha ya se encontraba en las Cortes, intrigando contra los abolicionistas, el suave Arango y Parreño. Antes de partir se dirigió admonitoriamente a sus electores para aconsejarles calma, paciencia e indulgencia, previniéndoles de paso contra el peligro de confiar demasiado en obtener grandes mejoras en breve tiempo.

Don Francisco creía asimismo, que el mejor apoyo de la libertad política se encontraba en el desarrollo de un plan completo de instrucción popular. Sabía, por inexcusable experiencia, que planear mucho no era bueno, porque los desenlaces inusitados e imprevistos torcían muchas veces los más caros proyectos. ¡Y si lo sabría don Francisco! Aunque gracias a Dios, a él cuando se le torcían los planes era para salir siempre favorecido. El mejor argumento que poseía contra el proyecto Guridi, era una coetánea insurrección de esclavos ocurrida en Puerto Príncipe, que concibió y llevó a efecto un negro libre llamado José Antonio Aponte.

Varela también era de estos favorecidos, si es que recordamos la forma inesperada en que llegó a la Cátedra de filosofía. Pero como no había vivido tanto ni tan intensamente como el Apóstol de los hacendados, tampoco tenía motivos para sentirse desconfiado del futuro. Bien es cierto que tres años más tarde podía escribir, aunque doctrinalmente, "cuando se manifiesta una nueva verdad, y se hace ver que lo que teníamos por cierto es falso, debemos alegrarnos, y no cede en descrédito de un filósofo retractar su opinión". Empero, en el instante de su historia a que hacemos referencia, poseía buenos fundamentos para pensar que todo marcharía bien.

En completa independencia de la Universidad, a la que el Colegio debía acatamiento docente, explicaba su tercer curso de filosofía, y por primera vez desde que se hablara de química en La Habana, en 1793, iniciaba el estudio de tan importante materia para el desarrollo ulterior de nuestra agricultura.

Contaba nuestro profesor escasos veintisiete años, y por todo lo que había realizado podía justificar cierto envanecimiento y satisfacción de sí mismo. Pero ni se ensoberbecía, ni mostraba pizca de orgullo por su obra. Los motivos estaban tanto en la integración moral de su personalidad, como en los factores que habían intervenido en su educación.

Físicamente, Varela era la misma persona delgada que hemos conocido en su adolescencia. De estatura mediana, piel muy cetrina, lucía, en una tierra donde el tipo nacional es rechoncho, *"falto de sangre"*, como se decía entonces. Su faz, lampiña y sonriente, quitaba la adustez que encuadraban unos quevedos frente a dos ojos negros, grandes, muy miopes. Su frente era amplia y el cabello lo llevaba generalmente crecido, peinándolo en melena u otras veces, con mayor aliño, echándolo hacia atrás. Varela no impresionaba con su figura.

Eminentemente sensible, su nerviosismo lo desfogaba jugueteando con el albo pañuelo de lino que contrastaba con la negra sotana de sus hábitos. Aunque padecía asma, era resistente y ágil, si bien sus sensaciones cutáneas le atormentaban hasta la hiperestesia. Solía vestir invariablemente bata de seda cuando iniciaba con el alba sus trabajos de laboratorio, pero nada podía aislar su piel de los choques eléctricos, cada vez que hacía experiencias de ese tipo. Aquello le hacía sufrir sobremanera, y sus discípulos lo notaban, aunque las quejas del profesor, eran en tono jocoso y burlón de sí mismo, como cuando se reconocía su fealdad para justificar a sus familiares el motivo de no haberles enviado su daguerrotipo.

Temperamento vibrante, se dominaba con un rigor de disciplina estoica, y siempre el buen humor y la donosura alumbraban sus labios para deshacer cualquier situación enojosa.

Muy criollo, gustaba los diminutivos y las expresiones familiares. Para él sus alumnos Manuel González del Valle y Cristóbal Madan, eran Manín y Cristobalito, a otros les llamaba, en cambio, por sus apellidos. También refranero y hasta improvisador de décimas, un gracejo suyo, una decimita soltada en medio de la situación más embarazosa y sombría, era estímulo para sus alumnos que le adoraban y confiaban en él cerradamente. Ya podía uno de aquellos muchachos estropear cualquier experiencia preparada con laboriosidad. Allá marchaba el profesor, y lejos de reconvenirle, tornaba sobre aclaraciones, y cuando le creía apto, con un golpecito estimulador sobre el hombro le exclamaba: ¡A ver si porque se nos haya caído este altarito no podemos levantar otro!

Ninguno de sus discípulos encontró jamás petulancia en sus palabras. Nadie le halló altanero ni presumido con sus conocimientos, ni que dejara de haberse mostrado humilde y comprensivo con su prójimo, o que no fuera desprendido de paciencia, o se negase a socorrer a quienquiera que le solicitase consejo, limosna o consuelo.

Por esa época había predicado otra media docena de sermones, bien en la Catedral, con motivo de la solemne festividad de San Cristóbal, patrón de La Habana; bien en la iglesia del Santo Angel, o en la de Santa Catalina, y nada ni nadie lograba empecinarle, ni el afecto de sus muchachos, ni las alabanzas de su auditorio, o el reconocimiento del Obispo.

Causas había para ello. Nacido en un medio austero, criado entre hombres de armas, su carácter se fué templando también en las dulces enseñanzas y enteros impulsos de aquel virtuoso y culto salmantino que fué don Michel O'Reilly, y ya a medio moldear, había acudido a entregarse a las manos impecables del Padre Agustín, que marcó el hito definitivo de su integración moral.

José Agustín Caballero muestra a Varela como se puede renunciar a todos los dones del mundo sin que se nos quebranten
los inalterables tesoros del espíritu. El hombre que vive de acuerdo
con San Juan, sale de su retiro solamente para cumplir con sus semejantes y rechazar de éstos cualquier merecimiento u honor que
le ofrezcan. No sólo había rehusado la dirección del Colegio, sino
las dádivas en posiciones y ventajas con que el duque de Veragua
pretendiera premiar su antológico discurso frente a los restos de
su ascendiente, don Cristóbal Colón. ¡El bien amado Padre Agustín,
de cuyo espíritu incontaminado de perfecto cristiano sacara ejemplo
Varela para completarse un programa de vida y mejor resistir las
duras pruebas a que le sometería su dramático destino!

* * *

En este momento, para nuestro Presbítero, no era la menor de
sus preocupaciones que su protector, el Obispo Espada, por muchas
de sus novedades hubiese sido acusado de masón ante el Vaticano,
era la amenaza a sus reformas que venía de Europa, como todas
las amenazas a la felicidad criolla. Quizás y como había advertido
don Francisco de Arango, no debía confiarse mucho. ¡Retornaban
de veras los jesuítas! Posiblemente autorizados para borrar todo
vestigio de progreso docente, y hasta el nombre del monarca que
los expulsó de sus dominios y con el que se había bautizado al
Colegio.

Todo sucedió de manera sorpresiva, las propias Cortes, minadas
de serviles, se vieron impotentes para impedir el desastre constitucional.

Bonaparte, perdida la batalla de España y replegándose a París
desde los demás puntos del continente, decidió libertar a Fernando VII, con la intención de crear conflictos inesperados. Llegado éste a Madrid con el apoyo de suficientes fuerzas militares y
una petición de los diputados serviles, que le rogaban erigirse en
monarca absoluto, no quiso jurar la Constitución y dictó, en cambio,
el 4 de mayo de 1814, una Real Orden donde declaraba "nulos y
sin ningún efecto" la Constitución y todos los decretos de Cortes.
Una semana más tarde arrestaba a cuanto diputado liberal sorprendió desprevenido.

El movimiento de restauración encontró grata acogida en Arango y Parreño, que podía hacerlas de precursor, y por etapas no muy bien escalonadas, de autonomista, independentista y anexista; pero que por el momento, se contentaba enrolándose entre los serviles, ya que Fernando VII, a instancias de José Pablo Valinete, le elevaba al muy respetable cargo de Consejero perpetuo de Indias.

Con semejante facilidad que las mutaciones políticas en don Francisco, en La Habana se operó el relapso absolutista. El gobernador, Juan Ruiz de Apodaca, fué apretando las tuercas y cuando las encontró bien asentadas proclamó el cambio de régimen.

Hasta el rabioso liberal Simón Bergaño, que por primera vez había hablado en La Habana, desde su *Diario Cívico*, de la frenología de Gall, y a quien designaban con el mote de "Rusó Bergaño", por haber traducido y divulgado el *Contrato Social*, se hizo de la vista gorda, y con buen humor se despidió de la Constitución, en un largo discurso titulado con clásica inspiración: *El desengaño, o sea, despedida de la Corte y elogio de la vida del campo.*

Cada cual marchó tranquilamente a su casa, como marchaban mercantilistas y monopolistas tras alborotar el Cabildo con declaraciones de independencia o xenofobia.

En todo este ajetreo hispanocriollo, en todo el agitado curso político, Varela no se manifiesta en la militancia de ningún partido. Como había expresado en el sermón que precedió a las elecciones de 1812, estaba desentendido de la voz tumultuosa de las pasiones que encadenan y ponen una tenebrosa cárcel al espíritu, para solamente escuchar la voz apacible, pero enérgica, de la razón. Y su razón y toda su experiencia le hablaban que su patriotismo no podía medirse porque estuviese con unos u otros. Cosas extraordinarias había contemplado él desde sus tiempos de estudiante entre los hombres consagrados a la cosa pública. Aquellas proclamas encendidas del Marqués de Someruelos, solicitando venganza de los ingleses y seis meses más tarde declarando a los mismos escudo de la humanidad afligida. Los motines contra los franceses, los pujos independentistas del Cabildo, o el robo de las propiedades a los extranjeros preconizado por los monopolistas, le decían bien a las claras que él nada tenía que ver con políticos cambia colores o cambia casacas, como los designaba burlonamente. Su patriotismo estaba en proseguir con redoblado esfuerzo en la ilustración de los jóvenes en la verdadera ciencia y más noble filosofía, la que acerca al conocimiento del hombre tal cual es. Porque no sólo así servía a los verdaderos intereses criollos, incorporando la Isla al ritmo de los adelantos contemporáneos, sino interesando a las nuevas generaciones en una más limpia y sincera preocupación por el porvenir de la tierra cubana. ¿Acaso no era el propio don Francisco quien proclamara que el más firme apoyo de la libertad se constituía por el desarrollo de un plan completo de la instrucción popular?

La vía estaba expedita, y sus preocupaciones deshechas. Los jesuítas retornarían pero como supervisores de nada. Don Francisco en este punto, más que traicionar a las promesas que hiciera al Obispo de defender las reformas escolares, no iba a traicionar a su eventual protector, José Pablo Valiente. Asimismo, baste recordar cuál fué la reacción de su partido cuando por las chochas reformas del Consejo de Regencia, en 1811, se restauraba a la famosa orden religiosa.

En un elenco o programa de examen que publicó Varela en 1816, se tocaban puntos reveladores de que sus enseñanzas no estaban detenidas, y que otra obra, de mayor alcance didáctico que las *Instituciones,* le tenía empeñado. La libre circulación de ideas había traído a la Isla teorías muy actuales, como las de Gall. Spurzheim y Broussais sobre el cerebro, por lo que un examen de ellas se imponía, de igual modo que un repaso clarificador en Rousseau y Montesquieu, en quienes Bergaño y otros habían incidido con tanta frecuencia durante la brevísima libertad de imprenta que disfrutara el ya maltrecho imperio.

Cierto que a los profesores jóvenes siempre les luce insuficiente lo que enseñan, y en esto Varela se distinguió de Caballero, no precisamente por joven, sino porque poseía una preocupación científica más raigal y un sentido pedagógico más profundo que su maestro. Caballero da por sentado que sus alumnos estimarán en poco lo que enseña y les anima compensatoriamente a que prosigan por cuenta propia leyendo los autores que cita en clase. Varela amplía sus explicaciones, porque conoce los peligros del autodidactismo y sabe de los riesgos a que se expondrían sus discípulos, de entregarse por cuenta propia a lã interpretación de doctrinas y conocimientos con los cuales se enfrentaban por primera vez.

Varela, cuyas preocupaciones metodológicas en filosofía son tan hondas, y cuya actitud hostil a las sistematizaciones metafísicas, es tan precursora, no ignoraba que un maestro puede enseñarnos hasta ideas erradas sobre un tema cualquiera del conocimiento, pero que no es eso lo que justamente nos enseña, sino su actitud, su posición frente a la contemplación teórica de los hechos y la relación armoniosa que ha descubierto entre éstos y su contemplación. En otras palabras, que nos ha enseñado un método, un hábito de consideración a lo que investiga y trata de comprobar con mayor viso de certidumbre en la explicación de la naturaleza.

Por ejemplo, lo valioso en la doctrina de Gall no eran sus múltiples localizaciones cerebrales donde se asentaban desde el amor parental a las aptitudes metafísicas, era su consideración teórica de que el cerebro no estaba dotado, como las demás vísceras, con funciones iguales, sino que se constituía en órgano heterogéneo, yuxtapuesto de tantos sistemas particulares como funciones distintas poseía. Asimismo, lo encomiable en Varela no se justifica por sus escrúpulos metafísicos que lo llevan a refutar a Gall, porque "aun prescindiendo de la repugnancia que envuelven las ideas de materia cogitante", el cerebro no es centro de la sensibilidad y los sentimientos; sino por haberse anticipado a su tiempo sentando la existencia de órganos sensoriales al proclamar, "que cuando a uno le duele un dedo allí es donde le duele".

En efecto, a mitad del siglo xix comenzaron a añadirse nuevos sentidos a los cinco clásicos admitidos. Así el fisiólogo alemán Ernst Weber, llegó a descubrir con su famoso compás, que aplicadas sus puntas en dos zonas distintas de la piel, en una, el sujeto sentía frío y en la otra, calor. Las investigaciones posteriores llegaron a determinar anatómica y fisiológicamente, la presencia de órganos corpusculares para estas sensaciones; hasta nuestro tiempo, en que se establece la existencia de órganos gargalestésicos; o sea, aquellos donde se sienten las cosquillas.

Por supuesto que Varela estimaba que era falso que las estimulaciones hechas en los órganos sensorios se propagasen necesariamente al cerebro para que el alma sintiera.

En su época dicha afirmación no implicaba que anduviese atrasado de noticias, Fechner, que utilizó las experiencias de Weber para lanzar sus teorías sobre la creación de una ciencia psicofísica, afirmaba, en 1851, que cuerpo y alma constituían una apariencia a modo dual del mismo ser esencial.

En La Habana explicaban los dómines escolásticos su dualismo psicológico —existencia de un cuerpo y un alma individuales—, presentando al alma como vivificante del cuerpo, y por lo tanto, suponiéndola en estado violento al desligarse de éste. En otras palabras, que la muerte del cuerpo se operaba por la separación brusca del alma.

Varela los desmiente, al sentar que el alma no vivifica al cuerpo y que las funciones vitales y naturales eran resultados de la misma economía animal. No muere el hombre, dice, porque el alma se separe del cuerpo, "sino que el alma se separa porque el cuerpo muere". Aquí también su posición es precursora, al aplicar los postulados vitalistas de Bichat mucho antes de hacerlo los sabios europeos.

A renglón seguido aclaraba para aquellos dómines fanáticos que habían acusado de masón al Obispo, que la separación de cuerpo y alma era un asunto que directa ni indirectamente pertenecía a la fe ni a las costumbres, y que su doctrina filosófica no se apartaba de la teológica definida en el Concilio vienense, bajo Clemente V, y el lateranense, bajo León X. "El alma, insistía, rige y gobierna al cuerpo, lo constituye en razón de humano y con él forma el compuesto hombre. Por su naturaleza está destinada al cuerpo, y es su forma; quiere decir, su principio directivo y ejecutivo, responsable de los actos humanos, y por consiguiente digna de premio y de castigo."

Otro aspecto no menos interesante de este elenco, que abona grandemente a la marcada orientación empirista del autor, son sus consideraciones ontológicas, que en buena medida nos recuerdan a Kant.

Para Varela la ontología es una ciencia de nombre, ya que las propiedades supuestas a los seres no son distintas ni separables de éstos, sino unas relaciones que poseen entre sí, y que al actuar sobre nuestros sentidos, nosotros clasificamos en los atributos "que decimos existen en los objetos".

Estimar, afirma, que la sustancia es algo que está bajo los seres determinando su esencia, es un error generalizado del que no se ha desprendido ni el propio Condillac, que habla del sujeto incógnito que se encuentra bajo las modificaciones del ser y que no encuentra porque busca lo que no hay.

No obstante, lo mejor del programa de 1816, es la parte consagrada a la moral, y no por las influencias muy marcadas de Bentham y Heinecio que en dicha parte pudieran determinarse, sino por las

más sutiles del ambiente cubano, que obligan la respuesta filosófica
de nuestro pensador.

Así, cuando postula que debe matarse al injusto invasor, se manifiesta a favor de la pena de muerte o califica al desafío "oprobio
de la naturaleza", no hace más que responder interpretativamente
y de manera universal a las huellas que han dejado en su espíritu
las depredaciones de los ingleses en las costas cubanas o la invasión
napoleónica de la Península, los asesinatos diarios en La Habana
o el encendido amor propio de la época, cuya honra se siente lasti-
mada por cualquier nadería y en el duelo encuentra la única y
posible reparación.

Si condena el abstencionismo social es porque las facciones políticas criollas en derrota siempre lo preconizan. Según Varela, el
bien del hombre, no menos que su bien moral, lo halla en mantenerse
estrechamente unido a su comunidad. Decir que pasa una vida
filosófica quien vive retirado, sin interesarse en los bienes sociales
es un absurdo. Porque el hombre por su naturaleza es sociable; y
solamente siguiendo los delirios de algunos filósofos, puede afirmarse
que su verdadero estado sea mantenerse alejado de sus semejantes.

La incursión era contra Rousseau, o contra Bergaño, que lo
había hecho popular. En una isla donde sus pobladores tenían que
luchar contra la fiebre amarilla, el tifus, los *bichos* intestinales
y la viruela, y cuya principal atracción la constituía la riqueza fácil
que pudiera obtenerse en dos o tres buenas cosechas, no era para hacer
apologías de la ciudadanía universal, de la comunidad de bienes, o
de la igualdad de clases. "La propia naturaleza de la sociedad, refuta
Varela, es la que exige las diferencias individuales, y el hombre no
puede ser ciudadano del mundo por cuanto tiene contraída una
obligación estrecha con su patria, cuyas leyes le han amparado y
obligado a sostener sus derechos y defenderla en todo momento. Por
eso la comunidad de bienes también es contraria al fomento y naturaleza de la sociedad, porque es negar al hombre los derechos sobre
los frutos de su trabajo e industria, que puede, asimismo, legar a sus
descendientes."

Como nativo de una colonia lejana y pequeña, tan codiciada
como sometida a los vaivenes de la política internacional, defiende
el derecho de los débiles frente a los fuertes y frente a toda maqui-
nación de dominio fundamentada en la escuela política de Maquia-
velo. Que en una sociedad es más justo el más fuerte, exclama,

constituye "el principio más impío que pueda postularse". La sociedad, prosigue, posee un estado natural, la paz, y el derecho de gentes es la ley misma de la sociabilidad, que impele a las naciones a guardar entre sí los deberes que respetan mutuamente los privados. Por esta razón, dice contra Montesquieu, aquellos pactos celebrados por algunas naciones, y que por sí mismos no poseen fuerza obligatoria respecto de las demás, sólo pueden constituir un derecho de gentes arbitrario y libre, pero no necesario y obligatorio. Que las naciones no se muestren inclinadas a guardar entre ellas justicia alguna, porque deben ser consideradas en el caso de los primeros hombres antes de haber formado sociedad, es tan quimérico como falso. Quimérico, por cuanto y dado que los hombres hubiesen vivido sin haber formado sociedad, estaban obligados a hacerse justicia; y falso, por imaginar que a las naciones, al igual que los hombres, se las puede abstraer aisladas antes de formar sociedad.

En esta época, Cuba llegaba con dificultad al medio millón de habitantes, de los cuales los negros constituían mayoría, y a pesar de la decantada feracidad de sus tierras, su mayor volumen permanecía virgen. Tales hechos, por sí solos, eran suficientes como para no incidir, ni de pasada, en la preconización del aislamiento social y la vuelta al hombre natural, de cuya interpretación, por amigos y enemigos, se escandalizaba el propio Rousseau. Además, ni éste, ni Montesquieu jamás vieron un salvaje genuino, ni observaron su comportamiento individual y colectivo; y si Bergaño tampoco había reparado en ello, sí lo había hecho Varela, cuyas observaciones le explicitaban que aquellos bozales, desembarcados por miles en el puerto de La Habana, respondían psicológicamente a iguales móviles de egoísmo, pasiones y tendencias gregarias que los civilizados. Hablar en Cuba del hombre aislado, la comunidad aislada, el hombre natural y la ciudadanía ecuménica, era hacerlas un poco de intelectual trasnochado, cuando no prender la mecha para hacer explotar, con mayor expansión, los provincialismos latentes, que hemos visto apuntar con toda crudeza en las Cortes, entre Jáuregui y O'Gavan.

Lo que necesitaba la Isla eran caminos que sacasen a los hombres de su aislamiento y pudiese la civilización y el progreso marchar hasta aquellos villorrios titulados pomposamente ciudades, donde las ideas más absurdas tomaban cuerpo. Basta repasar a dicho objeto las Pastorales del Obispo. ¡Cuánto no tuvo que razonar para convencer a los moradores de Santa Clara, que **por el bien de la salud** pública, no continuasen enterrando en las Iglesias, o que en aras de su propia preservación, debieran vacunarse contra la viruela!

Lejos del aislamiento y de cualesquier teoría que pudiese derivar hacia el misantropismo, había que predicar la cohesión humana y hacer de cada criollo un miembro útil a tales principios. Así, recalcaba Varela, a nadie le es lícito un género de vida que no se dirija al bien de la sociedad. Aunque todos los estados establecidos en ésta sean buenos, el hombre está obligado a elegir aquel que sea más análogo a su carácter y para el cual posea mejores disposiciones, pero sin escoger precisamente el que más le utilice, pues no es la utilidad el único móvil del hombre en sociedad.

De lo cual desprende inmediatamente, que los padres tienen como deber dar instrucción a sus hijos, sin excluir a las mujeres, ya que muchos de los atrasos sociales tienen su origen en apartar de las ciencias al género femenino, por olvidar que el primer y más influyente maestro del hombre es su madre.

Muchos padres, añade, se arrogan el derecho de imponer a sus hijos estudios, profesiones, estados. Este es un abuso que ha producido incontables males, porque tan despreciable y servil es la educación por mero miedo, como reprensible, por un exceso de libertad, que permita a los educandos posesionarse de los vicios sociales.

En realidad, Varela estaba explanando un ideario, el urgente e imprescindible, para dotar a una generación que se debatía en la herencia de las más contrapuestas y hostiles ideas. Lo ingenuo y antifilosófico, hubiera sido suponer al maestro tomando otro partido que no fuera el que proclamase la más universal de las justicias y la más práctica y conveniente de las actitudes frente al conflicto ideológico cubano. Sus alumnos procedían de todos los grupos y partidos y a ellos tenía que dirigirse el joven sacerdote, colocándoles en igualdad de niveles y similitud de doctrinas. Entre sus muchachos había pobres de solemnidad y títulos de Castilla, hijos de monopolistas y mercantilistas, de constitucionales y serviles. Todos deseaban la paz, y como sus padres, no querían verse arrastrados por los conflictos de Europa. Sabían que los débiles sólo podían con los fuertes armados del derecho, pero que si un día el *British Squadron*, por enredos de monarcas e intrigas del comercio, decidía terminar el tráfico marítimo de Cuba, ellos morirían indefensos, o si el presidente de los EE. UU. prohibía a los barcos de su nación transportar las cosechas criollas, la desolación y la miseria se harían señoras de la Isla.

Varela trata de ofrecer principios aglutinantes a las encuestas criollas, principios que armonicen por encima de las pequeñas divisiones existentes. Dicho motivo hace al Elenco de 1816, algo más que un compendio de filosofía, como lo juzgaran Bachiller y Morales, su divulgador, y José Ignacio Rodríguez, biógrafo del autor. Es, volvemos a reiterar, un programa de reconsideración social, que parte de la natural condición psicológica egoísta del individuo para desembocar, previa rectificación de sus tendencias naturales, hacia los tres filantrópicos principios en que juzga el Maestro deben descansar las leyes rectoras de la sociedad. A saber: Preferir el bien común al particular. No hacer nada que pueda oponerse a la unidad social. Realizar lo que sea posible en favor de ésta.

Su refutación a Rousseau no parte, por tanto, de los prejuicios religiosos con que justificadamente podía armarse, porque Varela consideraba que el verdadero filósofo es "aquel que sólo busca la verdad y la abraza luego que la encuentra, sin considerar de quienes la recibe", sino porque Rousseau resultaba postizo e inaceptable tanto para la realidad de su mundo isleño, como para la del americano. La diferencia estribaba en que mientras Rousseau escribía para una Europa cuyos moldes de organización se precisaba alterar, Varela lo hacía para una isla perdida del Caribe, que aún no ha encontrado razón plena de por qué y para qué existe dentro del complejo mundo moral y económico en que ya ocupa un puesto.

Sin posibles términos medios, él admite que el amor del hombre a sí mismo debe ser superior al que posea por sus semejantes, pues aunque ambos son de una misma dignidad de naturaleza, la razón dicta que entre dos cosas, una propia y otra ajena, nos inclinemos a la que es propia. De dicha premisa es de donde deriva "que se puede matar al injusto invasor, si probablemente no podemos de otro modo libertar la propia vida".

Sí, repite, amar al prójimo como a nosotros mismos es objetivo que surge en nuestro ser por derecho natural, y desearle que posea todos los bienes no nos obliga, empero, a privarnos de los nuestros, a menos que se realice en desigualdad de oportunidades, como cuando perdemos nuestra tranquilidad porque otros conservan la vida, no así cuando debiéramos perder la salud para que alguien la recuperase.

Varela, que no vivió de acuerdo a estos postulados, que sacrificó bienes y salud por su prójimo, hincaba, sin embargo, en el puro nervio donde radicaba el porvenir de nuestra incipiente sociedad, cuyo desarrollo ulterior dependía de velar con preferencia sobre ella misma antes de ponerse a repasar en las penas y desgracias de las demás. Era obligar a sus discípulos y al auditorio escogido que acudía a los exámenes, a reflexionar, con egoísmo natural, sobre la prioridad cubana a subsistir socialmente frente a todas las amenazas, que semejantes a las pasadas, pudiesen ensombrecer su futuro.

Pero deseaba hacerlo sin que la política facciosa participase del debate, porque sería tanto como anular su obra al encerrarla en la divisa estrecha de un grupo con olvido de los otros, dando, por tanto, motivo a la lucha interesada en favor o detrimento de un partido con exclusión del bien general que propugnaba. Por eso requería de los que acudieran al examen que no formulasen preguntas sobre cuestiones de gobierno, leyes fundamentales o derechos del soberano, porque terminantemente ordenaría a sus alumnos no responderles.

Cuando Varela desplegó su genio político, a partir de 1822, los historiadores españoles confrontaron sus dos aparentes actitudes y le espetaron la acusación velada de hipócrita. ¿Pero acaso había alguien en la Isla de Cuba que en aquel momento proclamase su adhesión a la libertad con semejante entereza y patriótica universalidad moral que el Presbítero?

El nos afirma que la libertad unida a la actividad natural del alma es el principio ejecutivo de las acciones humanas, proponiendo al respecto la demostración experimental en la observación de la conducta de los niños y de los salvajes. Ignorantes y maliciosos, añade, son los que tratan de oscurecer esta demostración, que se complementa en la introspección individual. Es más, enfatiza, como si su pensamiento se hubiese quedado corto, la libertad del hombre se muestra conforme a la sabiduría divina, en tanto que el fatalismo la ultraja; produciendo la primera, innumerables utilidades, a la par que constituye el principio del bien social, mientras que el segundo, se comporta como destructor de todo lo recto.

Sucesos posteriores iban a demostrar en el curso de la historia cubana del siglo XIX, que no pocas veces la tesis fatalista se esgrimiría, tanto para justificar el sometimiento de la Isla a la Península, como para hacer pervivir en ella instituciones nefandas, como la esclavitud.

El desagrado por la ciencia experimental manifestado por las autoridades españolas y sus secuaces, a partir de la expatriación de Varela sirve para confirmar las avisadas previsiones del "primero que nos enseñó a pensar".

Se tratase de una polémica filosófica, fuese un discurso universitario de rutina académica, o un médico ilustre se dispusiera a disertar sobre los valores experimentales de la física, cuando la protesta metropolitana saldrá al paso. Para España, según expresara crudamente en 1868 el General Lersundi, las mutaciones que el ejercicio de la ciencia empírica descubre en la naturaleza, sólo podían servir a los cubanos para inferir que también se podía experimentar con los gobiernos. Es decir, que la metrópoli asociaba íntimamente experiencia con libertad y por consecuencia, dogmatismo con sujeción a autoridad determinada. El derecho de sujeción se basaba en el fatalismo del descubrimiento, como en el fatalismo de haber sido maldecida bíblicamente la raza negra, la esclavitud se mantuvo hasta el final de la centuria.

En las anticipaciones varelianas del Elenco de 1816 se hallan netamente definidas las pautas de rebeldía moral a seguir ante tales contingencias futuras. "El hombre, continuaba en su alegato por la libertad, está obligado a seguir la opinión que vulgarmente se cree más probable; pero ha de seguir la que él juzga serlo." De lo que se infiere, prosigue, "que el hombre no se justifica siguiendo una opinión porque sea probable en juicio de muchos, siempre que él crea su contraria más probable".

Solamente dos encuestas nos quedan por precisar ante este Ideario, ¿no ha dejado huella en Varela el vigoroso movimiento separatista que se ha iniciado en las demás colonias hispanas? ¿No el formidable alegato de Guridi Alcocer?

Sin dudas que sí, y una huella profunda, cuyas respuestas veremos manifestarse enérgicamente en su actuación de Cortes, pero lo que no existe en nuestro héroe en ese momento, es una actitud hacia la independencia, que por razones históricas y psicológicas no podían condicionarle los bretes verbales de independentismo acaecidos sobre 1810.

Al respecto, lo único que pudo haber advenido serio fué la calaverada aranguista con Shaler, en tanto que lo de Román de la Luz y los demás personajes de segunda fila que con él se vieron acusados, por los datos que obran, hay que suponerles actuando más bien por contagio mental y llevados de simpatías con los agentes suramericanos, que como Shaler y Workman operaban en Cuba, que por positiva influencia política, porque ni tenían medios, ni partido con que lanzarse a la lucha armada.

Que los mercantilistas complotasen con Shaler, se explica en la dislocación que su influencia había sufrido en la Península con la caída del antiguo régimen. Implantadas las Cortes, y mientras contemplan en ellas visos de amenazas a sus intereses esclavistas, Varela sólo las ve como el instrumento favorable al libre juego de opiniones y principios que demanda la descentralización hispana, porque tanto vienen clamando los propios hacendados. Anulada la Constitución, aunque al Presbítero le nace la desconfianza, no se hace pesimista, sino previsor, ya que si bien Valiente y Arango lograban desde sus influyentes posiciones que Fernando VII burlara sus acuerdos con Inglaterra sobre el tráfico negrero, le inducían, en cambio, a colocar en las primeras posiciones insulares a personas honestas y progresistas.

En efecto, el rapaz Aguilar y Amat, había sido sustituído en la Intendencia de hacienda por Alejandro Ramírez, hombre liberal, de formación humanista, que ya conspiraba con el Obispo para establecer la primera academia de pintura con que contaría el país, la de San Alejandro. El nuevo gobernador, por su parte, era sobrino de don Gaspar Melchor de Jovellanos, autor ilustre de la famosa *Ley Agraria*, y uno de los reformadores, que como Aranda y Floridablanca aconsejaron a Carlos III. A su vez, don José Cienfuegos de Jovellanos, íntimo de Valiente e imbuído de su política, leía con delectación el último de los proyectos de colonización blanca, que redactara don Tomás Romay, y se disponía a patrocinar con algunos franceses de la Luisiana la fundación de la muy próspera ciudad que llevaría su nombre.

Podía afirmarse, que con excepción de la abusada libertad de imprenta, la vida seguía el curso liberal de 1812, una de cuyas mejores pruebas la constituían la respetada libertad de enseñanza y la expansión educacional, que lograba nuevos bríos de la flamante administración. Se hablaba de establecer las cátedras de Economía Política, de Química, de Anatomía y el Jardín Botánico. Aparte de estos viejos proyectos, alguno de los cuales plasmaría, Ramírez acababa de organizar dentro de la Patriótica la importante Sección de Educación.

En Varela no podía prevalecer una desconfianza del porvenir criollo. Por lo que concernía a su reforma escolar, ésta marchaba a todo paso. En ese momento había realizado otra innovación, cual era transformar las abyectas discusiones literarias en simples exámenes, donde los alumnos respondían a las preguntas del tribunal con simples razonamientos naturales. Con procedimiento tan fácil y expedito fué cómo pudo sustituir el auditorio que acudía a las discusiones de fin de curso, trocando la multitud que bufaba, cuando los escolares se quedaban con la negada en el cuerpo, por un grupo de personas bien educadas que inquirían de ellos sobre las materias contenidas en los elencos. De este instante data la anécdota del instruído viajero inglés, Henry Wilston, que tras oír disertar a los alumnos de Varela sobre las teorías de Isaac Newton, se alzó con cierto aparato de su asiento para felicitar al maestro.

Los tiempos se señalaban por el optimismo económico. Azúcar y café se vendían a buen precio y la hacienda pública no se resentía por la carencia del "situado de Veracruz", tres millones de duros con que México ayudaba al sostenimiento de la Isla. Y aunque toda buena comadre no iba a la cama sin antes rogar a Dios que librara a los blancos de la furia de los negros, los dueños de fincas, se mostraban optimistas, y de acuerdo al crecimiento de población que arrojaban las cifras del censo que se tabulaba, se referían a la grandiosa riqueza de la Isla de Cuba, cuando contase cuatro millones de habitantes de los ocho que podía alimentar, según Arango y Parreño. Económicamente hablando, entonces la riqueza más genuina radicaba en la agricultura y no en el maquinismo industrial de hoy.

Cuando Varela fué requerido para que formulase su solicitud de ingreso en la Sociedad Patriótica, se le conocía como el joven filósofo, que habiendo sentido como nadie la desolación y el descampado americano de sus islas y continentes, sentaba doctrinas de apretada unidad social, cuya finalidad era Dios, puesto que El constituía la felicidad objetiva del hombre virtuoso.

También se le conocía como experto en flaqueza humana, pues sin ignorar cuán duro era a los hombres mantenerse virtuosos para ser felices, les había consolado al afirmarles, que si bien la felicidad mundana de los virtuosos es imperfecta, también lo es la de los viciosos.

* * *

La noche del 27 de febrero de 1817 la sala del Palacio de los Capitanes Generales, donde celebraban sus reuniones los Amigos del País, estaba tan ricamente iluminada como llena del discreto murmullo que siempre precede a los eventos académicos. La llegada del Capitán General Cienfuegos, y de sus acompañantes, el imponente Obispo, y el nuevo Director, don Alejandro Ramírez, marcó el comienzo de la sesión ordinaria, por la que *el amigo* don Félix Varela sería admitido en la Sección de Educación.

Entre los miembros de la distinguida corporación había ansiedad por escuchar al recipiendario, pues intencionalmente le habían señalado como discurso un tema donde pudiese desplegar algunas de las teorías con que marcaba el paso de su reforma educacional. El título era, *Demostrar la influencia de la ideología en la Sociedad y medios de rectificar este ramo.*

¡Cuán distintos son estos tiempos a los de Caballero!

Veinte años antes, el Padre Agustín había denunciado desde la misma tribuna los perjuicios que ocasionaba al progreso insular el sistema viciado por el que se guiaba la educación criolla. Su voz pareció perderse ante la incomprensión general y los prejuicios universitarios, que contribuyeron en buena parte a la desbandada de la Patriótica. ¡Quién iba a decirle, en aquel instante dramático, que su palabra al fin encontraría eco, y que uno de sus discípulos vendría, para lejos de apuntar, como él, los errores, hablar de cómo los estaba enmendando!

"Todos, dijo Varela, ante el atento auditorio, deben aspirar a la ilustración de su entendimiento. Este es un dictamen de la naturaleza. Los que se encargan de la enseñanza pública deben no excusar medios algunos de hacerse capaces de tan arduas funciones. He aquí un precepto de la sociedad. Uno y otro me impelen a proporcionarme los conocimientos necesarios para indicar los pasos del espíritu humano, y exponer las obras del Ser Supremo a una porción escogida de la juventud que asiste a mis lecciones públicas."

"Reducir las ideas del hombre a su verdadero origen, indicando los pasos con que se fueron desenvolviendo las facultades intelectuales y morales, y la relación de los conocimientos adquiridos, es el objeto de la ciencia que llamamos ideología."

"Si conducimos al hombre, por decirlo así, desde la cuna, con unos pasos fundados en la naturaleza, enseñándole a combinar sus ideas, y apreciar según los grados de exactitud que ellas tengan, le vemos formar un plan científico el más luminoso, una prudencia práctica la más ventajosa a la sociedad", porque "no es la multitud de ideas la que constituye las ciencias; es sí, el orden de ellas el que forma los sabios. Un magnífico edificio nunca pudo provenir de la aglomeración desarreglada de diversos materiales: Así también es imposible que el orden armonioso de las ciencias sea el producto de infinitas nociones mal combinadas. Necesitamos que un exacto sistema ideológico ponga orden en nuestros conocimientos, clasificándolos según sus objetos; o de lo contrario las ciencias vendrán a ser unos grandes pesos que agobien nuestro espíritu".

"¿Queremos juzgar bien de las cosas y sus relaciones? No hay otro medio que el de analizarlas. ¿Queremos analizarlas rectamente? Observemos el orden con que la naturaleza nos fué dando las ideas de estas mismas cosas y relaciones. ¿Queremos aprender a observar? Ejercitémonos en la ideología, en esta ciencia que dividiendo el espíritu del hombre, nos presenta un cuadro, el más bello, la armonía de sus conocimientos, y la relación de sus facultades. La ideología, pues, forma el buen juicio; y en consecuencia ella es la fuente abundante de los bienes de la sociedad."

"Si en todas las ciencias, dijo, es preciso proceder de lo conocido a lo desconocido, no hay duda que la ideología es la base de todas las demás, porque no conocemos los objetos exteriores, sino por nuestras ideas pues lo que está fuera de nosotros no se conoce, sino por lo que está dentro de nosotros."

"Me es muy sensible, prosiguió, luego de elogiar al lenguaje como retrato fiel del pensamiento humano, y con lo cual cerró la primera parte de su discurso, pero absolutamente necesario exponer, que la ideología está entre nosotros en la mayor imperfección." Para probarlo no es necesario que me refiera a los que ya han terminado su vida escolar y ejercen carreras, precisamente porque entre ellos "hay muy pocos que quieran ver, menor número que vea, y muchos que obstinadamente se opongan a todo lo que no es conforme a las ideas con que fueron educados". Me referiré a los que aún estudian.

"No me acuerdo que haya venido a oír las primeras lecciones de filosofía un joven cuyas ideas hayan sido bien conducidas en la primera enseñanza. Se les encuentra inexactos, precipitados, propensos a afirmar o negar cualquier cosa sin examinarla, y sólo porque se lo dicen, llenos de nomenclaturas vagas, sin entender una palabra de ellas; tan habituados al orden mecánico de repetir de memoria sin poner atención en nada de lo que dicen, que cuesta un trabajo inmenso hacerles atender; y se hallan en unas regiones absolutamente desconocidas, cuando se les manifiesta que toda esa rutina es despreciable, y que en orden a las ciencias no han dado un paso, siendo perdidos casi todos sus trabajos anteriores."

"Yo no temo ser desmentido, la experiencia es muy constante. A los quince años los más de nuestros jóvenes han sido como unos depósitos en que se han almacenado infinitas ideas, las más extravagantes, o como unos campos en que se han sembrado indistintamente diversos granos, cuyos frutos mezclados con irregularidad presentan el trabajo más penoso para clasificarlos."

"Investigando el origen de estos males, encuentro que provienen principalmente de la preocupación que reina en muchos, de creer que los niños son incapaces de combinar ideas, y que debe enseñárseles tan mecánicamente como se enseñaría a un irracional... Hablemos en el lenguaje de los niños y ellos nos entenderán" porque "el hombre usa de su razón desde el momento que tiene facultades y necesidades, que es decir, desde que presentándose como un nuevo individuo en el teatro de los seres, inmutan éstos sus órganos sensorios, y le hacen percibir las relaciones que han contraído con el universo".

"Estas consideraciones me conducen a pensar que la ideología puede perfeccionarse mucho en esta ciudad, si se establece un nuevo sistema en la primera educación y dejando el método de enseñar por preceptos generales aislados, y pocas veces entendidos, aunque relatados de memoria, se sustituye una enseñanza totalmente analítica, en que la memoria tenga muy poca parte, y el convencimiento lo haga todo."

"No es mi ánimo, insistió, en sobrecargar a los jóvenes con el gran peso de prolijas meditaciones. Tampoco pretendo que un aparato científico, lleno de todos los adornos que suelen ponerse a las obras del ingenio para darlas el mérito que no tienen, venga a deslumbrar los tiernos ojos de la niñez. Muy lejos de esto. Estoy persuadido que el gran arte de enseñar consiste en saber fingir que no se enseña."

Enseguida acudió a demostrar que su sistema de enseñanza, que todos llamaban *Método explicativo*, hundía sus raíces teóricas en las doctrinas empiristas. Particularmente en lo que se conocería después como atomismo filosófico, y cuyos fundamentos gnoseológicos partían de John Locke, que suponía a nuestra mente como un gabinete vacío, donde la memoria asociaba a las ideas particulares que le proporcionaban los sentidos, con el fin de integrar las generales con que conocíamos a los objetos.

"Las reglas, prosiguió en el tono apuntado, son el término de nuestras investigaciones, y no pueden ser el principio de ellas. Las proposiciones generales resultan del análisis de muchos individuos que forman como una gran cadena, y si el entendimiento no percibe la unión de sus eslabones, todos los axiomas son inútiles, diré más, son perjudiciales, porque alucinan al espíritu con su evidencia mal aplicada... Es preciso concluir por donde ahora se empieza. Esta proposición parecería una paradoja a la vista de hombres poco instruídos, mas yo creo que es una verdad muy clara para vosotros que no ignoráis los trabajos inmortales de los célebres ideólogos."

"Entonces, podrá verificarse que los jóvenes cuando pasen a las clases de filosofía vayan a rectificar su entendimiento, esto es, a observar los pasos que ellos mismos habían dado sin saber que los daban, a rectificar algunos de ellos y facilitarse la carrera de las ciencias, y no como sucede actualmente, que sólo van a aprender lo que es costumbre se aprenda, quedándose poco más o menos con los mismos defectos que antes tenían."

"Esta regla no es universal —afirmó como si quisiera cubrirse la retirada, pero sólo lo hizo para caer con mayor ímpetu sobre su objetivo—, yo haría un agravio a los profesores públicos de filosofía que tanto fruto han dado y están actualmente dando, si dijera esto de todos los jóvenes que han cursado y cursan dichas clases. Yo mismo me privaría del honor que me hacen muchos de mis discípulos, si agraviando su mérito negara la rectitud de sus ideas. Pero esto lo deben a las luces con que la naturaleza quiso favorecerlos, a su aplicación y genio filosófico, y algún tanto a mi cuidado."

Después propuso que un miembro de la Sociedad acometiese escribir la primer obra cubana de enseñanza elemental: "Por mi dictamen esta obra debe ser la más breve y clara posible. No debe encontrarse en ella ninguna voz técnica, ni palabra alguna que los niños no hayan oído millares de veces. Todas las divisiones y subdivisiones inútiles deben desterrarse. Por seguir lo que siempre se ha seguido, no caigamos siempre en los mismos errores."

"Reputo esta obra como un ensayo práctico, y base fundamental de la ideología teórica que se aprenderá a su tiempo. Para esto conviene se elijan las materias más interesantes, y que con más frecuencia deben tratarse, a saber, nuestra santa religión y las obligaciones del hombre social."

"Estos objetos que forman nuestra felicidad son los mismos más ignorados. Un catecismo repetido de memoria en forma de diálogo esperando el niño la última sílaba de la pregunta para empezar la primera de su respuesta, es el medio más eficaz para perder el recto juicio sin instruirse en la doctrina cristiana..."

Hubo sonrisas.

¿Y que mejor medio para ridiculizar el sistema memorístico que un sacerdote lo atacara precisamente en la enseñanza donde más dulce cuidado y persuasión debieran poner los maestros?

Cuando cesó el apagado farfulleo, volvió a escucharse su voz: "El diálogo no es para las obras elementales, y el aprender de memoria es el mayor de los absurdos. Yo no me detengo a probarlo, porque la Sociedad, sobre manera ilustrada, no puede menos que percibir claramente los fundamentos de esta proposición."

Tornó nuevamente a encomiar a los Amigos del País por "haber prevenido muchos de los medios de rectificación de la enseñanza pública" que pudieran haber sido tema de su discurso, celebrándolos también por estar ocupándose de la educación femenina. Por último, cerró la disertación con estas palabras:

"Yo he insinuado algunos medios, vuestra inteligencia les dará el valor que tuvieren, y suministrará otros muchos ventajosos, pues yo no dudo que tendréis siempre en consideración la influencia de la ideología en la sociedad, y los medios de rectificar este ramo."

Devuelto a la calma de su habitación, cerrados sus oídos a los elogios que le prodigaran dignatarios y próceres, meditó en el tranquilo silencio de la noche sobre el período de su vida que acababa de finalizar con la última palabra de su discurso.

Un lustro de lucha y trajines. Prolongado, tenso, existiendo siempre de expectaciones. Mucha fué la paciencia, mucho el valor con que tuvo que revestirse para resistir a la tradición. Dura contienda, sin duda. Repasando cada uno de sus detalles y en un examen de conciencia propio, se encontraba limpio. No podía culparse de envanecimiento en su labor educadora, tampoco de impositivo e inhumano en su prédica moral. Sus pasos los había enderezado hacia la regeneración de una sociedad civil, y civilmente había procedido. Su voz no fué la petulante de un *magister*, ni la atronadora de un asceta. Su solo método también fué uno muy civil, fingir, siempre fingir que no enseñaba, que no moralizaba a sus despreocupados contemporáneos.

Si la dignidad científica de la Historia se fundamenta en los testimonios fidedignos con que reconstruye el pasado, tenemos que dar la razón a Varela en sus fugaces meditaciones: Aquél fué un momento terrible, y puede ilustrarse en la opinión de los viajeros que cruzan la Isla y nos anotan peculiaridades.

Buenaventura Pascual Ferrer, por ejemplo, ante las sonoridades vacías de la escolástica se revuelve con desprecio y nos narra las impresiones que le produce una discusión literaria:

"Yo asistí a uno de estos actos, que se ejecutan en medio de la Iglesia... Cada arguyente parecía un energúmeno por los gritos y patadas que daba. La gente del pueblo se mostraba llena de alborozo con esta descompostura tan impropia del santuario, y lo más gracioso es que juzgaban por más sabio al argumentante que era más terco y que tenía más robustez de pulmones para hacer resonar la bóveda con sus ecos."

William Shaler, por su parte, nos encuentra tan permeados de los vicios de una sociedad decrépita, como carentes de las virtudes propias de los pueblos jóvenes. Dominados por la indolencia, nuestros hombres no sólo están mal educados, sino peor informados, y las mujeres no pasan en su ciencia más allá de saber leer con dificultad. La pasión por el juego absorbe todos los rangos y castas, y no es infrecuente contemplar, padres y madres, hijos e hijas, marqueses y condes, generales, monjes y gente de baja estofa, amalgamados y departiendo frente a la misma mesa.

¡Desigual lucha la de Varela!, que también tuvo que sufrir las acusaciones de incrédulo e inmoral. Tal vez, partiendo de uno de aquellos monjes o padres de familia, que Shaler había visto tallando Monte en la más abigarrada de las timbas habaneras.

IX

VARELA Y SUS DISCIPULOS

Padre Varela, dijo uno de aquellos muchachos, si he de confesarle, no entiendo el significado de la palabra *ideología*, tal como usted la emplea en su discurso de la Sociedad Patriótica. Me parece como si tuviera distintas acepciones. Unas veces le concede usted un sentido restringido, como estudio de las ideas, otras, uno tan amplio, que casi he llegado a preguntarme si *ideología* no se hace sinónima de la entera filosofía.

Así es, dijo Varela. La confusión es posible, sobre todo, cuando en vez de definir los términos, como dicen nuestros amigos los escolásticos, por necesidades del discurso tenemos que dar por sentado que todos conocen el uso que hacemos de las abstracciones científicas. En este caso, ideología es un término viejo con acepción moderna. Pero mejor es que les explique brevemente y aclare la confusión, siguiendo al Conde Destutt de Tracy, creador de la Ideología.

"Nuestros conocimientos, después que estamos en perfecta relación con la naturaleza, y con la sociedad, afirmó, forman unos conjuntos o sistemas ordenados los más admirables; pero cuya armonía no percibimos, y mucho menos los pasos analíticos que hemos dado para adquirir tantas riquezas. El filósofo contemplando busca el origen de éstas, medita su enlace, advierte los medios de que se ha valido para conseguirlas, y los obstáculos que debe remover para que no se perturbe el orden sabio de la naturaleza. No es otro el principio de donde han dimanado la Ideología, la Gramática general y la Lógica. Mientras observa el origen de sus ideas en los sentidos, y la influencia de estos órganos, mientras considera el modo con que sucesivamente reúne muchas ideas para formar otras más complicadas, y que pueden resolverse en las mismas de que están compuestas, procede como *ideólogo*. Cuando advierte las relaciones de los signos con nuestros conocimientos, que deben ser unas mismas en todos los pueblos, por ser idéntica la naturaleza que las sugiere, usa de la Gramática general, o Ciencia general de los signos, a distinción de la Gramática particular de un pueblo, que usa de los signos de tal o cual idioma, pero siempre fundada en la Gramática general. Cuando forma deducciones exactas, y recorriendo la historia de los errores de los hombres procura evitarlos, le diremos un lógico."

"Infiero, pues, que la Ideología es la ciencia de la adquisición y enlace de nuestras ideas, la Gramática general es la ciencia de los signos, formando un lenguaje arreglado a las ideas, y la Lógica es la ciencia de la rectificación y conservación de estos conocimientos. En una palabra: adquirir, manifestar y deducir rectificando las ideas, son las tres cosas que han dado origen a la Ideología, la Gramática general y la Lógica."

"Sin embargo, es preciso confesar que la palabra ideología lo envuelve todo, y que estas cosas se hallan tan unidas, que es imposible ser ideólogo sin ser lógico, y usar de la Gramática general. Este es el motivo por qué se suele poner indiferentemente Ideología por Lógica, aunque no suele en el uso confundirse con la Gramática general. Podemos concluir que toda la inexactitud consiste en que la palabra ideología ha llegado a ser equívoca, pues o significa la ciencia que comprende todo el orden de nuestros conocimientos en todas sus relaciones y entonces no se confunde con la *Dirección del espíritu humano*, que los antiguos llaman Lógica o se toma en un sentido más riguroso, contrayéndonos solamente a la adquisición de ideas, y le llamaremos Ideología propia o rigurosa."

"En las cuestiones la práctica que debe observarse es oír cuidadosamente al que habla, y a muy pocas palabras se conoce la acepción que da a la voz ideología, y esta misma debemos darla, pues tengo bien experimentado que a veces, por exigirse una gran exactitud, se produce un gran trastorno de ideas, y venimos a incurrir en cuestiones de voces, que han sido el origen del atraso de las ciencias."

Apenas el profesor se secaba los labios con su pulcrísimo pañuelo, cuando saltaba el mismo muchacho para decirle, Padre Varela, usted explica estas cosas mejor que el propio Conde de Tracy.

Varela sonrió.

Sí, volvió a decir el muchacho, y acompañando la afirmación a la acción extrajo de su bolsillo un papel y se puso a leer:

"*Cette science peut s'appeler Idéologie, si l'on n'a égard qu'au moyen, et Logique, si l'on ne considère que le but. Quelque nom qu'on lui donne, elle renferme nécessairement ces trois parties; car on ne peut en traiter une raissonablement sans traiter les deux autres; Idéologie me paraît le terme générique, parce que la science des idées renferme celle de leur espression et celle de leur déduction. C'este en même temps le nom spécifique de la première partie.*"

Cuando hubo terminado la lectura y antes que pudiera abrir nuevamente la boca, otro de los muchachos le interpeló burlonamente:

—Pronuncias francés mejor que Pepé de la Luz, ¿pero de dónde sacaste ese párrafo?

—Bueno, replicó el aludido en tono misterioso, la obra fundamental del Conde está en la Biblioteca de los Amigos del País. Pero, volviendo al tema, repito que he leído y releído y no he sacado de De Tracy, la sustancia que de la explicación del Padre Varela.

—Gracias, dijo cumplidamente el maestro.

Entonces, el bayamés Toño Saco, que hacía poco tiempo se incorporara a la tertulia, pero que ya gozaba en el grupo de grandes simpatías por su ingenio muy vivo y maneras desenvueltas, intervino:

—Padre Varela, e hizo una oportunísima genuflexión que provocó la risa de todos, ninguno de los presentes duda de vuestro ingenio clarificador, ninguno de vuestra penetrante sabiduría, pero todos dudamos que este joven filósofo, y señaló para el que había leído, sepa traducir francés.

Se prolongaron las risas. El último vestigio de ellas se apagó cuando Varela, tornando a hacer uso de la palabra, expresó familiarmente:

—Esta tarde estábamos Sanfeliú, Valerino y yo enfrascados en los manuscritos y dibujos de las *Lecciones de filosofía*, y ustedes en vez de haberse marchado a estudiar economía política, acuden a interrumpirnos y distraernos. No sólo hacen eso, si no que me obligan a hablar. Ya en ese trance, voy a continuar para pesar de todos, pues se me ha ocurrido algo sobre el arte de traducir. ¿De acuerdo?

—Claro, Padre, saltó Manín González del Valle, si por eso siempre venimos al cuarto, ¡para oírle hablar!

Varela carraspeó por toda respuesta, jugó nerviosamente con su pañuelo y se dispuso a hablar. Estaba rodeado de silencio, Juan Manuel Valerino, que dibujaba algunas de las láminas con que aparecería ilustrada la próxima obra de texto del profesor, colocó cuidadosamente en sus estuches las plumillas y ordenando las cartulinas se recostó blandamente sobre la mesa de dibujo. Por su lado, Cayetano Sanfeliú, que la mayor parte de las veces sustituía a Escobedo, que andaba mal de la vista, se aprestaba a tomar nota de lo que iba a decir el Padre.

"Traducir, comenzó el Presbítero, no es más que hacer una sustitución de signos, y esto parece que no puede practicarse si anticipadamente no se conocen unos y otros para saber los que pueden sustituirse; y así a primera vista no se cree que la traducción puede enseñarnos cosa alguna pues al contrario, es preciso saber para traducir, y no traducir para saber." No hablo "precisamente de la traducción de uno a otro idioma, sino de la que se hace presentando unos signos que conocemos, en lugar de otros más oscuros, pero que tienen exacta correspondencia con los sustituídos".

"Para formar juicio de la exactitud de las máximas que hemos expuesto y de los límites a que debe reducirse su aplicación, advirtamos que en el estado actual de nuestros conocimientos, adquiridos todos por sensaciones, y ligados estrechamente a unos signos es imposible pensar sin el auxilio de éstos. Por más esfuerzos que hagamos para excluirlos, jamás podremos conseguirlo, y la experiencia prueba que siempre que pensamos nos parece que oimos hablar, y muchas veces proferimos palabras sin advertirlo y se dice que hablamos solos. Luego se infiere que pensar es lo mismo que usar de los signos y pensar bien es usar bien de ellos. Pero, ¿de qué modo aprenderemos a hacer un buen uso de los signos? Observando su correspondencia, el valor de cada uno, y sus diversas aplicaciones, todo lo cual constituye la gran ciencia de la traducción ideológica."

"No es preciso conocer antes el objeto en todas sus relaciones para aplicar los signos, y aún tengo por cierto que repetidas veces ignoramos la naturaleza de dicho objeto, y llegamos a investigarla por los mismos signos que vamos sustituyendo. Deben distinguirse dos casos: el uno en que nuestro entendimiento investiga por sí mismo las propiedades de los seres; el otro, en que las deduce por un signo que se le presenta. En el primer caso seguramente los signos no dan ideas, sino sirven como unas demarcaciones para fijar los pasos que vamos dando, y esto no puede hacerse si el entendimiento no percibe la propiedad del objeto, a la cual aplica el signo, pues sería lo más absurdo pretender que hacemos aplicaciones antes de advertir el objeto a quien se hacen, mas en el segundo caso, los mismos signos dan ideas, siendo innegable que la práctica de sustituirlos, facilita a nuestro entendimiento la inteligencia de alguno de ellos, que se le presentan con oscuridad. Un signo compuesto envuelve relaciones, que unas a otras se confunden y fatigan a nuestro espíritu, por lo cual conviene separarlas; y esto no se consigue sino por medio de signos más sencillos que por práctica sabemos que corresponden al signo complicado que nos molestaba. Repito siempre que por práctica hacemos estas sustituciones porque es claro que una de las grandes ventajas de los signos consiste en ahorrar al entendimiento el trabajo de repetir a cada instante el análisis que hizo para conocer los objetos. Repetido el signo, ocurren prontamente a nuestro espíritu muchas nociones particulares, que todas ellas reunidas forman la idea total o imagen del objeto, y que seguramente no recordaríamos si no tuviéramos este auxilio. Se infiere, pues, que por medio de los signos abreviamos los procedimientos intelectuales, formando unos conjuntos de innumerables nociones, que ya no pueden confundirnos, porque constituyen como unas masas separadas, quedando reducidas a un cierto número de individuos intelectuales, si puedo valerme de esta expresión, las infinitas ideas, que desenlazadas, presentarían una dificultad insuperable al entendimiento. Haciendo la sustitución de signos, la hacemos de estos conjuntos, que no son otra cosa que las imágenes de los mismos objetos; y por consiguiente, analizados los últimos signos, que resultan de la traducción, sabemos los objetos que componen el total que queríamos conocer. Si prescindiendo de la práctica en el manejo de los signos hubiéramos querido analizar el objeto detenidamente, como si nada supiéramos acerca de él, y careciéramos de medios abreviados para analizarlos, seguramente hubiéramos tenido los mismos resultados, pero con mucho más trabajo. De esto tenemos una prueba bien clara en el álgebra. Un profesor puede muy bien investigar la fórmula necesaria para tal o cual caso y también el modo de aplicarla; pero sin embargo se tienen fórmulas conocidas, que en el momento se aplican, y queda resuelto un punto difícil a primera vista, sin que casi cueste trabajo al matemático."

"Pero no está reducida toda la ciencia de la traducción ideológica a encontrar las verdaderas relaciones de los signos, y las ideas que cada uno de ellos envuelve, o, lo que es lo mismo, su valor; se necesita, además, saber el orden con que deben presentarse, no sólo para que expresen los objetos como son en sí, y según están colocados en la naturaleza, sino también del modo que sea más a propósito para que el entendimiento pueda clasificarlos y observar con exactitud toda su armonía. Esta es la razón por qué decía Condillac que una ciencia no es más que un idioma exacto, como si dijera, un idioma despojado de todas las ideas accesorias e inconducentes que el uso de los pueblos ha querido agregar al verdadero plan de nuestro conocimiento; un idioma que no limitándose a expresar las cosas, por los resultados de las operaciones intelectuales, indica el orden con que se practicaron éstas, demuestra su origen o enlace, sus perfecciones y sus vicios; en una palabra, un idioma que pone en verdadera relación al hombre con tales o cuales objetos de la naturaleza."

"Efectivamente, si observamos lo que son las ciencias para nosotros, conoceremos que se reducen a un conjunto de nuestras relaciones con una u otra clase de objetos, pues a la verdad toda la naturaleza no es para nosotros más que un conjunto de causas de innumerables sensaciones. El hombre naturalmente refiere a sí mismo todos los objetos, y dice que los conoce cuando sabe la relación que tiene con ellos, y los llama fríos, calientes, duros, blandos, etc. No hay duda que muchas veces parece que formamos nuestra ciencia, de las relaciones que tienen los objetos entre sí, y no con nosotros, como sucede al geómetra, que compara la superficie de un triángulo con la de un paralelógramo de igual base y altura, deduciendo que una es la mitad de la otra, o la de una esfera con la del cilindro-circunscrito, manifestando que son iguales; pero aún en estos casos el hombre no constituye su ciencia sino observando las sensaciones que le causan el triángulo, el paralelógramo, la esfera y el cilindro, y advirtiendo el orden con que un entendimiento ha ido investigando dichos objetos, y el uso que puede hacer de ellos, como si dijéramos, las relaciones de utilidad que se hallan entre estos objetos y el mismo hombre."

"Se infiere, pues, que es preciso para que el arte de traducir sea el arte de saber, que la traducción ideológica se haga sin perder de vista el orden con que nuestra alma ha percibido los objetos, pues no basta presentarlos como son en sí, o mejor dicho, como creemos que son, sino se procura que el lenguaje esté conforme al orden de nuestras operaciones intelectuales."

Cuando hizo pausa definitiva, hubo un suspiro general, como si unánimemente todos se hubiesen descargado de la gran tensión en que se habían mantenido durante el tiempo del discurso. Aún perduró el silencio, uno arrobador que envolvía al grupo de estudiantes y que semejaba tenerles sumidos en la meditación de las palabras del maestro, que habían ido deshebrando una madeja y rompiendo encantamientos para acercarles hasta las luces mismas de las últimas implicaciones simbólicas del conocimiento.

Hubieran deseado seguir escuchándole, porque era tan precisa, tan cadenciosa y neta la sencillez con que aclaraba los más abstrusos pensamientos, tan distinta su expresión, tan desigual al gusto ahíto de los tiempos, que no podían librarse de este placer estético, como tampoco de sus apetencias de saber.

Y si lo sabrían estos escolares, que luego brillarían con sus propias refulgencias en la literatura y las ciencias cubanas. Algunos con obras universalmente imperecederas y casi todos destacándose en un amor a porfía por la tierra nativa y la preocupación patria, como si el mundo convergiese en la lejana provincia española donde habían nacido.

El grupo de los alumnos de Varela era amplio, pero el de sus discípulos hay que reducirlo a una serie de nombres principales que por etapas de edad van desfilando por la mágica seducción de estas conversaciones miscelánicas, que tienen por escenario la reducida celda que ocupa en el Colegio San Carlos y que todos denominan familiarmente *el cuarto*. Los contados cuya brillantez intelectual no resaltara, poseyeron, en cambio, otras aptitudes excepcionales y tan nobles corazones como rectas ideas.

Varela es el centro de irradiación. Por la disparidad de doctrinas que sustentaran sus alumnos, por los distintos menesteres en que se absorbieran, por la forma en que se querellaran, universalmente todos acordarían que el aula y *el cuarto* donde impartió enseñanzas y vivió el maestro fué un centro socrático, y así le llamaron posteriormente: Sócrates. Sócrates criollo, que no presumió serlo el que les avivó las inquietudes del conocer y la preocupación moral, tan firme, que si él, el propio Varela, no hubiese dado la más alta de todas las pruebas, en este orden tampoco faltaron discípulos que se

le aproximasen y discutiesen en sacrificios y desprendimientos ilimi-
tados como los suyos.

Repasando aquella nómina, hallamos a Escobedo, el primero. Que
fué el poste que sacó al ciclista de su estupor, obligándole a mirar
hacia el frente ilimitado de la reforma escolar planeada. Si haber
quedado ciego le interrumpió sus mejores años de lectura, su voluntad no le privó escuchar que le leyeran. Como amanuense de
Varela le sustituyó Cayetano Sanfeliú. Estaban también dos matanceros, Francisco de la O García y José María Casal. Entre los habaneros, Manuel González del Valle, Silvestre Alfonso, José Manuel
Valerino, cuyas inclinaciones al dibujo servían para ilustrar la nueva
obra de física que publicaría en breve el profesor, y al que hemos
visto recoger plumillas y cartulinas.

Pero de los discípulos, de éste y todo momento, las dos más interesantes personalidades las constituían el bayamés José Antonio Saco
y el habanero José de la Luz y Caballero. Saco iba en veintiún años,
Luz en dieciocho. Aunque el primero había resistido una vez de
rodillas once misas seguidas, jamás fué gazmoño. De niño había
sustentado ideas muy peculiares. Creía que cualquier persona en-
ferma podía curarse si se la colocaba de pie en la calle. Y su típica
y futura actitud contra las aberraciones y los prejuicios sociales, la
había manifestado en el horror que sentía cuando llegara el momento de su edad en que siempre usaría pantalones, por el escozor
que le producían éstos cuando se los ponían los domingos para asistir
a la iglesia.

De carácter impetuoso y soberbio, había nacido para sentirse
libre y sin ninguna sujeción a las ideas ajenas, pero se tornaba frío
ante el hecho escueto donde sumía su análisis. Después se extravertía
para dar a todos conocimiento de sus propias conclusiones, y volvía a
er el apasionado de sus ideas. Luz, si también apasionado, más
muestra vehemente en su tormenta interior. Es un Hamlet de dubi-
taciones. Se cree nacido para el claustro monástico y en pleno novi-
ciado se descubre solamente apto para el sacerdocio secular, pero
como al fin se sabe incapaz de sustraerse a los imperativos que
arrastran sus voliciones, las cuales no puede controlar sin destruir la
verdad misma de su existencia, halla su sola investidura en la del
cristiano, que leyendo y comentando a San Pablo, alcanzará el in-
conformismo religioso, pero con tan férreo, tan primitivo y duro
sentido cristiano, como para prodigarse el martirio flagelante de los

anacoretas. Luz escribe tanto como Saco, pero sus más sentidas páginas son efusiones de introvertido. Las otras se las arranca, a la fuerza, el ambiente donde su influencia se ejerce.

A Saco la vida le ha zarandeado, a Luz confundido.

Huérfano José Antonio a los catorce años, tuvo que habérselas con leguleyos y curiales para que no le despojasen la corta herencia de sus hermanos menores. Luz, adulto, tendrá una madre piadosa y timorata que llorará por verle cruzar el Atlántico en un viaje de placer y estudio.

Saco se madura a golpes, Luz a fricciones intelectuales.

La biografía de Saco comienza al descubrir éste que con numeración romana y latines macarrónicos poco va a saber del mundo. La de Luz se inicia con el suave trazo del que predestinan a la mejor vida intelectual.

Saco decide fugarse del ambiente bayamés y se azora al ser admitido en el Colegio Seminario de San Basilio, en Santiago de Cuba, con sólo traducir una parrafada del Breviario. El mismo busca los caminos de su vocación. Luz acepta los requerimientos y las señales de su familia, y no hay en él resistencia a las enseñanzas del Convento de San Francisco. Saco narra sus inquietudes.

Metido en la clase de filosofía, confiesa, el maestro discurría las lecciones mitad dictadas de sus propios apuntes, mitad explicadas en español, porque estaba flaco, al parecer, de verbo latino. En las clases de derecho sucedía distinto, aunque no mejor, porque el profesor, que no deseaba competidores en la abogacía, cuando concurría a clase era para altercar con los alumnos o narrar cuentos llenos de embustes.

Al terminar Saco sus cursos de lógica y metafísica, como a todos los escolares, le tocó defender *conclusiones*. En Santiago *las discusiones literarias* alcanzaban mayor lucimiento que en La Habana, debido a que *el sustentante* solía invitar, como cuestión de rigor, a profesores, gente ilustrada y compañeros de estudio a un refrigerio que por extensión escolástica, se llamaba *réplica*.

Al sabor de pasteles y refrescos todos acordaron que Saco había quedado lucidísimo. Pero Saco se desazonaba cada vez que escuchaba las adulaciones, pues sabía en su fuero interno que nada entendía de lo que había defendido con tan esforzado ahinco.

Sus dudas le fueron cortadas allí mismo. Un abogado, viajero y escritor, José Villar, agradecido quizás del convite, o movido de simpatía intelectual hacia el estudiante, cuyo desasosiego percibiera mientras le contemplara escuchando halagos mentirosos, le llamó a un aparte y le dijo con franqueza: Esta filosofía que usted estudia no le sirve para nada. Procure ir a La Habana, allá hay "un clérigo muy joven llamado Varela que sí enseña verdadera filosofía moderna".

Saco, que era un amasijo de enredos escolásticos, tomó aquella admonición como augurio de una revolución en sus ideas, y no se dió tregua hasta poder fugarse nuevamente, esta vez de Santiago de Cuba.

Amigos y familiares le vaticinaron haber entrado con sus novelerías en camino de perdición, pero él los desoyó, y allí estaba, de rondón, destacando su recia figura y sus donosas salidas entre los demás discípulos de Varela.

Luz no se marcha del Convento hasta que sale graduado bachiller. Entonces comprende, como Saco, que ha estado anudado a teorías añejas y conocimientos sin vigencia y trata de recuperar el tiempo perdido.

Sin embargo, a pesar de las diferencias temperamentales existirá entre los dos una amistad entrañable, y hasta sus obras se complementarán. Saco, al igual que Varela, eligirá el destierro antes que ceder un ápice de su libertad. Su obra será un vozarrón, más alto que el de Lacoonte, que estremecerá la conciencia universal al dar culminación a su *Historia de la esclavitud*. La de Luz será la obra paciente y abnegada del formador de juventudes que comenzara Varela, y su protesta, como un gemido constante, que agobiará al sistema colonial casi hasta el momento en que llega el amanecer de la gran lucha armada de los hijos de Cuba por su libertad política, en 1868.

* * *

El número de los alumnos iba en constante aumento. A los nombres primeros había que añadir otros distinguidísimos en la historia cubana, como Felipe Poey, Prudencio Echevarría O'Gavan, José Agustín Govantes, el seminarista Francisco Ruiz, Cristóbal Madan, José Luis Alfonso, Lorenzo de Allo y un hijo de la llanura camagüeyana, Gaspar Betancourt Cisneros, fogoso e indomable como un potro de la sabana.

La mayoría de estos jóvenes pensaban dedicarse a la jurisprudencia, y a los estudios de economía política, cuyas enseñanzas se
habían inaugurado con las explicaciones del texto de Juan Bautista
Say, por el Presbítero Justo Vélez. En el grupo promesa de jurisconsultos estaba Felipe Poey y Aloy, quien, a la par de su vocación
de jurista, mataba ocios en la historia natural, aprendiéndola· de
labios de Varela. Pero nada serio, cumplía sus deberes de clase,
aunque mostraba un cuidado exquisito en la selección y agrupación
de ejemplares zoológicos, botánicos y mineralógicos.

En ocasiones, Poey, inquiría de Varela la ortografía correcta
del nombre latino de alguna especie, y la consulta la aprovechaba
el profesor para enhebrar en su torno la clase semanal de latín.
Varela era un incansable lector de los clásicos y brindaba aquellas
lecciones, no sólo para recalcar en la belleza eterna del léxico de
los romanos, sino también para demostrar los recursos conceptuales
con que éste había dotado a la ciencia moderna y a las lenguas
vivas. Era lo que más humillaba a los *gerónimos*, que quien había
abolido el latín como medio de expresión de los conocimientos filosóficos, lo divulgase precisamente para avivar el gusto humanístico
entre los jóvenes. Sin embargo, los dómines que le habían acusado
de incrédulo e inmoral, no arguyeron nada en contra a lo que parecía una contradicción en el Cartesio criollo. Posiblemente temieron
ser ridiculizados doblemente, porque Varela gozaba fama de ser la
persona que mejor manejaba en su tiempo la lengua de Marco Tulio
y Terencio.

Los historiadores españoles, se fijaron en la infatigable labor docente que desarrollaba y la tomaron, simplemente, como índice
revelador de sus ulteriores actividades políticas, "educaba, dice Justo
Zaragoza, hasta con vertiginosa actividad y como si el tiempo hubiera de faltarle". Cierto, no se daba tregua en considerar cuanto
asunto estimara de provecho para la formación intelectual de las
nuevas generaciones. Lo hacía su galardón, "yo renuncio, afirmaba,
el honor de ser aplaudido por la satisfacción de ser útil". Por ello,
daba los toques finales a un nuevo texto de filosofía, predicaba en
todas las iglesias, preparaba un método para estudiar violín, ofrecía
lecciones de éste y, por encargo de la Sociedad Patriótica, acababa
de aceptar el puesto de *Curador* de las escuelas de la ciudad.

Ningún esfuerzo lucía fatigarle. Bien era Pepé de la Luz quien
se aparecía en el cuarto con la obra pomposa de un miembro del

Instituto de Francia, donde se pretendía destruir las teorías astronómicas de Copérnico y Newton, para entusiasmarle en la lectura comentada; bien el Señor Obispo quien le hacía predicar nuevamente en la Catedral.

Especialmente en ese año de 1818, desplegó una labor extraordinariamente prolífica. Solamente en la Catedral hubo de predicar ocho veces, y apenas se había inaugurado el año, cuando la Sección de Educación le reclamó nuevamente para que junto con el Profesor de derecho patrio y economía política, don Justo Vélez, redactase una colección de sentencias, reglas de urbanidad y fábulas morales y literarias, para ser repartidas por la Sociedad Patriótica entre los escolares de primeras letras.

Aún no se había dado a esta tarea, cuando el Obispo le impuso otro menester no menos relevante. Había muerto don José Pablo Valiente y Bravo, el último gran representante colonial del despotismo ilustrado y responsable de que en La Habana en vez de progresar, como en la Península, las escuelas de tauromaquia, fuesen realidades una cátedra de economía política, una academia de pintura, una sala de anatomía, y hasta el próximo arribo de nuevos pobladores blancos. Porque había sido él quien, al cese constitucional, escogiera para Gobernador de la Isla, al sobrino de su amigo Melchor Gaspar de Jovellanos, y para Intendente de la hacienda, a su seguidor y discípulo en economía colonial, don Alejandro Ramírez.

Varela, según instrucciones de Monseñor Espada, tendría que hacer en la Catedral el elogio póstumo del ilustre fallecido, mientras el Vicario de la diócesis, O'Gavan, lo haría en la Económica, nombre con que el Intendente Ramírez había querido trocar, sin éxito, el añejo título de la Sociedad Patriótica.

La mañana del 10 de marzo, tras los solemnes oficios de dos Obispos, subió al púlpito catedralicio para hacer el justo panegírico. Aunque no había conocido a Valiente admiraba su obra, tanto como para llamarle "protector de la América", y "el que puso los cimientos de la felicidad de esta Isla".

De acuerdo con la sensibilidad de la época pudo haber recurrido a los grandes artilugios retóricos, pero se valió poco de ellos. Su oratoria se caracterizó por un estilo casi directo, que aún encanta cuando se lee: "lo confesaré, dice, mi espíritu, al paso que se penetra del sentimiento de una pérdida tan notable, se regocija en el Señor al ver que la patria aún tiene hombres dignos de alabanzas que lleguen al túmulo en la ancianidad, sin haber manchado su carrera civil, ni haber faltado un momento a las necesidades del reino. Sí, la España ha visto descender al sepulcro al Excelentísimo e Ilustrísimo Señor Valiente con aquella misma tranquilidad con que le veía entrar en las grandes asambleas para sostener sus derechos. El amor a su patria, la fidelidad al Soberano, el interés por todo lo justo, la buena amistad, formaban su carácter, y este hombre grande, alejándose de la región de los mortales, no se ha llevado consigo todos estos bienes, sino que los deja en su memoria para que sirvan de estímulo a sus compatriotas."

Sin arideces, con fluyente riqueza narra pasajes culminantes de la rica vida del que fuera catedrático de derecho patrio de la Universidad sevillana y Oídor en la audiencia de Guatemala: "Yo admiro, señores, al profundo jurisconsulto, que en medio de las dificultosas funciones de la toga, se dedica como superintendente director de la casa de la moneda, a investigar todos los medios de su adelantamiento. El hace ensayar los metales, medita sus afinidades y el valor de sus ligas, en una palabra; él se asocia a los más hábiles químicos mineralogistas, y obtiene por fruto de sus desvelos un nuevo método de ensayar la moneda de oro, cuya práctica adoptada desde entonces y mandada observar por orden expresa del Soberano ha proporcionado grandes ahorros. ¡Qué frutos produce la meditación de un sabio! Pasan las obras de la fuerza, permanecen las de la inteligencia; cesan los bienes que produjo el poder, no se extinguen los del talento."

¿Qué no hizo Valiente por Cuba? Que lo digan mercaderes y hacendados, a cuyo criterio recurre. Valiente rompió el monopolio del comercio, terminó el estanco del tabaco, abrió nuestros puertos a los extranjeros, animó a sembrar la rica caña de Otaity, donó su dinero para el establecimiento de la Casa de Beneficencia, protegió la educación, fomentándola en una época, que confiesa el panegirista, "se hallaba abandonada y en la cuna". Y cuando devuelto a España acude al lugar de su nacimiento, toma otra vez de sus fondos y repara el templo derruído donde le bautizaran, funda una escuela, construye un acueducto y va a parar a la cárcel, porque sincrónicamente a sus innovaciones se declaró una epidemia en el lugar. Digna aventura de un hijo de la Ilustración, que había corrido otras más riesgosas, al desafiar la ira de José Bonaparte y salvar la honra del Consejo de Indias, ya al claudicar ante la presión del usurpador. En su epitafio, proponía Varela, debieran inscribirse frases de patriótica virtud que andaban desperdigadas por sus numerosos escritos; y que como las siguientes se hacen reveladoras de su recio carácter: "Los buenos me oyeron con extraordinario gozo, y los degenerados me respetaban y procuraban aquietar al verse tan descubiertos." "Cuando hablé, lo hice siempre sin mengua de afecciones o de personalidades."

Terminada la ceremonia, podían vislumbrarse huellas de emoción en los rostros de los encopetados asistentes. En los del Gobernador, el Intendente, y el Consejero perpetuo de Indias, don Francisco de Arango y Parreño, la preocupación se hacía manifiesta.

Cuáles eran las perplejidades que parecían abatir a Cienfuegos y a Ramírez, simplemente las ignoramos. Tal vez fuese dolor lo que exteriorizasen ante el recordatorio exaltado del amigo muerto, tal vez que las órdenes más contradictorias pudiesen llegar un día u otro de la Península. La interpretación de los signos emocionales siempre se presta a equívocos. Pero lo que traía rumiando a don Francisco sí lo sabemos.

Había partido de Madrid hacia La Habana coetáneamente a la muerte de Valiente. El retorno se debía a la atención de sus cuantiosos negocios, entre ellos la compra de más negros para cuidar sus verdeantes plantíos.

De acuerdo a su método vital de "contemplación y templanza", los asuntos de la monarquía andaban bien y andaban mal. Bien, porque ante las exigencias del Congreso de Viena, y en particular las de Inglaterra, el rey don Fernando había firmado un tratado con esta nación donde lograba diferir, por tres años, la liquidación total del tráfico de esclavos. Mal, porque el susomentado monarca había recibido 400,000 libras de la Gran Bretaña para indemnizar a los traficantes y en vez de hacerlo iba a emplear los dineros en buques con que transportar tropas a América.

La prudencia que engendraba su método, urgía adelantarse a don Francisco al 30 de mayo de 1820, fecha convenida para el cese del tráfico, y comprarse, quizás, sus últimos negros, en previsión a lo que pudiese acontecer en el espaciado entretanto. Su metódica le indicaba, asimismo, que la esclavitud podría sostenerse años más, años menos, porque ya el león británico la había herido de muerte.

Este hecho constituía razón principal y justificadora de la presencia en La Habana del Consejero de Indias, quien, por ende, venía a disfrutar dos años de merecida licencia, provisto de una credencial por la que el rey ordenaba "se le tratase según correspondía a su dignidad y carácter".

Al alba siguiente, Varela se hallaba trabajando en su lección inaugural, para el segundo semestre del curso 1817-1818, y en un compendio de lógica, que bajo el título de *Apuntes para la dirección del espíritu humano*, iba a imprimir ese mismo año la Sociedad Patriótica. Pocos días antes, los Amigos del País habían recibido también de nuestro profesor, unos comentarios sobre los *Elementos de la lengua castellana*, publicados por el tratadista español don Mariano Velázquez de la Cadena.

Entrada la mañana, se aparecieron los muchachos. Acudían a felicitarle por su oración y de paso a inquirir por el comienzo de las clases, y como siempre, a conversar un rato. Cayetano Sanfeliú dijo que debería copiar algunos manuscritos referentes al libro de *máximas*; pero de manera incidental se refirió a Valiente y a los comentarios que se hacían en torno a sus errores políticos, principalmente sobre su marcada adhesión a Fernando VII.

No creo que su ardiente patriotismo sea rebajado por eso, replicó el Presbítero, ni creo exista ser humano que no cometa errores, y yo no los he excusado en mi panegírico. Por demás, creo que todos saben a quién se debe nuestro progreso y aún después de la caída del régimen constitucional, a quién debemos agradecer que ninguna de las represalias tomadas en la Península se nos haya aplicado. Amigos míos, exclamó, para ser un buen patriota no es necesario estar inscripto en determinado partido político. Yo llamo patriotismo "al amor que tiene todo hombre al país en que ha nacido y el interés que toma en su prosperidad".

Se abrió una brevísima pausa. Varela jugueteaba con el pañuelo. Los muchachos comprendieron que quería decir algo más, y Sanfeliú, que era el provocador por excelencia, se olvidó de los manuscritos y soltó a guisa de incitación: Cierto, en ese sentido Valiente fué gran patriota...

Sí, cortó Varela, porque otros muchos hay que "hacen del patriotismo un mero título de especulación, quiero decir, un instrumento aparente para obtener empleos y otras ventajas de la sociedad".

No se detuvo, el hilo de su pensamiento corría flúido y las frases se precipitaban a sus labios: "Patriotas hay —de nombre—, que no cesan de pedir la paga de su patriotismo, que le vociferan por todas partes, y dejan de ser patriotas, cuando dejan de ser pagados. ¡Ojalá —enfatizó recordando el inmediato pasado criollo—, no hubiera yo tenido tantas ocasiones de observar a estos indecentes traficantes de patriotismo! ¡Cuánto cuidado debe ponerse para no confundirlos con los verdaderos patriotas! El patriotismo es una virtud cívica, que a semejanza de las morales, suele no tenerla el que dice que la tiene, y hay una hipocresía política, volvió a recalcar, mucho más baja que la religiosa. Nadie opera sin interés, todo patriota quiere merecer de su patria, pero cuando el interés se contrae a la persona en términos que ésta no le encuentre en el bien general de su patria, se convierte en depravación e infamia. Patriotas hay que venderían su patria si les dieran más de lo que reciben de ella. La juventud, concluyó, es muy fácil de alucinarse con estos cambia colores, y de ser conducida a muchos desaciertos."

Volvió a hacer pausa, pero solamente para proseguir con mayor ardor:

"No es patriota el que no sabe hacer sacrificios en favor de su patria, o el que pide por éstos paga, que acaso cuesta mayor sacrificio que el que se ha hecho para obtenerla, cuando no para merecerla. El deseo de conseguir el aura popular es el móvil de muchos que se tienen por patriotas, y efectivamente no hay placer para un verdadero hijo de la patria, como el de hacerse acreedor a la consideración de sus conciudadanos por sus servicios a la sociedad; mas cuando el bien de ésta exige la pérdida de esa aura popular, he aquí el sacrificio más noble y más digno de un hombre de bien, y he aquí el que desgraciadamente es muy raro. Pocos hay que sufran perder el nombre de patriotas en obsequio de la misma patria, y a veces una chusma indecente logra con sus ridículos aplausos convertir en asesinos de la patria los que podrían ser sus más fuertes apoyos. ¡Honor eterno a las almas grandes que saben hacerse superiores al vano temor y a la ridícula alabanza!"

"El extremo opuesto no es menos perjudicial, se puntualizó enseguida, quiero decir el empeño temerario de muchas personas en contrariar siempre la opinión de la multitud. El pueblo tiene cierto tacto que pocas veces se equivoca, y conviene empezar siempre por creer o a lo menos por sospechar que tiene razón. Cuántas opiniones, volvió a exclamar, han sido contrariadas por hombres de bastante mérito pero sumamente preocupados en esta materia, sólo por ser como suelen decir *las de la plebe*. Entra después el orgullo a sostener lo que hizo la imprudencia, y la patria entretanto recibe ataques, los más sensibles por provenir de muchos de sus más distinguidos hijos."

Pero no es todo.

"Otro de los obstáculos que presenta al bien público el falso patriotismo consiste, en que muchas personas, las más ineptas y a veces las más inmorales, se escudan con él, disimulando el espíritu de especulación y el vano deseo de figurar. No puede haber un mal más grave en el cuerpo político, y en nada debe ponerse mayor empeño, que en conocer y despreciar estos especuladores. Los verdaderos patriotas desean contribuir con sus luces y todos sus recursos al bien de su patria, pero siendo éste su verdadero objeto, no tienen la ridícula pretensión de ocupar puestos que no puedan desempeñar. Con todo aún los mejores patriotas suelen incurrir en un defecto que causa muchos males, y es figurarse que nada está bien dirigido cuando no está conforme a su opinión. Este sentimiento es casi natural al hombre, pero debe corregirse no perdiendo de vista que el juicio en estas materias depende de una multitud de datos que no siempre tenemos, y la opinión general cuando no es abiertamente absurda, produce siempre mejor efecto que la particular, aunque ésta sea más fundada. El deseo de encontrar lo mejor nos hace a veces perder todo lo bueno."

"Suelen también equivocarse aún los hombres de más juicio en graduar por opinión general la que sólo es del círculo de personas que los rodean, y procediendo con esta equivocación dan pábulo a un patriotismo imprudente que les conduce a los mayores desaciertos. Se finge a veces lo que piensa el pueblo arreglándolo a lo que debe pensar, por lo menos según las ideas de los que gradúan esta opinión, y así suele verse con frecuencia un triste desengaño, cuando se ponen en práctica opiniones que se creían generalizadas."

También "la juventud suele entrar en esta descabellada empresa, y yo no podré menos que transcribir las palabras del juicioso Watts tratando esta materia."

Acompañando la palabra a la acción, se dirigió a un estante cercano y extrajo un libro cuyo título en inglés podía leerse: "*On the improvement of the mind*". Lo abrió en el capítulo V, y comenzó a traducir directa y lentamente:

"Si sólo tuviéramos, dice, que lidiar con la razón de los hombres, y ésta no estuviera corrompida, no sería materia que exigiese gran talento ni trabajo convencerlos de sus errores comunes, o persuadirles a que asintiesen a las verdades claras y comprobadas. Pero ¡ah!, el género humano está envuelto en errores y ligado por sus preocupaciones: cada uno sostiene su dictamen por algo más que por la razón. Un joven de ingenio brillante que se ha provisto de variedad de conocimiento y argumentos fuertes, pero que aún no está familiarizado con el mundo, sale de las escuelas como un caballero andante que presume denodadamente vencer las locuras de los hombres y esparcir la luz y la verdad. Mas, él encuentra enormes gigantes y castillos encantados; esto es, las fuertes preocupaciones, los hábitos, las costumbres, la educación, la autoridad, el interés, que reuniéndose todo a las varias pasiones de los hombres, los arma y obstina en defender sus opiniones, y con sorpresa se encuentra equivocado en sus generosas tentativas. Experimenta que no debe fiar sólo en el buen filo de su acero y la fuerza de su brazo, sino que debe manejar las armas de su razón, con mucha destreza y artificio, con cuidado y maestría, y de lo contrario nunca será capaz de destruir los errores y convencer a los hombres."

No se oyó una voz después que el Presbítero terminara de hablar, pero una expresión de unánime satisfacción resplandecía en las caras juveniles. Sin embargo, Sanfeliú se atrevió a romper el silencio aprobador: Padre Varela, dijo, ¿por qué no incluye lo que nos acaba de decir como una lección del *Tratado del hombre?*

Pero, Sanfeliú, ¿por qué se obstina usted en desearme tantos males? ¿Se imagina que don Pedro Nolasco no pondrá el grito en el cielo? Acabamos de corregir las pruebas finales del primer tomo y ya usted sugiere que introduzca nuevo material en él. Además, temo que sucedería algo semejante a lo acontecido con mi discurso de la Patriótica, que por la concisión del lenguaje quedaron algunos conceptos sin aclarar. A mí se me ocurre, ya en este caso, que los de patria y provincia deberían ser explicados para una mejor comprensión de lo que he dicho. ¿No les parece?

Todos comprendieron que el Padre Varela había acogido la idea de Sanfeliú. Sí, sí Padre, respondieron varias voces, aclárelos ahora.

Es muy sencillo, posiblemente ustedes tengan tales conceptos en sus mentes, pero vamos, de todas maneras, a dejarlos definidos, aunque les insisto, dijo con humor, que ellos no irán incluídos, como quiere Sanfeliú, en la primera edición de las *Lecciones de filosofía*, Tal vez en otras ediciones. ¡Cuando sean famosas!

Llamamos Patria, comenzó, al "lugar en que por primera vez aparecimos en el gran cuadro de los seres, donde recibimos las más gratas impresiones, que son las de la infancia por la novedad que tienen para nosotros todos los objetos, y por la serenidad con que los contemplamos cuando ningún pesar funesto agita nuestro espíritu: Impresiones cuya memoria siempre nos recrea, la multitud de objetos a que estamos unidos por vínculos sagrados, de naturaleza, de gratitud y de amistad. . ."

La Patria, pues, la consideramos "como nuestra madre, y nos resentimos de todo lo que pueda perjudicarla. Como el hombre no se desprecia a sí mismo, tampoco desprecia, ni sufre que se desprecie su patria, que reputa, si puedo valerme de esta expresión, como parte suya. De aquí procede el empeño en defender todo lo que la pertenece, ponderar sus perfecciones, y disimular sus defectos".

"Aunque establecidas las grandes sociedades, la voz patria no significa un pueblo, una ciudad, ni una provincia; sin embargo los hombres dan siempre una preferencia a los objetos más cercanos o por mejor decir más ligados con sus intereses individuales, y son muy pocos los que perciben las relaciones generales de la sociedad y muchos menos los que por ellas sacrifican las utilidades inmediatas o que le son privativas. De aquí procede lo que suele llamarse *provincialismo*. Esto es, el afecto hacia la provincia en que cada uno nace, llevado a un término contrario a la razón y a la justicia. Sólo en este sentido podré admitir que el provincialismo sea reprensible, pues a la verdad nunca será excusable un amor patrio que conduzca a la injusticia; mas cuando se ha pretendido que el hombre porque pertenece a una nación toma igual interés por todos los puntos de ella, y no prefiera el suelo en que ha nacido o a que tiene ligados sus intereses individuales, no se ha consultado el corazón del hombre, y se habla por meras teorías que no serían capaces de observar los mismos que las establecen. Para mí, el provincialismo racional que no infringe los derechos de ningún país, ni los generales de la nación, es la principal de las virtudes cívicas. Su contraria, esto es, la pretendida indiferencia civil o política, es un crimen de ingratitud, que no se comete sino por intereses rastreros por ser personalísimos, o por un estoicismo político el más ridículo y despreciable."

"El hombre todo lo refiere a sí mismo, y lo aprecia según las utilidades que le produce. Después que está ligado a un pueblo teniendo en él todos sus intereses; ama a los otros por el bien que pueden producir al suyo, y los tendría por enemigos si se opusiesen a la felicidad de éste donde él tiene todos sus goces. Pensar de otra suerte es quererse engañar voluntariamente."

"Suele, sin embargo, el desarreglo de este amor tan justo, conducir a gravísimos males en la sociedad, aún respecto de aquel mismo pueblo que se pretende favorecer. Hay un fanatismo político, que no es menos funesto que el religioso, y los hombres muchas veces con miras al parecer las más patrióticas, destruyen su patria, encendiendo en ella la discordia civil por aspirar a injustas prerrogativas. En nada debe emplear más el filósofo todo el tino que sugiere la recta ideología, afirmó conclusivamente y en tono advisorio, que en examinar las verdaderas relaciones de estos objetos, considerar los resultados de las operaciones, y refrenar los impulsos de una pasión que a veces conduce a un término diametralmente contrario al que apetecemos."

Cuando aquella generación que escuchó a Varela se acabó de fortificar en la experiencia de sus luchas y sus propias obras, vió en él algo más que el Cartesio o el Sócrates criollo. Con menos pompa, menos alcance, sin ninguna universalidad, pero con mayor sensibilidad y confinamiento a su realidad cubana le llamaron conmovedoramente Padre de la Patria. Un padre, en la acepción previsora del término, es cúmulo de experiencias guiadoras para sus pequeños hijos. Uno que ha visto y vivido para enseñar a los que comienzan a ver y vivir, evitándoles los mayores escollos del camino a recorrer. Socialmente, y con esta disertación, Varela alumbraba contra la tesis futura de la *integridad*, mantenida por los que habían-nacido en la Península y radicaban en Cuba, pero que todo lo referían al bienestar de la nación progenitora con desdoro de la provincia, y cuya génesis estaba en las luchas cabildeas de monopolistas y mercantilistas. En tanto que por otra parte, salía al paso del concepto medieval de los mercantilistas, que con su provincialismo extremo, consideraban a La Habana la única patria, el único centro donde debieran derramarse los dones de la riqueza de la Isla, con detrimento de las demás regiones.

Pocos días más tarde, el 30 de marzo, quedaba inaugurado el curso de filosofía. Varela tenía un nuevo alumno, Antonio de la

Luz, hermano menor de Pepé. Los muchachos entraron ordenadamente en clase y se fueron sentando en los rudos bancos. Algunos
se frotaban las manos. La brisa marina se colaba por los cuatro
ventanucos del aula que daban al mar. La mañanita era clara y
fresca. El profesor fué dando los buenos días a cada uno. Cuando
todos estuvieron en silencio giró la vista alrededor. Pepé de la Luz
irradiaba pulcritud, los largos cabellos los llevaba bien peinados, y
el rostro, tostado por el sol de aquellos días de constante cabalgar
su lindo potro. Saco, lucía impecablemente vestido. Era un guapo
mozo. Sanfeliú estaba pálido. ¿Cómo no lo había notado antes?
Quizás trabajaba demasiado. Debería restarle un poco los bríos
dándole menos quehacer. El devoto Escobedo se hallaba al lado de
su hermano Antonio María, también estudiante. ¡Pobre Escobedo!,
¡tan perseverante! Tenía ambas manos cruzadas sobre la empuña-
dura del bastón, había quedado ciego, pero continuaba mirando al
frente, como si sus pupilas sin luz no se detuviesen en las paredes
y entrevieran un confín inalcanzable a los dotados de vista. Le
sonrió con simpatía. ¡Qué enorme y estoico poder moral el suyo!
No cejaba, explicaba Texto aristotélico en la Universidad, y aunque
le complacía la distinción no se conformaba a la rutina escolástica.
Quizás algún día para él alumbrase la oportunidad de perforar los
férreos muros peripatéticos de San Gerónimo. Pero lo dudaba, Escobedo se sentía definitivamente atraído por la brillante carrera del
derecho.

Se le rodaba el pensamiento, pero al mismo tiempo se ajustaba
a la nariz los quevedos. Jugó con su inseparable pañuelo, y comenzó a explicar, con bien traídas frases, el objeto y forma de desarrollo de los estudios filosóficos que iniciaría ese día.

La verdad y la virtud, dijo entrando en materia, serán los objetos de nuestras investigaciones y la naturaleza guiará nuestros
pasos rectificando nuestro espíritu extraviado e inerme por la costumbre y la irreflexión.

Estudiaremos primero al hombre y saliendo de nosotros mismos
observaremos el hermoso cuadro de las demás criaturas. "Ellas nos
conducirán muy pronto al conocimiento del Creador, y advirtiendo
nuestras relaciones con este Ser infinito, aparecerá la religión santa
con un nuevo brillo, a la luz de la filosofía. Veremos nacer de aquí
los vínculos sociales, y los deberes del hombre respecto de sí mismo,
de Dios y de sus semejantes."

"El examen detenido de los cuerpos merecerá entonces nuestra atención. Contemplaremos las propiedades que convienen a todos, y las que son propias de algunos de ellos, las leyes que guarda la naturaleza, las fuerzas que emplea, el auxilio que puede proporcionarse al hombre por medio de las máquinas, y todo lo que pertenece al movimento, alma del universo."

"Pasaremos luego a la consideración de cada especie de cuerpos; y baste decir que todo cuanto percibimos será objeto de nuestro examen. No sólo el conocimiento de las cosas, sino también su aplicación a las necesidades de la vida privada y social, debe ocupar a un filósofo; y éste será nuestro principal empeño. En dos años concluiremos este estudio; pero será preciso continuar seis meses más, para acomodarnos a la práctica autorizada, pues no siempre, aseguró resignadamente, puede hacerse todo lo que se debe."

El celo universitario, que no había podido controlar las enseñanzas modernas de Varela, le exigía en cambio, y rigurosamente, que guardara el simulacro de tres cursos de filosofía. Escobedo, ladeando la cabeza, sonrió. El Padre Varela siempre era el mismo, con su llana franqueza.

"Los progresos filosóficos, prosiguió, exigen docilidad sin abatimiento, y un carácter firme sin orgullo, constante sin pertinacia, generoso sin afectación, y franco sin ligereza. Mis esfuerzos se dirigirán a inspirarlos, y yo espero que no serán en vano."

"Mis discípulos tendrán una plena libertad de discurrir, y proponer sus pensamientos del modo que cada uno pueda. La emulación rara vez llega a ser racional, y por lo regular degenera en un encubrimiento de pasiones despreciables. Ella no entrará en mis clases, si yo no soy muy desgraciado. Entre nosotros nadie sabe, y todos aspiramos a saber. Los conocimientos que se adquieren son bienes comunes, y los errores no son defectos mientra no se sostienen con temeridad."

Entonces pasó a referirse al latín de los dómines peripatéticos.

"Hay un idioma greco-latino-bárbaro-arbitrario, dijo, que llaman *escolástico*, y unas fórmulas y ceremonias que dicen se deben enseñar en las clases de filosofía...

Tuvo que detenerse. Los muchachos habían prorrumpido en risa.

..."Yo no enseñaré nada de esto, prosiguió cuando se extinguió la hilaridad, porque no soy maestro de idiomas, ni de formulajes, sino un compañero que va facilitando a los principiantes el estudio de la naturaleza, la cual no es de ningún idioma, ni admite reglamentos"...

Hubo nuevas risas y nueva pausa.

..."Los inteligentes saben que yo puedo decir mucho más"...

Volvió a detenerse el Presbítero, aún el silencio no era absoluto. Cuando lo fué, ya no recogió el discurso en aquella parte.

"Sé que algunos se compadecen de mis discípulos por considerarlos sin las disposiciones necesarias para continuar el estudio de las ciencias y para lucir en los actos públicos. Si las ciencias son el conjunto de los delirios de los hombres, de voces hijas del capricho, de prácticas y reglamentos mecánicos; desde luego confieso que mis discípulos no están dispuestos para estudiarlas... Mas si las ciencias naturales son el agregado de conocimientos exactos, sugeridos por la naturaleza; si la sagrada es la reunión de verdades reveladas y mandatos divinos explicados según el espíritu de la Iglesia en su constante tradición; si la jurídica es el conocimiento de lo justo, de lo honesto, y de las leyes fundamentales del estado y conservadora de los mutuos derechos; mis discípulos no encontrarán tropiezo en una carrera que viene a ser continuación de los pasos ideológicos en que están versados. Por lo que hace al lucimiento, lucir en voces raras, y acciones acompasadas, es lucir en *juegos de aire.*"

Ahora las caras estaban eminentemente serias. Varela había sustituído el sarcasmo por la ironía, el quemante brulote por la flecha penetradora. En ese tono iba a terminar, un poco dramáticamente:

"Por tanto, sin darme por ofendido, aseguro a semejantes compasivos que no les agradezco su buen afecto, y les prometo no enmendarme jamás. Sin embargo, yo debo confesar, que muchos de ellos proceden de buena fe, pues se conforman a sus ideas, y esto puede disculpar de algún modo el ultraje que hacen a la razón y a la filosofía. Otros conocen la verdad; pero son débiles para seguirla. Sus relaciones sociales exigen una conducta contraria y en la imposibilidad de hacer otra cosa, ellos ceden a su interés..."

Escobedo enrojeció, pero Varela no se dió por enterado.

"Otros, prosiguió, lo hacen por no perder en un momento lo que adquirieron en muchos años. Estos no son muy buenos. Yo también he perdido, aunque no mucho. Pierdan conmigo, y dividiremos igualmente las verdaderas ganancias. De lo contrario, ellos siempre perderán para las ciencias, aunque por desgracia ganen para los hombres."

En el último de los párrafos dió la satisfacción que merecía su viejo y querido Escobedo. El fué aquel que le señaló con su ingenua actitud que debía perder, perder todo aquel lastre que había recogido en sus años de estudiante en el Colegio y la Universidad. Terminada la clase, se retiró a su celda. Allá le siguieron. No bien llegaron, que cada uno se acomodó como pudo, Sanfeliú se dirigió a sus compañeros para decirles:

Algo bueno nos perdimos cuando por habernos reído el Padre Varela cortó su discurso en aquella parte donde afirmaba que podía decir mucho más y no dijo nada.

¡Ah, sí!, exclamó Varela, podía haber hablado mucho contra la escolástica, haber hecho hasta su historia. Pero me alegro, porque me hubiera extendido demasiado.

¿Y por qué no lo hace ahora?, inquirió Sanfeliú.

Baste entonces que les diga, replicó el Presbítero sonriendo, que el escolasticismo no es más que un conjunto de doctrinas de las que se le atribuyen a Aristóteles aplicadas a los diversos objetos de la ciencia.

No, no bastaría de ninguna manera, nos quedaríamos con la negada en el cuerpo, arguyó jocosamente Toño Saco.

Entonces, ¿me obligan?

Le obligamos.

¿Cómo puedo estrujar tanto esa historia?

Bien, la estrujaré, aseveró decidido:

"Los primeros escritores, así teólogos como juristas y médicos, no usaban otro lenguaje que el admitido legítimamente en el idioma que escribían. Sus disertaciones eran claras y llenas de dignidad y elocuencia, observando las reglas que habían aprendido de los retóricos. En este sentido llama Beda a Aurelio Prudencio, noble escolástico español, y San Jerónimo dice que él usaba algunas veces el adorno escolástico, y que San Pablo habló en el Areópago con cierta elegancia escolástica. Por tanto, los antiguos escritores recreaban con su lectura en vez de mortificar, y en cuanto lo permitía el estado de los conocimientos en su tiempo, esas doctrinas eran claras y exactas. Basta para desengañarse de esto, leer las obras de los Padres de la Iglesia, y con especialidad las de San Agustín."

"En el siglo VI Boecio empezó a unir la filosofía aristotélica con la teología, explicando muy sutilmente las palabras sustancia y persona, en un tratado que escribió sobre la Trinidad. Al fin del mismo siglo, escribió San Isidro Hispalense una especie de reunión o suma teológica, y algún tiempo después, Trayor, Obispo de Cesárea, escribió un compendio teológico, cuya obra se cree que abrió camino a la escolástica. En el siglo siguiente escribió San Juan Damaceno y después San Anselmo, los cuales se tienen entre los Padres como el origen de la teología escolástica; no porque ellos hubiesen escrito en el método de nuestras escuelas, sino porque formaron un cuerpo de doctrina ordenado, siendo así que los antiguos Padres escribían según las necesidades de la Iglesia, sin guardar un método ni sistema en las materias."

"En el siglo xii, Lotario II, mandó explicar en las escuelas un código de las leyes romanas muy deteriorado, que por casualidad se encontró. Con este motivo se levantó una plaga de comentadores, que cada uno daba interpretaciones a dichas leyes según su capricho, y se creían más sabios cuanto más abundaban en sutilezas, capaces de esparcir las tinieblas sobre todos los conocimientos jurídicos. Habiendo llegado a ser estudio de moda la Jurisprudencia, tratada bajo este nuevo método, empezó, dice Sixto Senense, a decaer el estudio de la Teología, y se vieron precisados los profesores a enseñarla como se enseñaba la Jurisprudencia. Aquí empezó a escolastizarse la Teología, tratada hasta entonces con la mayor sencillez y dignidad por los Santos Padres de la Iglesia."

"En el siglo xiii estaba ya introducida la filosofía peripatética, y los herejes se valían de sus armas para combatir la religión. En este tiempo apareció uno de los hombres de mayor talento que ha tenido la Iglesia. Este fué Santo Tomás, a quien elogiaron justamente Leibniz y Grocio; pues como dice Fontanelle, hubiera sido otro Cartesio, si le hubieran ayudado los tiempos. Este Santo Doctor se vió precisado a herir a los herejes con las mismas armas, y por los mismos filos con que aquellos querían destruir la casa del Señor. La filosofía peripatética, cultivada por los árabes, estaba en sumo crédito, y en el siglo xii, como escribe el cardenal Palavicino, habían convertido a Córdoba en Atenas, y por la destreza de Averroes, se levantó la filosofía de Aristóteles, que había estado sepultada por mucho tiempo, principalmente en las provincias occidentales. De donde debe inferirse que Santo ‑Tomás usó de la filosofía peripatética, porque era la admitida en su tiempo, y tenía autoridad entre los herejes con quienes disputaba. Después siguieron Escoto y Guillermo Ocam, dividiéndose la secta escolástica en sus tres ramas

bien conocidas. Constituídos estos tres grandes hombres maestros del escolaticismo, se empeñaron todos en cultivarle, favoreciendo este intento la circunstancia de pertenecer Santo Tomás a la orden de Santo Domingo, y los otros dos maestros a la de los franciscanos; pues esparcidas estas religiones por casi todo el orbe, en muy poco tiempo se oyó por todas partes el eco de la voz de Aristóteles, confundida y alterada según sus repetidores."

"Escolastizada de este modo la filosofía, lo estuvieron por consiguiente las demás ciencias, a quienes sirve de preliminar, y el empeño de las interpretaciones, el juego de las palabras, el misterio de las autoridades y la sutileza de las cuestiones fueron los efectos de un método, que, separándose de la naturaleza, se fundaba en los hombres, y sin investigar el origen de las cosas, se contentaba con unos resultados que provenían de unos datos, cuya prueba no era otra que la autoridad de algún maestro."

"No pudiendo el escolasticismo ser fecundado en doctrinas, pues no debía presentar otras que las de sus maestros, procuró serlo en voces, en fórmulas, en reglas, y en abstracciones deducidas como pinzas del texto de los grandes hombres. Efectivamente, una esterilidad es indecorosa y mortifica; los mismos escolásticos no podían sufrirla, y los esfuerzos que han hecho para dar un nuevo aspecto a su doctrina y despojarla de aquella especie de monotonía que la caracteriza, ha sido la causa de haberse enredado en tales términos la escolástica, que ni ellos mismos se entienden y si resucitara Santo Tomás, sería preciso que aprendiera con sus discípulos para entenderlos."

Pero hagamos una breve incursión en las propias ciencias, para resaltar más claramente nuestro discurso, dijo con visible tono de entusiasmo.

"Contrayéndonos a la Medicina se advertirá más claramente las alteraciones que produjo en ella el escolasticismo. Al principio, esta ciencia no era más que un conjunto de observaciones sobre los remedios que debían aplicarse a unas u otras enfermedades; pero éstas no estaban bien clasificadas, y siendo inexactas las indicaciones, lo eran los indicados. El genio de Hipócrates, digno de mayor elogio, fué el que dió pasos más sólidos en esta ciencia. Renunciando no menos al ciego empirismo que a los raciocinios sutiles y extraviados, tomó el camino que dictaba la razón y exigía la naturaleza. El lecho de los enfermos era la cátedra de su enseñanza. Es preciso, nos dice, deducir las reglas prácticas no de una serie de raciocinios anteriores, por más probables que puedan ser, sino de la experiencia dirigida por la razón. El juicio es una especie de memoria que reúne y pone en orden todas las impresiones recibidas por los sentidos; porque antes de producirse el pensamiento, experimentan los sentidos todo lo que debe formarlo, y ellos son los que hacen llevar los materiales. Por estas palabras, que cita en su elogio el sabio Cabanis, se conoce la exactitud de los pensamientos de Hipócrates y de su método. Diecisiete ascendientes suyos consagrados a la medicina, le habían proporcionado en su familia una herencia médica, que supo fomentar y llevar a la última perfección este hombre verdaderamente digno de memoria."

"Vino después Galeno para echar a perder todo, alterando las doctrinas de Hipócrates, habiéndolas mezclado con las sutilezas del Peripato (ignoradas de Aristóteles) en que se hallaba muy versado; pues le pareció que había hecho una gran cosa, inventando una cuarta figura del silogismo. Después Averroes y Avicena acabaron de completar el trastorno de la medicina peripatizándola enteramente; de modo que, como dice un crítico, ya no era arte de sanar las enfermedades, sino de alterar con sofisterías."

"En los tiempos posteriores, la medicina fundada toda en una física absurda por todas consideraciones, no pudo menos que sufrir continuos males y una rápida decadencia, porque la mayor parte de sus cuestiones han servido y sirven tanto para curar un enfermo, como servirían para fabricar una casa. Se estudió una medicina de voces, de divisiones, de sistemas, de principios establecidos al antojo, y la experiencia, la observación, las exactas inducciones se desterraron de una ciencia que toda debe ser experimental. Se quiso decidir de la vida de los hombres por la autoridad mal entendida y peor explicada de algunos de ellos, y en muriendo uno según Galeno, muere en regla."

"En vista de estos absurdos, han procurado los modernos dar un nuevo giro a las ciencias. Los teólogos se empeñan en reducir la ciencia sagrada a la sencillez y dignidad con que la enseñaron los Padres de la Iglesia, pero clasificándola, y arreglándola al estado de los conocimientos actuales, por relación que esta ciencia tiene, en muchos de sus tratados, con la física, y en todos con la ideología. Nuestros juristas, aunque han visto un poco más tarde, y apenas se halla una obra de Derecho que tenga método ideológico, sin embargo,

conocen estos defectos, y han dado un gran paso hacia el buen
método con saber que no lo han conseguido. Los médicos han refor-
mado su ciencia, y la medicina ha hecho grandes progresos, y promete felices resultados. Sus profesores se han puesto en la misma
senda de Hipócrates, han separado de la doctrina de este sabio el
escolasticismo que la trastornaba, y han dado nuevos pasos, que no
pudo dar aquel genio sublime, porque en su tiempo las ciencias
naturales que sirven de base a la medicina, estaban muy im-
perfectas."

"De lo que hemos dicho sobre el modo con que el escolaticismo
se fué introduciendo en las ciencias, podemos decir que la necesidad
obligó a unos hombres grandes como Santo Tomás, a valerse de
semejante método, aunque con mucha moderación; que muchos lo
hicieron por costumbre, y porque no sabían otra cosa; últimamente,
que si los hombres célebres que cuentan en su número los escolásticos vivieran en nuestro tiempo, serían los primeros en desechar
las doctrinas y métodos de las escuelas, y seguir las lecciones de
la razón y de la naturaleza, que es decir el plan moderno; así como
en su tiempo no se obstinaron en defender la doctrina de los antiguos, sino que siguieron la que parecía más fundada o la que
juzgaron más a propósito para el objeto que se proponían, como lo
hizo juiciosamente Santo Tomás. Confundir a este doctor y a otros
hombres célebres con la multitud de los escolásticos, es hacer una
injusticia al mérito; pero es también un fanatismo literario querer
conservar un método y unas doctrinas, que, siendo adaptables a
aquellos tiempos, desdicen enteramente de los nuestros. Me parece,
pues, que son injustas las invectivas con que muchos quieren za-
herir a los maestros respetables, a quienes siguen los escolásticos;
pero asimismo creo que es irracional la obstinación de nuestras
escuelas en conservar lo que claramente se conoce, que es opuesto
al buen método y a la verdad de las cosas."

"Muchos dicen que es preciso ser escolástico para ser teólogo.
Así han hecho caer la teología en el desprecio. ¡Qué! ¿Los Padres
de la Iglesia no eran teólogos? ¿Acaso eran ellos escolásticos? Pero
hablemos en un orden ideológico. ¿La teología para ser buena necesita un plan inexacto, unas cuestiones superficiales e inútiles, unos
principios de ciencias naturales totalmente falsos, y un lenguaje
oscuro, indeterminado, en una palabra, cuantos defectos pueden
tener unos signos? La ciencia de nuestra santa religión es más

noble, es más hermosa; es preciso despojarla de un vestido que tomó por las circunstancias de los tiempos, dejarla ver con su antigua hermosura, agregándola, por una exacta ideología y una física experimental, nuevos adornos que la hagan más apreciable. No es por cierto marchitar la corona científica que justamente ciñe las sienes de Santo Tomás de Aquino; es dejar unos principios y un lenguaje que él tomó por la necesidad de la religión, y que él mismo dejaría si viviera, pues no puede creerse otra cosa de su talento." Varela había estado elocuente. Fué un verdadero ensayo, revelador de sus detenidas meditaciones tanto en ciencia, como en arte y religión. En fin, en todo el hacer humano, que es el interés fundamental del verdadero filósofo.

También, y a ojos críticos, una página antológica, que por la sobriedad de adjetivación y propósito de fondo y forma del asunto, colocan a nuestro Presbítero como de los primeros y más finos cultivadores del género en la historia de la lengua española.

* * *

A fines de mayo de 1818, Varela y Vélez entregaron a la Sociedad el manuscrito de las sentencias y fábulas. Reunida la Sección de Educación, el Vicario O'Gavan se deshizo en críticas intencionadas contra la obra. Fué la única voz discordante en lo que en términos de los Amigos del País, se conocía como *censura* de los trabajos y escritos de sus miembros.

Los duros juicios de O'Gavan revelaban que algo pasaba en su alma. El hombre de espíritu levantado que hemos conocido se tornaba suspicaz y receloso. Resentido tal vez por los merecimientos que iban alcanzando sus antiguos discípulos. Era irrazonable, él también había obtenido un lugar prominente en su carrera. Se le tenía por el heredero de la mitra habanera. ¿Acaso su espíritu demasiado ambicioso pretendía destacarse siempre entre los primeros lugares, aún en la forma negativa que empleaba en aquel instante? Los que fuesen motivos reales de su proceder no impidieron que su crítica quedase sola, la Sociedad, por más de veinte años, imprimió, en sucesivas ediciones, el trabajo que encomendara a los dos jóvenes profesores del San Carlos.

Varela se sintió desazonado por la actitud del Vicario. Su evidente mala fe le atrajo a consideraciones deprimentes de las que no podía zafarse. Quizás su obra total no mereciera nunca otras apreciaciones que unas semejantes a las de O'Gavan. ¿Sería inútil toda su labor? ¿Inútil enseñar, escribir, filosofar?

Estaba en la soledad acogedora de su celda, y buscaba un refugio para evadirse de los pensamientos torturantes que le acosaban desde el día anterior. Un movimiento mecánico le llevó al violín. Instintivamente rozó el arco y los sonidos se esparcieron desacordes. Afinó. Al fin hizo vibrar las cuerdas en un música de pasajes raros, distinta y huidiza de aquella de Haydn o de Pleyel. Tampoco era música fácil y dulce de Rossini. Era nueva y hasta poco gustada por los neófitos por su constante fuga de la monotonía melódica, pero que en su rara grandeza no permitía adivinar lo recóndito de sus alcances espirituales. Tocaba a Beethoven.

Caía el atardecer cuando las notas cesaron. En el espíritu del músico todo era mansedumbre, como el quieto brazo de mar extendido el costado del Colegio.

X

TINTA FRESCA Y ELOGIO DE REYES

Cada estudiante fué tomando su ejemplar. Eran diminutos, cabían en la faltriquera, y en cualquier rincón apacible podían repasarse. Algunos lo abrieron oliéndolo. La tinta recién impresa huele bien, y da gusto hacerlo por quienes aman los libros.

Varela estaba contento, había dejado de percibir el regusto amargo de las intemperancias críticas de O'Gavan. Poseía la virtud de ser generoso y olvidar pronto los agravios, y aquel primer tomo de sus *Lecciones* le abría, como un sol, hacia nuevas esperanzas. "El sol, decía, sale para todos y hay que marchar adelante." Dicho volumen era un anticipo de los que le seguirían, y que él pensaba serían hasta cinco. El último consagrado enteramente a la química, pero hasta ese instante, descontando el que acababa de distribuir, solamente tenía tres más en la imprenta.

Este primer volumen de la edición princeps, salido en 1818, en sus compactas 111 páginas se dividía en dos partes, una brevísima sin valor, ni importancia, titulada *Noción de la filosofía y de las principales sectas filosóficas* y un *Tratado de la dirección del entendimiento*, que comprendía nueve lecciones, por lo que no debe confundirse con el de las siguientes ediciones, porque en ellas refundió en uno los tomos primero y segundo de la edición princeps, añadiendo al *Tratado de la dirección del entendimiento* el *Tratado del hombre*.

Citando a Condillac, declaraba escribir para los ignorantes, que podían entender su lengua por haberla sacado de la naturaleza que les hablaría como él. Sin embargo, jamás se hallarán en la época páginas mejor trazadas y de mayor y cohesivo desenvolvimiento lógico que las de las *Lecciones*.

En los años que han mediado desde la aparición de las *Instituciones*, Varela ha disciplinado su discernimiento y perfeccionado su poder de síntesis. Nadie podría decir lo que él dice en menos palabras y con mayor facilidad de estilo. La originalidad, la anticipación crítica a los problemas que engendra el típico ejercicio de las disciplinas filosóficas, el donaire y la gracia para derramar penetrantes ironías, aún la amena ejemplificación, hacen al texto un documento vivo y literario.

El método es su obsesión y el *Tratado del entendimiento* podría titularse con ventaja *Tratado del método*. A la falsa crítica filosófica, jamás abstraída en la verdadera meditación, esas páginas fáciles, sueltas, le han corrido ligeras por la forma graciosa de su redacción, sin ulteriores descubrimientos. Es que muchos de los defectos que Varela trató de corregir en su tiempo perduran en las formas elaboradas de lo que él solía designar pedantismo científico y literario, cargado de tecnicismos, sin ilación gramatical, ni fines de compacto pensamiento. Esa crítica es la de los que "sin entender las obras que leen, dan dictamen sobre su mérito, y hablan con autoridad en todas las ciencias, sin haber saludado a ninguna".

Ni un solo pensador, ni un solo libro nos pueden dar el clima perfecto de una época, ni su temple característico, hasta que se someten al análisis comparativo con los demás pensadores y demás libros producidos en tal período histórico. "Un libro, decía Varela, es la obra de un hombre, y ningún hombre, dijo todo lo cierto, ni es cierto todo lo que dijo."

El valor de las *Lecciones*, no radica en parangonarlas con las obras similares de su época, porque el éxito sería fácil. Tampoco en apreciarlas por los puntos positivos de su tema, a virtud de los pocos errores científicos que en ella se hallaren, comparando éstos con la apreciación de los conocimientos que hasta ese instante no estaban absolutamente corroborados. Radica en la propensión metódica, en la investigación de las disciplinas filosóficas y la ciencia contemporánea que se desprende ha realizado el autor con profundidad e intención. Lo maravilloso es que pudiera haber producido con tanta preocupación un texto eminentemente pedagógico, eminentemente bien escrito, sin fatigar a los escolares, los "ignorantes" a quienes los destinaba.

Basta leer ese diminuto primer *Tratado* para constatar con Luz y Caballero que estamos frente a un filósofo de profesión, porque en dicho manual hay mucho del Varela pensador y maestro.

Con ingenuidad vulgar se cree que los filósofos y la filosofía se manifiestan solamente en las verbalizaciones metafísicas ordenadas en un solo sistema. La ignorancia del paulatino avance de la ciencia hace olvidar a los que así piensan que al hombre calificado para la filosofía le son aportadas encuestas cuya indagación es para consumirle la existencia entera, si sólo consigue arañar la entraña de uno de esos problemas o encuestas. Para haber sido Descartes un gran filósofo, le hubiese bastado sentar el escepticismo inicial de su filosofía individualista y su rebelión contra el autoritarismo. De Kant lo maravilloso es su teoría del conocimiento como producto acabado de su refinado criticismo. Y nada es más aburrido que un gran científico sin dotes de filósofo pretendiéndolo, como Isaac Newton. Esa concurrencia de nuevos conocimientos surgidos de la ciencia obliga a preguntar si a los filósofos toca otra función que interpretar en palabras lo que los científicos y la propia viviente humanidad trata de descubrir en sus constantes experiencias.

Así quiso comprenderlo Varela, o quizás fué ésta su única y central preocupación. Desde que partimos de la primera página del primero de sus *Tratados*, ya nos está ahondando en teoría del conocer: "Se engañan mucho los que dicen que las primeras ideas son *nociones simples*, ellas son las más complicadas que tenemos, y después procuramos simplificarlas considerando separadamente cada una de las sensaciones. Mientras no hemos referido un gran número de sensaciones a un objeto no le conocemos; pues un cuerpo no es un sabor, un olor, ni otra alguna sensación por sí solo."

Entonces, con singular coherencia, nos explica las principales operaciones psicológicas de las cuales deriva y mezcla la lógica del pensar:

"Nuestra mente conmovida por las ideas de diversos objetos..., suele detenerse en considerar una sola cosa, como si no existieran las demás", a esto llamamos *atención*. Atender es abstraerse, nos abstraemos observando si un objeto posee o no las propiedades de otro y ya *juzgamos*.

La reunión de palabras, empero, no implica reunión de ideas, como confiesa haber estimado otrora con la tradición. "Decimos el hombre es racional, y en esta proposición se cree que se ha reunido la idea de racionalidad a la de hombre. Pero, ¿quién no advierte que es imposible haber formado antes la idea de hombre sin la de racional?" El juicio, por tanto, es el acto por el cual se simplifica una idea complicada o se atiende a una sola propiedad de las muchas que incluye la idea que se ha formado de un objeto.

Varela, según dijimos, concibe a la lógica como ciencia de formas derivadas del pensar psicológico. Por ejemplo, las ideas generales deben rectificarse por las particulares, pero solamente y hasta el punto en que las ideas generales se conciban como síntesis de las clasificaciones lógicas y la comparación se utilice exclusivamente para comprobar si aquéllas han sido correctas. Las ideas generales no existen, y por consecuencia, se rectifica a sí mismo: Confiesa haber enseñado que el raciocinio es la deducción de un juicio de otro, pero como acaba de demostrar que un juicio sólo es la simplificación de una idea, "por ello, el raciocinio no es más que el acto de inferir la existencia de un objeto, o de una propiedad por el análisis de un nombre, o por la conexión con otro objeto, o propiedad que conocemos."

Las indagaciones lógicas de Varela le llevaban a contraponer a los escolásticos la imposibilidad teórica de su sistema formal para adquirir conocimientos físicos. Los escolásticos, en definitiva, y era la tesis de Varela, trabajaban con nombres encasillados dentro de los marcos correctos del raciocinio. Pero, ¿qué es, en suma, para él el raciocinio sino un hábito psicológico?

La ingeniosidad y penetración de sus argumentos, su perspicacia filosófica marcharán en las siguientes lecciones a guisa de un buen consejero, que duda y huye de los dogmatismos, aún de las herramientas de trabajo que propone para la obtención del conocimiento, pues los sentidos son relativos, nos engañan. "En un pueblo de ciegos, advierte, uno que poseyese vista y hablase de los colores pasaría por un iluso." Un mismo color no es visto de igual manera por dos personas. En la naturaleza todo existe reunido, y como nuestro poder de percepción no nos permite captarlo a un mismo tiempo, es que abstraemos. Pero debemos desconfiar de nuestras abstracciones verificándolas constantemente por el análisis. La memoria es inútil cuando no se la cultiva ordenando las ideas que tenemos de los seres y cómo están colocados en la naturaleza, que constituye la función principal en que debemos ejercitarla.

Esa constante, suave admonición nos muestra al riguroso pensador que hay en él, igualmente concentrado en interpretar sus procesos espirituales que en desembarazar por la observación los del prójimo. Y es que los grandes pensadores como él mismo decía, solamente se hacen en la práctica de pensar bien.

Corre de la psicología a la gramática, a la hermenéutica, a la estética. Siguiendo su método ya sabemos que todo está reunido en la naturaleza y por la pobreza de nuestra percepción es que tenemos que estudiarla aisladamente. Así, cuando habla de que "las palabras deben conservar sencillez, brevedad, claridad y precisión", habla como el inveterado filósofo que contemplamos disertar sobre el arte de traducir. ¿Acaso no son los signos verdaderos compendios de las ideas? Ellos no expresan todo lo que hemos observado, sino lo principal "mejor dicho, rectifica, nos indican sólo la existencia del objeto, para que nuestra mente recuerde sus propiedades". Si los signos "no tuvieran esta brevedad, no podríamos manejarlos, ni se conseguirían las grandes ventajas del álgebra".

Su estética es típicamente dieciochesca. Cuando de gusto se habla, afirma, no se trata de elegir entre lo verdadero y lo falso, por lo que debe ejercitarse "en elegir entre las cosas ciertas y buenas las que más convengan, y entre las circunstancias que adornan a un objeto, aquellas que más contribuyan a su belleza y gracia".

El mismo nos ha recordado al respecto en la *Lección Segunda*, que "la naturaleza no es para cada uno de nosotros sino la causa de nuestras sensaciones".

En 1816 Varela se había negado a admitir con aristotélicos y estoicos que las pasiones fuesen buenas, malas o indiferentes. Las pasiones sólo debieran ser rectificadas, para encaminar su gran energía hacia resultados provechosos, pues de otra manera siempre se harían concupiscibles. Destruir las pasiones, afirmaba, nos haría insensibles e inhumanos, rectificarlas "nos conservaría el derecho de racionales". Ahora se manifiesta por la defensa del hombre apasionado, entiéndase que no el hombre de pasiones desarregladas.

"Todo hombre se conduce por algún bien y si trabaja por conseguirlo es por la pasión que tiene hacia él; de modo que un hombre sin pasiones quedaría reducido a un ser inerte, para el cual ni las ciencias, ni las artes podrían tener el menor atractivo, ni merecer el menor estudio." Por cuanto es un error creer "que todas las fuertes pasiones son contrarias a la rectitud de nuestros pensamientos. Para convencernos basta observar que un matemático que halla todo su placer en sus cálculos, y que casi delira con ellos, adquiere extensos y exactísimos conocimientos, diciéndose lo mismo del químico, que pasa los días en sus ensayos; y del astrónomo que siempre está mirando al cielo", o "que el que discurre apasionado, discurre mal, y hacen una injuria a la razón, los que para indicar que alguno se extravía en sus discursos, dicen que está apasionado".

"El acaloramiento es un signo muy equívoco, pues acompaña al justo que defiende lo recto, y al perverso que quiere cohonestar su perversidad, al filósofo que sostiene los derechos de la razón y al preocupado que se empeña en sostener quimeras. Sin embargo, se observa que la calma o la tranquilidad en las discusiones suele acompañar a la despreocupación y a la exactitud de las ideas; y esto ha conducido a muchos a creer que el hombre acalorado no discurre bien. Nunca es más fértil en grandes pensamientos. El único temor que hay es que una pasión justa, produzca, por desgracia, otra desarreglada, quiero decir, que al laudable empeño de encontrar la verdad, se agregue el de sostener que se ha encontrado sin permitir nuevas reflexiones, y teniendo por una pérdida, todo cuanto se destruya en las ideas adquiridas."

Por el contrario, la capciosidad que engendra la pasión desarreglada consiste en "presentar las cosas ocultando ciertas relaciones, que pueden ser contrarias al intento que alguno se propone; la incoherencia y precipitación de las ideas, el empeño en esforzar ciertos y determinados puntos, dejando otros como desamparados o con débiles fundamentos. Tales son a mi ver, los principales signos que nos indican el dominio de las pasiones sobre la razón".

Que distinción más oportuna y espiritual ofrecía el que iba moldeando una generación de rectos apasionados, cuidando y repasando en todas las facetas de su futuro hacer. Que así como les enseña a bien leer y anotar los libros, a clasificar y meditar sobre los conocimientos adquiridos en ellos, les indica el preciso derrotero de los hombres valerosos, sin que su palabra se vuelva declamación, ni sus enseñanzas se aparten de la realidad. Cuando este método vital de pasión se compara con el de "contemplación y templanza", preconizado por Arango, se arriba al forzoso convencimiento de que sin un Varela jamás se hubiesen iniciado los criollos en el duro menester de reclamar apasionadamente, por casi ochenta años, sus derechos políticos, fortalecidos siempre en los sacrificios inenarrables de la generación precedente y sostenidos hasta que el fuego purificador de la independencia arrasó el último vestigio de dominación española en la pequeña Isla.

Varela formó hombres virtuosos, grandes cristianos, aún cuando muchos abandonaran posteriormente la ortodoxia católica para no morir infestados de las purulentas lacras coloniales que contrajo. Hombres cuyo método de vida, cuya actitud hacia la ciencia se les condicionó en la lectura de las *Lecciones de filosofía*, que si en lo docente poseían algún carácter, precisamente se marcaba por escurrirse del racionalismo dogmático y mostrar el neto camino hacia la investigación empírica, como única vía de interpretar a la naturaleza. Tan era así que el primer tomo finiquitaba exponiendo al escarnio público todo el aparato de mecánica intelectual por el que los escolásticos afirmaban que obtenían las más apreciables verdades de este mundo de hechos.

1818 lo cerró nuestro pensador con un panegírico a Fernando VII, que por su Real Cédula de 9 de enero de dicho año, sancionaba la aplicación de una serie de medidas, favorables a la economía cubana.

Desde los tiempos de don Luis de las Casas y José Pablo Valiente, gobernantes y gobernados habían tratado de proscribir las leyes restrictivas al intercambio comercial con las naciones extranjeras, cada vez que las circunstancias de las guerras, la carencia de buques u otras necesidades amenazaban detener la evacuación de las cosechas criollas. Este fué uno de los objetivos principales del partido de los mercantilistas, y en especial de los seguidores de Arango y Parreño, a quienes hemos visto luchar encarnizadamente por la libertad de comercio. A veces, imponiéndose desde el Consulado, otras, desde el Cabildo, y aún cuando su desesperación era mayor, solicitando la anexión con los EE. UU., o reclamando armas de los norteamericanos para desentenderse de España.

El 12 de diciembre fué la fecha señalada para el evento, y ante la Junta general de socios, presididos por el Gobernador Cienfuegos, el Intendente Ramírez, el Obispo Espada, el Consejero Arango y Parreño, comenzó a disertar Varela haciendo una rica pintura de nuestro suelo. Tan precisa en suaves contornos, tan ordenadamente frondosa y serenamente dichosa, que recordaba los cuadros de

Watteau, donde los boscajes recortados y el medido crecimiento de las plantas parecen confabularse para que damas y caballeros no rasguen sus preciosos vestidos, ni manchen sus lustrosos rasos y charoles.

Aunque Varela había protestado de las altisonancias oratorias, y en realidad las rehuía en sus discursos, no podía, en cambio, librarse del gusto de la época, y así nos presenta a la amada Isla en su aspecto más envidiable, sin nieves, en eterna primavera, sin alimañas, ni tierras hambrientas, donde "un mar benigno baña sus costas, y hendiéndola por diversos parajes forma puertos en que respeta las naves, como para convidarlas a que vuelvan". Olvidaba hablar del sol asesino y las enfermedades tropicales. Pero era lo de menos, la oratoria, como él la definía, es ciencia para persuadir, deleitar y mover el espíritu. Jamás bajo gusto estético alguno ha obrado de otra manera. Por lo que olvidando penalidades afirmaba con amenidad:

"Este pueblo, que obtuvo de la naturaleza un derecho a la prosperidad, experimentó siempre obstáculos en su adelantamiento; no por las paternales intenciones de sus príncipes, sino porque o así lo exigían los tiempos o lo dictaba la ignorancia de los verdaderos principios de la economía política, desconocida por entonces. El comercio fué siempre obstruído en una época en que se creía que los extranjeros, trayendo sus manufacturas y géneros mercantiles venían a robar el oro y no a producirlo."

Por el mandato de Fernando, no sólo se permitía comerciar con las demás naciones, sino que se ordenaba reparar los caminos, suprimir impuestos enojosos y hasta tomar un tres por ciento de las recaudaciones municipales para que la Sociedad Patriótica lo emplease en sus nobles empresas. También podían establecerse los extranjeros en Cuba y explotar negocios, sin que tuviesen que abandonar parte de su dinero o valores en plata y oro, como contribución a la monarquía. En todo semejaba como si José Pablo Valiente antes de morir hubiese deseado obviar a los cubanos las dificultades de que fué testigo excepcional, y que resolvió en su época de Intendente acatando pero no cumpliendo las leyes peninsulares.

Tal vez fuese ésta una de las causas por las que el Presbítero se complacía en citar los vigorosos alegatos que aquél usara en otras oportunidades para hacer prevalecer su criterio:

"Es un delirio, había rotundizado Valiente, querer persuadir que el comercio y la navegación de España, interrumpida a cada paso con guerras, es capaz de surtir los dominios de América y de extraerle sus frutos. . .. " Y se fué extendiendo Varela en las consideraciones del prócer, que de igual modo había observado como las frecuentes entradas del dinero de Indias hicieron de la Península un mero canal hacia las fuentes europeas de manufacturas, devaluando de consuno la moneda y encareciendo los artículos que se traían al Nuevo Mundo, que pagaban dos veces derechos de aduana, uno en la metrópoli y otro en las colonias. Así se estimuló el contrabando con el subsecuente derroche de grandes sumas para reprimirlo mediante flotas y guardianes, que inveteradamente terminaban por hacerse cómplices, tanto del que lucraba con el negocio como del que tenía imperiosidad de surtirse.

La restricción del comercio junto con el excesivo derecho sobre la entrada de oro y plata acuñados, proseguía con ideas propias el orador, no puede "menos que perjudicar al comercio recayendo el daño últimamente en los consumidores, que es decir en el pueblo. La Isla de Cuba, sin los situados del reino de México es preciso que se surta de un numerario considerable, cual necesitan sus urgencias y ningún medio era más juicioso que el de permitir la libre introducción del oro y plata amonedados. Estas reflexiones se harán más sensibles, añadía, si atendemos a que en esta Isla se desconoce el recurso de los papeles de banco. Es cierto que en el sistema luminoso de los economistas modernos está demostrado que no es solamente la moneda la que forma la riqueza de una nación, pues el comercio y las artes, no menos que la agricultura son principios productivos de los capitales; pero también es evidente que el dinero constituye, por decirlo así, un efecto más permutable, y cuya influencia es más directa en todos los ramos de agricultura y comercio. Por tanto, aunque el acopio excesivo de moneda en un pueblo se opone a los progresos de la riqueza pública, también la falta de numerario es un principio de atraso en el comercio y agricultura por faltar el resorte más sencillo que pone en acción estos diversos ramos. La moneda en los principios económicos-políticos debe mirarse como uno de tantos efectos mercantiles que concurren a formar los capitales de un pueblo; y mientras algunos economistas consideraron la moneda en la balanza de comercio como signo y no como una verdadera riqueza, se promovieron ideas erróneas, que en contraposición al sistema antiguo en que sólo el oro y la plata constituían valores, han producido daños no menos considerables que los de aquellos primeros tiempos".

Luego, haciendo recuento de los beneficios derivados en diez meses de libertad comercial, podía presentarnos una imagen del puerto de La Habana que sí valía los recodos amables de un Watteau. Era "un bosque de mástiles adornados con banderas de todas las naciones".

"¡Que días tan dichosos se promete la Isla de Cuba, si el cielo conserva los del augusto Príncipe que tan benignamente la protege!" Exclamó Varela comparando a Fernando VII con Pedro el Grande. Y era que el monarca garantizaba por su Real Cédula lo que no pudo conseguir Jáuregui en las Cortes; o sea, el derecho de los extranjeros a residir en Cuba, aún en caso de guerra.

A pesar de sus alabanzas, Varela mantenía cierta expectación frente al futuro y al monarca, que se le trasluce al no haber querido titular su oración de otra manera que, "Elogio de S. M. Señor Fernando VII, contraído solamente a los beneficios que se ha dignado conceder a la Isla de Cuba".

Tenía razón el Presbítero, lo que acontecía en la Península era bien distinto a cuanto pasaba en La Habana. Haber exaltado al Rey en sentido universal, hubiese sido tanto como encimarse una responsabilidad histórica que sólo le pertenecía en la parte patriótica de exteriorizar el agradecimiento criollo. Fernando no era un buen rey, ni menos eso que el consentimiento general llama una persona decente. Se le conocía como "el rey de los manolos y el manolo de los reyes", cuya camarilla íntima y consejera estaba formada, como diría Mesonero Romanos, por gente machucha que iba "desde los aventureros codiciosos y enredadores hasta los guardarropas y mozos de retrete de Palacio".

Que mientras Fernando cerraba instituciones docentes, clausuraba periódicos y establecía escuelas de toreros en España, diera oídos a Valiente y tolerase las insinuaciones de Arango en favor de los hacendados cubanos, no se explica por la veleidad de su carácter, o porque supiese aquilatar sanos consejos. Fernando planeaba reconquistar lo que después serían Venezuela y Colombia y además vigilar el avance norteamericano hacia el Sur. Para tales propósitos

La Habana constituía el lugar estratégico por antonomasia. Luego, halagar a los criollos no venía mal; sobre todo, cuando Inglaterra un año antes había obligado a España a firmar un tratado por el cual ésta le consentía comerciar con la América del Sur, que apenas podía continuar figurando de facto como patrimonio español.

Tres días después de su discurso, Varela recibió la inesperada visita de don José María Peñalver. Este era Secretario de la Patriótica y acudía a comunicarle un acuerdo tomado por su Junta.

Según Peñalver, el Director de la Sociedad, don Alejandro Ramírez, había convocado a los "Amigos" para proponerles que a virtud de los merecimientos contraídos en la Sección de Educación por el Presbítero y por acabar de coronar el aprecio de la Institución "con el bello discurso que había formado por su encargo en el Elogio del Sr. don Fernando VII", se le declarase Socio de Mérito. La Junta en pleno decidió hacerlo por aclamación. Ese es el motivo de mi visita, finalizó Peñalver. El Presbítero no pudo menos que tomarle ambas manos y reiterarle: !Gracias¡ ¡Gracias!

Varela no cerró 1818 solamente con el reconocimiento público de la Patriótica. Para esa época ya tenía en prensa una nueva obra, que por la diversidad de sus asuntos, titulaba *Miscelánea filosófica*. Su contenido lo podemos imaginar, aquellas deliciosas conversaciones que acostumbraba sostener con sus discípulos. Pensaba publicar más de un tomo, pero nunca lo hizo. De sus obras fué una de las que más amó. Cierto que ella constituía lo más espontáneo y diverso de su producción, pero tampoco debe omitirse que la amaba por haber surgido al tibio rescoldo de su plenitud docente, en grato diálogo con sus discípulos y en la época más feliz y recordada de su vida.

Junto con la *Miscelánea* también vieron la luz, en 1819, los tres tomos restantes de las *Lecciones de filosofía*.

Cuando uno se abstrae en la lectura del segundo tomo de las *Lecciones*, o sea, en el *Tratado del hombre*, percibe que el autor a cada página se señala asunto para escribir luego con mayor amplitud.

Tanto el *Tratado del hombre* como el anterior *del entendimiento* constituyen dos fuentes de incitación a más elaboradas digresiones, muchas de las cuales identificamos en la *Miscelánea*. Por eso es de lamentar que de ésta solamente escribiera un volumen. Sin embargo, se encuentran también otras y más vastas sugerencias, que jamás hubieran podido ser encerradas en las cortas y gráciles páginas de la *Miscelánea* sino en ensayos mayores. Casi es seguro que el Presbítero estuvo tentado de hacerlo con el tiempo. Por lo menos nos queda testimonio de que lo hizo alguna vez. La circunstancia que le apremiara a ello surgió en 1834, culminación del despotismo en la Isla. Entonces, y alrededor de los temas lectivos de la impiedad y el fanatismo, bordó sus exquisitas *Cartas a Elpidio*, el nombre simbólico en que quiso envolver las esperanzas que no había perdido en la salvación de la juventud cubana.

El hombre fué el tema grato de la filosofía del siglo de las luces y la reflexión preferida por nuestro pensador. Por el tema, Varela permanece dieciochesco, pero por sus análisis en torno a la conducta humana ya se caracteriza como el investigador metódico del siglo xix, que en los datos frescos que le ofrece la ciencia quiere derivar la inteligibilidad del hombre y su escenario.

Como una esencia, el segundo tomo de las *Lecciones* contiene síntesis muy puras sobre psicología humana. Por supuesto que en sus páginas no encontraremos la terminología contemporánea. Ellas giran alrededor del estudio del alma, por lo que no es extraño que llame a las emociones "pasiones", y a las sensaciones comunes o cenestésicas, "naturales", por el origen interno de sus estimulaciones; en tanto que las de origen externo, las designa "excitadas".

Al leer una obra de esta índole forzosamente hay que situarse en el ángulo histórico que exige el examen científico de la época que se estudia, y salirse del marco estrecho en que la crítica ramplona suele colocarse para valorizar, por método de retroactividad legislativa, el alcance de las abstracciones científicas (la terminología) —hija del lenguaje y por tanto de la convencionalidad—, y el momento exacto y preciso en que una teoría entra en vigencia. La mente que asume este tipo de crítica, tan inflexible como dura y seudoerudita, jamás concibe el largo proceso de depurada elaboración que ambas, terminología e hipótesis, sufren antes de constituirse en universales. Pongamos, por ejemplo, y por lo que concierne a Varela, la teoría de Gall sobre el cerebro. La creencia seudoerudita se basa en que, por haber postulado el célebre investigador un acierto fundamental entre otros muchos desaciertos, Varela y sus contemporáneos tuviesen que aceptar a ojos cerrados y fecha fija, todo cuanto Gall imaginó. Ignoran los que se producen de tal modo,

que una teoría científica es como un manifiesto público, que se
somete a la autoridad de los expertos para que éstos la consideren
en sus supuestos fundamentales. Si lo que hoy se conociese sobre
el cerebro fuese nada más que lo que Gall descubrió, tendríamos que
exclamar con nuestro pensador:

"Unas densas tinieblas producidas por la antigua metafísica
envuelven aún en nuestros días, esta parte de los conocimientos
humanos. Si yo tengo la desgracia de ignorar, por lo menos es cierto
que los filósofos no pueden gloriarse de haber acertado en este punto,
y yo me creeré afortunado evitando, por una feliz ignorancia, un
error perjudicial."

La aceptación de una teoría desencadena necesariamente la de
otras. El descubrimiento de la noción de mecanismo en el siglo XVII
se contrapuso a la de propósito. Esta contradicción la recogió Espinosa en sus escritos y ofreció su respuesta filosófica contraria al libre
arbitrismo. En cambio, la ciencia biológica posterior ha reconciliado
con sus experiencias ambos conceptos fundamentales y hoy no nos
lucen tan irreconciliables como lucieron al gran pensador judío.
Admitir con Gall al cerebro como centro de aparición y asociación
de los actos psíquicos, era enrolarse por derivación en la conclusión
que por métodos conceptivos distintos y hasta contrapuestos a los de
Gall arribaba Cabanis: *"El cerebro segrega las ideas como el hígado
la bilis."* En consecuencia, concebir la *"materia cogitante"*, de que
se hablaba en aquellos tiempos, y tan inadmisible como irreconci-
liable en una pensador católico del momento. Además, Gall, se
hallaba en medio de sus descubrimientos tan enredado como hoy los
más hábiles fisiologistas estudiando las áreas cerebrales que él intuyó.
No es para ruborizarnos, por tanto, que nuestro Presbítero no tomara
en serio a Gall.

El interés de Varela en la psicología es uno filosófico y de un
valor sólido y fundamental. Todo lo que estudia y aprecia es para
suponerlo condicionando la conducta final del hombre en marcha
hacia su destino. Psicología que estudia, analiza y expresa con originalidad e independencia, como cuando nos dice que las ideas se
adquieren por los sentidos, pero que las ideas no son sensaciones. O
que los actos psíquicos pueden hacerse extensos. O remarcando, antes de que se aceptase universalmente la sensación como elemento
mínimo conciente, que él se adhiere en la materia a la definición

ofrecida por uno de sus discípulos, quien al preguntársele, ¿qué es sensación? Respondió, "sensación es sensación".

Si queremos conocer al hombre, prosigue, debemos buscarlo por sus intereses y en la observación de esos intereses no se escapan ni las mujeres, de las que afirma con humor y acierto: "Una mujer no perdona jamás al que la llama fea, y suele amistarse con el que la llamó necia."

Ilustrativo, atento a los desenvolvimientos de la ciencia de su tiempo, nos presenta una teoría muy interesante sobre la visión. ¿Por qué vemos los objetos derechos, cuando éstos se reflejan invertidos en el ojo? Su explicación, tan ingeniosa como profunda, comienza en el análisis de los conceptos *arriba* y *abajo*.

Sabemos, dice, los caprichos del lenguaje; así el hombre adquiere noción de la presión que ejercen sus órganos superpuestos unos sobre otros y llama abajo a todo lo que va en esa dirección hasta la planta del pie, que soporta a la reunión total del cuerpo; y arriba, a lo que se dirige contrariamente. De igual modo, cuando miramos, consideramos la visión de los objetos dirigida en sus comienzos desde allí mismo donde se inician nuestros pies, siendo ésta, quizás, la razón que nos explique por qué consideramos invertidas las imágenes en el ojo.

¿Qué formas estéticas les están reservadas a la vista y al oído?, no es materia a discutir, pero las observaciones que hace sobre el oído merecen leerse con acuciosidad. Un menester precioso sería agotar en monografías independientes las indagaciones que saltan de sus *Lecciones*. Preferentes serían las psicológicas, porque la psicología es el punto de donde parte para cerrar con la ética, la sociedad y la religión. La raíz hedónica que impulsa al hombre le interesa para condicionarla —rectificarla, como se decía entonces—, a sus motivos morales. Igual con el equilibrio biológico que se establece entre la vida vegetativa u orgánica y la vida animal o de relación. O las alteraciones que la edad impone y su aprovechamiento en una mejor conducta por medio de la educación.

¿Cómo concibe la afectividad? ¿Cómo las metáforas de que la psicología tiene que valerse para expresar los estados anímicos? ¿El dolor físico y psíquico? ¿Si eran anticipadas sus teorías sobre las influencias del clima en el hombre, o la teoría de los complejos ya la vislumbraba con claridad? Y todo como suma y fuente de conocimiento empírico para sustentar sobre sus explicaciones más adecuadas y humanas conclusiones morales, sociales y religiosas.

Para él la letra no entra con sangre, ni los conocimientos de la naturaleza con definiciones. Tampoco a un niño se le hace creyente obligándole a memorizar catecismos y breviarios, sino llevándole por grados del conocimiento natural, hasta que perciba, por sí mismo, que de todas las apetencias humanas, la religiosa es la más elevada y dignificante.

Varela jamás asume la actitud de un sacerdote gazmoño y letrado que moraliza con el puntero en la diestra y las llamas del infierno en la siniestra. Tampoco se cubre horrorizado el rostro para ignorar lo que juzga extravagante o perjudicial. Siempre saldrá al paso con las solas armas de la razón y la dialéctica. De Gall le repugna la idea de materia cogitante y hace observaciones al respecto de las densas nieblas metafísicas que cubren las teorías sobre el cerebro. No se le ocurre ponerlo a freír en el averno. Tampoco a Rosseau, ni a Kant, ni a Malebranche. A veces tomará argumentos de Montesquieu o Rousseau para combatir otras modalidades de pensamiento que se oponen a las suyas, sin que le obste para continuar llamándoles filósofos impíos. En todo instante hace valer su aserto de que la verdad hay que tomarla de donde venga. Quien no sanciona la comunidad de bienes, luego de demostrar que el hombre persigue la utilidad de sus actos, no se complace en circunloquios para sentar que la propiedad en su origen ha sido común, pero que tan pronto como se obtiene por los esfuerzos del trabajo se legitima. O aquello que los tratadistas llaman derecho inspirado en la naturaleza, no es más que efecto producido por la educación.

Las raíces donde se nutre la conciencia nacional cubana hay que encontrarlas forzosamente en Varela y su filosofía. No es nueva la aserción. Cuando los eruditos españoles comenzaron, después de 1868, a buscar los orígenes intelectuales de aquella insurrección armada, hallaron la simiente en su obra. Sus conceptos de patria y provincia, libertad y deber. Sus proyectos de descentralización colonial y reconocimiento de la independencia suramericana, sus tanteos de secularización universitaria y su acérrimo abolicismo les guiaron hasta las páginas rebeldes de *El Habanero*. Llegados a éstas aglutinaron todas sus hipótesis, porque aquí se sostenía abier-

tamente la primer campaña por la libertad de Cuba. Estaban todos
los argumentos, las quejas todas contra la metrópoli. Y aunque
estos eruditos le llamaron hasta declamador y engreído, debe conce-
dérseles la palma por haber afirmado lo que no pudo hacer su biógrafo, José Ignacio Rodríguez, quien llevado de sus propios prejuicios
políticos y del temor al secuestro de su obra por las autoridades coloniales, no pudo afirmar como los historiadores y comentaristas peninsulares, que Varela "había echado los cimientos del derecho cubano".

Varela, que nunca dirigió un cónclave de hacendados y comerciantes, ni poseyó un negro ni una libra de aquella azúcar que
tanto hacía oscilar la conciencia de sus contemporáneos, estaba tan
empapado como ellos de las necesidades económicas del país y urgido de semejantes deseos por acelerar el crecimiento de su patria,
pero con la sola diferencia que deseaba el progreso dentro de los
marcos de una moral definida, y no tan rígida como para ignorar los
intereses y utilidades hacia los que la naturaleza blanda del hombre
y su instinto de preservación le conducen inexorablemente. El
deseaba hacer del criollo una célula viva, que absorbiera cuantos
elementos le fueran propicios a su expansión y engrandecimiento,
pero dentro de unas normas reconocidas por la fe religiosa más pura.
Así, el que fuera contradictor de la comunidad de bienes aclara su
punto de vista en el criterio de que no puede existir, porque no
todos "concurren igualmente a su producción", y con ello estimula
a la perfección y al trabajo individuales. El predicante del nacionalismo, se resuelve en propiciador de inmigración extranjera, y el
contradictor de la desigualdad entre los hombres, presenta la igualdad
de ellos existiendo en la sujeción de todos los individuos a ley, por lo
que tendrán "los mismos derechos si proceden de un mismo modo".
Aún su enemiga contra la ciudadanía universal, la modifica en una
manera inteligente que deriva a sus propósitos de cohesión ciudadana:
"Es un absurdo decir que el hombre es un habitante del globo, y
que no tiene más obligación respecto de un paraje que respecto de los
demás. Es cierto que debe ser ciudadano del *mundo*, esto es, que debe
tener un afecto general al género humano, una imparcialidad en
apreciar lo bueno y rechazar lo malo dondequiera que se encuentra,
y un ánimo dispuesto a conformarse con las relaciones del pueblo
a que fuere conducido; pero figurarse que el habitante de un país

culto debe mirar su patria con la misma indiferencia que vería uno de los pueblos rústicos, es un delirio..."

Sabía Varela a donde iba, porque quien postulaba entre los oficios perfectos de la virtud que el hombre está "obligado a conservar su vida", añadía, "tanto en lo físico como en lo político."

Mientras más uno se adentra en la obra vareliana, más impulsado se siente a desgarrar el velo inédito de su época. El acicate es sólo para poder comprender, como muchos de sus discípulos que vivieron hasta el 68, por qué fué el primer cubano, primero en la acepción precisa del vocablo, cuya clarísima inteligencia indicó sin titubeos y con anticipación de iluminado la ruta verdadera de la patria.

* * *

El pensador que cita a Demócrito, a Epicuro, a Lucrecio, que está al tanto de las mónadas de Leibniz y recurre a Gassendi y divaga sobre las glorias de Lavoisier; quien menciona a Laplace y sigue las teorías de Bichat, precursor de la histología, y al que como psicólogo tenemos que agrupar, con términos modernos, entre los atomistas, jamás alude a átomos en sus lecciones de física. Solamente las derivaciones fatalistas del atomismo, todavía no esclarecido en los términos actuales, explican la ausencia, que él sustituye por partículas.

No por esto pierde méritos la obra, porque ella contiene el saber de la época, y aunque el Presbítero no crea nada nuevo en física, como afirma el Profesor Manuel Gran, "nos enorgullece a cada momento con sus consideraciones personales, que son, en la mayoría de los casos, de una independencia encantadora y de una justeza admirable."

Los tomos tercero y cuarto de la edición princeps de las *Lecciones* son equivalentes a los segundo y tercero de las sucesivas ediciones, y en ellos se constata la influencia que sobre Varela ejercieran las admoniciones del Padre Agustín en cuanto al raciocinio mecánico y el deber de América de emular con sus estudios a Europa. Sus disertaciones de física se cierran inveteradamente con un considerable aporte experimental, donde no falta ni el estudio de la máquina de vapor ni el de un trapiche para moler caña. Así termina la primera parte del *Tratado de los cuerpos*, cuya introducción, según corrobora el Profesor Gran, en su valioso estudio sobre la física en Varela, "podría ponerse hoy en el umbral de cualquier obra científica."

En la segunda parte de dicho *Tratado*, ofrece algunas nociones de química; entre ellas, la nomenclatura, que modifica para mayor inteligibilidad de los signos expresados en griego. Aunque Varela apoya la reforma que a favor de éstos, y frente a las horribles y confusas nomenclaturas antiguas, han realizado Lavoisier, Laplace, Fourcroy y Bertollet, también les opone los reparos que al latín como lengua escolar, porque los estudiantes tienen que "formar dos análisis, uno del objeto y otro del signo", y aunque el signo les economiza tiempo luego de su comprensión "es preferible valerse de dichas voces después de haber contraído un hábito de formar las ideas correspondientes a semejante nomenclatura."

Por supuesto que éste fué un tema que aclaró en la *Miscelánea filosófica*. Aquí, luego de hacer el examen exhaustivo de su proceder, exclama con peculiar llaneza:

"Cuantos no estudian las matemáticas o la química sólo por no tomarse el fastidiosísimo trabajo de aprender tantas palabrotas, y de repetirlas después hasta que lleguen a serles familiares." El juzga, en aras de la claridad, que al ácido sulfúrico debe llamársele "tercer ácido azufre", porque así se forma una idea más exacta de lo que se trata. Igualmente procede con la geometría. "Si todo español entiende con claridad lo que son lados menores del rectángulo, ¿por qué se han de llamar *catetos*? ¿Por qué es más breve la expresión? También es más oscura, y fácilmente se borra de nuestra memoria. Pero se dirá que al fin se hace familiar y no hay matemático que no la entienda. Esto es después de mucho tiempo, y no poco trabajo para acordarse. ¿Y no sería mejor haber trabajado menos y conservar mejor la idea"?

Los dómines, equipados con el cuadro de la oposición de las proposiciones y los silogismos, podían corroborar la verdad o falsedad de cualquier teoría, sin jamás haberla verificado en la experiencia viva. El triste destino que daban a la lógica podía medirse por sus alumnos que cuando iban a "*disputar*" sobre la verdad, invocaban a los santos y a la corte celestial para salir bien librados, lo cual es cuanto desea abolir Varela. En otras palabras, la primacía del hábito formal sobre la genuina investigación científica.

Quizás luzca que iba demasiado lejos extendiéndose contra los símbolos de las ciencias, aún contra los que en su tiempo eran modernos, pero el imperativo que le impone su manera filosófica para evaluar las abstracciones del conocimiento se lo exige así. En las *Causas que conservan el escolasticismo y efectos que produce* revela, a guisa de ejemplo, el caos a que conducen los términos y signos escolásticos. Tomando de ejemplo la palabra latina *simpliciter*, cuya traducción es *simplemente* y "recuerda la idea de sencillez, y ésta la de exclusión de partes y de relaciones en cuanto fuere posible", demuestra cómo los *magistri* la convierten en sinónima de *totaliter*, o sea, *totalmente.*

En aquellos tiempos la nueva terminología científica surgía tan vaga como indeterminada, precisamente por ser un momento en que las ciencias luchaban en el laboratorio por adquirir jerarquía e independencia. Propender, por la explicación de sus orígenes, a la clarificación de los signos y conceptos de que comienzan a valerse dichas ciencias, constituye, sin duda, una forma brillante y fructífera de demostrar como los símbolos, sean recientes o antiguos, no son más que síntesis posteriores a las ideas que ya poseemos del puro fenómeno natural. Esta es una cuestión que Varela analiza con tanta limpieza, desde el instante de la formación de las ideas hasta que las usamos en forma de raciocinio, que Bergson deja de lucirnos original al contraponer la realidad estática, mediata, discursiva que nos proporcionan los símbolos, frente al conocimiento inmediato, palpitante, que adquirimos por el comercio directo con la realidad, y que el filósofo francés resuelve en peculiar conocimiento intuitivo.

En las lecciones dedicadas a la química, hay varias de acertados fines polémicos, como las del calor, al cual considera un flúido ponderable, que puede penetrarlo todo. O cuando se refiere al calórico y al lumínico para incurrir en la óptica, tanto geométrica como física, y con penetración e ideas propias refutar a los que intentan probar que los colores del espectro degeneran unos en otros. En sus argumentos, dice el Profesor Gran, "se encuentran observaciones muy personales y atinadas", porque la costumbre es "ver repetidos, con alarmante insistencia, errores que Varela destruye".

Por otra parte, muchas de las experiencias de electrostática que enriquecen la obra aún conservan vigencia. A pesar de su hiperestesia y los sufrimientos que le provoca el contacto eléctrico, Varela se siente muy atraído por esos estudios, y con mayor éxito, aunque con semejante y acertada precaución científica a que concluyera sobre las funciones cerebrales, rechaza cualquier hipótesis explanatoria del origen de la electricidad. A él le es suficiente saber, que "nos basta conocer los efectos que produce para saberle aplicar".

En física tocó también a Varela inaugurar una tradición que en sus altibajos de más de un siglo, y pese a la enemiga colonial, pudo rescatarse y alumbrar en nuestros días con tan altos exponentes como el Profesor Gran, cuyo juicio definitivo, tras el examen minucioso de los trabajos del fundador, se expresa de esta forma:

"Se suscita la cuestión de si nuestro pensador es o no un investigador. A ello puede responderse que su obra demuestra la intención de pensarlo y comprenderlo todo sin inclinarse a la farsantería científica de muchos investigadores intencionados. Puede decirse que Varela era un hombre de mucho saber. No del saber que acumula como cualquier enciclopedia, sino del saber que contiene los datos medulares y se arraiga en un talento que en cada momento los relaciona y aplica con justeza. Que no hay en Varela nueva ciencia, es posible. Pero no siempre es el saber el que más crea, ni es la creación en todo caso proporcional al saber, y a veces se dan casos de creadores fecundos, de muy poco saber. Lo cierto es que el propósito de crear no permite acendrar un buen saber, porque esta intención de crear, que absorbe la atención en su punto, no permite llegar a un alto saber. En cambio, a la hora de enjuiciar un hombre, son sus actos y las circunstancias de su momento vital los que nos permiten aquilatar su valor real, que mucho indica, y su valor en potencia, que indica mucho más."

* * *

A fines del siglo xix, y tras una vida andariega al servicio de su patria, se radicaba definitivamente en París Enrique Piñeyro. Allí trabó amistad con un hombre viejo, muy estudioso y honesto, Monsieur Guardia, que tenía en común con él su gusto por la cultura española.

El verdadero menester de Monsieur Guardia, era sin embargo, profesar psicología en la Sorbonne. Entre sus trabajos en la materia había publicado *La personnalité dans les reves*, además de ser uno de los asiduos colaboradores de Ribot, en la publicación de la *Revue Philosophique*. En ésta, y desde 1879, había comenzado una serie de estudios, que tituló *Philosophes espagnols*, culminándolos en 1890 con la *Histoire de la Philosophie en Espagne*, que tres lustros más tarde inspiraría a Bonilla San Martín su *Historia de la filosofía española*. Monsieur Guardia estaba desolado, para él la gran filosofía hispana había terminado en el siglo XVI. Esto, unido a un estudio muy al tipo de la ciencia positiva francesa de los fines décimononos, *Don Quichotte devant la clinique*, y su criterio de que el famoso Jaime Balmes era un escolástico de seminario, que jamás se asomó al progreso científico de su siglo, le granjearon la antipatía de los intelectuales españoles, que lejos de abogar por la polémica abogaron por la injuria.

En realidad, los juicios coincidentes del francés y del cubano sobre la cultura española lo fueron en mucho de la generación que se nutriera en el *Idearium* y en la muerte acuática de Ganivet.

Hablaban también, los dos amigos, de Cuba. Guardia estaba al tanto de Varona, y acababa de recibir el libro de Sanguily sobre Luz y Caballero. Es extraño que Cuba ahogada por el despotismo colonial, diera hombres como éstos, expresó Guardia desentrañando curiosas opiniones sobre Luz. Fué entonces cuando Piñeyro le brindó un mayor documental sobre el propio Luz y su antecedente y maestro, Félix Varela. Quizás Guardia pudiera sacar provecho en torno a la tesis que sustentaba sobre el fenómeno insólito de una colonia produciendo pensadores tan enérgicos, pensó Piñeyro. Las dos obras de José Ignacio Rodríguez, cuanto papel interesante conservaba Piñeyro sobre Varela o Luz se los facilitó al amigo; incluso, elencos varelianos que hoy están perdidos. La lectura movió nuevamente a Guardia a escribir sobre los filósofos españoles, pero esta vez modificando un poco el título, *Philosophes espagnols de Cuba*.

Con documentos y datos que ni don Marcelino, ni Bonilla San Martín tuvieron a mano, ni cubano como Piñeyro que se los facilitase, Guardia, tomando a Varela como ejemplo para su propia patria, pudo decir en su ya amplísimo momento científico:

"Nuestros innumerables manuales, nacidos de la industria del bachillerato, podrían tomar por modelo esos programas que datan de 1814."

Y para una España empeñada en calcar los liceos franceses, afirmó:

"El maestro enseñaba sumariamente todo lo que entonces se sabía, manteniéndose al corriente de los adelantos y descubrimientos y propagando cuanto nuevo aparecía en Europa. Cuba podía jactarse de poseer una segunda enseñanza cual no existía entonces en ninguna parte."

Finalmente concluía sobre las *Lecciones*, cuyo contenido acabamos de examinar:

"El autor se muestra tal cual era como educador y como filósofo. Como un valeroso reformador que humaniza la ciencia, que proclama los derechos de la razón, que previene a la juventud contra el fanatismo y la impiedad y predica la tolerancia."

* * *

El último de los cansados bergantines que rendían las cinco mil leguas de distancia entre metrópoli y colonia trajo noticia de la muerte en exilio, de Carlos IV.

En 1808, en Bayona, Napoleón había sostenido una entrevista con la familia real española. A su presencia Carlos IV acusó a su hijo, Fernando VII, de haberle obligado a abdicar. Fernando ripostó y padre, madre e hijo, enzarzados en trifulca, se dijeron cuanto les vino en ganas. La escena hizo pensar a Napoleón que España estaba tan corrompida como sus reyes, pero se equivocó por exceso de generalización, pues allí los desmoralizados eran los mandatarios y las instituciones donde su influencia se percibía, porque el pueblo conservaba una asombrosa vitalidad, que jamás iba a olvidar el conquistador de Europa.

Por supuesto que Fernando olvidado de la trifulca y hasta de Napoleón, había ordenado honores póstumos al que fuera su padre, y así procedió don José Cienfuegos, quien, de acuerdo con el Cabildo, señaló los funerales regios para el 12 de mayo de aquel año de 1819.

Con redobles de atabales y piquetes de escolta, los pregoneros fijaron el anuncio en los lugares concurridos. El Gobernador disponía observar luto riguroso por seis meses. Empero, aquello parecía víspera de jolgorio. Tanto desfile de dragones, casaca, tanto trajín quitaba veracidad a los cronistas que aseguraban, los vecinos "daban notoria muestra de su dolor, recordando las altas prendas del benigno y virtuoso monarca que en un tiempo había sido su amoroso padre".

Falso, lejos de mostrarse absorto en el dolor, el vecindario estaba dominado por la comidilla en torno al grandioso catafalco de quince varas de alto que se construía en la Catedral y en la magnífica oración que pronunciaría el Padre Varela. ¿Qué diría el joven sacerdote de don Carlos IV?, se preguntaban los vecinos. Cierto que él poseía un gran talento, ¡pero se podía alabar tan poco! Don Carlos había sido un pobre hombre a quien su mujer y su hijo burlaran. El vecindario estaba ansioso por la llegada del 12 de mayo.

Su arribo fué anunciado por campanas, estampidos, música, marcha de tropa. Tanta algarabía confundió a los niños, cuyos gritos de gozo quisieron unir al estrépito que se apoderó de la tranquila ciudad, pero sus amas negras pronto se los reprimieron a cocotazos y mojicones, y la gritería se les tornó llanto, acorde al sentimiento oficial imperante.

Cuando el pueblo se lanzó Catedral adentro, sus ojos quedaron deslumbrados ante el despliegue de hachones, oros, colgaduras que enmarcaban al soberbio túmulo alzado en medio de la nave. Era la versión neoclásica de un templo dórico. Ocho columnas lo sostenían. Los fustes en blanco, como mármol de Carrara, contrastaban con pilares y capiteles en dorado reluciente. El friso imitaba mármol morado y en el techo, sobre un pedestal forrado en rico terciopelo negro con galones de oro, descansaba el fingido féretro de "mármol ceniciento" guarnecido de bronce.

Dentro, un pilar soportaba corona, manto y condecoraciones del finado. A su frente, en regularidad octagonal y alternando con vasos votivos, se disponían cuatro estatuas simbolizando las correspondientes virtudes cardinales, mientras las armas del monarca, las sostenían dos querubes, que según el cronista, "expresaban tristeza" y quizás sólo fuera cansancio. Culminaba la obra una leyenda en letras doradas sobre fondo negro, que podía verse por los cuatro frentes:

"Corone a Carlos la eterna diadema por la caduca que abdicó en la Tierra."

Allí todo era convencional, desde el dolor de los fieles a los embadurnes y el oropel del templo dórico. Pero gustaba al gentío que se regodeaba en imaginar cómo el atleta que saldría pronto al ruedo esquivaría los escollos del lance. El atleta no les defraudó. Con suertes apropiadas hizo algunas invocaciones a la muerte cernida sobre la casa real española desde hacía algún tiempo, y entonces dijo:

"Yo no elogio a un hombre: yo pido por un rey. Sí; yo pido al Rey de los Reyes, que puso el cetro en las manos de Carlos, derrame sobre su siervo el raudal de sus misericordias, y perdone las fragilidades humanas, al paso que dirija mi entendimiento para presentar con acierto algunas de las muchas obras que en un reinado de veinte años hizo en favor de su pueblo. Fué un hombre y como tal sujeto a las miserias: fué un Rey, y bajo este aspecto si los resultados no correspondieron siempre a sus rectas intenciones, por lo menos es innegable que poseyó un corazón habitualmente bueno. Dios, autor de la verdad, no permite que yo la ultraje profanando el sagrado ministerio. Lejos de mí la vana lisonja que sin honrar al elogiado cubre de oprobio al panegirista. Las piedades de Augusto se alabaron en la misma tribuna en que se había presentado la cabeza ensangrentada de Marco Tulio, y el cruel Maximino encontró orador que le describiese como el encanto de la naturaleza; pero un rey católico, el bondadoso Carlos que nunca quiso hacer correr la sangre sino enjugar las lágrimas, no necesita estos vanos elogios. Yo no lo presentaré como el dechado de las perfecciones, sino como a un rey amante de su pueblo, dotado de un alma fresca y sencilla, digno de nuestra gratitud por lo que hizo, y de una justa consideración por lo que dejó de hacer."

El atleta había vencido la prueba.

Un corresponsal habanero escribía para un periódico de la Villa de Trinidad, ofreciéndole noticias de los dos más famosos oradores sagrados de La Habana, el dominico Remigio Cernadas y el Padre Varela. Haciendo el paralelo de ambos, afirmaba de la oración fúnebre: "Las imágenes más brillantes, las figuras más atrevidas, los movimientos más vivos, deben entrar en la composición de este discurso, donde también es necesario manifestar toda la pompa de los períodos, y toda la magnificencia de las expresiones. El orador, como el poeta, puede evocar los muertos, abrir el cielo a ojos de los vivos, hacer hablar a la divinidad, y aún prestar a los objetos inanimados lenguajes y pasiones."

Cernadas le lucía más florido que Varela, pero en lo que no superaba a éste era en hablar "del tiempo y de la muerte, de Dios y de la eternidad". Cierto, al referirse el profesor de filosofía al momento de la muerte de Carlos IV, nos lo presenta dirigiéndose al sepulcro "con pasos serenos" y hablándole a los españoles, a quienes por último comunica que va a entregarse a la tierra: "El levanta con mano firme la pesada losa que debe cubrirle hasta el día de la resurrección, y al entrar en el lóbrego sepulcro dirige al cielo sus miradas, profiriendo las palabras del Profeta: Yo sé, Dios mío, que tú pruebas los corazones y amas la sencillez."

El cronista de las honras fúnebres nos comunica por su parte, que el orador "insinuó con no menos unción que destreza las relevantes prendas y virtudes del difunto rey Padre". Nada dice si de los ojos de la concurrencia brotaron lágrimas. Lo más seguro es que alguien llorase, porque Varela sabía conmover a la multitud, sin abusar demasiado de la retórica y sin hacer alardes de palabrería cargante, ni interminables citas históricas.

Sus citas casi inveteradamente pertenecían y estaban asociadas a los intereses de su auditorio, como se prueba en los panegíricos anteriores de Valiente y Fernando VII. Igualmente sucede aquí. Se ciñe a temas fascinantes para la historia criolla. Habla de las reformas de Jovellanos, de los gremios españoles a que favoreció Carlos y de los estigmas sociales que quitó a los hijos expósitos, declarándolos legítimos. Pero sobre todo, a las relaciones de Cuba y los EE. UU., con aquel lenguaje sencillo, de relato sin vulgaridad que encontramos otras veces y que también sirve para reflejarnos el propio pensamiento vareliano sobre temas que precisan su personalidad política:

"Las relaciones con los EE. UU. de América, aseveraba de Carlos IV, eran uno de los objetos que ocupaban su real ánimo, considerando los bienes que podían redundar a la España de establecer sólidamente una correspondencia y amistad con un pueblo laborioso y mercantil. Sus deseos se cumplen y el comercio recibe un aumento incalculable. Yo dejo a la consideración de los políticos un asunto cuyas relaciones son casi infinitas y que yo nunca podría desenvolver completamente; pero cuyas utilidades son tan palpables que no necesitan nuevas pruebas. ¿Qué ventajas ha sacado la nación española de organizar su correspondencia con el Norte de la América? ¿Qué hubieran perdido no haciéndolo? He aquí, señores, unos pensamientos de la pluma más sublime; y que bien analizados formarán siempre el elogio del Sr. Don Carlos IV, y le presentarán como a un Rey deseoso del bien de sus vasallos."

La oración fúnebre a Carlos IV la rubricó Varela con una sencilla y conmovedora invocación:

¡Dios de piedad, dijo alzando los brazos, concededle el perdón de sus defectos y el premio de sus fatigas!

Y mientras hacía descender lentamente sus brazos, volvió a exclamar: ¡Amén!

Después se cantaron cinco responsos, se hizo una tercer descarga y las campanas doblaron por última vez.

* * *

1819 no fué bueno para el azúcar, pero los hacendados no perdieron la fe en el futuro. Tal vez hasta pensaran desarrollar otras empresas mercantiles distintas al dulce. Juan Manuel O'Farrill, un prócer de la Patriótica de Amigos del País, y gran terrateniente, compró un buque de vapor, el primero en la Isla, y bautizándolo con el nombre "Neptuno", lo dedicó al tráfico entre La Habana y Matanzas.

Acontecimiento tan notable no pasó inadvertido para el cantor obligado del progreso isleño, el poeta Manuel de Zequeira y Arango, que compuso enseguida una oda *A la nave de vapor*. También recibieron impulso definitivo viejos proyectos culturales, pues se inauguró la cátedra de Anatomía práctica, en el hospital de San Ambrosio; se comenzó a construir en el Campo de Marte, el Jardín botánico, y en París se encontró a un *Monsieur* de Saint-André dispuesto a ofrecer lecciones de química aplicada a la agricultura, en la escuela que esperaba solamente por el profesor y sus retortas.

Como demostración de que Cuba era más hermosa que buena, el infeliz *Monsieur* murió a poco de su arribo, del mismo vómito negro que no pudo matar al tozudo Espada. Es de suponer que Saint-André detuviera definitivamente el proyecto vareliano del quinto tomo de las *Lecciones de filosofía*, que según otra versión costaba mucho imprimir. Además, muerto el francés, los de la Patriótica continuaron en la búsqueda de otro químico. Es posible que el Presbítero se resistiera a echar sobre sí la nueva y absorbente tarea de enseñar química. A sus labores habituales sumaba en aquel instante un comentario, en colaboración, sobre la Gramática castellana, del Padre Gabriel Laguardia.

Un hecho político de primera magnitud sorprendió a los criollos. "El coloso del norte" se anexó la Florida Occidental. Aunque los funcionarios españoles que hicieron entrega del territorio a Andrew Jackson le acusaron de haberles vejado, es de suponer, y de acuerdo al pulso de opinión que tomó Shaler durante su estancia en La Habana, que mercantilistas y monopolistas, debieron sentirse muy satisfechos, y hasta deseado que los norteamericanos acabaran de engullirse la Florida Oriental. En fin, para ellos, la Isla, que ya se bastaba a sí misma, no tendría que distraer sus propios dineros en el mantenimiento de arenales improductivos.

Por su parte el Rey hizo el gran chasco. Quien se negaba a reconocer la independencia bien peleada y ganada de las colonias de América, cedía el territorio por presiones diplomáticas, y su único reparo era el natural a tales convenios, disponer su ratificación entrado un año.

A la sazón, don Francisco de Arango desempeñaba el cargo de Juez Primero Arbitro, en la Comisión Mixta formada con el objeto de reprimir la entrada ilegal de esclavos, de acuerdo a lo acordado, en 1817, entre España e Inglaterra. Siguiendo las cifras oficiales, mientras el promedio de negros introducidos en la Isla en trece años, de 1804 a 1817, alcanzó a menos de 7,360 por año, durante el arbitraje del Consejero de Indias subió a 17,081, por cada doce meses.

Sin embargo, el aluvión se compensaba, según los que violaban el pacto, por el arribo de nuevos pobladores blancos, ya que genuinos colonizadores de la Luisiana, estaban transformando la bahía sureña de Jagua en el posterior Cienfuegos. Tanto era el entusiasmo por la colonización blanca, que el cosmópolita del Valle Hernández acababa de preparar, en las muy diversas lenguas que manejaba, un precioso folleto explicativo de las condiciones cubanas, para distribuir en Europa.

Con el objeto de estimular el real ánimo, y no permitir decayera su entusiasmo en la cuestión de inmigrantes europeos, los de la Patriótica obligaron al Apóstol de la vacuna antivariolosa, don Tomás Romay, a destilar de su gravoso estilo los tintes más espesos para que pintase al monarca nuestra horrible situación demográfica. Romay decía a Fernando que el mejor de los días los negros del viejo Guarico desembarcaban por la provincia de Cuba y nos transformaban en república de libertos, aparte de los planes de expansión territorial que lucubraban los traidores Bolívar y Páez, que también reclutaban antiguos esclavos para sus futuras campañas en el Caribe. Lo asombroso de estos corifeos de la blancura es que eran las mismas personas, aunque distinto el estilista, que desde el Consulado se dirigían al monarca para que repudiase el tratado con Inglaterra. Su gran contradicción se hacía patente en el propio Romay, sus minutas las redactaba, como símbolo de tan peregrina política, en el reverso del papel destinado al asiento de esclavos.

Tan refinadas maquinaciones, que han de influir decisivamente en la historia posterior de Cuba, no atañen tanto a Varela como unos acontecimientos que se desarrollan distantemente a él, y a cuyas espaldas vive en un existir ajeno. Sin que pudiera imaginar, en el más loco de los sueños, o en la más trágica de las pesadillas, que ellos habían de pesar tanto en su vida como para torcérsela y determinársela definitivamente en una nueva, ignorada dimensión vital.

Esos acontecimientos los vamos a examinar en el siguiente capítulo.

XI

EL PASO A LA POLITICA

Vimos cómo Fernando VII, en 1814, traicionando a las Cortes se había erigido rey absoluto. Muchos españoles creyeron, no obstante, que gobernaría con las luces del siglo, pero una vez más deshizo sus promesas y lejos de luces ofreció tinieblas. El disgusto alcanzó hasta los grandes de España, como el Duque de Veragua y el Marqués de Guadalcázar.

Por entonces las colonias de América insurgían naciones, pero la obsesión en domeñarlas convertía a la exhausta metrópoli en sangría fluyente. Los americanos blasonaban a su vez, y frente a la obstinación fernandina, que con su oro fomentaban la revolución peninsular impulsando en Cádiz un movimiento republicano. Ciertas o no tales habladurías históricas, los liberales del 12 no cejaban en conspirar y Fernando en ahogarles en sangre sus renovados intentos.

Preocupado en preservarse de la menor amenaza, el Rey decidió enviar a América a buen número de los veteranos guerrilleros que acosaron a Napoleón. América era el matadero que comenzaba en los buques podridos de la marina real y terminaba con fiebres y llaneros, en las soledades donde quedaba perdida la huesa de los soldados españoles.

Así, mientras en La Habana unos mismos hombres practican un pasatiempo bellaco, y piden blancos y no piden negros, y piden negros y no piden blancos, en Cádiz un grupo de altos oficiales del ejército en vísperas de embarcar al matadero, juega a la revolución.

El golpe lo tenían fraguado para los comienzos del mes de julio de 1819 y participaban, el jefe máximo de la expedición, Enrique O'Donnell, Conde de Abisbal, y toda la oficialidad bajo su mando. El día 7 de aquel mes, el Conde, llevado de los consejos de su segundo, Pedro Sarsfield, o quizás de su propia conveniencia, que le impelía a no embarcar, formó a la tropa y le comunicó que si le seguía a reprimir un movimiento faccioso originado entre los oficiales le prometía, a nombre del rey, que no saldrían para el Nuevo Mundo. En efecto, fué seguido y arrestó a sus antiguos cómplices, y ni la tropa, ni O'Donnell corrieron el riesgo de cruzar el Atlántico.

Sólo fué pausa de meses. La noche de San Silvestre, todo estaba preparado para iniciar el Año Nuevo de 1820 con un ¡Viva la Constitución! El joven Teniente Coronel, Rafael del Riego, hidalgo asturiano, proclamó con su batallón el Código de 1812 y pronto halló eco en Francisco Osorio y Pedro Quiroga. Este último, antiguo comandante del Batallón de Catalanes, el cual batallón estaba ahora destacado en La Habana. El éxito les sonrió de momento. Quiroga pudo apresar al mismísimo Ministro de Marina, mientras Riego, con su segundo, Evaristo San Miguel, ocupaba arsenales y poblaciones tan importantes como Córdoba y Málaga. Un detalle que retrata a Rafael del Riego, era su enemiga por los derramamientos de sangre. "Cualquiera que sea el resultado de la batalla, decía, siempre será efusión de sangre española." En efecto, encimándosele la caballería realista del General Freyre, y viendo el inevitable choque, ordenó tocar calacuerda (redoble de carga). Los fogosos caballos, asustados por el estruendo, espantaron en todas direcciones y Riego pudo seguir la marcha sin haber recibido u ocasionado una sola baja.

Pero no progresaba el movimiento revolucionario, parecía que entre deserciones y la enemiga de su jefe al derramamiento de sangre, moriría de inanición, hasta que se supo en la Coruña. Enterados aquí de la proclamación de Andalucía, imitaron el ejemplo y todo vino después como un rosario, Extremadura, Valencia, Cataluña, Aragón, Navarra juraron el código fundamental, y ya el movimiento tocaba las puertas reales, cuando el propio O'Donnell se brindaba para imponerla al rey. El irlandés era tan tornadizo que los liberales no le tomaron en serio, y confiaron al General Francisco Ballesteros, Jefe de la Guarnición de Madrid, para que lo hiciera.

El 7 de marzo de 1820 se publicó un número extraordinario de la *Gaceta Oficial*, donde se contenía el decreto convocando a las Cortes. Lo mejor de Madrid se lanzó a la calle, cuenta Mesonero Romanos, y allí confundieron su alegría títulos de Castilla, generales, profesionales, gente ilustrada, banqueros y rentistas. Al fin, la burguesía volvía a tener opinión en los negocios políticos de la monarquía, que era como decir: España de nuevo se echa en brazos del progreso. El populacho, dice Rafael Altamira, no participó en los festejos, quizás por no tener conciencia de lo que aquello significaba, o "por el peso de una larga tradición realista".

Las primeras noticias que llegaron a La Habana del levantamiento de Riego fueron desalentadoras. La revolución había impresionado tanto a Fernando, que éste se dirigió a Inglaterra prometiéndole la cesión de Cuba a cambio de que le sostuviese el trono, que veía tambalearse como el de su pariente Luis XVI. Nada más que rumores, pero mientras se comprobaban, los criollos manifestaron su disgusto y el agente comercial norteamericano en La Habana, Michael Hogan, pudo escribir a John Quincy Adams, entonces a la cabeza del *State Department*: "Si esto sucede, requerirá un ejército inglés para tomar posesión, y una centuria de suave gobierno para conquistar el corazón del pueblo, que está con nosotros."

Hogan podía sustentar semejantes afirmaciones basado en la popularidad que la marina mercante de su patria había despertado entre los cubanos, en menos de veinte años de buenos servicios. Los buques de Charleston, Nueva Orleans y Filadelfia nos surtían con calidad y precios, arroz, carnes, manteca, harina, y los criollos lo agradecíamos enviando anónimamente, cada mañana, al empleado norteamericano que esperaba los barcos, una tacita de café tinto. Estadísticamente, y desde que había sido reconocida la libertad de comercio, que exaltara Varela, la gran mayoría de los buques que tocaban La Habana eran estadunidenses.

El propio Ramírez, a quien Hogan consideraba el funcionario más apto de Cuba, estimulaba a éste para que, con el nuevo orden político de España, los EE. UU. presionasen la cancillería, a fin de que les fuese reconocido oficialmente un cónsul en La Habana. Esto no se lo podía aconsejar antes, decía Ramírez a Hogan, porque tales cuestiones resultaban contradictorias con el antiguo régimen.

Por aquellos días, como si la buena estrella de los mercantilistas siempre brillara oportuna en su cielo de predicciones, y que ahora trataban de discernírsela pidiendo blancos por un lado y negros por otro, hubo un serio levantamiento de gente de color en la despoblada región oriental. Cuatro años antes, tuvieron las autoridades que distraer 30,000 duros en exterminar el palenque del *Frijol*. Los palenques eran lugares apartados en la Sierra Maestra donde se refugiaban los negros cimarrones. Allí, vivían en comunidades, y sólo como amenaza potencial al blanco, porque ni construían los edificios de tres plantas que las comadres les achacaban, ni poseían otras armas que aperos improvisados para cultivarse ñames, yuca y plátanos.

Cuando se dió orden de embarcar para Oriente a trescientos soldados, éstos se resistieron. Sus oficiales que seguían con interés la marcha de los acontecimientos peninsulares estaban también hartos del absolutismo que siempre les obligaba a pelear y de los hacendados criollos, responsables indirectos de aquellos palenques. El propio y achacoso gobernador que había sustituído a Cienfuegos, Juan Manuel Cagigal, tuvo que engallárseles para que oficiales y tropa obedecieran.

Semanas después, el 14 de abril de 1820, tocaba La Habana un buque que en su cargamento traía buena porción del *Suplemento al Diario Patriótico Constitucional*, de la Coruña. En dicho papel se reproducía el decreto convocando a Cortes, que estremeciera a Madrid. Era la primer noticia fidedigna que llegaba a la Isla del magno acontecimiento político.

Muchos no quisieron creer las nuevas. Otros pensaron que la vida constitucional sería una breve, deliciosa ensoñación. La Universidad, que ya tenía la experiencia de siete años antes, cuando las Cortes aprobaron la Cátedra de derecho civil, se adelantó a escribir enseguida a la Península que su cuidado preferente sería ahuyentar el absolutismo de las aulas, cuidando no penetrase en ellas "cizaña maléfica" de libros contrarios "a la causa del género humano y al civismo acendrado". Pero los militares, menos dados a ampulosidades y muy descontentos con su Capitán General, mostraron gran impaciencia por liquidar al absolutismo. Sobre todo, el Batallón de los catalanes, cuyo antiguo comandante, Quiroga, el captor del Ministro de Marina, gozaba en España de un prestigio revolucionario comparable al de Riego, San Miguel y Ballesteros.

Al día siguiente, sábado 15, el alborozo en La Habana también era indescriptible. La gente se abrazaba en las calles, las campanas volaban. Más de setenta mil personas participaban de un regocijo semejante al madrileño, y llevaban en hombros a los oficiales del batallón que comandara Quiroga. Sólo los negros y los mulatos no participaban del embullo. No por carecer de conciencia de lo que se trataba, o porque pesara sobre ellos tradición realista alguna, sino, como observaba el Padre Varela, porque aquélla no era su libertad ni la sería, y uno de cuyos efímeros levantamientos armados para obtenerla les acababa de ser aplastado.

Pero, ¿quién iba a reparar en los infelices negros? Lo importante era que Cagigal jurase la Constitución aquel mismo día. Por su parte, previéndolo el Gobernador, envió recado a Pedro Nolasco Palmer, para que a toda prisa publicase un alcance al *Noticioso*, que veía la luz en sus talleres, explicando al pueblo que "el Jefe de esta Isla no conoce otro camino que el de la voluntad del rey", por lo que jurará la Carta fundamental tan pronto como se le ordene oficialmente. "Estos, terminaba, son los sentimientos de su Gobernador, y éstos los que conoce en el fiel pueblo que manda. ¡Viva el rey y respétense sus órdenes"!

Aquello cayó mal en las barracas, y hasta en don Manuel de Zequeira, que ya componía un poema titulado *España Libre*. La distinción entre un constitucional y un servil radicaba en que mientras los primeros gritaban ¡Viva el rey constitucional!, los segundos lo hacían al estilo de Cagigal. Además, ni oficiales ni soldados habían olvidado sus bravatas cuando el levantamiento negro del *Frijol*, amén de que cada miembro del Batallón de Catalanes se sentía un Quiroga.

Nos cuenta un testigo, que durante toda la mañana del domingo el malestar fué creciendo. A las cinco de la tarde los oficiales ordenaron formar a la tropa y marchar a la Plaza de Armas. Por el camino se les fué uniendo una multitud fraternal que con los mílites se desgañitaba en vivas a la libertad y la Constitución. Llegados frente al Palacio, descansó la tropa y una comisión fué a entrevistarse con Cagigal. Este les reiteró el contenido del alcance. Mientras tanto, la multitud rugía mueras a los realistas. Al fin, los delegados perdieron la paciencia y obligaron al Gobernador a descender las escaleras del Palacio, cruzar la calle y jurar la Constitución en medio de la Plaza y en cada una de sus esquinas. La multitud, no obstante, seguía pidiendo la cabeza del Gobernador y aún la de Ramírez, y fué entonces que un grupo de jóvenes, entre los que se distinguían los discípulos del Padre Varela, intervino para apaciguar a los vociferantes. Ya se iban calmado los alborotadores, cuando los oficiales del Batallón de Tarragona, diez en total, consideraron, quizás disgustados por el alboroto de la muchedumbre, adoptar el punto de vista de Cagigal, y esperar órdenes de España. Esta disensión fué la que silenció a la multitud e hizo correr a muchos, porque los catalanes consideraron que les había llegado el momento de su ordalía e iban a cargar contra sus camaradas. Comenta nuestro testigo que hubiera sido una verdadera carnicería, pero nuevamente, aquel grupo de jóvenes que había intercedido con la chusma, metió baza con los oficiales, y tras mucho palique, las opiniones se avinieron y con otro viva a la libertad y a la Constitución se cerró la discordia. A la media noche el único rumor de la calle era el grito de los serenos, y el ladrido de algún perro, molesto por la ofensiva claridad de la luna.

El lunes, ya Cagigal se había reconciliado definitivamente con la libertad y promulgaba un bando declarando tres días de fiesta e iluminación general. Ese día, juró la marinería; al siguiente, el clero con su Obispo, y el miércoles 19, la Constitución iba a toda marcha, al extremo que se colocó una lápida conmemorativa en la Plaza del mercado, que desde entonces se llamó Constitucional. También se echó al suelo el monumento que recordaba a la inquisición, la cual había sido restaurada en 1814, y la calle se designó desde entonces, Coronel Quiroga, en honor del héroe, cuyos antiguos subalternos ya solían llamar *el Washington de España*. Un chusco improvisó, parodiando el estilo del eminente Varela, la "Oración fúnebre de las exequias que se hicieron a la difunta inquisición en el templo del fanatismo", y cuando lo imprimió en la oficina de don Pedro Nolasco, como nombre de autor escribió, "Por un ministro de la misma".

En setentidós horas de celebraciones, se rompieron muchas barricas de vino, pero ni hubo borrachera ni derramamiento de sangre. Todo tan pacífico y humanamente decente como en la Península. Tal vez, con esta conducta, los constitucionales deseaban recordar a los serviles que tenían aún las manos teñidas por el rojo sangriento de sus represalias, en seis años de gobierno absolutista.

Sin embargo, muy pronto comenzaron a surgir inconveniencias. Cagigal, anquilosado en los viejos usos administrativos, no comprendía o no deseaba entender la organización constitucional. A todo ponía reparo, todo era un obstáculo, lo cual servía exclusivamente para enardecer los ánimos. Algunos radicales, y había bastantes, comenzaron a hablar de independizar la Isla.

Los monopolistas, o mejor dicho, los mercaderes de la calle de la Muralla intentaron como sus rivales mercantilistas a cada cambio político, sacar partido de la situación, por lo que se asieron al bando constitucional. En el Presbítero Tomás Gutiérrez de Piñeres, en su pluma agresiva, encontraron al mejor expositor, lo que no obstaba para que fuese Piñeres un liberal sincero. Así dió comienzo la batalla de papel. Los atacados fueron Ramírez, su segundo Claudio Martínez de Pinillos y Arango y Parreño.

Políticamente Arango no era nada. Su partido era el de los hacendados, no importaba quién mandase cuando las cajas de azúcar se cotizaban bien. Todo lo que pudiese entorpecer la marcha airosa del dulce era enemigo del más leal defensor que han tenido los productores cubanos. Si el despotismo acosaba al azúcar, ahí estaba Arango pidiendo la independencia, la anexión o lo que fuese. Pero si el despotismo o las Cortes se avenían con los intereses azucareros, el más pacífico, sumiso, timorato de los súbditos españoles encarnaba en él. Brillante e intencionalmente mojigato, sabía como despistar a todos, y servir a todos, cuando el ánimo de todos estaba poseído por el *daimon* del azúcar.

Martínez de Pinillos, si bien cínico como Arango, no era brillante como él. Hijo de don Bernabé, había sido enviado por éste a pelear contra Napoleón, y aunque absolutista como su padre, poseía ideas propias en economía que le inducían a marchar más acorde con los tiempos. Don Claudio esperaba que un día le premiasen por sus buenos servicios, y nada le vendría mejor a su vanidad que un título nobiliario y una posición como la de Ramírez.

Este sí era liberal, y hasta por razones afectivas, porque fueron los liberales los que le brindaron la oportunidad de probar sus magníficas dotes hacendísticas en Puerto Rico cuando la Constitución se juró por primera vez en España. Por eso le dolió el ataque de los mercaderes, tanto que deseó morirse y se murió encerrado en su impotencia por la calumnia y la desvergüenza de muchos, que después de vociferar durante tres años habrían de despedirse de la Constitución, como Bergaño en el 14.

Si no hubiera constancia documental de que Ramírez desacordaba con el excesivo impuesto con que se gravaba a los ciudadanos españoles, aún de sus críticas al régimen por su necia política económica, pudiera presumirse que los mercaderes hubiesen merecido perdón a su yerro. Pero lo que soliviantaba a éstos era que Ramírez había recaudado en el último de sus años fiscales siete millones, limpios de polvo y paja, y para ello había tenido que atacar a los *musulmanes* y las compras que a tales hacían los monopolistas en la costa de *Berbería*.

Ambas denominaciones lucirán remotas, pero por *musulmanes* se conocía a una partida de piratuelos del mar que capitaneaba un Mateo García y por *Berbería*, el pueblecito de Regla, aledaño a la bahía de La Habana.

Los *musulmanes* habían surgido con patente de corso gubernamental para salir al encuentro de los buques colombianos y mexicanos, pero bien pronto trocaron el menester patriótico por el lucrativo de merodeadores de la costa. No asesinaban súbditos españoles, pero les robaban los cargamentos si iban en buque extranjero, y luego los liquidaban al costado del Morro, en Regla o en el mismo corazón de La Habana. Ramírez les había ido de frente y confiscado cuanto cargamento robado sorprendió entre los mercachifles. De esta forma acabó de redondear su linda cantidad de millones.

A Martínez Pinillos le atacaron por ser segundo del honesto Intendente, pero no así a Arango, que tampoco lo fué por haber permitido la entrada ilegal de negros, sino por independentista. Para sus fines, los monopolistas, que desconocían los coqueteos del prócer con Shaler, recurrieron a las Juntas de 1808, que en España sirvieron para aglutinar la resistencia contra Napoleón y en América para emanciparse. Arango se exoneró fácilmente, demostrando que el propio Someruelos había sido el de la idea de establecer una Junta en La Habana. Fué una guerra panfletaria, divertida hasta en sus títulos, pero amarga en su momento. El clan aranguista ripostó también atacando, y don José, el antiguo Censor de la Patriótica, hizo gala de su no menos lacerante estilo, defendiendo al primo y a Ramírez, que por su parte no dejó de escribir su justificación en una "Exposición del Intendente de ejército al público de La Habana".

Los años de sufrida represión se desbordaron en un lenguaje que no era limpio, ni digno de los contendientes. Una logomaquia apresurada, sin estilo, donde muchas veces "los palos" que daba "El tío Bartolo" se le revertían sobre su terca cabeza. Algo que pedía una ley complementaria al artículo constitucional donde quedaba garantida la libertad de imprenta, para que definiese cuándo lo soez era soez y superfluo al liberalismo, y cuándo el liberalismo no era libelo. Es una época en que todo parece subvertirse de momento, pero lo extraordinario es que jamás rebasó de la grosería a los hechos y a la sangre.

La subversión entró hasta en la casa tranquila de los masones. En La Habana de 1804 había una sola logia de criollos, la de "Las virtudes teologales". La regenteaba un hombre de rostro joven e inteligente, con sonrisa simpática y rasgos hermosos, que posó para el pintor con un libro abierto ante sí, el segundo Conde de Mopox y Jaruco, don Francisco Javier de Santa Cruz, un montalvista. Durante once años las Virtudes Teologales vivieron cirniendo sobre sí y sus miembros las culpas prestigiosas de cuanto heterodoxo ocurría en la Isla, hasta que la restauración de los jesuítas en 1814 la obligó a desdoblarse en nueve logias más. En 1820, cuatro de ellas pespunteaban toques de herejía. Rebeldes unas, inexistentes y díscolas las otras, se impuso reorganizarlas, anatematizar a los cismáticos y constituir, con Mopox y Jaruco de Gran Maestro, la "Gran logia española de franc-masones antiguos de York".

La desarticulación existente hizo notar a Ramírez que La Habana necesitaba un gran moderador para encauzar por la recta senda de la libertad aquel acervo de voces dispares. Sobre todo, las voces jóvenes y valientes, que al igual que le habían defendido a él, entrometieran con el fin de reconciliar a los batallones. Esos jóvenes jamás asistirían a las clases de Constitución, dos cátedras nada menos, que la Universidad peripatética se aprestaba a inaugurar, porque para dar clases a ellos se necesitaba una figura incontaminada, tanto de escolasticismo como de facciones e intereses económicos, y a quien los jóvenes, como los partidos en contienda, respetasen por igual. Para Ramírez la única figura que podía llenar tales requisitos era el Catedrático de filosofía del Colegio San Carlos. Pero, ¿accedería el Padre Varela?

Al reformador de la enseñanza y vocero de la unidad social, al panegirista de los reyes que no les adulaba, al maestro que prohibía en sus exámenes toda alusión política y hablaba de la libertad como algo connatural al hombre, le había sorprendido la Constitución verificando experimentos de electricidad. El había observado el año anterior, en los días lluviosos de abril, que las botellas de Leyden

y las baterías que dejaba aisladas amanecían cargadas. Dicho fenómeno, que atribuía a la humedad, lo comprobaba nuevamente, con
idea de anotarlo para cuando fuese a reimprimir sus *Lecciones*.

El hallarse abstraído en investigaciones físicas no significaba,
empero, que se sintiese indiferente ante el retorno a la vida constitucional. Esta, la interpretaba como la mejor garantía a las reformas
docentes que pudieran realizarse con objeto de vencer definitivamente al rutinarismo universitario. Pensaba que sería el momento
propicio para que San Gerónimo decidiese o su incorporación a los
estudios contemporáneos o dejase al San Carlos libre para realizar
exclusivamente tan importante tarea.

Los frailes por continuar refractarios a todo intento de moder-
nización, obligaban a realizar a sus espaldas fundaciones independientes, como la Cátedra de anatomía, la Escuela de química o el
Jardín botánico, que deberían figurar dentro de los planes universitarios. Una prueba de máxima obstinación la brindaban con Escobedo, lejos de aprovechar sus conocimientos adquiridos y consagrarlo
a explicar filosofía moderna le habían emplazado sobre la Cátedra
de texto aristotélico.

En el parecer de Varela, lo sustancial sería plantear en Cortes
la secularización universitaria, o al menos iniciarla recortando los
privilegios dominicos para erigirse en administradores exclusivos de
la primer casa de educación de la Isla. Para ello, bien que se necesitaba estar armado de suficiente espíritu de sacrificio y disponerse
a soportar con valor todos los ataques que pudiesen provenir. ¿Y lo
estarían los que acudiesen a Madrid como diputados?

Hablando ya políticamente, Varela no creía que la Constitución
fuese la panacea a todos los males de España, ni la mejor garantía
de la libertad, ¿la tenían los negros? El mundo había cambiado y
medidas que durante la revolución francesa tuvieron más de generosas que de prácticas, hoy eran más prácticas que generosas. El
negro, demostraba la experiencia, se había sumado a Bolívar, solamente para disfrutar su libertad sin otro deseo que ser libre, sin
ni siquiera imaginar que pudiera avasallar al blanco, a cualquier
blanco, como pasara en Santo Domingo. Por otra parte, ningún americano, fuese seguidor o no de Bolívar, creía en promesas de reyes,
ni suavidades de regímenes que no estuviesen respaldados por leyes
reconocidas y acatadas, y éstas hechas extensivas a todos por igual.

Leales o desleales a la metrópoli, los americanos se burlaban del manifiesto de Fernando a los súbditos de Ultramar, donde pedía perdón por sus pasados yerros y les suplicaba acudiesen a deliberar como hermanos con los diputados peninsulares. Altar y trono habían dejado de estar identificados para los hijos del Nuevo Mundo, y su antiguo maridaje lo achacaban a la maldad de los hombres y a sus torcidas interpretaciones de las Sagradas Escrituras. Se podía ser buen católico y furibundo enemigo del absolutismo y de cuanto oliera a reacción monárquica. Sobre todo en aquel momento histórico, en que la carencia de escrúpulos religiosos y políticos llevó a unirse en Santa Alianza a príncipes católicos, ortodoxos y protestantes, con la sola finalidad de oprimir a los pueblos que con su sangre les habían rescatado los tronos y privilegios que les arrebatara Napoleón. Y en eso sí era eficaz la Constitución española, porque simbolizaba el solo valladar a la decadencia política europea, que alcanzaba a la propia Inglaterra, también mezclada en los contubernios aliancistas. Parecía como si Europa sellara su senilidad frente a verdades que se habían alzado del otro lado del Atlántico, dando conciencia a los de aquí que ellos eran los hombres del futuro, porque leales o desleales a sus metrópolis, se referían de sí mismos como hombres libres. Hijos de la libre América, consustanciados con el paisaje vastísimo e indomeñable donde habían nacido.

Pero Varela no era político, y si sus pensamientos caían inevitablemente en la política era por aquella su preocupación universal de hombre acostumbrado a contemplar filosóficamente los acaecimientos del mundo. Su interés, ya lo sabemos, era otro, formar generaciones en los usos culturales en los que todavía Europa fungía de maestra.

Sin embargo, Alejandro Ramírez ejecutaba desde la Sociedad Patriótica unos planes que iban a conspirar contra los ya conocidos del profesor. Al efecto, había convocado a la Junta para acordar los gastos que ocasionase el establecimiento de una Cátedra de cívica, pasando al Obispo la responsabilidad de organizarla y ponerla en marcha.

Por entonces, octubre de 1820, el Presbítero explicaba el décimo curso de sus *Lecciones de filosofía,* con las cuales había formado una generación de hombres distintos, y que ahora se daban al cultivo de la nueva política metropolitana. Entre ellos estaban, Toño Saco, que aspiraba a figurar en la Diputación provincial, Juan Agustín de Ferrety, que deseaba obtener una plaza de juez, Leonardo Santos Suárez que imaginaba ser electo diputado, Felipe Poey, Prudencio Hechavarría, Anacleto Bermúdez, José de la Luz y Caballero, Silvestre y José Luis Alfonso, Anastasio y Nicolás Orozco, Francisco de Sentmanat, Francisco de Paula Coimbra, Cirilo Ponce, Francisco Javier de la Cruz, Francisco de la O García, y tantos y tantos nombres, que habrían de trabajar y contribuir a vigorizar los ideales con que se alimentó la Historia de Cuba en la primera mitad del siglo XIX. En fin, todos los que, como bien diría Justo Zaragoza, integrarían el primer núcleo de políticos criollos.

Como reacción natural de aquellos días de efervescencia, la clase de filosofía se notaba más animada. Los nuevos alumnos sabían por los antiguos que el maestro se refería a la libertad del hombre, a la tiranía, a la igualdad frente a las leyes, como nadie lo había hecho en La Habana en tiempo alguno, ni con más simple naturalidad. Era como si para Varela siempre hubiese existido la Constitución sin jamás haber sido proscripta. Las miradas de los nuevos estudiantes se posaban en el maestro como si quisieran descubrir, por sí mismas, todo cuanto oyeran de los mayores. Pero el Presbítero les defraudaba continuamente, porque se atenía a las lecciones de la primera parte del curso, y jamás incidía en las cuestiones que tanto interesaban en aquel instante a sus discípulos. A éstos se había sumado uno, cuya presencia en la Isla haría historia, se trataba de Domingo del Monte, nativo de Maracaibo, e hijo de una familia distinguida que emigrara a Cuba por causa de la revolución. Domingo iba en diecisiete años, y respecto a su educación era como la gema cuyo último y perdurable brillo venía a recibirlo del orfebre más laborioso y exquisito.

Por aquellos días del prolongado y chapoteante estío insular giró el Obispo visita al Colegio. Sin aparentar otra preocupación habló, como de costumbre, con los escolares, les hizo preguntas y finalmente, con Varela cogido del brazo y camino de un saloncito solitario, le espetó como quien cae de las nubes: ¿He oído decir que te preparas para las oposiciones de Constitución?

Le han informado mal Ilustrísima, respondió asombrado el Presbítero.

Quizás, volvió a decir el Obispo. ¡Pero me alegró tanto la noticia! Me imaginaba al maestro de la juventud habanera, orientándola ahora en el buen uso de la libertad.

Por supuesto que Su Ilustrísima me halaga, pero no soy el indicado a ese menester. Para enseñar Constitución se necesita una persona aficionada al derecho; aún, que le guste la política.

Pudiera ser, replicó el Obispo con cierta reticencia, pero diferiremos mi joven catedrático, en que lo que tú señalas se suple con talento, y lo que yo busco no se encuentra fácilmente. Lo que de veras se necesita es un hombre joven y enérgico, de moral acrisolada, respetado y admirado por la juventud y no mal visto por ninguno de los partidos. Ese hombre, pienso que eres tú.

Su Ilustrísima me confunde, dijo Varela enrojeciendo hasta la raíz de los cabellos. No merezco la exaltación que me hace, pero se lo agradezco infinito, porque sus palabras me confortan, me alientan a perseverar en mi trabajo...

Hubiera continuado en sus excusas, pero el Obispo le interrumpió para reprocharle y después afirmarle: Ahora eres tú quien me confundes a mí. Nada he dicho que no te merezcas. Por eso, "te mando a que te presentes. Tú tienes gran talento, y con poco tiempo de estudio podrás desempeñar la cátedra tan bien como el primero."

Pero..., trató de argüir Varela.

Pero, volvió a zanjar el prelado, "las oposiciones se harán de aquí a seis meses; y ese es el plazo que te concedo". Una sonrisa iluminó su semblante, como dando a entender que su tenacidad había saltado otro insalvable escollo, de los muchos que le había tocado vencer.

Cuando los muchachos fueron al *cuarto*, hallaron al Padre Varela desolado, pero lejos de aprobar sus cuitas le afirmaron con natural frescura que ellos se sentían encantados con la imposición episcopal.

Pocos días más tarde se dieron a organizar el trabajo. Acordaron, para cubrir el formalismo de las oposiciones, que acudirían a ellas, Saco, el ciego Escobedo y Prudencio Hechavarría O'Gavan, sobrino del Vicario.

La celda del Presbítero se transformó en un parlamento. Allí repasaban los *Diarios de Cortes*, la Constitución. Se aprendían citas de los americanos Guridi Alcocer y Mejía Lequérica; de los españoles Argüelles y Martínez Marina; de los franceses Constandt y Montesquieu. Leían discursos y debates, interpretaban los artículos oscuros del código español —la Constitución no precisaba la mayoría de edad para el ejercicio de los derechos políticos—. Se criticaba o alababa a algún diputado. En menos de dos meses el trabajo estaba rendido, y se hallaban prestos para contender académicamente, y así lo hicieron, triunfando, como estaba señalado, el maestro de filosofía.

A las 10 de la mañana del 18 de enero de 1821, Varela inició las nuevas clases. El Aula magna del Colegio estaba llena. Tanto, que muchos permanecían de pie y otros sobre los poyos de las ventanas. De los ciento noventa y tres matriculados, solamente cuarenta y uno no habían sido anteriormente sus alumnos, lo cual pudo afirmar con orgullo. Mientras, decía:

Si he de llamar por algún nombre a esta cátedra, será por el de la libertad, de los derechos del hombre, de la regeneración de España, fuente de las virtudes cívicas, que por primera vez ha conciliado las leyes con la filosofía. En fin, los estudios que contienen al fanático y al déspota y conservan la religión.

Si la Constitución española no es la obra más perfecta del entendimiento humano, añadió, al menos es la mejor que conocemos en su clase, y el fruto más sazonado que podía prometerse España en las circunstancias angustiosas de 1812.

Luego, expuso la forma en que desarrollaría las clases, que consistiría en seguir la explicación de los artículos constitucionales por su orden, con las aclaraciones pertinentes sobre los términos y conceptos que pudiesen llamar a confusión. Lamentó, asimismo, que no estuviese lista una obra que con brevedad y claridad tenía destinada a este último fin, la cual juzgaba como "un ligero testimonio de (su) deseo de contribuir a facilitar el estudio de las leyes fundamentales de la nación española a una juventud, que acaso algún día será su más firme apoyo".

Los alumnos del décimo curso de filosofía que se hallaban presentes pudieron deshacer la incógnita que estaban ansiosos por descubrir en el maestro, porque éste habló de la libertad, del origen de la sociedad, de los bienes sociales emanados de Dios, como en el Elenco de 1816 y en el *Tratado del hombre*, que ahora comenzaban a estudiar.

Todos fueron conmovidos por igual en la demostración que ofreció sobre el origen humano y no divino de los reyes. La soberanía, dijo, reside en la nación y en nadie más. "Suele decirse que los reyes son puestos por Dios, porque lo fueron los primeros que tuvo el pueblo escogido; consecuencia la más descabellada que puede darse, pues de ese modo también podríamos decir que las leyes de todas las monarquías son dadas por Dios, porque lo fueron las del pueblo del Señor. En una nación establecida en la verdadera creencia, pero llena de tinieblas por los hábitos contraídos con los demás pueblos, fué necesario y quiso Dios dirigirla por los expresos mandatos a sus profetas, y aún en el establecimiento del primer rey, manifestó el Señor que accedía a los votos del pueblo que clamaba por ello; pero en las monarquías posteriores, preguntó alzando la voz, ¿dónde está esa misión divina? ¿No han sido las armas unas veces, y otras el voto general quienes han constituído los reyes? Se dirá que esto es a impulsos divinos, y lo confieso, pues ni la hoja del árbol se mueve sin la voluntad eficaz del Señor; mas repito que hallo una inexactitud ideológica en las consecuencias que han querido deducir de estas verdades; pues entonces diríamos igualmente que un congreso republicano es puesto por Dios, sin cuyo permiso e impulso jamás se hubiera formado, y que una nación republicana no está autorizada para dejar esta clase de gobierno y establecer el monárquico. Donde quiera, que se hallen las virtudes, son hijas de Dios, y éstas no están vinculadas ni en las repúblicas, ni en las monarquías, sino en la sociedad de los hombres, que puede tener diversas formas." Jamás, recalcó citando al antiguo diputado de Nueva Granada, Mejía Lequérica, "ha llovido reyes el cielo, y es propio sólo de los oscuros y aborrecidos tiranos, de esas negras y ensangrentadas aves de rapiña, el volar a esconderse entre las pardas nubes, buscando sacrílegamente en el trono del Altísimo los rayos desoladores del despotismo, en que transformaron su precaria y ceñidísima autoridad, toda destinada, en su establecimiento a la felicidad general".

El éxito de las clases de *Política*, se aseguró desde la primera lección. Además, a ellas se podía asistir libremente, al contrario de las inauguradas por la Universidad, a las que el pueblo no tenía acceso.

Pocas semanas más tarde, don Pedro Nolasco Palmer, entregó a Varela la edición de las *Observaciones sobre la Constitución política de la monarquía española*. Era un tomito, compacto, bien escrito, precedido de una "Introducción" donde el autor declaraba que su propósito no era formar un comentario de la Constitución, sino presentar sus bases; o sea, la soberanía y la libertad y, por consecuencia, la división de poderes, que en suma integraban el sistema constitucional. También, comprendía algunos otros puntos necesariamente aclaratorios para los ciudadanos de un país sin tradiciones parlamentarias modernas, y un capítulo final dedicado a esclarecer las dudas principales que pudiesen presentarse en la interpretación del articulado.

La lectura de esta obra demuestra el paciente trabajo crítico y selectivo a que se diera con Saco, Escobedo y Hechavarría durante los escasos dos meses que precedieron a las oposiciones. En ella demuestra el acucioso análisis que hicieran del Código, cuyo desarrollo siguieron partiendo de las discusiones congresionales que lo engendraron. En torno a derecho constitucional, Constandt y Montesquieu son dos fuentes a las que Varela recurre invariablemente, aunque no siempre para afirmar con ellos, lo cual evidencia que ya los tenía en cuenta anteriormente, como cuando habla de la libertad y el sometimiento a las leyes. La obra, en fin, es de una amplísima liberalidad política y se ciñe a justificar la Constitución, tanto en sus defectos como en sus bondades, partiendo del hecho de que se ha inspirado en las solas tradiciones hispanas.

Un buen ejemplo lo proporciona al celebrar el sistema unicameral adoptado por los españoles. La tradición inglesa y la estructura de su nobleza facilitan la coexistencia de dos cámaras, pero en España la nobleza no posee la misma configuración, tampoco los mismos recursos. Una cámara más no sería sino reeditar los viejos estamentos, donde nobleza, clero y rey pudieran asociarse contra los genuinos representantes del pueblo. La historia española lo demuestra, dice, las primitivas cortes no tuvieron más origen que el popular, luego los nobles, "la insufrible aristocracia", como les llama, se unió al rey para marchar contra el pueblo y ahogar su voz.

Otras digresiones felices, que nos recuerdan al Elenco de 1816 y al *Tratado del hombre*, son aquellas sobre la patria. También al divagar sobre el artículo que reconoce el derecho a ser elegido a los extranjeros con siete años de residencia en la provincia. Con este pretexto se refiere a que tan foráneo es el no nacionalizado como el español europeo, que viene a América a ocupar invariablemente todos los empleos públicos. Por ello no juzga que sea injusto el artículo, ya que, "para hablar en esta materia con imparcialidad, debe confesarse que cuando por una residencia de muchos años y por intereses y relaciones contraídas en una provincia, llega un individuo a connaturalizarse tanto en ella que sentiría mayor violencia en abandonarla, entonces ya en los efectos debe reputarse como un natural de ella, y acaso la amará más que los que realmente lo son, de modo que toda rivalidad respecto de estas personas es infundada; pero todo esto no es probable que tenga lugar cuando sólo hay unas relaciones de un vecindario de siete años". Sin embargo, añade, si bien consideramos que siete años de residencia para un extranjero no sean muchos para representar una provincia en las Cortes, deduzcamos que "es justo y por consiguiente muy conforme a las miras filantrópicas que inspira una sana filosofía, y más que nada la moral evangélica, pues los hombres somos unos, y todos los que forman la sociedad particular de las provincias deben reputarse iguales, ora hayan nacido o no en su suelo; y que es inmejorable aplicado a la nación española como debería ser, mas no como por desgracia es".

Algunos historiadores cubanos contemporáneos, se escandalizan de la libertad de imprenta de los tiempos constitucionales. Varela, que fué testigo excepcional de los escritos de Vicente Rocafuerte, José de Arango, José Antonio Miralla, Nicolás Ruiz, Piñeres, Romay, Ramírez, Juan José Hernández, no lo hace. Al contrario, valiéndose de un símil de Benjamín Constandt, explica tales "excesos", en la forma siguiente:

"Si hubiera un gran pueblo privado del don de la palabra, y que al pronto se le concediera, todos tal vez reclamarían contra los daños causados por este medio fácil y pronto de comunicar las ideas, y aunque conocieran sus ventajas, no faltarían hombres temerarios que quisieran destruirla bajo el pretexto que no se difundieran ideas perniciosas. ¿Sería conveniente que este afortunado pueblo volviese a su antigua mudez? Lo mismo puede decirse de la libertad política de la imprenta, sin la cual es mudo."

Al aparecer las *Observaciones* nadie dudaba que el Presbítero podría encarnar un grande e imparcial representativo de Cuba en Madrid, pues en dos meses que llevaba explicando cívica, había ganado una popularidad política, equivalente a los diez años que le costaba su fama de educador y filósofo.

Esta opinión fué la que provocó otra visita del Obispo al profesor. Ahora no acudía a imponerle un nuevo menester, sino a rogarle aceptara un acta de diputado a Cortes.

El curso de los hechos aconsejaba seguir la decisión del prelado, Cuba iba a encontrarse sin representación en la próxima legislatura, por haber renunciado los diputados electos.

Ahora bien, Varela no consideraba la posibilidad de hacer un buen diputado. Las razones no eran semejantes a las expuestas cuando rehusara la Cátedra de constitución. Eran sus convicciones. Hasta ese instante los diputados cubanos solían recibir instrucciones concretas sobre su cometido en Cortes por parte del Ayuntamiento, la Diputación provincial y el Consulado. Desde 1820, la consigna era atacar el tratado con Inglaterra, al punto, que en aquel momento, el Vicario O'Gavan, que se encontraba en Madrid, impugnaba al Conde de Toreno y llevaba a la imprenta su refutación, para demostrar que no se debiera castigar a los infractores del tratado, ya que según él, para la supervivencia cubana el mantenimiento de la trata de negros era vital. Varela jamás se solidarizaría a semejante desvergüenza.

Por eso decidió hablar con sinceridad al Obispo.

Yo soy contrario a la esclavitud, le dijo, y si fuese diputado haría lo contrario a lo que el Ayuntamiento, la Diputación y el Consulado ordenan. Yo trabajaría por suprimirla. Aprendí a odiarla de niño, y no concibo la falacia sacrílega con que los hombres blancos pretenden someter al negro, afirmando que constituyen una raza maldita y embrutecida. Note Su Ilustrísima, cuando se proclamó la Constitución, cómo los negros, que siempre son los primeros en participar del regocijo popular, se abstuvieron de asistir a los festejos. Por otra parte, no son tan torpes cuando son ellos los mejores operarios con que cuenta La Habana, y bien conoce Su Ilustrísima, que antes de establecerse la Academia de pintura, los únicos artistas con que contábamos eran de color. ¿Y hay justicia manteniéndoles esclavizados y como una perenne amenaza al blanco? En menos de siete años ha habido dos insurrecciones de negros. ¿No cree Su

Ilustrísima que quien primero hable de independencia los tendrá de su parte? Puede ser también que algún día, de continuarse con la esclavitud, suceda el mal horrible de Santo Domingo, ¿y por qué los mismos que aluden tanto a Santo Domingo no se previenen de una vez aboliendo la esclavitud?

Le repito que no soy el hombre para ir a Cortes, no serviría los intereses espúreos de comerciantes y hacendados, serviría a los de mi patria, y los de mi patria no son ésos. Además, prosiguió, entre estos intereses estaría por encima de todo, propugnar la descentralización de las colonias fieles a España, y reconocer la independencia de las que ya se han libertado. Los odios debe zanjarlos la antigua madre y en cambio formalizar tratados de comercio con las hijas, que quizás compensen todos los gastos y miserias ocasionados hasta ahora. Tal vez así me atraiga la simpatía de los de acá, pero, ¿cree Su Ilustrísima que dejarían de odiarme por lo de la esclavitud? ¿Y los de allá no me odiarían, escudados en el falso pundonor que les llevó a reconocer la cesión de la Florida Occidental y ahora se aprestan a ceder la Oriental? ¿Y si propusiese la secularización universitaria, y la expansión del Colegio hasta contener todos los estudios superiores que San Gerónimo ha menospreciado? Tendré, sin duda, las simpatías de un gran núcleo de opinión, hasta la propia Dirección de estudios me apoyaría. Pero cuando a ésta diga que es absurdo y atrasado, esa pretendida unidad de programa que supone a una hora determinada, con el mismo espíritu, se expliquen idénticas materias en todas las casas de educación de la monarquía, ¿no juzga Su Ilustrísima que también me enajenaré la buena voluntad de tan importante corporación?

Hizo pausa, jugó con su inseparable pañuelo de lino. Había hablado, rápida, nerviosamente, sin haber dado tiempo a conocer el criterio de su interlocutor. Ahora le pesaba la descortesía. Pero, ¡tenía tan agolpados en su mente esos pensamientos!

El Obispo permanecía apaciblemente tranquilo, hasta sonriente.

El Presbítero le miró. El Obispo hizo un gesto enigmático. Me marcho, dijo levantándose. Mientras salía pronunció enérgicamente: ¡Pienso que serás el mejor diputado a Cortes que tenga La Habana!

Varela ignoraba que el Obispo, doce años atrás, había presentado un extenso memorial privado a Madrid solicitando la melioración del régimen esclavista y la paralización del inmundo tráfico, con una amplitud y alcance cual no podían imaginar don Francisco y sus acólitos del Consulado, que pedían negros y no pedían blancos, y pedían blancos y no pedían negros.

Después, después se percató que había aceptado la postulación y pensó con terror en dejar trunca su obra de diez años. ¡Como si jamás volviese a reanudarla!

Espada divulgó por todos los ámbitos el asentimiento de Varela. Las elecciones serían en breve, precisamente el 13 de marzo de aquel 1821. Por eso el Presbítero no se sorprendió cuando los muchachos se aparecieron por *el cuarto* la mañana del siguiente día a congratularle por dicho motivo. La elección será unánime, dijo uno.

A pesar del vaticinio yo seré un mal diputado, respondió Varela.

¿Por qué?, preguntaron.

Porque voy a pedir la abolición de la esclavitud.

Algunos permanecieron serios. Otros sonrieron inexpresivamente. Saco pensó que era una de las bromas del maestro y le salió con otra: Entonces yo diré para la historia que usted fué el primer cubano antiesclavista.

Daban las diez en la torre de la Catedral. Varela se apresuró. Bueno, a clase de política y dejemos a Saco con su historia.

* * *

El 3 de marzo arribó a La Habana el sustituto de Cagigal, Nicolás de Mahy. Desembarcó vestido de miliciano constitucional. Enseguida le cercaron los *europeos*, con su jefe eventual, Nicolás Ruiz, autor en el Cabildo de los ataques a Ramírez. Mahy oyó las quejas y pensó que los cubanos eran temibles. Pero cuando diez días más tarde se celebraron los comicios fué cambiando de opinión. Los *uñas sucias*, como dice Bachiller y Morales que ya se designaba a los comerciantes, solamente pudieron elegir a Ruiz, porque los otros electos, José del Castillo, antiguo editor de *El Patriota Americano*, no tenía simpatía por ellos. Varela era independiente y el Brigadier Gonzalo de Aróstegui, fungía ae Capitán General de Puerto Rico. En tanto que los suplentes, Juan José Hernández mantenía correspondencia con Quincy Adams y era partidario de la independencia, e Indalecio Santos Suárez, pertenecía a la escuela liberal del Presbítero. Como los *uñas sucias* deseaban copar la candidatura y no pudieron, impugnaron la elección. Lo cual ya dió índice a Mahy para ir repitiendo a sus cortesanos, hasta que lo dijera a Madrid: "¡Ojalá que en Cuba no hubiese nada más que cubanos!" Es que Mahy se persuadió pronto que los criollos solamente aspiraban a que se les respetasen sus derechos políticos y económicos para vivir tranquilos y ocupados en el menester de realzar la colonia, entendiéndose mejor entre ellos mismos que cercados por los peninsulares.

Conocida la elección, Varela comenzó a recibir felicitaciones de todos los bandos, en su clase de filosofía, en la de política, cuando transitaba por la calle. Aún los impugnadores le daban seguridades que la cuestión no era por él, sino por los otros.

El Padre se sentía intranquilo. Aquel vago presentimiento de la separación definitiva tornaba a asaltarle. ¿Volvería a su amado San Carlos, a sus charlas del *cuarto*, a sus familiares? Solamente la idea del deber le sobreponía a lo que calificaba de simples aprensiones ante la perspectiva de un largo viaje, que ya deseaba apresurar para librarse de ansiedades.

La Habana estaba entonces colmada de soldados en tránsito a la Península. Los buques eran difíciles, por eso decidió partir al mes siguiente en la grata compañía de dos primos y algunos otros discípulos, que ya habían separado pasaje en la fragata "Purísima Concepción", cuya salida se anunciaba para después del 20 de abril.

Como profesores sustitutos en sus clases escogió al ciego Escobedo, para la Cátedra de constitución, y a Saco para la de filosofía, renunciando a favor de ambos los sueldos respectivos. También designó apoderado suyo al bayamés.

El miércoles 18 de abril publicó una lacónica despedida en el *Diario del Gobierno Constitucional*. Mi corazón, decía, ha jurado amar a la patria antes que mis labios, y como si sus presentimientos no desearan abandonarle, agregaba: "Ya sea que el árbitro de los destinos separándome de los mortales, me prepare una mansión funesta en las inmensas olas, ya los tiranos para oprimir a España ejerzan todo su poder contra el Augusto Congreso en que os habéis dignado colocarme, nada importa: un hijo de la libertad, un alma americana, desconoce el miedo."

Dos días después ocupaba Saco la Cátedra de filosofía, aún bajo su amable supervisión.

Luego, se reunieron, como siempre, a charlar.

Se hace interesante traer a colación, que una de las más importantes conversaciones que sostuviera Varela con sus discípulos durante esta transición, fuese consagrada a defender la paternidad literaria de Emmanuel Kant.

En aquellos días, y en medio de la mala prosa de los periódicos habaneros, apareció un artículo suscrito por un empleado de la Factoría de tabaco, Ramón de la Sagra, donde daba a conocer una original clasificación de los conocimientos humanos. Aunque Sagra llevaba poco tiempo en La Habana ya se le conocía por sus achaques de sabiduría. El artículo lo había dedicado presuntuosamente a la juventud estudiosa y era como un tiro directo al profesor, pero antes de que éste hiciera comentarios sobre el escrito del que fuera editor madrileño de un periódico libelista como *El tío Bartolo*, de La Habana, sus discípulos se percataron que aquellas ideas no habían salido del caletre de Sagra, puesto que el legítimo autor era alguien que pensaba más profundamente que él, Emmanuel Kant.

El hecho de venirles dedicado aumentó la indignación de los jóvenes. El tal Sagra era tan petulante y les consideraba tan poco instruídos, como para servirles a Kant crudo, sin aderezos ni salsas que le disfrazaran el sabor. Mientras hacían tales comentarios, alguien convino que la clasificación kantiana había sido publicada dos o tres años antes en la capital española, como traducción y bajo el rubro del propio filósofo alemán, Sanfeliú, que ya desesperaba por llamar plagiario a Sagra, detuvo sus ímpetus hasta hallar el periódico de referencia. Después se desfogó contra el burócrata que quiso burlarles. Sagra no respondió. Fué un incidente que sirvió para incluir al plagiario entre los pedantes que el Presbítero clasificaba como los que "hablan con autoridad en todas las ciencias sin haber saludado ninguna".

* * *

Al amanecer del sábado 28 de abril de 1821, la "Purísima Concepción", con sus velas henchidas, surcaba el canal del puerto habanero. Varela miró por última vez al Colegio de San Carlos. Recordaba el incidente sobre la paternidad literaria de Kant, sus experimentos de electricidad. Recordaba que desde los catorce años jamás había deslizado días más felices que los transcurridos en aquel lugar. ¿Volvería? El buque ya estaba frente a mar abierto y suavemente le llevaba hacia un destino inescrutado.

XII

MUSICA A BORDO

La "Purísima Concepción", formaba parte de un convoy que escoltaban dos buques de guerra, la "Pronta" y la "Galga". El viento soplaba fresco y a las ocho buen número de los pasajeros estaban mareados. Ese día Varela no quiso almorzar. Permaneció en cubierta toda la mañana sin haber sentido malestar físico, pero sus pensamientos marchaban raudos a deshacer la distancia que le separaba de tierra.

Al día siguiente, aún se divisaba Sagua la Grande. El convoy ponía proa rumbo al canal de las Bahamas. Todo el tiempo estuvo atontado por el mareo. Pero el lunes se sentía bien y formuló a sus acompañantes una bella proposición: Vamos a hacer música. Adolfo Quesada, no quiso tocar el clavicordio. No se sentía bien, pero Fernando Adot sí estaba en disposición, y tocó la flauta, él el violín. Todo el que estaba bueno se reunió junto a los músicos. Nadie había pensado en viaje tan agradable, con música a bordo.

¿Quiénes son los jóvenes discípulos que acompañan a Varela?

En primer término tenemos a su primo Buenaventura Morales. Por encargo de sus tías, escribe un diario de la jornada trasatlántica. Luego, Adolfo Quesada y Fernando Adot. Ambos, como José Luis Alfonso, aprendieron música con el Presbítero, y ambos formaron parte de aquella Sociedad filarmónica que fundara en La Habana. A Quesada la música guarda un brillante porvenir, llegará a ser un gran virtuoso del piano y un concertista muy conocido en su tiempo.

Por último están Pedro de Hara, Joaquín Toscano, el seminarista Francisco Ruiz, Juan Bautista, Francisco y Francisco de Paula Ponce, y otro primo de Varela, hermano también de Buenaventura, Francisco Morales.

Entre los demás pasajeros figura un anciano, viejo funcionario portorriqueño. El día del concierto almuerza con Varela. El anciano es un hombre de humor y buen decir, y muy pronto hace retornar la perdida jovialidad de nuestro Presbítero. Desde ese momento ya Varela es el de siempre, raro será el día, donde una decimita, una broma donosa no salte de sus labios.

Van navegando altura. No se ve un pájaro. Como el Capitán de la "Purísima Concepción" se traslada a otra de las naves, el doctor Castro, que viaja en el convoy, aprovecha la oportunidad para enviar al Padre, como siempre llama el respetuoso primo a Varela, una receta contra el mareo. Después cada vez que don Pedro Gorostiola, capitán de la "Purísima", vaya a la "Santos", que es la nave de Castro, Varela enviará o recibirá misiva. Es de suponer que el Presbítero siempre se queje que los remedios del doctor no le aminoran las náuseas que le provoca el vaivén del barco.

El 15 de mayo hubo gran fiesta. El funcionario portorriqueño cumplió veintidós años de casado. Su larga vida matrimonial no le había avinagrado el carácter, porque fué a comunicárselo a los cubanos. Varela le improvisó una décima y luego de comer, un concierto.

Los incidentes son varios. Un hombre cae al agua y desaparece, pescan un cazón y se lo guisan. Sopla norte fuerte y un bergantín pierde el rumbo. Con las velas reventando se acerca tanto a la "Purísima" que parece va a pasarla por ojo, pero, al fin, varía la derrota. Todo se resolvió en el estrépito que produjo un mastelero del bergantín al ser quebrado por el fuerte viento. Pareció un cañonazo, dice Buenaventura. Ya estaban cerca de las Islas Azores y vieron pasar por frente a ellos unos palos y dos botes vacíos. El Norte había sido devastador. Pero les vuelve la alegría con la bonanza. Es el santo de Fernando Adot, y desde el amanecer le están felicitando. Hubo canto por todo el buque, brindis, y Varela tuvo que improvisar nuevas décimas. La mañana siguiente fué mayor el jolgorio. Cruzaron el Trópico. Los viejos lobos de mar llenaron una gran tina de agua y disfrazados del rey Neptuno y su corte, hicieron alinear a los mareantes novicios. ¿Ha estado por estos mares alguna vez?, preguntaban a cada uno. No, pues pague dos pesos de multa. Al que se negaba lo chapuzaban dentro de la tina. El Padre pagó y luego se retiró a una de las barandillas a reír las guasas.

Al mediodía, el ánimo ligero todavía predominaba entre los criollos. Comenzaron a jugar a la candelita. Entonces este entretenimiento infantil no se jugaba preguntando como ahora: ¿Me da una candelita, por favor? Sino: ¿En esta casa hay candela? Ya casi estaban a la vista de las costas españolas.

El 6 de junio subió a bordo el práctico del puerto. Trajo ciruelas de Damasco y pan de Cádiz. Lo engulleron con deleite. Se veían las casas, albas, blancas. A la otra mañana ponían pie en tierra. Estaban tan molidos que decidieron descansar dos semanas. El 28 se encontraban en Sevilla. Y Varela y sus primos fueron a visitar una tía. Gente reidora, los criollos se asombran que la parienta, que es muy gorda, sea tan alegre como ellos.

El día anterior al de tomar la diligencia que les conduciría a Madrid, intentaron robar a los cubanos, pero sintieron a los ladrones y llamaron a los soldados, que les velaron el sueño el resto de la madrugada.

Nuestro flamante político ya ha leído los periódicos españoles y ha oído centenares de veces cantar el *Trágala*, la tonada con que los constitucionales dicen a sus antagonistas serviles, que quieras que no tienes que aceptar el nuevo orden de cosas. Sobre todo se le ha pegado aquella estrofa de:

> "Trágala o muere,
> Tú, servilón,
> Tú que no quieres
> Constitución."

Hasta aquí estaba bien si sólo hubiera constitucionales prestos a hacerles engullir el código a los servilones reacios a tragárselo, porque no había tales muertes. Pero lo peor no era esto, sino que los constitucionales estaban a su vez divididos en "pasteleros", "anilleros" y "comuneros". Por el camino escuchan otras coplas que le van completando el panorama político del momento. Esta otra dice claramente que:

> No zemo mazone,
> zemo comunero
> hijo e Pailla,
> Amante de Riego.

Es el cantar que resume las pugnas entre los liberales.

Por su principio las cosas se iniciaron así: Restaurada la Constitución se planteó una rivalidad entre los doceañistas y los veintiañistas. Los primeros adoptaron la posición de moderados, los segundos de exaltados. Como arquetipo de los primeros estaba el asturiano Agustín Argüelles; de los segundos, el andaluz Antonio Alcalá Galiano. Argüelles era un hombre recto, pero receloso, que miraba a sus contrarios como malvados. Una vez, creyendo que Riego traicionaba a los doceañistas, dijo en el parlamento: "No quiero abrir las páginas de esta historia." "Que se abra, que se abra", vociferaron amigos y enemigos. "No, no quiero abrirlas", reiteró. Y desde entonces los exaltados le llamaron *Páginas*, mientras sus admiradores aprovecharon la elocuencia que desplegó al referirse al establecimiento de las Sociedades o Clubs patrióticos para bautizarle *el Divino*, puesto que su discurso *"había estado divino"*. Alcalá Galiano era un joven literato, bueno para portavoz del posterior romanticismo. Asiduo a la tertulia de don Juanito Bölh de Faber y doña Frasquita Larrea, como la hija de éstos, Fernán Caballero, es una rara mezcla de impulsos insofrenables y gazmoñería. Alcalá, de complexión débil, cree haber descubierto la fórmula romántica que trasmuta lo ridículo en patético. Reta a un espadachín y militar veterano; y éste, luego de hacerle saber que le dejará cadáver, de batirse con él, le rehusa el lance y queda como un mal caballero. Mientras *al Divino* se le ocurren medidas para mantener el orden, a Galiano, tonterías para deshacerlo.

El Divino quiere moderación, Galiano ostentación, porque es tan inconsistente como para pasarse después a los amantes del orden.

La pugna la recogió también el coplero:

> Muera quienquiera,
> Moderación.
> Y siempre viva
> Y viva siempre,
> La exaltación.

Moderados y exaltados son masones. Masón es el color verde con que se distinguen los constitucionales. Serlo es moda, pero una moda que ha perdido esplendor, gloria, tal vez hasta la oportunidad y la vigencia de los tiempos del altivo Conde de Aranda, amigo de Voltaire. Todos los burócratas madrileños son masones y se hallan reunidos en sociedades secretas, porque es el método colectivo con que defienden sus salarios ministeriales. Por eso en España hay dos gobiernos. Uno, el que los burócratas manejan oficialmente siguiendo la rutina cotidiana; otro, el que imponen cuando huyen de la luz pública a sus covachas secretas. La armonía se rompe. Los ultramoderados se apartan, llevando a la cabeza a un mal poeta, que alcanzó tanta popularidad como larga vida biológica, Martínez de la Rosa; los moderados se quedan con Francisco Javier Istúriz y Argüelles, de jefes, y los radicales salen a buscar progenie y jefes para su banda.

Muy pronto se designan motes. Los ultramoderados son *anilleros*, porque usan un anillo de oro como símbolo. Mahy, se afirmaba, los había introducido en Cuba. Los que aún permanecen masones ortodoxos, se les llama *hermanos pasteleros*, y los radicales, indagan por ancestro y se los encuentra don Bartolomé Gallardo. El les resucita un héroe olvidado de las rebeldías comunales contra Carlos V, el Adelantado don Martín de Padilla, nativo de Tordesillas, donde naciera don Francisco Varela o Barela. Gallardo, como erudito de cepa, descubrió cosas insospechables: Los comuneros castellanos usaban un ritual muy semejante al de la masonería. Los radicales fueron, a partir de entonces, *comuneros, hijos de Padilla, amantes de Riego;* y sus jefes, el exdiputado don Juan Palarea y el general Francisco Ballesteros.

* * *

La vieja diligencia en que Varela y sus discípulos se dirigen a Madrid se detuvo en Puerto Lápice. Allí estuvo antes que ellos don Alonso Quijano, un loco de Castilla. No le encontraron por el mesón, pero Buenaventura Morales nos cuenta que había una Maritornes que a él le acarició el rostro, al Padre dió un empellón y una bofetada a Fernando Adot.

El 12 de julio, a la caída de la tarde, llegaban a buen destino. Varela no tenía más quehacer que esperar por sus credenciales y poderes y observar la vida española. Pero quiso llenar el entretanto con otros menesteres. El primero, encontrar imprenta para publicar la segunda edición de la *Miscelánea filosófica;* el segundo, perfilar algunos proyectos de Cortes, tarea más ardua, que le exigía buenos contactos personales y no pocas relaciones públicas.

En la antigua casa de Fuentenebro halló los impresores y a ellos encomendó la obra, que vió la luz aquel 1821. Entonces comenzaba a divulgarse en Madrid a Destutt de Tracy, "Par de Francia", y las mejores librerías anunciaban sus trabajos, traducidos por Juan Angel Caamaño, bajo el rubro de *Gramática General, precedida de los principios lógicos del mismo autor.* Con los achaques filosóficos contrastaban los políticos. Se publica una prensa de títulos tremebundos: *El Zurriago, La Tercerola, El Tribuno,* que se corresponden con *El Plutón,* de Granada; *El Rayo,* de Cartagena; *El Tío Bartolo,* de La Habana.

Los periódicos coincidían en acusar al Rey de conspirar con los poderes extranjeros, lo cual era cierto. Pero las Cortes no tomaban la acusación en serio, como tampoco la amenaza que les significaba que los regímenes liberales, calcados en la Constitución española, de Nápoles y Piamonte, hubiesen sido barridos por Austria, uno de los poderes integrantes de la "Santa Alianza".

Toda la política madrileña se hacía en los cafés. "La fontana de oro" y el de "Lorencini" eran los más concurridos. Por turno desfilaban anilleros, pasteleros y comuneros a denostarse ante el auditorio minúsculo que constituían unos cuantos e inveterados estrategas de "peñas". Entre los oradores estaba el propio Alcalá, quien censuraba por lo bajo la campaña de proselitismo liberal que de pueblo en pueblo realizaba Rafael del Riego. Calificaba su actitud de pueril y buscadora de aplausos. Vivían así estos descubridores del liberalismo, metidos en ellos mismos, soñando en la acción de minorías selectas y sociedades secretas, acobardados ante el temor que les inspiraba enfrentarse a las masas abrumadas de ignorancia por una larga, espesa tradición absolutista.

Riego era un espíritu puro y un líder a quien tocara pésimos colaboradores. Enemigo de la burocracia y el oropel podía cantar un *Trágala* con el pueblo y a plena voz, sin pensar con sus contemporáneos que hacía el ridículo, ni nada que estuviese fuera del deber inherente al jefe de una revolución popular. En España pululaban las partidas absolutistas que, con el pretexto del trono usurpado y el altar profanado, fanáticamente arremetían contra los derechos políticos del pueblo, reclutando la carne de cañón entre las clases bajas que Mesonero Romanos no vió asomarse al júbilo del 7 de marzo de 1820.

En La Habana la recusación electoral de los *uñas sucias* había prosperado. Varela se encontró en Madrid sin representación alguna. Era una situación difícil, que muy pronto trataron de deshacerle sus amigos y discípulos. Le instaban a permanecer en la capital española, trabajando como procurador extraoficial de la Isla, hasta que se celebraran las nuevas elecciones, en noviembre de aquel año. Su acta estaba asegurada, no así las de los que salieron con él. Otras noticias le mantenían al corriente que el tráfico de negros había disminuído en casi cuatro quintas partes, luego de haber sido transferido Arango y Parreño a Consejero de Estado. Las clases de Constitución continuaban con éxito, aunque hubo necesidad de llamar al orden a los militares, que se alejaron de ellas. Para acicatearles el interés, sus discípulos publicaron un largo manifiesto donde aseguraban que "la ignorancia es el agente de la tiranía" y "el soldado estúpido el opresor de la patria, y una máquina que sólo se mueve por la voz de su artífice". Saco trabajaba ardorosamente. Tenía doscientos noventiséis alumnos. Le notificaba haberse agotado el primer tomo de las *Lecciones,* y le solicitaba permiso para la nueva impresión, y para incluir, en un texto de física que preparaba, la parte de geometría de las *Instituciones.*

Noticias tan halagüeñas disiparon el posible malhumor que le provocaron los manejos electorales. Por su parte, no lucía menos diligente que sus discípulos. Actuando oficiosamente ante los organismos superiores de Madrid, había presentado a la *Dirección de estudios* sus libros de textos, y luego que le fueron aprobados, se había entregado a trabajar con ahinco en favor de la reforma total de la docencia criolla.

Varela y Manuel José Quintana, el poeta y educador, al frente de la *Dirección de estudios,* hicieron buenas migas. El filósofo debió lucir al poeta una personalidad muy vigorosa y persistente, que desde hacía diez años, y en un rincón ultramarino, realizaba reformas que ahora trataban de impulsarse en la Península.

El Presbítero admiraba al cantor español del progreso décimonono, y muchas veces le había citado en sus charlas misceláncias como ejemplo del nuevo estro poético. Intimaron, y en largas conversaciones Varela fué narrando a Quintana, cada una de las peripecias de su labor transformadora en el Colegio San Carlos. Nada contó a Quintana que no sepamos, y a instancias de éste resumió en

un informe los añejos vicios de San Gerónimo. En él expuso escuetamente la forma absurda de discernir doctorado y salario a los profesores. El privilegio dominico para adjudicarse los cargos administrativos y usufructuar el doctorado sin ser bachilleres. Como explicaban por textos arcaicos, y cuál era el papel que en la ilustración
cubana había venido a desempeñar el Colegio. Mientras San Gerónimo, por su descripción, aún permanecía en los marcos décimosextos, San Carlos y la Patriótica sufragaban estudios especializados
de química, botánica, economía política, derecho civil, pintura. A
la actitud reacia de la Universidad no podía responderse sino diluyén-
dola en una institución moderna, con capacidad y bríos para realizar
las funciones propias que deseaba Quintana en una Universidad
nueva. El Colegio era esa institución y quien debía, terminaba
Varela, absorber a San Gerónimo.

El informe provocó un cuestionario a las instituciones y personajes criollos citados por el Presbítero. Obispo, Patriótica, Ayuntamiento, Colegio fueron inquisitoriados. A la Universidad se la
abrumó con encuestas de este tipo: ¿Cómo se obtiene el doctorado?
¿Cuánto ganan los profesores? ¿Cómo son cubiertas las cátedras?
¿Posee laboratorios de física y química? ¿Jardín botánico? ¿Escuela
de dibujo y bellas artes?

Plenamente se comprobó que en La Habana sobraban materiales
para inaugurar la Universidad de segunda y tercera enseñanzas que
patrocinaba el liberalismo español. Por pronta vía, los frailes fueron
desautorizados a continuar desempeñando los cargos administrativos
de la Universidad. Fué una medida alentadora que los dominicos
trataron enseguida de burlar, no sin que les costara una fuerte
oposición. Por su parte el Colegio, interpoló otra palabra a su extenso y viejo título, pues comenzó a llamársele oficialmente Colegio
Nacional de San Carlos.

En aquellos días de fiebre docente, Varela recibió una visita inesperada, Ramón de la Sagra, el antiguo burócrata de la Factoría.
Acudía a exponerle sus cuitas. Se sentía infeliz trabajando como un
empleadillo cualquiera, cuando sus extensos conocimientos le capa-
citaban para desempeñar una cátedra o menester a tono con sus aptitudes. El plagiario de Kant no había perdido su habitual, desen-
fadada petulancia. Sabía de la amistad del Presbítero con Quintana
y le solicitaba recomendación.

Varela le explicó en términos sinceros cuanto había, un cúmulo de posibilidades, pero todas marchando lentamente. El propio Jardín botánico, puso de ejemplo, no estaba terminado. Precisamente, dijo Sagra, podría enseñar botánica agrícola, he sido alumno predilecto del profesor Mariano Lagasca, a la sazón también diputado a Cortes. Era un embuste, pero Sagra no merecía que Varela le desmintiese. Aquél era un joven pedante que quería brillar, y no había encontrado aún manera de hacerlo. Comenzó de libelista, continuó de burócrata ultramarino, y ahora pensaba que La Habana constituía el lugar propicio para crearse reputación de hombre abstraído en el estudio, por consecuencia, de sabio. Con franqueza Varela le expuso que no se sentía inclinado a recomendarle, entre otras razones, porque los organismos a que Sagra se sentía destinado distaban todavía de hallarse funcionando.

La celebración de las elecciones en Cuba y la llegada de los demás diputados amplió el campo de la actividad vareliana. Con la presencia de ellos daría inicio a su proyecto de descentralización metropolitana, única base, en su modo de ver, donde podían descansar las futuras relaciones de España con sus colonias. Consideraba de antemano fracasado cualquier intento dirigido a atraerse a las posesiones sublevadas, si no se les sometía previamente un código o régimen provincial ultramarino, con objeto de discutir alrededor de su articulado, si retornaban o no al seno hispánico. Daba por descontado que muchas de las colonias rebeldes no aceptarían otra fórmula política que el pleno reconocimiento de sus independencias, pero aquí, justamente, hallaba la ocasión para que la metrópoli, admitiendo el derecho de sus posesiones a ser libres, obtuviese la firma de tratados de reciprocidad comercial que la beneficiasen económicamente, cercenándose de una vez los odios surgidos entre madre e hijas. Un proyecto de abolición de la esclavitud le consumía también sus pensamientos. En éste, tendría que proceder con mayor cautela y reserva, no le lucía prudente estrenarse diputado proponiendo lo que más contravenía a la opinión de hacendados y comerciantes, pero lo haría y presentaría al Congreso tan pronto obtuviese la aprobación de las anteriores proposiciones.

El total de diputados cubanos, incluyendo a Varela, sumaba cuatro. José de las Cuevas, que concurría por Santiago de Cuba; Tomás Gener, por Matanzas; y Leonardo Santos Suárez, también por La Habana.

La presencia de Gener y Santos Suárez confirmaba la derrota de los *uñas sucias*. Aunque Gener era comerciante, estaba poderosamente influído por los hacendados, a virtud de su gran amistad con Juan Manuel O'Farrill. A él debía los más preciosos consejos para su formación intelectual de autodidacta. Nativo de Cataluña, Gener había prosperado y constituído familia en tierras cubanas, hasta ejemplificar el caso que citaba Varela en sus *Observaciones*, del foráneo que llega a querer como a su patria el país a donde emigra.

Santos Suárez era liberal independiente, discípulo del Presbítero, tan inflamado de juventud como de ideas generosas. En tanto, Cuevas, aunque procedente de una región donde el Arzobispo Osés había hecho del patriotismo peninsular un culto exagerado y molesto, no se mostraba refractario a las ideas progresistas de descentralización colonial; sobre todo, cuando en el proyecto Vareliano se hallaban los firmes sostenes de la autonomía administrativa que tanto reclamaban los santiagueros para poder desarrollar sus olvidados y remotos parajes.

Según los recién llegados Gener y Santos Suárez, las elecciones se habían desenvuelto apaciblemente, a pesar de que un alcalde, don Juan Etchegoyen, acusara de violento y arbitrario al Gobernador Mahy. Los cambios que provocaron dichas elecciones fueron sustanciales, no sólo en cuanto a los delegados al Congreso, sino en la propia Diputación provincial, ninguno de cuyos antiguos miembros había sido reelecto. Supo también el Presbítero que Saco era de los nuevos miembros de la Diputación habanera y Ferrety, Tercer alcalde, lo cual le indicaba que la conciencia política de sus discípulos daba una vigorosa muestra de manifestación, pues de ellos, uno había sido electo diputado a Cortes, otro alcalde y el tercero, miembro de la Diputación provincial de La Habana.

Muy pronto consiguió el antiguo profesor de fisolofía, aglutinar a los demás delegados coloniales para explicarles los motivos de su proyecto de régimen provincial ultramarino. Eran poquísimos. José María Quiñones, por Puerto Rico; Manuel Vizmanos, Francisco Bringas, y Vicente Posada, por Filipinas. Ocho en total, contando a los cubanos.

Al maestro que hemos contemplado hace algunos años ganar

fama de filósofo de las soledades americanas, al impugnador del aislamiento social, vemos ahora en campaña activa, con menos abstracciones y principios, y hablando en términos prácticos a sus colegas diputados.

"Las leyes, dijo comenzando su peroración, en la reunión inicial que sostuvo con sus colegas, desgraciadamente se humeceden, debilitan y aún se borran atravesando el inmenso océano, y a ellas se sustituye la voluntad del hombre, tanto más temible cuanto más se complace en los primeros ensayos de su poder arbitrario, o en su antigua y consolidada impunidad." En nada puede el Gobierno contra sus subalternos coloniales. Estos, unos aventureros, salvo las notables excepciones de siempre, sólo acuden a nuestras tierras a hacer fortuna en corto tiempo "sin cuidar mucho de los medios que emplean ni de la opinión de un pueblo a quien piensan dar un adiós eterno, y cuyos clamores nada temen, pues llegan debilitados a los oídos del gobierno y se confunden por la inmensa turba de protectores que siempre encuentran por desgracia todos los perversos. Mientras estos gravísimos males no tengan otro remedio que el triste sufrimiento, conducirán a la desesperación, será imposible afianzar la tranquilidad, remover las quejas y estrechar los vínculos amistosos entre unos y otros países." Poner coto a tales males sólo se consigue "erigiendo un coloso estribado en dos mundos, y cuyas partes perfectamente asimiladas no puedan separarse ni por los esfuerzos de la malicia ni por el imperio de los tiempos".

Formar, por tanto, un proyecto de instrucción para el gobierno político de las provincias de ultramar, cuya localidad, clima, población, estado económico, relaciones, costumbres, e ideas distan tanto de las peninsulares, constituye el empeño superior, al que debemos consagrarnos los diputados coloniales. Por eso creo que nos hallamos reunidos, concluyó.

Unos aplausos discretos y sinceros acogieron las palabras del Presbítero. Los que allí se encontraban concordaron, que en efecto, debieran darse a la labor inmediata de trabajar en íntima colaboración para lograr objetivo tan preciado, y mientras Varela les iba mostrando lo que ya llevaba redactado en ese orden, les comentaba sobre muchos de los tópicos que resaltaban de su proyecto.

"La población de América, explicaba, se halla reconcentrada en

ciertos puntos, formando pueblos y ciudades acaso más populosos de
lo que exige la conveniencia pública y lo que demuestra la economía política. De aquí resulta que no sólo hay inmensos terrenos
despoblados, sino que mucha parte de las poblaciones distantes de
las ciudades más bien son unos caseríos diseminados a grandes
distancias que unos verdaderos pueblos." ¿Creeis que pueda de esta
forma constituirse ayuntamientos para reunirse con la frecuencia
que los casos demandan?

Por eso se me ha ocurrido "que sólo se establezca ayuntamiento
en los pueblos que reúnan a lo menos veinte casas, y que las poblaciones dispersas se agreguen al ayuntamiento inmediato, nombrán-
dose en él un alcalde que deba residir en el caserío agregado para
atender inmediatamente a la conservación del orden y a las demás
necesidades públicas". Es la única forma de suprimir a los jueces
pedáneos, o como se les conoce vulgarmente, capitanes de partido,
los cuales no son más que "unos delegados del gobierno, puestos por
la necesidad, sin haber merecido la confianza de los pueblos".

¡Cierto, cierto!, fueron las exclamaciones.

Refiriéndose ahora al trabajo de las Diputaciones provinciales,
prosiguió de esta manera: Por las grandes distancias a salvar y por
la misma naturaleza del terreno que dificultan las comunicaciones,
se hacen incalculables sus esfuerzos. "El estado naciente de las
poblaciones, los inmensos terrenos despoblados y que exigen la mayor
eficacia en promover la colonización, el estado decadente de las artes,
y el fomento de la agricultura y comercio amenazados por mil
rivales que conspiran a su ruina, forman un conjunto de dificultades
y trabajos difíciles de vencer... Además, se hace preciso que a tan
inmensas distancias sea la Diputación un cuerpo consultivo en los
casos de urgencia, casos que siempre son de la mayor gravedad, y
para los cuales conviene reunir el mayor número de luces y de
autoridad, lo que no puede conseguirse sin exponerse a mil abusos,
sino haciendo que haya en la Diputación un individuo por cada
partido y exigiendo que el que se nombre por un partido tenga
todos los conocimientos locales, por haber nacido en él, por un largo
tiempo de vecindad, o por tener algún arraigo que le haya obligado a
su observación. Es indispensable ampliar las facultades de las diputaciones en América, presentándolas como una barrera a la arbitra-

riedad." Porque no hay duda, dijo con intención, "que la acción política no menos que la física, está en razón inversa de los cuadrados de las distancias, y siendo éstas inmensas, aquélla es nula".

El único que no sonrió ante la ironía con que finiquitó Varela, fué el filipino Bringas Taranco. Gener que era rumboso y acogedor propuso brindar por el éxito del proyecto. Un criado partió en busca de unos quesitos helados, la novedad madrileña, y una botella de oloroso jerez.

Pero llegó el 15 de febrero de 1822, fecha señalada para la apertura del período ordinario de Cortes, y los poderes de Varela, Gener y Santos Suárez estaban por llegar. Fué un chapuzón en que lanzaran al ardiente entusiasmo de los criollos. Varela quizás el más afectado, pues llevaba casi un año de espera, y aunque aprovechaba en gestión docente su permanencia en Madrid, su acción total quedaba nulificada. Hasta andaba mal de dinero, manteniéndose exclusivamente de sus no muy pródigas rentas, ya que sus dietas como diputado no podía recibirlas y sus sueldos profesorales los había renunciado en favor de sus discípulos.

Hallarse sin blanca no le arredraba tanto como la falta de tiempo para participar en las discusiones parlamentarias que provocaría su extenso proyecto de descentralización colonial, y de cuyo éxito iba a depender el de la abolición de la esclavitud.

Respecto a ésta, tenía redactada una proposición; en la cual contemplaba el problema en sus salientes históricos más agudos.

Según él, los conquistadores, exterminaron a los indios cubanos frente a los ojos indiferentes de la metrópoli, cuyo gobierno carecía en lo absoluto de una política colonial, la cual le fué descubierta por Inglaterra, quien, "con escándalo y abominación de todos los virtuosos no dudó inmolar la humanidad a su avaricia", ofreciendo esclavos para el cultivo de los campos del Nuevo Mundo. La imprevisión española no sólo autorizó el tráfico, sino que además premió en metálico a los tratantes de africanos. "El acaecimiento de Santo Domingo advirtió muy pronto al Gobierno el error que había cometido; empero, siguió la introducción de negros." Y aunque el cubano no deseaba la esclavitud, como carecía de brazos para la agricultura, debido a las barreras inmigratorias puestas por España, la aceptó y aún ayudó a fomentarla. "Según los cómputos más exactos, a principios de 1821, excedía (el negro) a la población blanca como tres a uno."

Los negros libres, proseguía, están casi todos dedicados a las artes, así mecánicas como liberales, "pudiéndose decir que para un artista blanco hay veinte de color. Estos tienen una instrucción, que acaso no podía esperarse, pues la mayor parte de ellos saben leer, escribir y contar y además su oficio que algunos poseen con bastante perfección, por no haber tenido más medio de instruirse que su propio ingenio. Muchos de ellos están iniciados en otras clases de conocimientos, y acaso no envidian a la generalidad de los blancos".

"La necesidad, maestra de los hombres, continuaba el texto del humanitario proyecto, hizo que de su infortunio sacaran los originarios de Africa estas ventajas, pues hallándose sin bienes y sin estimación han procurado suplir estas faltas en cuanto les ha sido posible por medio del trabajo, que no sólo les proporciona una cómoda subsistencia, sino algún mayor aprecio de los blancos; al paso que éstos han sufrido un golpe mortal por la misma civilización de los africanos. Efectivamente, desde que las artes se hallaron en manos de negros y mulatos se envilecieron para los blancos, que sin degradarse podían alternar con aquellos infelices. La preocupación siempre tiene gran poder, y a pesar de todos los dictámenes de la filosofía, los hombres no se resignan a la ignorancia cuando un pueblo justa o injustamente desprecia tales o cuales condiciones. De aquí se infiere cuán infundada es la inculpación que muchos han hecho a los naturales de La Habana, por su poco empeño en dedicarse a las artes, y no falta quien asegura que el mismo clima inspira la ociosidad. El Gobierno es quien la ha inspirado, y aún diré más, quien la ha exigido en todas épocas. Yo sólo pido que se observe que esos mismos artistas oriundos de Africa no son otra cosa que habaneros, pues apenas habrá uno u otro que no sea de los criollos del país."

"Las leyes, añadía con mayor vigor, son las únicas que pueden ir curando insensiblemente unos males tan graves, mas éstas por desgracia los han incrementado, autorizando el principio de que provienen. El africano tiene por naturaleza un signo de ignominia, y sus naturales no hubieran sido despreciados en nuestro suelo si las leyes no hubieran hecho que lo fueran. La rusticidad inspira compasión a las almas justas, y no desprecio; pero las leyes, las tiránicas leyes, procuran perpetuar la desgracia de aquellos miserables, sin advertir que el tiempo, espectador tranquilo de la constante lucha contra la tiranía, siempre ha visto los despojos de ésta sirviendo los trofeos en los gloriosos tiempos de aquella augusta madre universal de los mortales."

"Resulta, pues, que la agricultura, y las demás artes de la Isla de Cuba, dependen absolutamente de los originarios de Africa, y que si esta clase quisiera arruinarnos le bastaría suspender sus trabajos y hacer una nueva resistencia. Su preponderancia puede animar a estos desdichados a solicitar por fuerza lo que por justicia se les niega, que es la libertad y el derecho de ser felices."

Se sale veinte leguas de La Habana y no se halla más que despoblados y así está el resto de la Isla. Bolívar ha dicho que con dos mil hombres y el estandarte de la libertad haría a Cuba independiente. Los manumitidos que se instruyen en el sistema representativo saben cuáles son sus derechos, "que no son otros que los del hombre, tan repetidos por todas partes, y les hace concebir deseos muy justos de ser felices como aquellos a quienes la naturaleza sólo diferenció en el color".

"La imagen de sus semejantes esclavos los atormenta mucho porque recuerda el oprobio con que se mira su origen. Además, su inferioridad a los blancos nunca ha sido tan notable para ellos ni tan sensible como en el día, que por la Constitución están privados de los derechos políticos, que sólo se les franquea una puerta casi cerrada por su naturaleza, y aún se les excluye de formar la base de la población representada, de modo que son españoles y no son representados. Ellos no tanto desean serlo, como sienten el desprecio de la exclusión, porque al fin un artista, un hombre útil a la sociedad en que ha nacido se ofende mucho de ver que se le trate como a un extranjero, y tal vez como a un bruto."

El tono paritario del discurso introductorio a la memoria de abolición de la esclavitud. La carencia de prejuicios raciales que en él palpita, reclamando igualdad de derechos entre el negro y el blanco, demostrando la aptitud del primero para emular al segundo, la capacidad de españoles que les reconoce y su necesidad de representación política, no volverá a escucharse en boca cubana, con semejante tono, hasta sesenta años más tarde de labios de José

Martí, que para su infortunio no conoció a Varela. Y no por ausencia de curiosidad, porque en Varela más que en cualquier otro cubano hubiese encontrado Martí los antecedentes que él mismo se tortura en hallar y justificar en otros criollos de visión demasiado estrecha y ceñida, si se las compara con la del Presbítero. Es que para la infelicidad cubana, Varela se había constituído en un mito. Un mito peligroso, puesto que su mentalidad política evolucionó tanto y tan rápidamente que fué preciso ocultar su obra, perderla y proscribirla como literatura perjudicial y tenebrosa. Baste decir que en el instante en que la abolición de la esclavitud va a ser un hecho, como resultado de la *Guerra de los Diez Años,* la censura española no consintió que la *Revista de Cuba,* publicase el texto del proyecto vareliano descubierto por Antonio Mestre, y que luego se guardó con tanto celo, que se extravió nuevamente, hasta que por fin vió la luz ciento diez años más tarde a su fecha de redacción.

Su parte dispositiva era lo más generoso que se había concebido hasta aquel momento en la materia. Más generoso aún que la propia libertad alcanzada por los negros como consecuencia de la Guerra Grande, porque aquí no se la concedieron sino, y como previera Varela, el negro, fracasado en dos oportunidades armadas para obtener su libertad, determinó sumarse a quien se la prometiera. No hay que olvidar sus palabras proféticas al respecto: "Estoy seguro de que el primero que dé el grito de independencia tiene a su favor a casi todos los originarios de Africa."

De acuerdo a dicha parte dispositiva, se declaraba libre a todo esclavo que hubiese servido por quince años, y a todo aquel que naciera después de la vigencia del descreto. Aún el que deseara comprar su libertad podía hacerlo deduciendo de los quince años señalados, los que ya hubiere servido. Cualquier abuso por parte de los amos, en materia de sobreprecio u ocultación de siervos, quedaba señalado en la correspondiente parte punitiva.

Como era cuestión de acelerar el proceso liberatorio, se establecía una "Junta Filantrópica", con ramales en todas las ciudades, cuya misión principal consistiría en arbitrar fondos, tomándolos de las distintas fuentes de ingresos fiscales, aparte de lo que contribuyesen voluntariamente "los amantes de la humanidad". Cada dos meses, y en los distintos lugares de la Isla, se realizaría un sorteo entre los esclavos para libertar un número proporcional a las cantidades recaudadas.

Asi respondió Varela a las instrucciones del Consulado y a las del Excelentísimo Ayuntamiento habanero. También, a la literatura abyecta de su antiguo maestro del Colegio, el Vicario O'Gavan, cuya estancia en Cortes se había caracterizado por sus alegatos en favor de la esclavitud, alegatos donde no faltaron las oportunas incidencias teológicas sobre la raza maldita de los hijos de Cam. Infortunadamente para los criollos, el susodicho argumento habría de perpetuarse en la literatura cubana seudorreligiosa, hasta 1896, en que otro Vicario de la diócesis habanera, también escribiera de los negros: "Ellos sufren las consecuencias de un castigo y de una maldición que el Pentateuco nos refiere."

El cierre de la legislatura ordinaria se caracterizó por una serie de hechos que deprimieron hondamente a nuestro diputado, porque casi pareció que junto con la amenaza de frustración al régimen constitucional se esfumarían todos sus empeños políticos.

Después que el Rey pronunció ante las Cortes su reglamentario discurso de clausura, el 30 de junio de 1822, la muchedumbre fué vitoreándole hasta las mismas puertas del Palacio. La Guardia real, integrada en buena parte por extranjeros, súbitamente se volvió contra el pueblo, sableándole. En el balance de heridos hubo un miliciano constitucional que falleció vistiendo completo uniforme. La indignación subió a las masas y ante éstas, los soldados respondieron acuartelándose mientras daban vivas continuos al Rey y mueras a la Constitución. Un oficial de los mismos, Mamerto Landaburu, extrajo su sable y fué hasta la tropa para silenciarla, pero no hizo más que tratar de increparla, cuando cinco fogonazos le derribaron. Landaburu, desangrándose prorrumpió también en vivas, pero al Rey constitucional, asegurando que moría por la causa de la libertad.

Los días que siguieron al asesinato de Landaburu fueron de gran alarma. Los sublevados no dejaban salir de Palacio a quien traspusiese sus puertas, en tanto que en el Pardo, villa cercana a Madrid donde solían residir los monarcas, otros cinco mil sublevados se reconcentraban amenazadoramente.

Corrían las noticias más contradictorias. Unos decían, que

aquélla era una conjura específicamente absolutista. Otros, un movimiento encabezado por los *anilleros,* ahora en el gabinete, cuyos propósitos se dirigían a poner en vigor una nueva Carta magna, menos liberal y de eminente sabor aristocrático.

Una cosa u otra, jamás ha sido esclarecida cabalmente, lo que se sabe es, que tanto los hermanos pasteleros como los disidentes comuneros se hicieron fuertes en la Plaza Mayor y que armados de buena artillería decidieron esperar los acontecimientos, que se dilataron hasta la madrugada del 7 de julio.

Batiendo calacuerda y dando vivas al Rey descendieron del Pardo los enemigos de la Constitución. Los liberales, con los cañones atorados, les dejaron aproximar hasta el quemarropa, entonces descargaron la metralla. El Rey, que vió desbandarse a sus salvadores desde un balcón palatino, exclamó: "¡Qué se fastidien, por tontos!" En cuanto a su suerte, pensó que deshecho el plan, en fuga o refugiados los conspiradores en Palacio, aquél iba a ser su último día, porque pasteleros y comuneros, embriagados de pólvora y sangre, ya deseaban tomar su mansión y finiquitar con el absolutismo y el último de sus satélites. Fué entonces cuando la acción del discutido jefe de la revolución española, Riego, se puso en juego, y éste, pensando que la toma del Palacio pudiera hacer peligrar la vida del monarca, persuadió a los liberales que aceptasen la rendición incondicional de los sublevados y se retirasen ante la promesa de castigar a los asesinos de Landaburu. Cuenta Alcalá Galiano, que uno de los oficiales de la Guardia real, de origen extranjero, en medio de las discusiones abogaba porque no hubiera más choques y afirmaba con acento desconsoladamente gutural: *"Perro segnor todos son espagnoles."* Otro historiador, poco conocido, igualmente nos afirma, que como culpable de la muerte de Landaburu se jecutó a un oficial de apellido Goiffeau, que posiblemente nada tuvo que ver con el asunto.

"Contenido el orden", según solía decir el terrible General Morillo de los campos de América, y ahora influyente mílite en Madrid, salieron del gabinete los *anilleros* con su Martínez de la Rosa, y entraron los radicales. Se formó una nueva sociedad secreta, la *landaburiana,* y el General Trabuco, como "El Zurriago" llamaba a Morillo, el propio Alcalá, Angel Saavedra, futuro duque de Rivas, y todo el que se juzgaba influyente y de posición en la capital, retornaron al exclusivo café de "Solito", a saborear sin perturbaciones los deliciosos quesitos helados, y luego a perorar en el "Lorencini" y "La fontana de oro", donde de vez en cuando solía hablar un discípulo de Varela, Felipe Poey, que andaba a la sazón por Madrid.

No quería decir que el país permaneciese tranquilo, ni que la amenaza de las potencias extranjeras se esfumara. No, mientras los estrategas de café escuchaban con arrobo a los flamantes landaburianos, el país ardía en guerra civil. Francia, que con pretexto de la epidemia de fiebre amarilla surgida en Cataluña, colocara tropas en "cordón sanitario" por toda la línea fronteriza, terminada la peste les había trocado el nombre por "Ejército de observación". A su vera, y en las estribaciones pirenaicas, se había establecido una regencia conocida con el nombre del villorrio donde radicaba, Seo de Urgel. Desde allí lanzaron los realistas un manifiesto a los españoles pidiendo rescatasen al Rey de manos de los liberales, ante lo cual el propio Fernando había respondido enviando al General Espoz y Mina para que los deshiciera, escribiendo, de paso, un contramanifiesto, donde les acusaba de hallarse vendidos a los poderes extranjeros.

Todas aquellas contradicciones de la vida política hacían lucir a España una Bizancio en disolución. ¡Y ésta era la metrópoli y éstos los hombres que pretendían conducir el que había sido el mayor imperio del mundo occidental! La animadversión de Varela por el absolutismo sólo era comparable a la repulsa que le inspiraban las sociedades secretas. Jamás se borrarán de su mente aquellos días. Masones y comuneros, dirá muchos años más tarde a la juventud cubana, hundieron a España. Quizás en el hondón de su alma se estuviese descubriendo una incógnita indespejada hasta aquel momento. La incógnita que le revelara que ni absolutistas ni liberales eran capaces de resolver los problemas de su patria cubana. Pero aún nada sabemos ciertamente sobre la nueva etapa de su pensamiento. Lo único que conocemos es, que cuando transpiró hasta La Habana el proyecto de abolición de la esclavitud que preparaba nuestro Presbítero, Saco escuchó de unos labios amigos, que el diputado cubano que solicitase en Cortes la libertad de los negros merecía que allí mismo "le arrancasen la lengua".

XIII

"POLITICA FINA"

"¿Juráis defender y conservar la religión católica, apostólica romana, sin admitir otra alguna en el reino?"

"Sí, juro."

"¿Juráis guardar y hacer guardar religiosamente la Constitución política de la monarquía española, sancionada por las Cortes generales y extraordinarias de la Nación en el año de 1812?"

"Sí, juro."

"¿Juráis haberos bien y fielmente en el encargo que la Nación os ha encomendado, mirando en todo por el bien y prosperidad de la misma Nación?"

"Sí, juro."

"Si así lo hiciereis, Dios os lo premie, y si no, os lo demande."

Tan pronto Varela prestó juramento, le siguieron Tomás Gener y Leonardo Santos Suárez. Ese 3 de octubre de 1822, juraron en total ciento diecisiete diputados, incluyendo al ya veterano José de las Cuevas. Entre artículos constitucionales y del Reglamento interior de Cortes, resistieron la lectura de casi una docena de ellos. Todavía, Varela, Santos Suárez y Gener, soportaron los argumentos con que Juan Etchegoyen y José Simón Loigorri, se expresaban de las elecciones celebradas en La Habana. Pero sus recursos, uno contra la conducta del Jefe político y otro contra los comicios se desestimaron.

Enseguida los cubanos fueron distribuídos en las comisiones encargadas de recibir al monarca y su familia. Por lo que el primer menester congresional de los criollos consistió en anunciar al Rey cuándo quedarían inauguradas las sesiones del Congreso.

El Rey recibió a la Comisión con extremadas muestras de cortesía. Habló con ella y le hizo saber que asistiría personalmente para tan señalado acto, el día 7, a las once de la mañana.

Varela pudo observar a Fernando VII de cerca, charlar con él. Poseía una nariz abultada, aunque Goya se la disimulara cuando le retrató. Una nariz borbona como el prognatismo típico de familia. Su frente estrecha, sus ojos grandes y hasta saltones, no hacían, empero, mal conjunto con unos labios que parecían siempre desear sonreír. El cabello, alborotoso, empolvado y hacia atrás no le restaba tampoco cierta gracia femenina que definitivamente tornaba agradable el conjunto total de su faz. Pudiera decirse que Fernando constituía una personalidad atrayente, pues además, su voz era cálida y su dicción, como él mismo blasonaba, perfecta.

El pueblo le llamaba *Narizotas*, pero quien platicase con él podía hasta sentirse inspirado de confianza, si no fuera por su fama de hombre maligno. Un Fernando distinto era imposible. Si el medio y la crianza, si la madre, según pensaba Varela, era el primer maestro del hombre, el de Fernando había sido deplorable. Su padre, bonachón y despreocupado, sabía las infidelidades de su mujer y las toleraba porque la amaba, aunque ella era fea y desdentada. El favorito de la reina, Manuel Godoy, no sólo la zurraba, sino que entretenía, como ella, otros amoríos. Una juventud oscura y postergada en medio de estas tristes circunstancias condicionaron en el príncipe una capacidad extraordinaria para el sufrimiento y un poder casi absoluto para domeñar sus emociones ante las desvergüenzas a que se veía rebajado continuamente. En su parte negativa, tales condicionamientos le tornaron cínico y disimulador. Así, cuando los factores estaban de su parte, toda la rabia contenida de su ser se desfogaba en un ímpetu salvaje. Su venganza era ilimitada y feroz. Su reacción contra Godoy, cuando preludió la invasión napoleónica, le hizo simpático al pueblo. Fernando era la florecilla incontaminada que creciera en el estercolero real. Pero en Fernando aquello fué materia íntima más que política, aunque de paso arrancara de su padre la abdicación al trono. Rehén de Bonaparte, su prestigio creció, pero él, para congraciarse con el Emperador, le felicitó por sus proezas en España contra el pueblo, que por devolverle el trono alcanzado ilegítimamente, moría antes que claudicar ante el invasor. De vuelta, lejos de reconocer lo que su gente hizo, la humilla y gobierna despóticamente. Dominado otra vez por los liberales, maldice a los miembros de la Guardia real, que como una tromba descendieron del Pardo para reinstaurarlo monarca absoluto. Ahora, en este instante, 7 de octubre de 1823, en que le contempla nuevamente Varela, tras haberlo recibido las Cortes con atronaciones y salvas, habla a éstas, y dice precisamente cuanto no siente:

"La nación pide brazos numerosos para refrenar de una vez la audacia de sus rebeldes hijos, y los valientes leales que la sirven en el campo del honor, reclaman recursos poderosos y abundantes, que aseguren el éxito feliz en las empresas a que son llamados."

"Regocíjense los buenos..., y encuentren los malvados en el Congreso nacional un muro impenetrable a sus proyectos criminales."

Después, luego de contestar a Fernando VII, el primer presidente de aquella legislatura extraordinaria, don Ramón Salvato, se hizo cargo de la mesa, y tras despedir los comisionados al Monarca y a su familia, ocuparon sus respectivos escaños y se dieron todos a las discusiones parlamentarias acostumbradas.

La moral del Rey, que los diputados pretenden ocultar, hasta trasmutarla en tabú, es tan inexplicable como los vericuetos de la propia anarquía revolucionaria. Todo el mundo parece estar un poco chiflado en España, y todo parece hallarse revuelto en una suma enorme de conflictos contrapuestos. Para entender y lidiar dentro de este endemoniado aquelarre, no había más que una fórmula, lanzada por un diputado valenciano en uno de los tantos cónclaves secretos de burócratas revolucionarios. Según el buen valenciano, se imponía poner en práctica una *"pulítica fina"*, con el plausible fin de acoplar en uno solo, tantos y tan encontrados pareceres.

Varela se encuentra en la mejor disposición de ejercitar con todos una política fina, pero a distinción de los que militan en facciones, sociedades y partidos, tratando de encontrar siempre la razón que contenga a los intereses mayoritarios de la totalidad de españoles. Especialmente aquellos de los olvidados españoles de Ultramar.

Su primera intervención parlamentaria la realiza el 11 de ese mes, para solicitar que los capellanes del ejército sean no sólo examinados, sino depurados a través de una comisión eclesiástica. En su estancia peninsular hay materias sobre las que ha adquirido gran experiencia. Entre ellas, la cuestión clerical. Sus colegas españoles constituyen una clase numerosísima, la mar de veces desviada de su sagrado ministerio y frecuentemente asedentarizada por el disfrute de una riqueza tan fabulosa como desconocida en el montante anual de sus ingresos. Para capellanes de la milicia, no concurren, como en otros tiempos, clérigos bien caracterizados por su piedad y sus firmes convicciones, que él pudiera citar en el recuerdo de aquel Michel O'Reilly, párroco de San Agustín y Capellán de las tropas de Su Majestad.

A partir de esa primera intervención, no dejará de participar en cuanto debate juzgue necesario acudir con su palabra. Muchos de sus discursos son breves incidentales, para aclarar o precisar conceptos oscuros que brotan de las discusiones. Otros, más importantes, sirven para energetizar las leyes cuya aprobación considera el Congreso. Nueve días después, basándose en las regalías de que disfruta el trono español, propone que se declaren vacantes las sedes "cuyos Obispos tuviesen parte con los facciosos, y que se pida a Su Santidad su deposición para proveer sus plazas".

Un tanto romántico, porque el papa Pío VII, que había consagrado a Napoleón emperador, continuaba inmiscuyéndose en negocios terrenos y en íntimo consorcio con los monarcas absolutos que conspiraban para exterminar cualquier vestigio de libertad en Europa y América. Una de las mayores injurias que el Santo Padre acababa de inferir a los regímenes democráticos consistía en haber proscrito, como lectura malsana, la de aquellos libros donde se tratase sobre la inviolabilidad de los diputados o representantes del pueblo a los congresos o cámaras legislativas.

Aunque la proscripción papal atañía fundamentalmente con los ingleses, éstos no se daban por enterados. Un papa jamás fué tomado en serio por un británico macizo. Pío VII en aquel momento desempeñaba el papel de un instrumento político más en el rejuego internacional. En éste era donde los ingleses buscaban ventajas, y donde iban a obtenerla. Además, para los hijos de la pérfida Albión la libertad constituye un deporte inteligible sólo por los de su raza, y aunque la española la defendían débilmente, lo hacían más por cumplimiento teórico que por deber ineludible. Para emocionarse ante un juego de *cricket* hay que ser necesariamente inglés. Los ingleses lo entienden así, y también que para manejar la libertad es menester ser un buen deportista y mejor perdedor. Por eso, el duque de Wellington y el diplomático A'Court, aconsejan coetáneamente que España ceda parte de su libertad para complacer a los tiranos de Verona. Los EE. UU., por su lado, tenían poco que esperar de su influencia. Los reaccionarios europeos les contemplaban como los agentes del desorden universal, que con su republicanismo habían corrompido la política del Viejo Mundo. Tampoco a los norteamericanos interesaba la libertad española. Su preocupación estaba centrada en vigilar a su astuta progenitora, la cual buscaba quedarse con todo el comercio latinoamericano, amén de las islas de Cuba y Puerto Rico. El *New Englander* Quincy Adams, al frente del Departamento de Estado escribía en aquel momento al *Virginian* designado ministro en Madrid, Hugh Nelson, el siguiente memorándum: "Las islas de Cuba y Puerto Rico pueden considerarse apéndices naturales del continente septentrional americano; y una de ellas, Cuba, casi a la vista de nuestras playas, ha llegado a ser por una multitud de razones un objeto de trascendental importancia para los intereses comerciales y políticos de nuestra Unión"... "Pero hay leyes de gravitación política, como las hay de gravitación física; y así como una manzana desprendida por una tempestad del árbol en que nació y a que estaba sujeta, no tiene más remedio que caer al suelo, así también Cuba, rota la conexión que no es natural que la reúne con España, e incapaz de sostenerse por sí misma, tiene por necesidad que precipitarse en el seno de la Unión norteamericana, la cual a su turno se encontrará forzada a aceptarla."

Sincrónicamente, el Presidente del Banco de Inglaterra afirmaba, que quien poseyese a Cuba, poseería al mundo, caso de abrirse el utópico canal de Panamá, y un norteamericano de apellido Kirkland, metía ruido en los periódicos de Filadelfia proponiendo a su gobierno la difícil empresa.

Gener no es ajeno a estos pensamientos de dominación norteamericana, porque son los compartidos por parte de los hacendados cubanos. Varela, en cambio, sueña en una comunidad de naciones españolas, y le duele tanto la anarquía peninsular, como la agresión de la Santa Alianza, que al fin trabajará en abonar el camino a los muy industriosos anglosajones, quienes no se hallan dispuestos a permitir sin derramamiento de sangre, la intromisión continental europea en América.

Mientras tanto, el Presbítero trata de apresurar los planes de su proyecto de instrucción ultramarina, pero siempre negocios más urgentes absorben al parlamento. Ahora se delibera en torno a la proposición de Angel Saavedra sobre integrar una "Legión liberal extranjera" con los exilados franceses e italianos, para que concurran con los españoles a combatir la contrarrevolución sufragada por los aliancistas de Verona. Al fin, se desecha por vanos escrúpulos. Otro día, entraba en la liza y discutía algunos puntos de las medidas extraordinarias adoptadas para reprimir a los facciosos, como por ejemplo, negándose a que se le concedan facultades a los militares para juzgar a las autoridades civiles. Pero es que los alcaldes por temor dan el soplo a los realistas cuando se acercan las tropas, había dicho Alcalá Galiano. Y era cierto, pero Varela consideraba que las excesivas facultades concedidas a los militares les iba a hacer odiosos ante el pueblo, lo que sería peor al soplo aludido por el andaluz. Otra vez, se opone a que los eclesiásticos que no gozan rentas del estado puedan ser trasladados de parroquia por desafectos a la Constitución. Dichos eclesiásticos, afirma, son ciudadanos, y a éstos, por no simpatizar con la libertad, a nadie se le ocurre trasladarlos de localidad. Como no se hace muy comprensible ante aquella gente ofuscada, entra en minucias para explicar la manera de distinguir los bienes que son propios y los que no lo son de un eclesiástico. Los bienes espiritualizados, dice, son del sacerdote y éste puede ser heredado por su familia, no así los beneficios o curatos y las capellanías. Entonces, un comunero, José Canga Argüelles, que en su cabeza de revolucionario hueco conciliaba radicalismo político y esclavitud de los negros, le hizo un chiste grueso: "Su Señoría no puede negar que esos bienes materiales con que algunos individuos se ordenan están espiritualizados, pues los prelados tienen una prerrogativa, tal vez venida de la divinidad, de hacer las cosas terrenas espirituales."

Varela no se dió por aludido, él no respondía a las groserías. Las Cortes trataban entonces sobre los "Males de la patria", las "Ordenanzas del ejército", la "Reforma del clero". Asuntos premiosos que se justificaban, al decir de un acuerdo congresional, "cuando una coalición de soberanos, desafecta a las doctrinas que forman nuestro sistema de gobierno nos mira desde fuera con ojos casi de enemigos; cuando una potencia vecina junta un ejército en nuestra frontera;

cuando en el seno mismo de la nación arden las disensiones civiles; cuando se multiplican las conspiraciones fomentadas por el oro de los extraños y de los propios; cuando so color de religión, trabajan muchos en excitar al inocente pueblo a la rebelión y a los delitos".

Nuestro diputado permanece alerta para que ninguna de las medidas represivas que adoptan las Cortes se extiendan a Ultramar, "teniendo en consideración, como expresa, los funestos efectos que pueden producir en el ánimo de aquellos habitantes, cuando ningún motivo las justifica allí y pueden ser siniestramente interpretadas".

En la Isla de Cuba el ardor constitucional no había cesado. Ante la amenaza de los veronistas, respondían los habaneros con un gesto del Obispo. Este propuso, y llevó a efecto, depositar en el mismo nicho donde se guardaban los restos del Gran Almirante de Indias, una caja de caoba conteniendo un ejemplar de la Constitución junto con una alusiva medalla de oro. Después, y como tapia, colocó una tarja de mármol blanco, donde hizo escribir con letras de oro:

> "Oh restos e imagen del grande Colón
> Mil siglos durad unidos en la urna
> Al Código santo de nuestra nación."

Una manifestación singular de este momento angustioso ante la amenaza exterior, a la vez que llamada al orden interno, se recoge en la capital de la Isla en un tipo de composición poética más culta, que a modo de fábula recuerda a los españoles que,

> "La nación hispana
> es el gallinero,
> los gallos los libres;
> y el servil perverso
> es la astuta zorra,
> que destruir debemos.
> Caros compatriotas,
> que oís este cuento,
> de la zorra indigna
> huid los consejos.
> Todos españoles
> libres nos llamemos,
> y unidos venzamos;
> si no, nos perdemos."

Por entonces, las obras de Varela se anunciaban en La Habana, junto con su exposición a la Dirección de Estudios y su Refutación al escolasticismo. También se vendían otros libros como el *Arte de amar*, de Ovidio; el *Emilio*, de Rosseau; *La Celestina; La división de los dominios del Papa; La doncella*, de Voltaire.

El viejo teatro que construyera el Marqués de la Torre se caía a pedazos, y tan pronto fuera reparado y enlucido con "costosas pinturas" se prometía una "gran comedia de teatro", "Marta la romarantina", y una "Atala" "obra de un conciudadano" cuya paternidad escondía de esta manera, quizás para evitar represalias del público descontentadizo. También se adelantaba el estreno de una "ópera nueva", con música escogida, "la mayor parte de Rossini", titulada "En lo que viene a parar el odio hacia las mujeres". Como el auge teatral cobraba bríos, había hasta dos primeras *donnas* que antagonizaban, la Gamborini y la Sabatini. La rivalidad de ambas divertía a los habaneros y traía loco al director de la Compañía, el señor Poutret. Para poner orden entre las artistas fué necesario distraer al sesudo, Excelentísimo Ayuntamiento, de sus deliberaciones y suplicarle su intervención en el asunto, pues ambas se reciprocaban la acusación de pretender establecer el absolutismo artístico.

Mientras tal acontece en La Habana, en Verona los reyes decretaban la intervención de España, y en Madrid, Félix Varela defendía a su patria de las nuevas exacciones económicas que pretendía hacerle la metrópoli. Es cierto que la economía española está muy quebrantada, admite, y lamento la pérdida del continente americano por falta de protección naval, pero que con objeto de reforzar a ésta se pretenda extraer un millón de pesos de La Habana no lo concibo, "aquellas cajas no lo tendrán disponible después de cubiertas sus precisas atenciones. Ese enjambre de tropas y empleados que se refugiaron allí de la Costa Firme, han dejado exhausta su hacienda pública, sobre la cual pesa también el sostén del importante punto de San Juan de Ulúa, el ejército de Costa Firme, y otra porción de atenciones de no pequeña importancia". La capital de la Isla, proseguía, debe 525,000 duros, de los cuales 500,000 son para atenciones alimenticias, si éstos no se pagan puede comprometerse la tranquilidad pública. Cierto que Cuba, asintió con renovado denuedo, en el último quinquenio ha contribuído con más de un millón y medio de duros anuales para los gastos del estado. Dicho montante constituye un excedente que no ha dado ninguna otra provincia de la monarquía. Pero asimismo es necesario advertir, que antes se introducían por La Habana mercancías extranjeras destinadas al consumo de Nueva España. Ellas importaban cuatro millones anuales, que daban de derechos cerca de un millón de duros. Sin embargo, concluyó, esa recaudación ya no existe, porque las citadas mercancías van directamente a su destino.

Con menos suerte que su proposición sobre los obispos conspiradores, esta vez consiguió con el apoyo de los demás diputados cubanos, que solamente y en caso de faltarle a La Habana el millón de duros que se le solicitaba, le sería completado por la Península.

Los diputados españoles no estaban acostumbrados a una resistencia de este tipo. En el orden económico habían sido siempre halagados, y es que los metropolitanos, de la conquista a la fecha, entendían con el *Divino*, que los criollos debían tributar con una porción considerable de la herencia de "cuya mayor y más sana parte (estaban) disfrutando". A pesar de todo, era vergonzoso que, basados exclusivamente en una causal de fatalismo histórico, se pretendiese extraer tanto dinero de la colonia que una década atrás no podía bastarse a sí misma, y cuyo progreso agrícola no se debía al estímulo metropolitano, sino a las constantes reclamaciones y ruegos de sus habitantes, con el fin de que fuesen derogadas arcaicas leyes y gabelas onerosas, que obstaculizaban al espíritu empresario que animaba a los progresistas coloniales.

Empero, no puede tomarse esta digresión como parte del agravio que expresaran los cubanos, a partir de 1836, contra los regímenes liberales de España. Después de esta fecha, solían quejarse los criollos, que habían sido mejor atendidos bajo los tiempos absolutistas que bajo las épocas parlamentarias. Ellos deseaban echar en cara la traición a Cuba de Argüelles, Martínez de la Rosa, Alcalá Galiano, Canga Argüelles, Istúriz y algún otro liberal que tras un exilio forzoso, retornarían a España, a manejar de nuevo la política peninsular.

Por vía absolutista, y como expresara José de Arango a Shaler, los cubanos estaban degradados y sin ningún derecho político. Pero ahora siempre pueden hablar y mantener libremente sus opiniones. Así, cuando las Cortes deciden enviar los reos políticos a los presidios de América, Varela, como portavoz de su pueblo se alza para proponer una fórmula más eficiente. Primero, considera que no es prudente llenar La Habana con hombres ociosos, contrarios al liberalismo. Segundo, que no debe mezclarse al culpable de un crimen político con el delincuente vulgar; y tercero, que de enviárseles, debían serlo en calidad de colonizadores. Es decir, responsabilizando a los reos políticos con una alta y benemérita misión social.

Por fin, en la sesión del 15 de diciembre de 1822, y suscrita además con los nombres de Santos Suárez, Gener, Cuevas y el portorriqueño Quiñones, presentó el Presbítero la siguiente proposición:

"Siendo más urgente en Ultramar que en la Península una nueva instrucción para el gobierno económico político de las provincias; no limitándose a las de Europa la que ha pedido S. M., y constando en la que se discute que no se extiende a Ultramar, pedimos a las Cortes que se nombre una Comisión que teniendo esta instrucción a la vista, proponga la que convenga a las circunstancias particulares de aquellos países lejanos, según lo recomienda con mucha oportunidad la Comisión de diputaciones."

Por su parte, y de manera sorpresiva, Francisco Bringas Taranco, delegado filipino, propuso algo semejante para sus islas:

"No siendo adaptable en las provincias de Ultramar, y particularmente en Filipinas, el Reglamento económico político que actualmente se discute para el gobierno interior de los pueblos de la Península, pido a las Cortes se sirvan prevenir que por la Diputación provincial de Manila se forme un reglamento particular para aquellas islas, acomodado a las circunstancias del país y al nuevo sistema que se halla establecido en lo general de la monarquía, remitiéndolo a las Cortes a la mayor brevedad para su aprobación."

Ambas proposiciones fueron reunidas en una sola Comisión, que integraron, Varela y Santos Suárez, por Cuba; Quiñones, por Puerto Rico; Vizmanos y Vicente Posada, por Filipinas; Pablo Santafé, por Aragón; Ramón Luis Escovedo, por Toledo; Mateo Seoane, por Valladolid; José Joaquín Garmendia, por Guipúzcoa. Bringas había quedado fuera.

Algunos historiadores cubanos no han deseado valorar en toda su amplitud este código que inspiró Varela. Comparándolo con el atribuído a José Agustín Caballero, del cual del Valle Hernández se confiesa autor y William Shaler adjudica a Francisco de Arango y Parreño, se ha dicho que el del Presbítero "no tenía la misma amplitud", en tanto que Vidal Morales lo calificó de "poca monta". Y es que al emitir tales juicios se ignoró, o quizás simplemente se olvidase que Varela tuvo que discutir su proyecto ante una comisión heterogénea compuesta de coloniales y metropolitanos, para someter por último el dictamen a las propias Cortes, donde no falta ni un resentido contra él, el diputado filipino Bringas, ni defensores, como Alcalá Galiano, que según autoconfesión no se le oponía abiertamente porque ya el desastre constitucional avecinaba su desenlace.

Tampoco es de suponer que Varela pasase inadvertidas estas actitudes, que tanto influirían en su ánimo para hacerle evolucionar políticamente. Tal parece como si hubiese deseado agotar toda su ciencia de hombre pensador y dado al laboratorio, para arribar a la culminación de que Cuba tenía que ser independiente y nada más que independiente.

Aunque enfrascado en la difícil tarea de redondear y discutir el dictamen de Ultramar, nada le es indiferente en Cortes para que su buen juicio, sin estridencias ni alardes oratorios, se inmiscuya con el criterio moderno que siempre guía sus opiniones. Refiriéndose a la reforma de los ayuntamientos peninsulares, que en ese momento se debate, propone que a sus empleados se aplique el mismo patrón que a los del estado. En España todavía pervivían los viejos usos de cargos hereditarios, sobre todo en los concejos. Varela mantiene que los empleos no pueden ser propiedad de los individuos, sino de la nación, ya que a quien se le quita un empleo "no se le quita nada suyo, y sólo se le dice que la nación no tiene a bien que continúe como hasta entonces". En otras palabras, que "cuando la nación necesita hacer una reforma para el bien general, debe prescindir de los intereses particulares".

Días más tarde se cumplía el segundo aniversario de la Revolución. Hermanos pasteleros y comuneros andaban a la greña, como de costumbre. La Sociedad landaburiana era la de moda, y Alcalá Galiano, que había alcanzado sonoros triunfos en su tribuna, ahora no sólo estaba proscripto, sino que se le atacaba desde ella. Valiéndose de Istúriz, Gran Maestro del Soberano capítulo de los hermanos pasteleros, pactó con Riego que si le defendía frente a los landaburianos, él se comprometía a que las Cortes conmemorasen su alzamiento en Andalucía. Convenido, mientras Riego se concretó a decir: El ciudadano Galiano me ha pedido que lo defienda y yo afirmo que él es un buen patriota, Alcalá le calzó unas celebraciones tristes, como convenía a la pobre defensa y a los tiempos aún más turbulentos que iba a vivir España, ya que las notas conminatorias de los veronistas acababan de ser entregadas por los representantes diplomáticos de Francia, Austria, Prusia y Rusia al Ministro de Estado español, don Evaristo San Miguel.

En la sesión del 9 de enero de 1823, bajo la presidencia de Istúriz, se presentó el gabinete en pleno ante el Congreso. Ese día no había mucho público en las galerías, porque de tanto esperar a los miembros del gobierno se había cansado. Tocó a San Miguel leer las notas de las potencias.

Francia decía que una insurrección militar había obligado a Fernando VII a acatar la constitución que aboliera en 1814, por lo que en consecuencia, Francia y sus aliados, estaban acordes "en la firme voluntad de rechazar por todos los medios los principios y los movimientos revolucionarios".

Rusia, descaradamente sentaba que doctrinas subversivas de todo orden social se predicaban y protegían en la Península. Insultos contra los primeros soberanos de Europa llenan impunemente los periódicos, mientras los sectarios de España hacen correr sus emisarios para asociar a sus trabajos tenebrosos todo lo que hay en los países extranjeros de conspiradores contra el orden público y contra la autoridad legítima. También dejaba traslucir con brutalidad cuáles eran los propósitos de la Santa Alianza contra América en un párrafo muy significativo:

"¿Qué de remordimientos no acompañan a la victoria de los que hicieron la revolución de España? En la época en que un suceso deplorable coronó su empresa, la integridad de la monarquía española formaba el objeto de los cuidados de su gobierno. Toda la nación estaba animada de los mismos sentimientos que S. M. Católica. Toda la Europa le había ofrecido una intervención amistosa para restablecer sobre bases sólidas la autoridad de la metrópoli en las provincias de Ultramar, que en otro tiempo habían hecho su riqueza y su fuerza."

"Animadas por un ejemplo funesto a perseverar en la insurrección, las provincias en que ésta se había manifestado ya, hallaron en los sucesos del mes de marzo la mayor apología de su desobediencia; y las que permanecían todavía fieles se separaron inmediatamente de la Madre Patria, justamente intimidadas del despotismo que iba a pesar sobre su desgraciado Soberano y sobre un pueblo cuyas innovaciones, poco previstas, le condenaban a correr todo el círculo de las calamidades revolucionarias."

Metternich, a nombre de Austria, citaba hechos y hasta hacía historia:

La revolución "aún antes de haber llegado a su madurez, había producido ya grandes desastres en otros países. Ella fué la que por el contagio de sus principios y de sus ejemplos, y por las intrigas de sus principales instrumentos, suscitó las revoluciones de Nápoles y del Piamonte; y ella la hubiera generalizado en toda Italia, amenazado a la Francia y comprometido la Alemania, sin la intervención de las potencias que han libertado a Europa de este nuevo incendio. Los funestos medios empleados en España para preparar y ejecutar la revolución han servido de modelo en todas partes a los que se lisonjan de proporcionarla nuevas conquistas; la Constitución española ha sido doquiera el punto de reunión y el grito de guerra de una facción conjurada contra la seguridad de los tronos y el reposo de los pueblos".

Las *notas* constituyeron el principio del fin. Bien hacían los soberanos de Europa en llamar Santa a su alianza, porque prometía degenerar en toda una cruzada contra la libertad; no sólo en Europa, sino en América. Contra su apóstol, el padrecito ruso; su trompetero Metternich y su mesnada, el rey de Francia, estaban dispuestos a resistir por la fuerza los constitucionalistas españoles y las recién inauguradas naciones de América, con los EE. UU. a la cabeza. Quien perdería no es cuestión a dilucidar, perdería la libertad. En la balanza trágica de aquel momento, donde las últimas conquistas de la civilización occidental se pesaban, exclusivamente había un factor favorable a la libertad, Inglaterra. Desgraciadamente, Inglaterra sólo presionaría en favor del Nuevo Mundo, cuyo comercio pretendía monopolizar. España estaba irremisiblemnte perdida.

La ira no tuvo límites. Aquel padrecito ruso que tan duramente se expresaba de la Constitución, en 1812 había reunido a los pocos españoles diseminados en su territorio, y los había obligado a jurarla. Este fué el primer punto que tocó San Miguel en su respuesta a los diplomáticos extranjeros. Luego les recordaba, que en 1814 la Constitución había sido derrocada por la fuerza, lo cual legitimaba la revolución para devolver al pueblo hispano lo que era suyo. En otros aspectos, hacía saber a los infatuados soberanos y cancilleres de Verona, que España jamás se había inmiscuído en la política interior de ninguna otra nación, y que si había convulsiones políticas, éstas no eran efecto del código fundamental, sino de sus enemigos, que intentaban destruirlo con el apoyo foráneo.

A continuación se levantó Alcalá Galiano y propuso que se enviara a S. M. "un mensaje para asegurarle de la decisión de la Representación nacional, fiel intérprete de los votos de sus comitentes, a sostener el lustre e independencia del trono constitucional de las Españas, la soberanía y derechos de la Nación, y la Constitución por la cual existen; y que para la consecución de tan sagrados objetos no habrá sacrificios que no decreten, ciertas de que serán hechos con alegre entusiasmo por todos los españoles, que antes se sujetarán a padecer todo linaje de males, que pactar con los que tratasen de amancillar su honor o de atacar sus libertades".

A pesar de la mala sintaxis se aprobó entre vivas estentóreos, y hermanos pasteleros, anilleros, comuneros, landaburianos, se dieron en abrazarse. A todos les corrían las lágrimas. Los enemigos irreconciliables de ayer, que hasta se habían propinado pescozones en pleno Congreso corrían a buscarse para llorar juntos. En las galerías ocurría otro tanto entre los miembros de las distintas sociedades secretas. El bullicio era ensordecedor, y las efusiones tan espontáneas, que pareció a Varela allí se terminaban las desavenencias entre los liberales, para desde ese instante trabajar en un mismo empeño: ¡Salvar a España!

La señal máxima de reconciliación la ofrecían Argüelles y Alcalá, que también se abrazaban. Ambos fueron propuestos para redactar las declaraciones de Cortes, que se pensaban traducir a todas las lenguas, con el objeto de hacer saber, al "mundo entero, que la nación española desea la paz, pero que no rehusa la guerra, y que está dispuesta a repetir con exceso sus anteriores sacrificios antes que sufrir se atente a su independencia". Digámosle a esas naciones concluían los diputados: "Ahí tenéis la paz y la guerra, escojed lo que quisiéreis."

A las cuatro de la tarde se levantó la sesión de aquel memorable

9 de enero de 1823. El Presidente la cerró con un ¡Viva la Constitución!, y tras él, los diputados y los miembros del gabinete, marchó el gran público.

El 28 de ese enero, Luis XVIII, fofo y con voz chillona, abría las Cortes francesas. De su discurso merece entresacarse el siguiente párrafo:

... "Cien mil franceses mandados por un Príncipe de mi familia, por aquel a quien mi corazón se complace en nombrarlo hijo mío, van a ponerse en marcha, invocando el Dios de San Luis, para conservar en el trono de las Españas a un nieto de Enrique IV, libertar aquel hermoso reino de su ruina y reconciliarlo con la Europa."

Este fragmento no sólo constituía una injuria a los liberales españoles, sino al infortunado Dios bajo cuyo amparo se encomendaba tan indigna empresa. Para mayor denuesto al Dios y a la religión por la que juraban los diputados españoles, y que eran los mismos de Luis XVIII, el Santo Padre, Pío VII, coetáneamente a los preparativos de invasión, hacía detener en Turín al embajador español en viaje a la Santa Sede, declarándole persona *non grata*. Entre las acusaciones que se hacían a Joaquín Lorenzo Villanueva, que era sacerdote y teólogo famoso, estaban las de hereje.

Otro sacerdote, miembro de la Comisión eclesiástica, el diputado Pacheco, se alzó como un nuevo Dante, para censurar del Santo Padre ocuparse en coartar los derechos del hombre en vez de atender a los típicos deberes espirituales de su menester sagrado.

Entonces se discutían los arreglos del clero, y sus inmoralidades las sacaban a relucir muchos de los treintiocho eclesiásticos que ocupaban escaños en las Cortes. Eran tantas, que un diputado, supremamente angustiado, se declaraba en anticipada derrota ante la ímproba labor a realizar sobre una herencia de "tres siglos de inquisición y tinieblas". "El querer atacar de frente todos estos monstruos, decía, es empeñarse en una lid sangrienta de éxitos dudosos. Hemos querido hacer en un día, terminaba, lo que es obra del tiempo, de las luces y la educación". Era también que las Cortes, en justa represalia, acababan de expulsar al Nuncio apostólico.

Dicha expulsión implicaba a los ojos de aquellos diputados católicos, que sería capitalizada por los aliancistas para demostrar que España estaba gobernada por el anticristo. El diputado Alvarez

Gutiérrez había propuesto que el Vaticano eligiese como nuncio a
un prelado español. Este era el punto en discordia que obligó a le-
vantarse a Varela al objeto de mediar.

"Yo veo, rotundizó, el fanatismo entronizado, veo la superstición extendiéndose por todas partes con maña y finalmente veo al
despotismo valiéndose de mil y mil arterías para destruir las libertades de las naciones."

"Ha dicho muy bien el Sr. Gutiérrez, que el proyecto no presenta
más que una protestación de fe y de respeto hacia el Primado de la
Iglesia;pero han dicho algunos señores que presenta algunas dificultades; y entre ellas, que, ¿por qué se obliga al Pontífice o se solicita de
él que elija un Nuncio de entre los Obispos de la nación española?
Yo contestaré a los señores que dicen esto, porque éste es un derecho
de la misma Nación, la cual está en la precisión de adoptar todas
aquellas medidas adecuadas para conservar su tranquilidad, ¿y cuáles son las funciones de este Nuncio? ¿Son por ventura incompatibles con las de un Obispo español?"

"Se dice también que el verdadero carácter del Nuncio es la
vigilancia sobre la conservación de la pureza del dogma y la obser-
vancia de la disciplina de la Iglesia; ¿pero no podría también vigilar
con la misma o mayor exactitud un Obispo español? El Papa, pues,
no tiene un motivo para resentirse porque no se le obligue, se le
proponga que elija un Obispo español para este cargo."

"Se dice que esto no debe establecerse como ley; pero, ¿dónde se
establece con tal carácter? El voto particular dice que el Pontífice
puede destinar temporal o perpetuamente un Nuncio, valiéndose para
esto de un Obispo español que tenga su confianza; y yo admiro aquí
la prudencia y tino de su autor, pues acabamos de despedir al Nuncio de Su Santidad con demasiada razón; y si se quisiese obligar al
Romano Pontífice a enviar a una persona determinada para este
encargo sería dar a entender una animosidad o una venganza."

"Por otra parte, afirmó para concluir, si consideramos al Nuncio
como una persona extranjera, ¿quién duda que los intereses de la
curia romana pueden ser el conservar siempre una influencia directa
en el clero de España? Soy, Señor, enemigo de discordias y divisiones
entre las potencias; pero la nota pasada por Su Santidad manifestando las razones que tenía para no admitir a nuestro embajador

Villanueva, ¿en qué se funda sino en el derecho que tiene toda potencia para no admitir la persona anunciada si no le es grata? ¿Y es posible que Su Santidad en la multitud de Obispos españoles beneméritos no encontrase personas beneméritas que desempeñasen bien este cargo?"

Aquella era una sesión muy movida e interesante, donde no sólo se discutía el problema de la nunciatura apostólica, sino el problema de los diezmos eclesiásticos. Las palabras al respecto de Varela nos muestran qué había en el fondo de toda la cuestión:

"Sobre la parte económica del proyecto, dijo, confieso que me avergüenzo de no entender nada del clero de España sobre este punto, porque el de América se gobierna en esta parte de otro modo; pero no ruego más a las Cortes sino que tengan presente que no se sabe lo que produce el "medio diezmo", y que no hay medio alguno de saberlo. Si el pueblo clama contra esta contribución, es porque ve su malversación, y que los párrocos y demás individuos que viven de ella están indotados y cuando vea que se invierte con religiosidad en los objetos para que está destinada, la pagará con gusto y entonces estará mejor dotado el clero. Esto se consigue con el proyecto que presenta el Sr. Alvarez Gutiérrez, en el que propone que los ayuntamientos sean los que impongan a los respectivos pueblos esta contribución, y sean los que paguen a los párrocos como autoridad más a propósito para este objeto."

Es notable hacer constar como aquellas Cortes repletas de revolucionarios dejaron perder esta justa proposición por una irrisoria mayoría de ocho votos. El criterio general no estaba por enfrentarse con *los monstruos* a que aludiera el diputado Alcántara, preferían hacerlo anónima y oscuramente desde las sociedades secretas.

Los azares de la guerra civil arreciaban y se cernían sobre el propio Madrid. Una partida realista se había acercado a la capital, y despachadas tropas para deshacerla, habían sido derrotadas miserablemente. Al verlas retornar en fuga, algunos políticos se alarmaron y pensaron que la pelea se recrudecería peligrosamente, tan pronto los rebeldes se viesen reforzados por los franceses, por lo que enseguida quisieron tratar en Cortes la recomendación del gabinete de trasladarse a sitio más seguro.

La sesión congresional del 14 de febrero de 1823, estuvo dedicada a tan importante asunto y al de la clausura de la legislatura extraordinaria.

Los pareceres fueron disímiles. Por ejemplo, el diputado Gómez Becerra expresó, que a pesar de reconocer los sobrados deseos del gobierno francés de invadir a España, no veía el medio de que se valdrían para realizar dicho propósito. "Yo veo una gran diferencia entre la Francia y la España de ahora, dijo refiriéndose a los tiempos de Bonaparte. Entonces tenía la primera un ejército formidable en el corazón de la Península, esto es, en Madrid, y ahora no tiene el gobierno francés ninguna tropa dentro de nuestro territorio... Yo pregunto además: ¿El que manda ahora el ejército francés puede compararse con el que mandaba entonces el de la misma nación, esto es, Napoleón? Ni puede tampoco compararse el ejército que nos quiere invadir con el ejército de Napoleón. De ninguna manera, y no se pierda tampoco de vista la indignación con que miraría la mayoría del pueblo francés la injusta agresión de su gobierno para con una nación libre..."

Por su parte, el diputado Tomás comentó fanfarronamente: "Confieso que diez o doce mil franceses que se acercasen a la capital causarían una alarma, pero no creo que cuatrocientos mil sean bastante para dominar la nación española; y esto no se tenga por bravata, porque hemos visto que Napoleón no lo pudo conseguir con mayores esfuerzos. Entonces los españoles no eran lo que son ahora, saben lo que valen, y están acostumbrados a pelear por su libertad, conocen lo que valen sus derechos, y no hay poder en la tierra que sea capaz de quitárselos."

Sin embargo, el pueblo permanecía como indiferente a todas estas suposiciones que se construían en su torno. Estaba de carnavales. Su filosofía estoica de pueblo le obligaba a intuir que muy pronto tendría que soportar el impacto directo de la miseria consecuente a la guerra. Por eso permanecía alegre con sus carnestolendas. Si mañana he de morir, ¿por qué no he de gozar hoy?

Había mucho de arrogancia en los discursos de aquellos dos diputados. En sus relatos olvidaban el papel desempeñado por los ingleses en la derrota peninsular de Napoleón. Además, no había guerra civil como ahora.

Quizás fueran éstas las razones para que don Cayetano Valdés, gran espíritu liberal, gran valiente y veterano militar, afirmase:

"Yo no me avergüenzo de decir que tengo muchísimo miedo, porque en la carrera militar no me han enseñado otra cosa que a tenerle. Yo he sido jefe de ella, y he enseñado a todos mis subalternos los mismos principios. Desde el momento que he visto uno que echaba bravatas y no tenía miedo le quitaba del sitio, porque consideraba que podía ser sorprendido; porque no tener miedo es echarse a dormir y la consecuencia forzosa es que el que duerme no puede tener valor."

"La nación está alarmada, y yo lo estoy horrorosamente —y aquel hombre que se había probado peleando contra Napoleón hacía un gesto de miedo que era la mejor burla a los bravucones—. Mi existencia me importa poco; pero mi honor me importa mucho, y no me detendría ningún género de consideraciones para cumplir con mi deber."

Después habló el *Divino*. No estuvo detonante. Al contrario, muy circunspecto. Dice Azorín, que leyendo las actas del Congreso es muy difícil hallar la elocuencia de Argüelles. Pero es que los taquígrafos, sabemos por Félix Varela, eran muy malos, y acortaban o alargaban a su gusto los discursos de los diputados. No obstante, las palabras de hoy suenan gratas; con una rara elocuencia, que bien puede hacer honor a la sobriedad del *Divino*, o a la de los taquígrafos.

"Toda esta historia, dijo, se reduce a que la Constitución española es el escándalo de Europa, y es una ley incompatible con la seguridad de los estados, y particularmente de los tronos". Lo cual me "parece extraordinariamente ridículo el suponer que la Europa esté fuera de su equilibrio y comprometida, porque los españoles han adoptado unas leyes, que si son defectuosas, sólo a ellos toca reformarlas."

El que con tanta lealtad respondiera a las demandas inglesas, en las pasadas Cortes de 1811, es ahora quien denuncia la complicidad de los británicos en la gran intriga, que comienza en Italia aboliendo los regímenes constitucionales allí establecidos. Hace rememoración histórica y llega a convertir sus frases en devota oración de sentido patriotismo, cuando invoca: "En este momento me dirijo a todos los españoles en todos los ángulos de la Península, incluso los mismos facciosos, y les digo: No es sólo la fuerza de las armas, las arterías, la intriga y la seducción es la que se emplea para quitarnos los medios de existir y para que ofrezcamos un nuevo monumento de ignominia como Italia."

La votación decidió el traslado del gobierno y de las Cortes, por abrumadora mayoría. Al final de la sesión tocó a la Comisión de etiqueta informar al monarca del importante acuerdo, así como de la próxima clausura del ciclo legislativo, para cinco días más tarde. Marcharon a desempeñar el cometido Varela y los demás comisionados que estaban presentes. Entre los miembros de la Comisión de etiqueta había dos personalidades muy interesantes, una, don Vicente Salvá, como Varela, profesor y hombre de letras, cuyas horas mejores las consagraba a los estudios gramaticales; y otra, don Juan Rico, muy liberal, a la vez que un sacerdote de ideas un tanto peregrinas e inesperadas para su estado. Discutiendo meses atrás las "Ordenanzas del ejército", al conocer la resistencia de los magistrados y jueces a ser incluídos en el servicio militar, se refirió a que en la guerra de independencia no había excepciones con nadie, y luego, como si hubiese descubierto la fórmula para que aquellos se librasen del deber militar exclamó, "si no quieren ser soldados, ¿por qué no se casan? No tienen todos una renta suficiente para mantener mujer? ¡Demasiado considerable es en España el número de célibes que por desgracia no podemos casarnos!"

El Rey recibió a los comisionados de muy mal talante. Excusó, empero, su mal humor en la gota que le aquejaba. En realidad no deseaba partir, y como era tan bellaco, por si cualquier otro plan que elaborase para entorpecer a las Cortes le fracasaba, allí mismo encontraba uno en sus dolencias.

Al día siguiente, 15 de febrero, entregaba Varela a la presidencia de las Cortes el *Proyecto de Instrucción para el gobierno económico político de las provincias de Ultramar*. Constaba de un preámbulo, cuyo contenido ya le hemos escuchado expresar en la reunión que sostuvo con los demás diputados coloniales, amén de un extenso articulado, que comenzaba por la nueva estructura dentro de la cual serían planeados los ayuntamientos americanos. Con Varela firmaban el dictamen los demás comisionados para ese proyecto, y aunque no alentaban esperanzas de que se comenzara a discutir en la legislatura que expiraba, sí que se hiciese en las primeras sesiones de la subsiguiente, que sería ordinaria.

La amenaza exterior había logrado imponer la *pulítica fina* preconizada por el diputado valenciano de marras. Esto, unido a la presentación del dictamen ultramarino satisfacía a Varela, cuyas solas contrariedades eran de carácter íntimo, su penuria era tanta que se veía obligado a escribir a Toño Saco para que, como miembro de la diputación provincial, se ocupase de que le pagaran sus sueldos atrasados. Por otra parte, Sagra el plagiario de Kant, había ido a visitarle nuevamente. Acudía muy compungido a pedirle perdón por su felonía. Pero, ¿qué felonía?, inquirió desconcertado el diputado. Entonces Sagra, como quien se confiesa, le narró sus malas acciones:

Fué a ver a Manuel José Quintana diciéndose enviado de Varela. Como el poeta le diera muy buena acogido, le expresó que los motivos de su visita estaban por obtener una plaza de profesor en La Habana; preferentemente, la Cátedra de botánica agrícola. Quintana prometió ayudarlo. Ahora sólo demandaba del Presbítero, perdón y que no le desmintiera. Sagra lucía desolado. Y Varela se dejó arrancar la promesa de no desmentir a la persona que presuntuosamente había tratado una vez de ponerle en ridículo.

El 19 de febrero se cerró la legislatura extraordinaria. El Rey, pensando que con la dispersión de los diputados y la distracción del pueblo en los carnavales podía maniobrar fácilmente, solicitó la renuncia del gabinete que había aconsejado a las Cortes el traslado del gobierno. El plan le salió torcido. El mismo 20 de febrero, el pueblo se amotinó y al siguiente día tuvo que llamar a los ministros, cuya figura más representativa era Evaristo San Miguel. No obstante, muchos comuneros pensaban con los realistas que el gobierno debía quedarse en Madrid. De las tales e imprevistas divergencias revolucionarias Fernando sacó inmediato partido, pues aprovechó la ocasión para echar a algunos pasteleros del gabinete y hacer entrar otros tantos comuneros. De hecho, y sin quererlo, logró destruir la imperante *pulítica fina*. Símbolo del antagonismo entre los liberales fué la clausura, por un cabecilla de los comuneros, el exdiputado Palarea, ahora en funciones de Jefe político de Madrid, de la Sociedad landaburiana, con el pretexto de que corría peligro de desplomarse el salón de sesiones.

CORTES.

PRESIDENCIA DEL SEÑOR FLORES CALDERON.

SESION DEL DIA 15.

Se leyó y aprobó el Acta de la anterior.

A la Comision primera de Hacienda se mandó pasar una exposicion de Doña Ana Requena, viuda de un capitan de navío, para que se le conceda una pension.

Se dió cuenta de un oficio del Sr. Secretario del Despacho de Estado, manifestando algunas dudas acerca de lo prevenido en el art. 1.° del decreto de 16 de Diciembre último sobre el modo de extinguir las reclamaciones hechas por los españoles contra el Gobierno francés, y se mandó pasar á la Comision que entiende en este negocio.

A la Comision segunda de Hacienda pasaron varios expedientes remitidos por el Sr. Secretario del mismo Despacho, y entre otros uno promovido por D. Juan Andrés García, individuo del resguardo militar, para que se le conceda una pension respecto á haberse inutilizado en el servicio; y otro por Doña María Josefa Suarez, testamentaria de un Dean que fué de Ciudad-Rodrigo, para que se la exima del pago de 11.000 rs. en que el Estado resulta acreedor á dicha testamentaría.

La Comision de biblioteca era de dictámen, que antes de verificarse la traslacion del Gobierno se le mandase efectuar la entrega de los inventarios de libros del monasterio de Monserrat de esta corte.

Aprobado.

Se leyeron varias adiciones del Sr. Suarez, relativas á las facultades de las Audiencias de Ultramar, y á que en los partidos donde haya dos ó mas Juzgados de primera instancia, se separe el conocimiento de las causas civiles de las criminales.

Se declararon de primera lectura.

La Milicia activa de Teruel, la voluntaria de Cangas de Tineo y el Ayuntamiento de Castropol, felicitaron á las Córtes por las sesiones de 9 y 11 de Enero último.

Las mismas lo oyeron com particular agrado.

La Comision de Guerra, en vista de varias adiciones al proyecto sobre arreglo de medicina militar, opinaba que podia añadirse el artículo siguiente:

«El Gobierno podrá emplear interinamente en el servicio de medicina militar habiendo vacantes, y con calidad de auxiliares, á todos los médicos que teniendo la correspondiente práctica les haya cabido la suerte de soldados, disfrutando la mitad del sueldo que les corresponde.»

Aprobado.

Se leyó, y halló conforme con lo acordado por las Córtes, la minuta de decreto relativo al Estado Mayor general del ejército.

Se procedió á la discusion del proyecto de instruccion para el gobierno económico-político de las provincias de Ultramar.

Leido el dictámen, pidieron la palabra varios señores Diputados para hablar sobre su totalidad.

El Sr. Bringas impugnó este dictámen, fundándose en que la actual situacion de las provincias de Ultramar haria impracticables las disposiciones del proyecto, y de consiguiente, seria ilusorio cuanto sobre el particular acordasen las Córtes.

El Sr. Varela, como de la Comision, sostuvo el proyecto, manifestando que en él se habia ocurrido á todos los casos y circunstancias en que se hallasen las provincias de América, y suplicó al mismo tiempo al Congreso admitiese el proyecto para que de una vez tuviesen aquellas provincias leyes arregladas al actual sistema y no fuesen gobernadas al arbitrio de los jefes militares.

El Sr. Garañiendia manifestó que en atencion á la situacion local de la América y á las circunstancias que en ella ocurrian, seria lo mas conveniente se remitiese á las provincias de Ultratar el reglamento aprobado por las Córtes para la Península, á fin de que cada una de aquellas adoptase de él lo que le pareciese mas á propósito y desechase lo restante, exponiendo los motivos que les obligaba á tomar esta determinacion.

El Sr. ISTURIZ: El Sr. Varela ha dicho todo lo que sobre el particular puede decirse; porque, señor, ó la España europea considera como parte suya á la América, ó no; si no la considera como tal, en este caso no hay sobre qué hablar; pero si la considera como tal, como en efecto sucede así, pues las Córtes en todos sus decretos proceden bajo este supuesto, es constante que no se puede retardar la organizacion de aquella parte de la Monarquía española para que marche de acuerdo con la España europea. De otro modo, los señores que han impugnado el proyecto, sin quererlo anticipan la cuestion de si la América ha de quedar ó no emancipada de la España, cuestion que no es del momento, y sobre la que expondré yo mi opinion cuando las Córtes se ocupen de ella. Se trata ahora únicamente de dar un proyecto de ins-

21

XIV

ADIOS, BIZANCIO

La legislatura ordinaria se abrió el primero de marzo de 1823. Los diputados tuvieron que vestir traje de ceremonia, lo cual no acompasaba con la mala facha del edificio del Congreso. El Rey no asistió, estaba enfermo, por lo que don Manuel Flores Calderón, presidente de aquel evento, leyó el discurso de apertura que debía hacer el monarca.

En éste, Fernando VII se lanzaba contra la Santa Alianza y S. M. Cristianísima. "¿De cuándo acá, decía, se da a soldados la misión de reformar las leyes? ¿En qué código está escrito que las invasiones militares sean precursoras de felicidad de pueblo alguno?" También sugería el traslado de las Cortes "a un punto menos sujeto al influjo de las operaciones militares para paralizar los planes de los enemigos". Hubo vivas que apagaban la voz de Flores Calderón, quien tras designar la comisión que contestaría al discurso del Rey, levantó la sesión a las 2.30 de la tarde de ese sábado.

El domingo, se integraron las demás comisiones. Varela fué incluído en las de Instrucción Pública y Ultramar. Ya el Presbítero estaba ansioso porque se comenzara a discutir su Proyecto, pero la sesión se desenvolvió muy agitada. Empezaron a ventilarse las interioridades políticas. ¿Por qué, preguntaba el diputado Ferrer, el Rey ha cambiado el gabinete en situación tan crítica, cuando afirmaba encontrarse satisfecho con él? Deseo saber qué sucede, y propongo que vengan los Secretarios de despacho a informar al Congreso. Entonces, Juan Rico, el sacerdote de ideas un tanto peregrinas consumió un turno para expresar sin rodeos: Veo una conspiración organizada, y que ésta existe en el centro mismo de Palacio. "Yo veo, prosiguió, que uno de los medios que para esto se emplea es el quitarnos al gobierno en los mismos instantes en que debe presentarse a las Cortes para dar cuenta del estado de la nación; yo veo

igualmente que en el oficio que se ha leído poco hace, dice S. M.
que los Ministros se han portado con pureza, dignidad y en una
palabra, que han llenado sus deberes, y a pesar de todo esto, que
quedan destituídos; y, ¿en qué tiempo? En el tiempo más crítico;
cuando por un lado nos amenaza una guerra extranjera, y por otro,
una facción liberticida que amenaza asesinarnos en nuestros asientos."

Hubo un rumor de aprobación en las galerías. El orador se
sintió aguijado y continuó con mayor énfasis:

"Yo quisiera, por lo tanto, saber del gobierno si hay fuerzas
que puedan impedir a los franceses su marcha hacia la capital. Si
no las hay, como yo así lo creo, pues no es posible que las haya,
resultará que los franceses llegarán a Madrid antes que el gobierno
nuevamente nombrado pueda tomar conocimiento del estado en
que se encuentra la nación."

"En esta suposición, yo creo que la medida que acaba de indicar
el señor Ferrer, aunque es oportuna, no es suficiente para salvarnos
de la borrasca que nos amenaza. Si en cinco o seis días no tomamos
providencias vigorosas y capaces de arrancar el mal en su raíz, los
males continuarán en aumento. No demos lugar a que los pueblos
nos hagan cargos porque no hayamos tomado providencias que
puedan evitarles mil desgracias, cuando están en nuestras manos
los medios de verificarlo. Yo en descargo de mi conciencia, digo
que es necesario, y que estamos en tiempo crítico de declarar la
impotencia física de Su Majestad."

¡Orden! ¡Orden!, gritó el Presidente, mientras las galerías se
venían abajo de aplausos. Al fin cesó la salva, y explicó Flores Calderón al público, que perdiendo la libertad los diputados, la perdía
de consuno la nación. Así, dijo, que la libertad de los diputados,
queda tan comprometida cuando se les aplaude como cuando se
levanta el murmullo.

Rico había pegado donde más dolía a los comuneros, y de una
vez desenmascarado a Fernando VII y propuesto la primera medida
sensata de una serie que reclamaba el liberalismo para defenderse
de la agresión realista.

Pero Canga Argüelles, comunero, se le interpuso y Flores Calderón le ayudó para solicitar sin pérdida de tiempo la presencia de
los ministros y conocer, de acuerdo a la primitiva proposición de
Ferrer, el estado de las relaciones con Francia, "y si es o no llegado
el tiempo de trasladarse el gobierno a punto seguro". Se aprobó, y

sin mencionar para nada la suspensión del Rey, acudieron los ministros a ratificar lo que todos sabían.

El informe más interesante fué facilitado por el Secretario de Estado. Dijo que sobre el día 15, de 80 a 90 mil franceses estarían entre los ríos Garona y Pirineo.

A lo que Canga exclamó:

Esto nos hace ver que no son infundadas las noticias que corren de que la Patria está en peligro. Creo que debemos declararnos en sesión permanente hasta determinar el lugar a donde convenga trasladar las cortes y el gobierno, "con lo cual daremos un gran paso a fin de salvar a esta nación desgraciada del riesgo en que se halla".

Volvieron a aplaudir de las galerías, signo de que también habían olvidado que lo primero a hacer era echar a Fernando VII.

Se acordó entonces que al día siguiente S. M. instruyera a las cortes sobre el mejor sitio para refugiarse.

Pero el 3 de marzo, sólo recibió el Congreso un oficio del Sr. Secretario de Gracia y Justicia por el que comunicaba no haber podido hablar con el monarca, puesto que "seguía molestado de los dolores de gota", en tanto que S. M. la Reina, continuaba atacada de perlesía, "aunque algo aliviada".

Se inicia con este oficio una serie ridícula, que se disfraza ante el pueblo, por aquel grupo de políticos divididos, en la lectura de adhesiones al régimen liberal que se reciben constantemente en la Secretaría de las Cortes. El día 7 Fernando permanecía en cama, aquejado "con dolores en un dedo del pie izquierdo", y la reina, con sus convulsiones. El 9 el Rey "continuaba con la hinchazón del pie izquierdo" y S. M. la Reina "en el mismo estado".

El 10, en medio de esta expectación, se procedió al debate del dictamen sobre la dotación del clero.

Varela lo combatió, él siempre había salido de frente a los monstruos y aquella era la ocasión para protestar ante una de las inmoralidades en que se iban a embarcar las Cortes, que así pensaban congraciarse con los clérigos conspiradores. Quizás la actitud de Varela no fuese política, pero ya sabemos que él mismo declaraba que no blasonaba de serlo.

"Impugno el dictamen en cuestión, afirmó, porque muchos de sus artículos, a mi entender, son vagos e indeterminados. En uno de ellos se dice que las dotaciones de los eclesiásticos sean según las circunstancias de cada provincia. Esta consideración seguramente que es muy útil; pero para esto es necesario que se señale un *maximum* y un *minimum*. En otro artículo se previene que los curatos vacantes sean asistidos por coadjutores, pero tampoco se señala la asignación que debe dárseles ni el fondo de donde debe pagárseles."

"En fin, la mayor parte de los artículos presentan esta generalidad; pero en donde yo hallo mayores inconvenientes es en la parte que dice *Relación a la dotación del clero*. Para ella se sostiene el medio diezmo sin haberse averiguado todavía su verdadero valor, y este conocimiento será en lo sucesivo más difícil de adquirir, porque como a él se agregan otros arbitrios, el clero tendrá más interés en que no se sepa su valor, por miedo de verse privado de éstos. Se conservan también los derechos de estola. Yo quisiera que el Congreso suprimiese estos derechos, por ser contrarios al espíritu de la Iglesia. El Concilio de Elvira prohibió el abuso que se había introducido de echar a la pila del bautismo algunas monedas. El de Toledo prohibió la exacción de dinero por cristianar los niños. En otro concilio, aunque no se prohibió la costumbre de admitir ofrendas, se dijo que no se obligase a nadie a darlas. En fin, en muchos concilios se ha procurado evitar este abuso. A todo esto se agrega el que como no se sabe el valor del medio diezmo, el de la estola y el de los demás arbitrios, se ignora con qué cantidad fija se puede contar; y como alguno de ellos puede ser ilusorio, resulta que no se ocurre de una vez a las necesidades del clero, sino que se le deja en el mismo estado."

El proyecto constituía, como dijimos, una concesión espúrea y viciada del Congreso a la curia corrompida e intrigante, pero cuya justificación podía encontrarse en la expresión cínica que rotundizó el diputado Adán: "Estos males todo el mundo los conoce, pero como no se conocen otros remedios, éstos son buenos." No obstante, triunfó la tesis de Varela, porque no hubo lugar a votar.

El día 12 aún continuaba Fernando VII, enfermo. El Secretario de Gracia y Justicia, Fernández Vallesa, presentó un extraordinario documental donde exponía el criterio de diversos médicos sobre los males que imposibilitaban la partida del monarca.

El profesor Aréjula, físico tan afamado como liberal, opinaba según el de Gracia y Justicia, que la salida de Fernando no tendría "malos resultados, pero que sería mejor que estuviese sano". Lo que en realidad opinó Aréjula fué que al Rey no haría daño el viaje, "pues su enfermedad era la gota, y ésta suele no acometer a los andarines y danzarines". Era una alusión descarnada y a lo Arcipreste de Hita, pues Fernando gozaba merecida fama de discurrir sus reales ocios con *troteras e danzaderas.*

Por su parte, el Profesor Arrieta, seguía el escrito, no se responsabilizaba con los resultados que ocasionase el viaje. Igual el Profesor Morejón, en tanto que el Profesor Soriano, mantenía la espera hasta que completamente aliviado el paciente pudiese practicar ejercicio abundante. Por descontado que los tres médicos de cabecera, Torres, Frutos y Turlán se oponían abiertamente a la marcha. Alcalá Galiano, que no podía dejar de meter baza, expresó un juicio muy acertado, del que después se habría de arrepentir, "si la conservación de la sagrada persona del Rey es una de las cosas más preciosas que podemos desear, no lo es menos la conservación de la monarquía constitucional".

Tanto fué el interés en torno a la gota de Fernando, que el diputado Pedralvez, que también era médico, se levantó de su escaño para diagnosticar con seriedad profesional: Si el Rey desea sanar pronto debe observar "dieta, templanza y castidad" rigurosas. Rieron los diputados, rieron las galerías y río todo el pueblo de Madrid. Nadie como el doctor Pedralvez para aludir con ingenuidad a un rey glotón, desordenado y mujeriego.

Aún llegó otro parte de Palacio donde se decía que si bien la Reina continuaba aliviada de las convulsiones, el Rey permanecía con "la misma hinchazón y dolores en los tobillos". Pero ese mismo día 13, la Comisión de traslado, a cuya cabeza se encontraba el integérrimo don Cayetano Valdés, rindió su informe, expresando que mientras la mayoría médica opinaba que el monarca no debía partir hasta encontrarse curado, ellos estimaban que S. M. llevado de malos consejeros, de permanecer en Madrid caería en manos enemigas. Por lo que señalaban como fecha límite para salir rumbo al Sur, el día 18, quedando por parte del monarca el escoger definitivamente día y hora.

El informe de la Comisión de traslado es patético. No hay remedio, decían aquellos hombres a sus compañeros de legislatura, es menester decidirse, suplicar a S. M., convencerle, persuadirle de que no es nuestro interés, sino el suyo y el de la nación el que obliga este viaje. "Si S. M. está bueno, nosotros nos daremos el parabién e iremos llenos de gozo; si está malo, será una desgracia que nadie podrá evitarla... Nadie hace su gusto; cada uno dentro de su casa no es dueño de hacer lo que quiera; todo el mundo tiene que ceder a su familia, a sus amigos, a sus criados, y hasta los últimos bichos de su casa, porque nadie es absoluto... No se queje S. M. de nosotros; no se queje de nadie; vuelva la cara a la Francia, que allí está quien nos hace salir y quien hace tener dolores a S. M. Ciertamente que si los franceses no se metieran con nosotros, que nada les hemos dicho, que nada les hemos hecho, que de ningún modo los hemos provocado, y que antes por el contrario, hasta ahora hemos sufrido de ellos todo género de vejámenes, no hubiera habido necesidad de adoptar esta resolución."

Sacado a votación el dictamen, Varela, Santos Suárez y Gener lo hicieron a favor. Quedó decidido el viaje, las Cortes triunfaron sobre los comuneros, ahora en el gabinete, y los cuales deseaban quedarse en Madrid. Impuesto el Rey, suplicó a vuelta de mensajeros partir el día 20. Las Cortes accedieron.

No obstante, Fernando no se dió por vencido, el 15 enviaba un nuevo comunicado notificando que por haberse levantado, la gota se le complicaba con la erisipela que padecía en el calcañal del pie derecho, en tanto que la Reina continuaba temblando, a causa de su pertinaz perlesía.

Las Cortes simplemente se dieron por enteradas. Esa misma tarde se dió lectura al dictamen del "Proyecto de instrucción para el gobierno económico político de las provincias de Ultramar".

Terminada la lectura varios diputados pidieron la palabra. El primero lo fué el filipino Bringas.

Impugno el dictamen, dijo Bringas en resumen, porque "en la actual situación de las provincias de Ultramar haría impracticable las disposiciones del Proyecto, y de consiguiente, sería ilusorio cuanto sobre el particular acordasen las Cortes."

Le refutó Varela. Como miembro de la Comisión, dijo, puedo asegurar que en el Proyecto han sido previstos todos los casos a que alude el preopinante, por lo que suplico al Congreso que lo admita, para que de una vez tengan aquellas provincias "leyes arregladas al actual sistema y no (sean) gobernadas al arbitrio de los jefes militares".

No fué suficiente. Aún el vizcaíno José Joaquín Garmendia poseía argumentos con que tratar de desmoralizar el esfuerzo vareliano. De acuerdo a la situación americana y a las circunstancias que en ellas ocurren, manifestó, "sería lo más conveniente se remitiese a las provincias de Ultramar el reglamento aprobado por las Cortes para la Península, a fin de que cada una de aquéllas adoptase de él lo que le pareciese más a propósito y desechase lo restante, exponiendo los motivos que le obligaban a tomar esta determinación". La impugnación de Garmendia era maligna. Contra ella marchó Istúriz. El jefe de la masonería española gozaba de un gran prestigio. Se cuenta que habiendo acordado pasteleros y comuneros alternarse en la presidencia de las Cortes, que duraba un mes, cuando la desempeñó Istúriz, lo hizo tan bien y fué tan correcto, amable e imparcial, que por igual, masones e hijos de Padilla quisieron que permaneciera indefinidamente en el cargo.

"El Sr. Varela, arguyó Istúriz, ha dicho todo lo que sobre el particular puede decirse, porque Señor, o la España europea considera como parte suya a la América, o no; si no la considera como tal, en este caso no hay sobre qué hablar; pero si la considera como tal, como en efecto sucede así, pues las Cortes en todos sus decretos proceden bajo este supuesto, es constante que no se puede retardar la organización de aquella parte de la monarquía española para que marche de acuerdo con la España europea. De otro modo, los señores que han impugnado el proyecto, sin quererlo anticipan la cuestión de si la América ha de quedar o no emancipada de la España, cuestión que no es de este momento, y sobre la que expondré yo mi opinión cuando las Cortes se ocupen de ella. Se trata ahora únicamente de dar un Proyecto de instrucción para el gobierno económico político de las provincias de Ultramar, porque el decretado para la Península no está adecuado a la localidad de aquellas provincias, pero en la sustancia son enteramente idénticos el uno y el otro."

"Se ha dicho, prosiguió, que el estado de guerra en que se halla la América hará impracticables muchas disposiciones de este proyecto. A esto ha contestado el señor Varela que a todos los casos se ha ocurrido en él, y con la delicadeza de su posición ha añadido que si no se admitiese el proyecto, la América continuaría siendo gobernada arbitrariamente. Yo, deseando como Su Señoría evitar esto, ruego a las Cortes se sirvan declarar haber lugar a votar sobre su totalidad.

Se declaró con lugar la votación sobre la totalidad del proyecto. Varela hizo un saludo de agradecimiento a Istúriz. Su gran prestigio había acelerado una discusión que no podía retardarse por más tiempo.

Enseguida el lector de Cortes dejó oír su voz:

Título Primero

De los Ayuntamientos

Capítulo I

De su organización

Aquel día se aprobaron tres artículos. No sin que faltara un pequeño debate entre Gómez Becerra, Varela, Bringas y Gener.

El domingo 16 continuaron los escarceos. Antes se aprobó una moción por la que Varela, Seoane y otros pedían que los médicos y abogados pudiesen ejercer sus profesiones sin necesidad de inscribirse en ninguna corporación.

Después se aprobaron trece artículos más sin discusión alguna.

El 19 de marzo se cumplía aniversario de haber entrado en vigor la Constitución española, también de haber ocupado el trono Fernando. Ese día, el Rey acudió a la iglesia de Atocha. Allí se encomendó a la Virgen y le pidió fortaleza. El veinte partía hacia Sevilla.

El propio 19 se continuó la discusión del articulado de Ultramar. Se aprobó lo concerniente al Capítulo II que comprendía las "Facultades y obligaciones de los Ayuntamientos" con muy ligeras interrupciones, sobre solicitud de sueldos, infracciones de la Constitución y la proposición suscrita por el futuro duque de Rivas, Alcalá Galiano e Istúriz, a fin de que el Congreso declarase suspendidas sus sesiones ordinarias el próximo día 22, para continuarlas el primero de mayo en Sevilla. A lo cual se adelantó Vicente Salvá aconsejando que fuese el 23 de abril, pues un mes era suficiente para efectuar el traslado. Se admitió, y continuó el debate sobre la cuestión ultramarina, terminándose de discutir el "Capítulo III", "De los alcaldes", y comenzándose el "Título II", "De las Diputaciones provinciales". Ya se llevaban aprobados 88 artículos. Sin embargo, hubo una pequeña desavenencia en cuanto al artículo 83, que trataba sobre la elección de diputados, cuyo texto definitivo, a insinuaciones de los propios comisionados, se dilató para la próxima sesión.

El día 21 se presentó dicho artículo en su nueva redacción. Fué lo único que se tocó respecto a Ultramar. Eran las vísperas de la partida a Sevilla de los congresistas.

Mientras Varela va en ruta al Sur, se publica en el *Indicador Constitucional*, de La Habana, un suelto donde dicen que no se le han remitido sus dietas de diputado. Por eso, pregunta *El quejumbroso*, que es quien firma: "¿Cuál es el motivo para que así se le haya abandonado? ¿Será acaso por ser un miembro del Congreso que muchos quisieran ver destruído?... ¿Será porque hay otras atenciones de mayor entidad? Imposible, ninguna como la de un diputado, que es, por decirlo así, la misma nación. Pero, ¡oh dolor!; a pesar de todo esto, vemos que es la menos considerada, vemos que poco o nada se le da a nuestros inmediatos gobernantes de que perezca o no nuestro elegido, vemos que ni los reclamos de su apoderado aquí han sido bastantes a hacerlos tomar una violenta providencia para evitarle su mendicidad." Mientras las cajas de La Habana, proveen abundantemente a cualquier reclamo del Jefe de la Costa Firme, continuaba *El quejumbroso*, nuestro digno diputado, el Sr. Varela, se ha visto, según se nos ha informado, en las puertas de la indigencia. "¿Hasta cuándo tendremos que excitar el celo de las autoridades para el cumplimiento de sus deberes?... ¡Quién lo creyera! Ha sido necesario el reclamo del Sr. Varela para que se le asista con sus debidas dietas, y aún así..."

Los liberales se volaron. Todo el mundo achacaba a José Antonio Saco el suelto, y aunque no era inmerecido honor denunciar a la faz pública la atención preferente de la hacienda habanera para costear una guerra perdida y abandonar en cambio a su representante en Cortes, que precisamente daba la batalla para ahorrarle un millón de pesos, Saco tuvo que desmentir la adjudicada paternidad, aclarando cuanto había al respecto. El 12 de abril y a través del mismo periódico publicó:

"He sabido que muchos individuos me designan como autor del *remitido* inserto en el *Indicador* del 25 de marzo. Circunstancias particulares favorecen esta sospecha; pero yo que nunca quiero aparecer ante el público con otros vestidos que los míos, estoy en el caso de manifestar que no soy el autor de esa rasgo. A ser hijo de mi pluma, hubiera invocado el lenguaje severo de la razón y de la justicia, presentando siempre al Sr. Varela con aquella dignidad propia de su carácter y de las altas funciones que desempeña. Será cierto que sufre, pero sufrirá con la resignación de las almas grandes. Y ya que la necesidad me obliga a romper mi silencio, permítame el autor del remitido, que deshaga una equivocación que padeció.

El apoderado del Sr. Varela solamente ha ocurrido una vez a la Diputación provincial reclamando dietas. Apenas exhibió su representación, cuando ya le libraron mil pesos, de suerte que aunque ésta es la única cantidad que se le ha remitido durante los dos años de su ausencia, es preciso decir en obsequio de la verdad, que la Junta de provincia no ha sido sorda a los reclamos del apoderado del Sr. Varela. Por lo demás, el autor del remitido tiene los mismos sentimientos que me animan, y pues que tanto se interesa por la suerte de un hombre a quien consagro mi amistad, desearía conocerle para darle las pruebas más decididas del respeto y consideración que le debe, José Antonio Saco."

* * *

Un contingente de diputados moderados se adelantó durante el viaje a Sevilla para amenazar a los Secretarios de despacho en el sentido de que serían muy combatidos en el seno del Congreso si no renunciaban. Así obligaron a salir del gabinete a los comuneros, dando entrada en él a personas más calificadas para afrontar los graves acontecimientos que se desarrollaban. A Gracia y Justicia fué José Calatrava, amigo de Argüelles y partidario de rechazar a toda costa a los franceses. A Estado, José Pando, que no era político, ni hombre mundano, pero sí de una gran capacidad. A Gobernación, un amigo de Riego, Salvador Manzanares, también partidario de la resistencia. La figura más simpática la constituía el Secretario de la Guera, Mariano Zorraquín, que se hallaba sirviendo en Cataluña a las órdenes de Mina.

El 23 de abril se abrieron las sesiones en Sevilla. Los franceses ya habían comenzado a descender los Pirineos. Su marcha era tranquila, sólo encontraban resistencia en Cataluña. Las sociedades secretas perdían empuje. El nuevo gabinete las desobedecía. La sociedad que gobernaba deslizaba una vida lánguida. Se reunía la junta y al terminarse, cada miembro echaba en un saco un papel donde había escrito su opinión. Las reuniones ya resultaban aburridas de puro monótonas. Por fin, y quizás para romper la indiferencia ministerial, un día apareció en el saco una nota donde se recomendaba asesinar al Rey y a su familia. Muchos de los que más abusaron de aquellas sociedades secretas para realizar sus designios se horrorizaron, retirándose de ellas. Entre tales estaban Istúriz y Alcalá Galiano.

El 24 se reanudó la discusión del Proyecto de Ultramar. Se aprobaron otros catorce artículos y no se volvió a tratar de los mismos hasta la sesión del 4 de mayo.

En el interregno se leyeron dos escritos que venían de La Habana, donde se felicitaba a las Cortes por su respuesta a la Santa Alianza. Uno, lo firmaban exactos quinientos noventiocho ciudadanos de "todas clases", y otro, el Ayuntamiento Constitucional.

La discusión del código de Ultramar se hizo muy movida en la Sesión del día 6, pues se suscitó un animadísimo debate en torno al artículo 156. En éste se trataba, que el Jefe político, previa la consulta de la Diputación provincial, podía suspender cualquier ley, decreto u orden, que juzgase lesiva a la tranquilidad pública. "Si se dudare sobre su inteligencia, continuaba el texto del artículo, y puede diferirse el cumplimiento sin que resulten perjuicios, se suspenderá hasta obtener la aclaración; pero si se siguiesen males, o el asunto es tan urgente que sea indispensable dar alguna resolución, se practicará lo que acuerde la audiencia del distrito si el asunto es judicial, o lo que acordare la Diputación si no lo es. Todo esto se entiende a reserva de la verdadera aclaración que hagan las Cortes de si es materia de ley, o de la que haga el gobierno de sus órdenes."

El diputado Manuel Gómez impugnó, arguyendo que era demasiado amplia la facultad que se daba a las Diputaciones provinciales de Ultramar para suspender la ejecución de una ley, decreto u orden, "pues entonces podrían hacerla ilusoria, o por lo menos quedaría sujeta al capricho de una autoridad".

Gener le respondió que Inglaterra daba facultades a los gobernadores de sus colonias para que suspendieran la ejecución de leyes si lo estimaban conveniente al bien general. Deseo recordar a las Cortes, insistió, que hace meses "una providencia semejante adoptada por el General Mahy, con respecto al decreto sobre los derechos de arancel, había salvado a la Isla de Cuba de muchos males".

A Gener siguió el Dr. Pedralvez, quien dijo, que por el artículo 156 los Jefes políticos tenían facultades para suspender cuanto quisiesen, sin podérseles exigir responsabilidad por malas que fuesen sus decisiones, razones que le obligaban a solicitar la supresión de dicho artículo.

Varela tuvo que intervenir forzosamente. Aclaró que la idea de la Comisión no había sido otra que establecer las suspensiones con carácter temporal, hasta que los Jefes políticos "hiciesen presente por medio de expediente los motivos que hubiesen tenido para adoptar esta medida". Lo cual, recalcó, es necesario, "pues a tan larga distancia los legisladores no podían prever desde aquí los inconvenientes que hubiese para poner en ejecución en las provincias de Ultramar una ley, decreto u orden".

Se entraba la tarde, el presidente suspendió la sesión ordinaria para seguirla con carácter extraordinario a las ocho de la noche, y continuar ahora en reunión secreta.

A la hora señalada, reflejando los diputados el agotamiento de una jornada tensa, Santos Suárez usó de la palabra haciendo ver la conveniencia de aprobar el debatido artículo. Aunque parezca extraño, dijo, que una autoridad pueda suspender una ley, debe tenerse presente que lo hará sólo cuando fuese absolutamente necesario, pues de no hacerlo en este caso, inevitablemente se le exigiría responsabilidad.

Le siguió Alvaro Gómez Becerra, para oponerse decididamente, "por creerlo perjudicial a la conservación del orden social". Su argumento era un lazo tendido a los americanos. Expuso que por el artículo 156, se establecería una incompatibilidad entre el Jefe político y las Cortes, a las cuales desobedeciéndolas aquél lo hacía a la más alta autoridad gubernativa. Lo cual puede enmendarse, añadió, simplemente legislando con las miras puestas en las conveniencias de ambos hemisferios. Según Gómez Becerra, sería entonces la ocasión de que propusiesen los diputados americanos las modificaciones necesarias a las leyes que dañasen sus intereses.

A tal argumento contrapuso Varela uno de mayor fuerza lógica. Se puede dar el caso, afirmó, que el Congreso tome una resolución y cuando ésta llegue a América sean totalmente diferentes las circunstancias que la motivaron. No es necesario que acudamos a suposiciones, reiteró, ahí tenemos la ley de aranceles, que cuando arribó a La Habana se vieron obligadas las autoridades a suspenderla para evitar los funestos resultados que se hubiesen derivado de su ejecución, lo cual, y posteriormente, las propias Cortes habrían de aprobar. A todo esto puedo añadir, que si dicha facultad se le suprime a las autoridades de La Habana, en un caso semejante a la ley de aranceles, habrán de resultar sucesos desagradables.

En sustancia, concluyó el Presbítero, pido la aprobación del artículo 156, porque si bien en él se conceden bastantes facultades a los Jefes políticos, también se hacen "para provincias en donde sus autoridades no (saben) dónde recurrir para aclarar sus dudas, pues además de estar muy distantes de la Península, donde se halla el gobierno de la nación, la comunicación (es) sumamente difícil".

Si tozudos se mostraban Varela, Santos Suárez y Gener, no menos lo hacían los españoles. Para los cubanos éste era uno de los artículos claves del Proyecto. Por él se concedía al Gobernador un derecho al veto, que en realidad lo era de la Diputación provincial. Sin mencionarla directamente, ambos grupos giraban en torno a ésta y no a los Jefes políticos. Por eso se hacía necesario de ambas partes encontrar el punto medio que zanjase las dificultades. El *Divino* pareció encontrarlo.

Para éste el desacuerdo partía de involucrar hasta confundirlos, dos principios: Lo que es la ley en sí y lo que son las órdenes gubernativas. Con respecto a éstas, entendía que los gobernadores pudiesen suspenderlas, "porque podría suceder que el gobierno, o por haberse dejado sorprender, o por malos informes, diese órdenes no conformes a los intereses de los habitantes de Ultramar; mas, con respecto a la ley, no podía hacerse lo mismo, porque se funda siempre en el bien general, se hace a propuesta de algún Sr. Diputado, se pasa a una comisión ilustrada, y el parecer de ésta se discute y aprueba por el cuerpo legislativo, que además, por medio de la libertad de imprenta y otros arbitrios, se pueden hacer las modificaciones que deban hacerse al proyecto, y de este modo las leyes generalmente respiran bien por toda la España". Remarcó sobre el hecho que de 1810 a la fecha solamente se había suspendido la ley de aránceles, que en su sentir se debía a la falta de carácter de Mahy, porque un jefe vigoroso hubiese encontrado "medidas que sin suspender aquella ley, evitasen las funestas consecuencias que se suponían". Argüelles, que en el fondo era un tradicionalista, propugnaba el clásico "*se acata pero no se cumple*", que en la historia colonial había constituído siempre un arma de dos filos. Pero no andaba descaminado. En realidad, era portavoz de una transacción de buen juicio, que no sentaba usurpación de funciones, al establecer la distinción entre ley y orden, y dejar a la información pública que emitiese parecer sobre lo bueno y malo de una ley, cuya aprobación se discutiría por los propios representantes de las provincias ultramarinas, en tanto que las órdenes emanadas del ejecutivo, podían ser paralizadas por las Diputaciones provinciales.

La intervención de Argüelles disminuyó la tensión peninsular. Así, cuando el diputado Adán le sigue en la palabra, expresa que si mirada la cuestión "bajo los principios de rigurosa justicia el artículo era inadmisible..., mirada bajo la de policía debería aprobarse". Citó al caso los *Diarios de Cortes* y la Colección de decretos, donde "abundaban de disposiciones generales para la Península que no son aplicables a Ultramar". Aquí mismo, insistió, a la vista de las Cortes puedo citar ejemplos donde no se han llevado a efecto sus disposiciones, "como había sucedido en el reemplazo del ejército, en que algunas provincias no han llenado su cupo, y..., si esto sucede en la Península, con más razón podrá suceder en Ultramar". Lo que me sugiere que si se buscan correctivos que eviten el abuso al paso que atiendan a la conveniencia pública, no encuentro "dificultad en aprobar el artículo".

Entonces Varela manifestó a nombre de la Comisión que retiraba el artículo 156 para redactarlo nuevamente. Había obtenido de las Cortes más de lo que éstas se encontraban dispuestas a conceder.

Los dos artículos sucesivos provocaron también fuertes debates. Por el 157 se establecía que el Jefe político, de acuerdo con la Diputación "y previa una información sumaria, podría suspender de su empleo a toda clase de funcionarios excepto los que ejercían judicatura". En el entretanto que decidiese el Gobierno metropolitano, añadía, el encausado gozará de la mitad de su sueldo.

El futuro duque de Rivas se opuso, arguyendo que esto era tanto como convertir a los Jefes políticos en "verdaderos déspotas".

Varela contestó que el artículo hablaba de los que estaban bajo la autoridad de los Jefes políticos, no de los comandantes generales y demás jefes militares, pues éstos tenían su dependencia separada. No obstante, finalizó, los señores diputados, pueden hacer adiciones si creen que esta idea no está bien expresada.

Romero Alpuente, el caracterizado comunero, afirmó que si el patriotismo de los miembros de la Comisión no le fuese tan familiar "diría que se había tratado por este artículo de sujetar a las provincias de América al yugo de otros tantos bajaes cuantos sean los jefes que en ella haya establecido o se establezcan".

Leonardo Santos Suárez se sintió picado y saltó: "No sé cómo el Sr. Romero ha podido figurarse que la Comisión ha tratado de dar en este artículo a los Jefes políticos una autoridad semejante a la de un bajá." Por lo que se sirvió aclarar, que sin las Diputaciones provinciales los Jefes políticos nada podían hacer. Sin embargo, tocante a este punto, puede modificarse en el sentido que los Jefes políticos, "con acuerdo de las Diputaciones provinciales, y previa información sumaria, podrán suspender de su empleo a todos los funcionarios subalternos que no ejerzan judicatura, o no pertenezcan a la clase militar, dando cuenta al gobierno, etc." De este modo, finalizó, no encuentro irregularidad en el artículo, ni tampoco esa especie de extensión ilimitada que se ha querido suponer en él.

Fué entonces el *Divino* quien sutilmente quiso colocar un último obstáculo. Argumentó que aún cuando la facultad para destituir empleados quedaba constreñida a los subalternos, especialmente los de hacienda se resentirían, pues eran siempre los más atacados. Estas facultades no las disfrutan los Jefes políticos peninsulares, por lo que de darse a los de América, podía hasta comprometer la tranquilidad pública, y aunque ésta quedaba garantizada con la enmienda introducida por Santos Suárez, al menos abandonaba un resquicio al escándalo, pues serían infinitas las suspensiones, ya que "es bien sabido que los empleados de hacienda son los que tienen más enemigos, cuales son algunos de sus subalternos, y todas aquellas personas cuyos intereses manejan". En fin, solicitaba que no se aprobase.

Varela consideró la situación crucialmente. Estaba situado entre dos fuegos, por igual le hostilizaban dos de los jefes más connotados de las facciones que se repartían la mayoría congresional. Primero Romero Alpuente, de los *hijos de Padilla*, y ahora Argüelles, de los *hermanos pasteleros*. Pero no se dió por vencido.

"En este asunto, rebatió el Presbítero, ha sentado principios el señor preopinante, que para contestarlos sería preciso presentar hechos muy desagradables. Su Señoría reduce ya el artículo a la clase de una medida particular, que de ningún modo puede comprometer la tranquilidad pública; pero no es bajo este aspecto que debe verse. Aquí se trata de evitar perjuicios y males que se pueden causar a toda una provincia, se trata de prevenir la malversación de caudales o las dilapidaciones, que no deja de ser un mal de mucha consideración, y que exige medidas de esta naturaleza. Su Señoría no ignora que en las provincias de Ultramar por desgracia hay dilapidaciones como en todas partes. Algunos empleados, como puestos en sus destinos por el favor, por el empeño y sin conocimiento de su conducta, las cometen; y no ignora Su Señoría que por el dinero y por los empeños han solido mantenerse en sus puestos. Este es, pues, el mal que ha tratado de prevenir la Comisión, y por lo mismo sin engolfarme a manifestar otras muchas razones de conveniencia pública que existen y exigen esta medida, espero aprueben las Cortes el artículo."

La presidencia declaró el artículo suficientemente discutido y lo sometió a votación. Como era de esperarse, habiendo coincidido en su impugnación comuneros y pasteleros, no se aprobó "y se mandó volver a la Comisión".

El siguiente artículo trataba de que si una persona "justamente desconceptuada en la provincia" hubiese obtenido un empleo de cualquier clase, el Jefe político, de acuerdo con la Diputación, no le daría posesión, informándolo al gobierno para que éste determinase.

Dicho artículo era complemento del anterior y ambos el valladar que se colocaba a la arribazón de funcionarios y burócratas que venían a enriquecerse a costa de los americanos, como el legendario Aguilar y Amat, y el famoso Oidor Ramos, que obligaban a Shaler a comunicar al Departamento de Estado norteamericano, que los empleados en Cuba, eran todos europeos y los más inmorales y descalificados que se podían encontrar, sumándolo como una de las causales de los criollos para mostrarse desafectos a la metrópoli, y deseosos de ganar la independencia o la anexión a los EE. UU.

El nuevo artículo fué combatido con mayor saña. González Alonso, dijo: si el anterior "presentaba una injusticia manifiesta y un campo abierto a la arbitrariedad, éste es más susceptible de este extremo". Porque, ¿dónde está el juez calificador de la mala opinión de la persona? ¿Estará en las Diputaciones provinciales? "Señores, afirmó, con patetismo y aprovechando como ejemplo la honda crisis de subversión peninsular, nos hallamos en circunstancias y en una época en que lo blanco se quiere hacer negro, y viceversa. ¿Y hemos de querer entrar en exigir una calificación de la conducta de las personas? Harto vemos en la Península cuán tergiversadas son estas calificaciones, y lo mismo sucederá en las provincias de Ultramar, y por ventura si el Gobierno pide informes sobre este punto, ¿ha de obrar por el que den los Jefes políticos? No entremos de ningún modo en esta calificación, y mucho menos estando el artículo redactado de un modo tan universal, por lo cual me opongo a su aprobación".

González Alonso, como buen europeo, partía de la falsa premisa de considerar la situación peninsular, fuese en condiciones normales o anormales, como patrón absoluto de la conducta social ultramarina. Además, achacaba a los Jefes políticos una acción en la que actuarían sólo como portavoces de la opinión pública prevaleciente y reconocida a través de las Diputaciones, que eran los organismos consultivos que de cierto deseaban atacar y anular en sus facultades los metropolitanos, por estar integrados por americanos.

Varela pudo haberle recitado con sarcasmo los versos de una copla famosa que circulaba mucho en aquel momento:

"Los tiempos están tan malos
que si yo no me alabo,
no hay quien me alabe."

Pero dejó el buen humor en mente para afirmar con energía: "Creo que el Señor preopinante convendrá conmigo en que puede haber hombres desconceptuados en el país, y no por otra cosa que por esto ha presentado la Comisión este artículo. También convendrá Su Señoría conmigo en que el medio mejor de calificar las personas debe ser por aquellas que tienen en el país la confianza del público, y más arraigo. En cuanto al primer punto, nada hay que decir en su apoyo, en cuanto al segundo, ¿quién duda que las personas más convenientes para esta calificación son las Diputaciones provinciales que el mismo pueblo ha elegido, y un Jefe político a quien corresponde esencialmente la conservación del orden, y que tiene más interés en que las personas que desempeñen los empleos sean las más adecuadas y las más interesadas en el bien del país? La Comisión ha tratado de precaver de que en este punto no haya arbitrariedad, y que al mismo tiempo no ocupen los empleos personas indignas de ellos, porque desengañémonos, un informe particular equivale a lo mismo que decir un informe nulo, ya sea por la distancia a que están aquellas provincias, por el favor, por el interés del dinero, o por otras muchas circunstancias. Así que el mejor medio es el de acudir a la fuente de donde puede salir la verdad y la justicia. Si esto es malo, dijo con ironía, yo no encuentro la razón por qué."

Gómez Becerra intervino nuevamente para insistir sobre los argumentos de Romero Alpuente, y añadir, ¿quién decide que una persona está desconceptuada? "Según lo que dice la Comisión, las

Diputaciones provinciales. Este es un encargo para ellas muy ajeno de sus atribuciones, y además sería preciso que existiese un juicio para la calificación de la conducta de las personas de que se trata, en lo cual a la verdad, y ya con sorna y acrimonia, no debe intervenir una autoridad popular como la Diputación provincial. Estas merecen, dijo, para meliorar el juicio, la confianza pública por su patriotismo y veracidad, y en los asuntos graves y generales proceden en los informes con la mayor justicia y rectitud; pero tratándose de una personalidad cual es el desconcepto en que pueda estar una persona en el país, yo estoy íntimamente persuadido que rebajaría mucho en el informe de lo que realmente haya perdido la persona en su concepto. Así, pues, concluyó con altanería, el artículo de ningún modo debe aprobarse."

Santos Suárez estaba molesto. No obstante, quiso hacer un postrer esfuerzo y habló de esta forma:

"Que el gobierno pueda ser sorprendido, y que por tanto destine a desempeñar ciertos empleos a personas desconceptuadas, es una verdad constante, corroborada por la experiencia. Es pues preciso adoptar un correctivo para este mal, cual es el del informe que se propone; ¿y quién podrá ser la persona que lo dé sino aquella cuyo empleo produzca confianza en el gobierno? No se trata, pues, aquí de otra cosa que de presentar al gobierno un medio de deshacer aquellos errores en que haya caído en el nombramiento de empleados por malos informes o por otras causas. Las provincias de Ultramar, reiteró, por su mucha distancia de la Península sufren este mal, y por tanto es preciso remediarlo con la medida que se propone en el artículo."

De nuevo impugnó Romero Alpuente. Dió por sentado que ya Gómez Becerra había demostrado hasta la saciedad los inconvenientes del artículo pero que él iba a abundar en otro. Y es que el alcance de la palabra desconceptuado es tan general, dijo, "que podría suceder que recayese hasta sobre la conducta privada de un individuo; y en fin, podría recaer esta calificación sobre cualquier acto que no tuviese ninguna relación con el buen desempeño de un empleo".

Triunfaron los que en "La fontana de oro" y el "Lorencini", en los "Clubs" patrióticos y las sociedades secretas habían deshecho, al calor de las palabras o el voto anónimo, la reputación de muchas personas honorables.

Después se dió lectura y aprobación hasta el artículo 161, y como eran las once de la noche, y aquélla había sido una jornada agobia-dora, el presidente suspendió el debate, levantando la sesión.

Camino de sus moradas, Varela y Santos Suárez marchaban acordes en que fuesen realistas, comuneros, landaburianos, anilleros o pasteleros, los españoles no deseaban conceder a los americanos ninguna oportunidad de descentralización administrativa, aunque su fidelidad a la metrópoli fuese comparable a la de los liberales para con un monarca que no se había cansado de burlarles.

Al día siguiente continuó la discusión hasta quedar aprobado el resto del Proyecto, que formalmente constaba de 189 artículos, pero de los cuales la Comisión retiró el 181.

Sin embargo, ¿qué acontecimientos ocurren mientras las Cortes deliberan para sentar por vez primera en la historia del imperio hispánico, los cimientos de una más justa, definida, humana política colonial?

A principios de abril los prometidos franceses de Luis XVIII entraron en España comandados por el duque de Angulema. Las turbas los recibían con aplausos, y hasta como salvadores. Desgra-ciadamente para la unidad liberal, los comuneros tomaron el viaje a Sevilla como pretexto para acusar a los pasteleros de haber forzado una vez más la voluntad de Fernando VII, opinión que contri-buía a reforzar la de los absolutistas. Riego, empapado de la gra-vedad del momento, pidió a las Cortes, y a fines de ese mes, permiso para salir a combatir. Asimismo, que destinasen la pensión que dis-frutaba a comprar armas. El Congreso no accedió por votación de 48 contra 41, aunque por unanimidad declarase haberle oído· "con particular agrado". El jefe de la revolución insistió. Expuso que un voto más o menos, en un instante como aquél, no pesaba nada. "A ninguno de los señores diputados se les oculta, dijo con vehemencia, que yo no puedo vivir en España sin la Constitución, y que debiendo a la nación la pensión que disfruto, debo concedérsela a ésta para hacer la guerra a los franceses que nos quieren arrebatar la libertad."

Las traiciones estaban a la orden del día, el primero de los gene-rales que abandonó a los constitucionalistas fué Enrique O'Donnell, Conde de Abisbal, que vimos en 1820 deshacer una conspiración para no partir rumbo a América. Su nueva deslealtad costó Madrid y dejar a sus espaldas una tropa desmoralizada, a cuyo frente tuvo que colocarse un general realista, José de Zayas, quien, pese a su condición ideológica, supo cumplir como caballero y patriota poniendo sus mejores esfuerzos en combatir a los invasores.

Ocupada la capital el 23 de mayo, Angulema se detuvo para colocar una regencia, que reconocieron enseguida los de la Santa Alianza, y proseguir su paseo militar. Si bien los franceses no cometían excesos con los vencidos, los realistas de extrema, que ya adoptaban el nombre de *apostólicos*, se daban a las más terribles venganzas. Organizados a su vez en sociedades secretas, asesinaban en nombre de la fe y trataban de revivir el tribunal de la inquisición. Se cuenta por algunos historiadores, que una de aquellas sociedades se designaba a sí misma *El ángel exterminador*.

Las Cortes, ante estas eventualidades, se vieron impelidas a reconsiderar la proposición de Angel Saavedra sobre la creación de una "Legión liberal extranjera". Había en España muchos exilados franceses e italianos deseosos de combatir por la libertad. Además, los liberales británicos habían constituído un Comité en Londres, y ya se disponían a enviar una expedición comandada por el Mayor Dickson. Sin recursos, también trataban los constitucionalistas de negociar un empréstito para sufragar los gastos de la guerra.

Lo último que se habló en Cortes sobre el Proyecto de Ultramar fué diez días antes de la entrada en Madrid de los franceses. La Comisión presentó las últimas adiciones y cambios aprobados, y tres diputados, Buey, Prado y Buruaga, impugnaron el que se excluyese a los eclesiásticos de la presidencia de las Diputaciones provinciales, pero no les prosperó el argumento, pues discutido el punto, el Congreso acordó lo determinado por la Comisión ultramarina, o sea, que los eclesiásticos no podían ser presidentes. Era de alabar la impersonalidad de Varela en este asunto, ya que entendía que no era bueno ni a la religión ni a la política que los sacerdotes ocuparan tan connotados puestos.

Ese día el Presbítero se sintió más tranquilo. Su principal cometido en el Congreso había terminado, porque ya eran conocidos los nombres de los diputados cubanos elegidos para 1824-25.

El día 1 de junio de 1823, hubo elecciones para presidente de las Cortes. Salió Tomás Gener. Constituyó, en horas tan críticas, la mejor prenda de confianza depositada por la mayoría congresional en manos de un delegado que aunque medularmente español, representaba a América.

Los franceses ya penetraban en Andalucía por las gargantas de Sierra Morena. El día 10 hicieron irrupción por Despeñaperros. Al revés de Napoleón, cuyos soldados cayeron abatidos en estos desfiladeros durante dos años, ahora los españoles volvían las espaldas sin encarar al enemigo. Ese 10 de junio llegó un emisario a comunicarlo a los congresistas. Parodiando a Francisco I, en Pavía, vociferó ante los diputados: "Todo se ha perdido..., *hasta el honor.*"

Gener convocó urgentemente a sesión. El público llenó enseguida las galerías, había ansiedad y rabia contenida. Congresistas y miembros del gabinete, mientras el público les aguardaba, se reunieron en una habitación contigua al hemiciclo. Desde fuera se les oía, todos hablaban al mismo tiempo. La impresión era la de un teatro donde los actores habían olvidado sus papeles y trataban de improvisarlos. A cada momento se escuchaba un tremendo ¡Silencio! Los miembros del gabinete argüían que tan pronto le propusiesen al Rey huir a Cádiz se resistiría retirándoles la confianza. Pasaron entonces a la sala de sesiones con el acuerdo de enviar una Comisión de Cortes al monarca para suplicarle el traslado a la Isla. La Comisión regresó con un no rotundo. Enviaron otra, constituída por personas de mayor peso, y a cuya cabeza marchó don Cayetano Valdés, el que tanto temía a los invasores. Fernando no fué nada amable con don Cayetano. Escuchada la proposición, le ripostó volviéndole la espalda: "¡Como hombre no quiero y como Rey no acepto!"

En el entretanto, el *Divino* Argüelles se acercaba lleno de perplejidades a Alcalá Galiano y le inquiría, ¿cree Ud. Alcalá, que el Rey acepte? No, le contestó éste. Y entonces, ¿qué hacemos? Alcalá fué rápido en la respuesta, y aunque no lo confiesa en sus *Memorias* recordó la proposición de aquel sacerdote, Juan Rico, que pidió meses antes que se declarase de una vez la incapacidad del monarca, lo cual sugirió al *Divino.* Pero, ¿no ve las consecuencias funestísimas?, respondió Argüelles. Bueno, discurra usted otro medio, replicó Alcalá. "No lo veo, volvió a decir el *Divino,* pero se me ocurre, ¿no valdría más suspender al Rey sólo por un corto plazo, y para el acto de hacer la traslación de su persona, familia y gobierno a la Isla Gaditana, legitimando tal violencia en la necesidad de zafarse del peligro presente? No me había ocurrido tal idea, exclamó Alcalá entusiasmado, pero la apruebo y tomo por mía."

Cuando retornó la Comisión, don Cayetano mostraba gran ceño, y fué con acento doloroso que habló del tono provocativo de Fernando. Se hizo un silencio aterrador. Alcalá Galiano que sufría calenturas, con el rostro descompuesto por la fiebre y las emociones se levantó de su asiento y brevemente propuso dejar suspenso al Rey en vista de su negativa a trasladarse a Cádiz. Como el monarca no podía ser traidor a la Constitución entregándose a los enemigos de la patria, prosiguió, aquel acto no era provocado sino por una alucinación o demencia momentánea producida, "tal vez por las calamidades públicas...", y "cuya duración era de esperar que fuese breve".

No hubo aplausos. Vega Infanzón, realista, pidió la palabra para hablar en contra de la proposición, el *Divino*, a favor.

Vega se expresó acalorado, pero sin decir nada. Prolongaba su discurso como si esperase que los demás serviles adoptasen una actitud salvadora a lo que lucía irremediable. Los liberales se mostraban impacientes y amenazadores. Alguno hasta extrajo su espada. Pero Vega Infanzón se iba cansando y al fin dejó de perorar. Entonces, Argüelles le replicó con frases muy consideradas. Hasta aquel momento habían sido muy buenos amigos y Argüelles deseaba darle una postrer muestra de consideración a Vega. Cuando cesó de hablar llegó el duro trance de la votación. Alguien propuso que se hiciera nominalmente, pero se desechó por la forma acostumbrada de *levantados* y *sentados*. Los que estaban por la suspensión momentánea del Rey y el nombramiento de una regencia, se pusieron de pie. Fué una gran mayoría, entre ella el Presidente del Congreso, don Tomás Gener, y el Presbítero don Félix Varela. Ni Santos Suárez ni Cuevas lo hicieron. Fué un minuto terrible, muchos diputados que se pensaba aprobarían la medida esquivaron la votación marchándose, otros se retiraron a los últimos bancos y allí trataron de pasar inadvertidos. En tanto, más de veinte que votaron a favor, cuando Fernando advino rey absoluto se las arreglaron para ser borrados de la primera lista que alcanzaba unos noventa, basándose precisamente en que aquélla no había sido una votación nominal. Dos años más tarde, cuando los votantes fueron confiscados en sus bienes y condenados a muerte, el monto alcanzaba sólo a sesentiséis diputados.

Tan memorable sesión se prolongó hasta el 11 de junio y en ella se procedió a nombrar a la regencia, a cuya cabeza se puso al propio don Cayetano Valdés, quien compartía liberalismo con sumisión y respeto al monarca.

"Más de una vez, dijo Cayetano al tomar posesión, he sido vencido en mi carrera militar, pero he procurado siempre cumplir con mi obligación, y ahora prometo hacer cuanto esté de mi parte para desempeñar el cargo que acaba de confiárseme."

Lucía hermoso en su extraordinaria fealdad el viejo soldado de rudo pecho y noble corazón. Con él compartieron los tristes honores de la fugaz regencia, el general de marina Gabriel Ciscar, antiguo perseguido por sus ideas liberales, y el general del ejército, Gaspar Vigodet, quien era realista y aceptó la designación por indicación del propio monarca, que después lo abandonó miserablemente.

Caía la tarde. El salón se iba llenando de penumbra, y las sombras que penetraban, jugueteando con las últimas claridades del día, realzaban el ambiente triste de aquella jornada parlamentaria. Eran sombras de augurios trágicos. Adentro había gran calma. Gener permanecía en su puesto, conversando con los secretarios. Varela también participaba de la charla, que se desarrollaba en grupos. Quizás hablaban para no rendirse, llevaban muchas horas sin dormir. Afuera, sin embargo, había gran animación. Se hacía notorio el entusiasmo entre los liberales, que comentaban cómo el Congreso había sabido tomar las riendas del poder en el momento crítico. Pero éste no había pasado. Nos cuenta Varela, que mientras los diputados permanecían conversando, los realistas, capitaneados por un general inglés al servicio de España, Downe, se preparaban para pasarlos a cuchillo. Fueron descubiertos a tiempo y puestos en prisión

Tan pronto los diputados recibieron noticia de que S. M. acababa de partir hacia Cádiz, lejos de ir a meterse en la cama, luego de tres días de sesión continua, esperaron la noche para tomar el vapor que también les conduciría a la Isla Gaditana.

El día 15 estaban instalados en el nuevo refugio Cortes y Rey. Aquel había sido un baluarte inexpugnable para Napoleón. Tan pronto Sevilla se sintió desalojada, toda la sangre torera de Triana, cruzó el puente y proclamó a Fernando rey absoluto. Los cronistas parciales del liberalismo dicen que aquella gitanería agradecida al que les había dado escuelas de tauromaquia, gritaba en su jerga "¡Viva er rey disoluto!" "¡Queremo caena!" "¡Que nos pise!" Unos cuatrocientos de ellos se metieron en el antiguo edificio de la inquisición, ahora destinado a polvorín, y como alguno lanzara descuidadamente una ardiente colilla, prendió la pólvora y reventaron con ella.

Mariano Lagasca, el famoso botánico y diputado, de quien se decía Ramón de la Sagra discípulo, y don Bartolomé Gallardo, el descubridor de Padilla y Bibliotecario de Cortes, se lamentaban. El primero lloraba como un niño. No por la muerte de los gitanos, sino porque éstos habían saqueado la goleta donde iba el equipaje de los congresistas y destruído un herbario que formara en muchos años de paciente labor. En tanto, que al segundo, le destruyeron importantes manuscritos, fruto de prolongadas investigaciones en archivos y bibliotecas.

Cuando Fernando quedó definitivamente instalado en Cádiz, que don Cayetano Valdés, le comunicó que la regencia cesaba volviendo a disfrutar de sus fueros reales, le preguntó con sarcasmo y rencor: "¿Qué, ya no estoy loco?" Valdés se concretó a hacerle una genuflexión.

Por supuesto, que los cuadros congresionales se blanqueaban, más de un tercio de los representantes del pueblo aprovechando la confusión del traslado habían puesto pies en polvorosa. Los que quedaban, por un exagerado cumplimiento del deber o por un optimismo en la causa que se alentaba en el símbolo de volverse a reunir en la Iglesia de San Felipe, donde en circunstancias semejantes se discutió y proclamó la Constitución de 1812, comenzaron enseguida las sesiones. Había diputado, que no habiendo perdido ni manuscritos, ni herbarios, perdiera toda la ropa en el asalto de las turbas sevillanas, y a cuya exaltación no cesaban de repicar las campanas de la Giralda.

En medio del cerco establecido por los soldados de la reacción, Varela tuvo un motivo de honda complacencia espiritual: Acababa de llegar una inflamada adhesión de sus discípulos a la libertad. Con júbilo escuchó en la sesión del 26 de junio, como sus muchachos, dirigiéndose a las Cortes, decían en el documento que históricamente constituye la primera manifestación de rebeldía de la juventud cubana:

"Los alumnos de la Clase de Constitución, establecida por la Sociedad Patriótica en el Colegio Nacional de San Carlos de La Habana, se presentan con el respeto que inspira la sabiduría y el entusiasmo de la libertad ante el augusto Congreso de las Españas a ofrecer los sentimientos de su patriotismo,y consagrar en el mismo santuario de las leyes sus votos incesantemente pronunciados de constitución y aborrecimiento a la tiranía."

"Cuando por todas partes resuena el grito de la indignación española contra los déspotas insensatos, que pretenden su envilecimiento y servidumbre; cuando la opinión pública resentida a fuerza de tantas calumnias y difamaciones condena a eterna execración las denigrantes notas de los gabinetes extranjeros; y cuando la ilustración establecida y propagada por la santidad de los principios liberales se apresura a desvanecer y destruir los sofismas monstruosos del delirio despótico, la juventud laboriosa y ardiente de La Habana dedicada al estudio del Código fundamental, objeto de sus delicias y adoraciones, y blanco hoy de los tiros ensangrentados y de la rabia de los tiranos, quisiera lanzar, arrebatada de su enardecido liberalismo, un grito de *adhesión* y *libertad*, que atravesando rápidamente la inmensidad de los mares, resonase vigoroso y esforzado en el mismo centro de la capital de las Españas. Pero no es posible que al ardor de los deseos correspondan los gravísimos inconvenientes de la distancia, y sólo una esperanza recreadora la anima y consuela al considerar que este corto y expresivo testimonio de sus patrióticos y constitucionales sentimientos llegará a oírse en el Congreso respetable, que ha dado al universo esclavizado un espectáculo grandioso de sabiduría y heroísmo."

"Las generaciones futuras, la humanidad misma recordará con enternecimiento la memoria de unos sucesos tan admirables y gloriosos. La historia transmitirá con el esplendor y gravedad que acostumbra en la narración de los hechos grandes; y el modelo de la virtud y de la gloria se encontrará únicamente en los fastos memorables de la regeneración de España. Allí se verá la virtud calumniada y perseguida, despreciar la horrorosa atrocidad de los opresores; allí los amantes de la libertad del hombre observarán la consagración casi divina de los principios conservadores de todo orden, de toda sociedad, de toda justicia; allí, Legisladores inmortales, recibid en medio de la gratitud y del amor más encendido la sincera expresión de unos ciudadanos, que aunque apartados dolorosamente de la escena de tan notables acaecimientos políticos, sus corazones no anhelan otra cosa que la felicidad de la nación, su independencia y libertad."

El Revisor

POLITICO Y LITERARIO.

Núm. 19.

Lúnes 14 *de abril de* 1823.

¿Semper ego auditor tantum? ¿Nunquam ne reponam....?

Juven. Sat. I.ª

A LAS CORTES.

LOS alumnos de la clase de Constitucion, establecida por la Sociedad Patriótica en el Colegio nacional de San Cárlos de la Habana, se presentan con el respeto que inspira la sabiduría y el entusiasmo de la libertad ante el augusto Congreso de las Españas á ofrecer los sentimientos de su patriotismo, y consagrar en el mismo santuario de las leyes sus votos incesantemente pronunciados de constitucion y aborrecimiento á la tiranía.

Cuando por todas partes resuena el grito de la indignación española contra los déspotas insensatos, que pretenden su envilecimiento y servidumbre; cuando la opinion pública resentida à fuerza de tantas calumnias y disfamaciones condena á eterna ecsecracion las denigrantes notas de los gabinetes estrangeros; y cuando la ilustracion establecida y propagada por la santidad de los principios liberales se apresura á desvanecer y destruir los sofismas monstruosos del delirio despótico: la juventud laboriosa y ardiente de la Habana dedicada al estudio del Código fundamental, objeto de sus delicias y adoraciones, y blanco hoy de los tiros ensangrentados: y de la rabia feroz de los tiranos, qui-

2.°

Adhesión que enviaron los discípulos de Varela a las Cortes, tal como fué reproducida por "El Revisor Politico y Literario", de La Habana.

siera lanzar, arrebatada de su enardecido liberalismo, un grito de *adhesion* y *libertad*, que atravesaudo rápidamente la inmensidad de los mares, resonase vigoroso y esforzado en el mismo centro de la capital de las Españas:::: pero no es posible que al ardor de los deseos correspondan los gravísimos inconvenientes de la distancia; y solo una esperanza recreadora la anima y consuela al considerar que este corto y espresivo testimonio de sus patrióticos y constitucionales sentimientos llegará á oirse en el Congreso respetable, que ha dado al universo esclavizado un espectáculo grandioso de sabiduría y heroismo.

Las generaciones futuras, la humanidad misma recordará con enternecimiento la memoria de unos sucesos tan admirables y gloriosos. La historia los transmitirá con el esplendor y gravedad que acostumbra en la narracion de los hechos grandes; y el modelo de la virtud y de la gloria se encontrará únicamente en los fastos memorables de la regeneracion de España. Allí se verá la virtud calumniada y perseguida, despreciar la horrorosa atrocidad de los opresores; allí los amantes de la libertad del hombre observarán la consagracion casi divina de los principios conservadores de todo órden, de toda sociedad, de toda justicia; allí:::: Legisladores inmortales, recibid en medio de la gratitud y del amor mas encendido la sincera espresion de unos ciudadanos, que aunque apartados dolorosamente de la escena de tan notables acaecimientos politicos, sus corazones no anhelan otra cosa que la felicidad de la nacion, su independencia y libertad. Habana 1.º de abril de 1823.—*Francisco Javier de la Cruz.—José Serapio Mojarrieta.—Domingo Delmonte.—José Perez Machin.—Etanislao Rendon.—Bernardo de Echavarría y O-Gavan, colegial del número.—José de la Luz.—Juan Escoto.—Pedro Valdès.—Fernando de Castro.—Anastasio Orozco.—Nicolas Orozco.—José de Bulnes.—Estèban morís.—Eusebio Carcasés.—Juan Francisco Rodriguez.—Francisco de Sentmanat.—Antonio María Castellanos.—Agustin de Sirgado.—Manuel Hévia, subteniente del regimiento de la Habana.—Eustaquio La-*

voy.—*Antonio Ariza.—Vicente de Ordozgoili.—José Angel Acosta.—Francisco de Santa-Cruz y Lanz.—Presbítero José María Collazo.—Gabriel Castell, colegial del número.—José Duque de Heredia, colegial del número.—Anacleto Bermudez, colegial del número.—Ignacio Yurre, colegial del número.— Abrahan Miel, colegial del número.—Cecilio Jacome, colegial del número.—Jesus Perfecto Orsal, colegial del número.— Rafael Nerey, colegial numerario.—Miguel Collazo, colegial numerario.—José Ramon Silveira, colegial supernumerario.— Juan Blandino, colegial numerario.—Antonio Langele, colegial del número.—Juan Plaua, colegial supernumerario.— Bernardo de Córdoba.—Cayetano Sanfeliú.—P. Isidro Carbonells.—José Bruzon.—Silvestre Alfonso.—Cirilo Ponce.— José Fresneda.*

———❋———

El precioso papel lo firmaban dos generaciones de jóvenes criollos, entre los que se contaban desde los que ya ejercían el ministerio sacerdotal, como el Padre Isidro Carbonells, hasta otros que se iniciaban en la carrera militar, como el subteniente del Regimiento del fijo de La Habana, Manuel Hevia. También nombres que con el tiempo constituirían las más resplandecientes figuras de nuestro dorado siglo xix, como Domingo del Monte, José de la Luz y Caballero, Anastasio y Nicolás Orozco, y Anacleto Bermúdez. En total cuarentiséis firmas, que sin exclusión, tomaron parte activa y destacada en la historia posterior de Cuba, fueran sus poseedores revolucionarios, literatos, jurisconsultos, o simples hombres de bien, aún aquellos que morirían jóvenes y en plena y fecunda promesa, como Cayetano Sanfeliú, a quien ya la muerte espera y no lo sabe.

* * *

Leyendo esa invaluable crónica parlamentaria que son los *Diarios de Cortes* se transpira la confianza de aquellos representantes populares, que si bien van perdiendo toda esperanza de salvación al régimen político que encarnan, no pierden la fe en las medidas que discuten para implantarlas como normas imperecederas de la monarquía. Hablan y se expresan como si a sus acuerdos aguardara el mismo glorioso porvenir que a las Partidas de Alfonso el Sabio, que aún destronado como rey, sus leyes llegaron a constituir el fundamento ulterior a toda la tradición jurídica española.

Ya amenazados de bombardeo, Varela impugna un artículo de la Ley de imprenta, referente a aquellas personas que publiquen artículos sobre el dogma católico sin licencia del ordinario eclesiástico. Según nuestro Presbítero, la frase, "que verse principalmente sobre dogmas", ofrecía un campo vasto para imprimir sin necesidad de recurrir a la licencia religiosa.

Otro día se discuten los presupuestos nacionales. Unos diputados que apenas disfrutan paga que les permita comer y vestirse y que todavía andan buscando por cualquier parte de Europa quien les haga un empréstito a rédito leonino para sufragar los gastos de la guerra, se enfrascan en la discusión de votar presupuestos, cuyo índice lo dá la asignación a la Casa Real, que es de más de cuarenticinco millones de reales, de los cuales el Rey tomaba cuarenta para sí. Con razón el diputado Rico se opuso a la oprobación, expresando que los montos del presupuesto habían sido tomados de los del año 1814. A lo que respondió Canga Argüelles, no se sabe si con malicia o ingenuidad, que aunque cierto no podía variarse "sin infringir la Constitución".

Pero no siempre las medidas que se discuten durante este período se caracterizan por lo irrealizable de su ejecución. Hay otras, prácticas, de aplicación inmediata. Por ejemplo, cuando la Comisión de Comercio, en la que figuraba Gener, propuso que mientras durase la guerra y dos meses después de firmarse la paz, se permitiese el comercio entre la Península y las posesiones en buques extranjeros, amigos o neutrales, como si fueran nacionales, con un ligero recargo por la habilitación de bandera. No quería decir, empero, que los buques no siguiesen pagando como foráneos sus gabelas de tonelaje, sino la mercancía que conducían, que era por la que se solicitaba rebaja de derechos.

Tan justa proposición la combatió *el Divino* con argumentos sentimentales. Expresó textualmente que si por ella "se había buscado el modo de templar en parte el perjuicio que podia acarrear a los tristes restos de nuestra pobre navegación", ya que la marina española no podía competir en baratura con las otras marinas, perdiendo también en consecuencia los comerciantes peninsulares.

Lo cual se encargó de diafanizar el propio Secretario de hacienda, al demostrar que la proposición se producía debido al ataque francés, por lo que era necesario aprobarla, ya que utilizar buques nacionales provocaba más daños que beneficios, puesto que si no los capturaban los barcos franceses, lo hacían los corsarios americanos. Citó la situación angustiosa de dos buques que por el temor de ser apresados, habían regresado en lastre a la Península teniendo en América plata y frutos que acarrear. Convencido el Congreso, aún se produjo la efímera protesta de un diputado, quien apesar de reconocer lo conveniente de la medida "no la aprobaba hasta que no se propusiese el duplo del derecho". En bien de aquellos patriotas, hubo otro legislador que se alzó para aclarar al preopinante con sentido real de los hechos. Pero señor, "aquí no se trata ahora de proteger la navegación española, sino de ponerla a salvo".

Los aprietos de los liberales eran extraordinarios. Buscando el pago de unas indemnizaciones en París o un empréstito en Londres habían perdido tiempo y dinero. Entonces, mientras aguardaban porque arribase el nuevo ministro norteamericano, Hugh Nelson, a quien tenían detenido los franceses sin dejarlo llegar a su destino, echaron mano del Ministro interino, J. J. Appleton, para que éste pidiera a Washington un buque de guerra que transportase una delegación española a los EE. UU., a fin de negociar el empréstito entre los banqueros de dicho país. La asiduidad de Appleton con miembros del gabinete y diputados, le trajo, por consecuencia a la intimidad con Gener, a la sazón presidente de las Cortes. Después con Varela y Santo Suárez. De parte y parte hablaron con franqueza ante la situación colonial. Lo que la delegación cubana solicitaba de los EE. UU. era que garantizase a Cuba la implantación del recién aprobado "Régimen de instrucción políticoeconómico para las provincias de Ultramar", caso de que derrotados los liberales, Fernando y la Santa Alianza se negasen a reconocerlo. Constituía una oferta tentadora para los norteamericanos, pero los cubanos veían a través de lentes rosados. La dura experiencia de 1814 había demostrado a los estadunidenses que si bien ellos eran fuertes no lo eran tanto como para medirse con su progenitora, y menos para desafiar a una coalición europea. Su política, según expresara John Quincy Adams al mismo Hugh Nelson que tenían detenido los franceses, estaba en evitar por todos los medios que Cuba y Puerto Rico pasasen bien a Inglaterra, bien a cualquier otra nación que no fuese España. Claro, que dado que alguna potencia intentase tomar a Cuba o Puerto Rico, tendría que hacerlo por la fuerza, pero lo que no se disponían a realizar los norteamericanos, era facilitar los pretextos para que la guerra les fuese declarada por mostrarse demasiado urgidos en apoderarse de ambas islas. Cuestión de tiempo, según Adams; o en fin, teoría de la impotencia, que podía sintetizarse en la fábula del pobre perro del hortelano, que ni comía ni dejaba comer, porque tan contrario se mostraba Quincy Adams a que cualquier potencia europea poseyese a Cuba, como que las recién independizadas naciones de la América, México o Colombia, lo hicieran. Gener, Varela y Santos Suárez se expresaron a Appleton con la misma claridad con que doce años antes se expresaran los aranguistas a William Shaler: No estimaban que Cuba tuviese por sí sola fuerzas para desentenderse de los aliancistas e instaurar el Código ultramarino, pero sí con el respaldo moral de los EE. UU.

Al propio tiempo, en La Habana, en ese julio de 1823, el Ayuntamiento acordaba que no se dejaría arrebatar la Constitución caso de triunfar los franceses en la Península, mientras un grupo de logias masónicas, más de veinte del Rito de York, separadamente se entendían con otras de Filadelfia para organizar la rebelión de la Isla y declarar su independencia. Estos movimientos, unos públicos y otros secretos obligaban un poco ilusoriamente al Agente Comercial norteamericano en La Habana, Vincent Gray, a solicitar del Departamento de Estado, que tuviese cerca de las aguas cubanas a los pocos buques del bizarro Comodoro Porter, con el objeto de que colaborase de parte de los independentistas en la acción que amenazaba precipitarse de un momento a otro.

* * *

La legislatura estaba próxima a ser clausurada, y el 28 de julio fué elegida la Diputación permanente de Cortes, que era el organismo encargado de ordenar el trabajo parlamentario mientras recesaba el Congreso. A esta Diputación le estaba reservado un duro destino de trabajo y zozobras, y como candidatos americanos figuraron en ella Gener y Varela. El primero salió, el segundo no. Siempre que Varela estuvo postulado para cargo alguno jamás obtuvo votación seria, y cierta vez sólo consiguió un solo voto a su favor. Sin embargo, él correría con la Diputación permanente sus mismos riesgos y trabajos hasta el instante mismo en que ésta abandonó el suelo español.

Tres días antes de cerrarse la legislatura; o sea, el 2 de agosto, nuestro Presbítero presentó un interesantísimo proyecto que venía a complementar el Código ultramarino. Por él se nombraba una Comisión, que escogiendo, bien la Península, ora cualquier nación amiga o neutral, habría de reunirse con los plenipotenciarios americanos para discutir las bases de un entendimiento y hacer cesar las hostilidades. El proyecto en cuestión sería atrayente a los americanos porque en prenda de buena fe se le sometía por adelantado el recién aprobado Código ultramarino, pero si los sublevados lo encontraban insuficiente, por su lado, los comisionados de las Cortes, quedaban facultados para discutir hasta el reconocimiento de la independencia, cuya aprobación definitiva dependería del propio Congreso peninsular. Entendía el Presbítero, que una avenencia entre las partes disputantes era mejor que proseguir los antagonismos iniciados a raíz de la invasión napoleónica. En fin, para él la troncalidad hispánica debía mantenerse y jamás troncharse, menos por intransigencia y pruritos de los propios progenitores de las naciones del Nuevo Mundo.

En esa misma sesión del 2 de agosto se inició la discusión del proyecto. Según el Secretario de la gobernación de Ultramar, podían aprobarse los artículos que versaban sobre extender invitación a los plenipotenciarios americanos para un punto neutral de Europa, a fin de que discutiesen con los españoles "toda clase de tratados sobre las bases que se consideren más a propósito, sin excluir las de independencia en caso necesario", aunque sin disfrutar tales tratados de valor y efecto hasta tanto fuesen ratificados por las propias Cortes. El debate no rebasó este punto, pues se ordenó dejar la proposición sobre la mesa.

El día 3, el propio Secretario dijo, "que en nombre del Gobierno no podía menos de hacer algunas observaciones sobre el dictamen de la Comisión ultramarina, protestando que guardaría silencio si en las actuales circunstancias se tratase de mantener aquel espíritu de dominación que se había mantenido en otros tiempos respecto a las provincias de Ultramar". Luego añadió que en la legislatura de 1822 el gobierno había enviado delegaciones a América con atribuciones tan latas, fueron sus palabras, como para discutir hasta la emancipación. Por lo que "si el Gobierno en virtud de la autorización de las Cortes ha dado este paso, parece haber prevenido la mayor parte de lo que la Comisión propone; si pues el Gobierno ha dado a los comisionados la facultad que he expresado, y éstos se hallan, ya a lo menos la mayor parte, en el continente de América, es claro que es extemporáneo ahora y prematuro el dictamen de la Comisión".

En efecto, a principios de 1822 fué integrada una Comisión entre cuyas facultades figuraba hasta escuchar proposiciones que tratasen del reconocimiento de la independencia en aquellas provincias americanas "en las cuales se halle establecida de hecho".

A pesar de que hacía más de año y medio que partiera la tal Comisión, aún estaba por encontrar la provincia que "de hecho" hubiese conseguido su independencia, y ni siquiera había ofrecido la situación en latitud y longitud geográficas, del paraje americano donde se hallaba negociando.

Por eso Varela se alzó, para exteriorizar sus deseos a fin de "que el Gobierno dijese francamente si los comisionados que han ido a América tienen facultades para tratar de la independencia, porque la Comisión, cuando propuso este dictamen, tuvo presente el decreto de las Cortes sobre el nombramiento de comisionados, y vió que no les autorizaba para tanto".

El Secretario de la gobernación de Ultramar, que lo era titularmente de hacienda, se sintió cogido por sus propias contradicciones, y sólo pudo argüir que los comisionados iban autorizados "para oír todo género de reclamaciones sin excluir la de la independencia". Por lo demás, agregó, "es bien sabido que estos comisionados deben dar cuenta al Gobierno y éste a las Cortes".

Fué una oportunidad quo no quiso desaprovechar Santos Suárez, quien manifestó, que aunque su situación fuese desventajosa para opinar, puesto que era nativo y representante de una provincia americana, lo hacía, sin embargo, porque "sólo le movían el bien y la prosperidad de España". Enseguida formuló las siguientes y tres intencionadas preguntas:

Primera. ¿Si accediendo las Cortes a lo que solicitaba en aquel instante la Comisión de Ultramar, se contraponía a lo acordado en 1822?

Segunda. Si era conveniente o no la guerra desvastadora de América?

Tercera ¿Si es que ellos podían "presentar un medio más decoroso, ni más útil, ni más eficaz", que el sometido para diafanizar de una vez la dura cuestión del Nuevo Mundo?

Luego pasó a refutar al Ministro de Ultramar. Le demostró que según sus palabras de marcha y contramarcha, los comisionados no podían entrar en tratados, en tanto que el dictamen de la Comisión ultramarina facilitaba autorización para entrar en negociaciones "de un modo muy decoroso y útil a la monarquía española". Por otra parte, añadía con vigor y no sin cierta sorna, "el dictamen no puede combatirse con el especioso pretexto de que es contrario a la Constitución, porque yo veo que en las Cortes anteriores se aprobó la cesión de las Floridas, sin embargo de ser esto mucho más duro".

"Examinemos ahora, prosiguió, si convendrá o no convendrá que continúe en América la guerra desoladora que existe allí. He oído decir con no poca extrañeza la esperanza lisonjera que se tiene de que se pueda esperar un medio de pacificación, pero fundándose esto en la divergencia de opiniones que se dice existe en aquellos países, yo digo que éste es un error, pues aunque en cuanto al sistema del gobierno que debe adoptarse hay divergencia de opiniones, en cuanto a no reconocer la dependencia de España hay una unidad, y esto es de notoriedad."

"La América se pone cada vez en peor situación con respecto a la esperanza de que pueda someterse a España, y cuando llegue a lo sumo quizá entonces no habrá lugar a las negociaciones, y por lo mismo un celo excesivo, y en cierta manera indiscreto, bajo de ser favorable a la causa de España, no haría más que destruir la esperanza de hacer una negociación honrosa para España, y además nos expondremos a perder lo que todavía conservaremos, como sucedió con la Holanda, con la cual perdimos hasta el comercio."

"Mucho se ha dicho, prosiguió con igual vehemencia, de las victorias recientemente conseguidas por las armas españolas en América, pero éstas deben considerarse efímeras, pues si ellas proporcionasen la sumisión de aquellos países, ya no habría pueblo en América que no estuviese sujeto a la España, lo que a la verdad no se verifica."

Argüelles salió a ripostarle. Fué un discurso largo y tendido. Sólo le faltó salpicarlo con lágrimas para imprimirle mayor dramatismo. Llamó a los americanos hermanos y reiteró que siempre había dado pruebas de que deseaba que los hombres disfrutasen de la libertad. "Decir que los pueblos deben ser independientes y libres es un cánon, una máxima en que todos los hombres de bien e ilustrados convienen, pero decir que la libertad ha de ser para todos los tiempos, lejos de ser una máxima, está combatida en todas las épocas y en todos los países por los mismos que profesan los principios de libertad."

Se ponía en evidencia el Divino, hasta las hacía de bufo, pues estaba empleando los mismos argumentos de la cancillería francesa para justificar la invasión de España. Pero no se percibió de ello. Por eso exclamó gritando: "Yo no puedo mirar el dictamen sino como redundante, como inútil y como perjudicial."

Se asió de cuanto argumento pudo, por torpe que resultase. Uno de ellos fué, que como quiera que no había noticias de la anterior Comisión, que se suponía por tierras de América desde hacía unos diecinueve meses, no estimaba prudente que las Cortes aprobasen nada hasta que el gobierno facilitase noticias de los extraviados emisarios. Además, dijo, de reconocerse la independencia de América se correría la suerte de que no lo hiciesen las demás naciones de Europa. Aún, expresó con horror, podría encenderse una guerra terrible en este continente. *El Divino*, no contemplaba arder sus propias barbas, pero casi fué insultante cuando se refirió a la incapacidad americana para el disfrute de la libertad, porque no se percataba que pasteleros, anilleros, comuneros, landaburianos, estaban haciéndolo peor en la Península. No quiero insultar a mis hermanos de América, afirmó, pero se trata de reconocer la independencia a "unos países que no están en la madurez ni aún en la virilidad, sino en un estado inferior, y nadie podrá asegurar que pueden resistir a una invasión extranjera". Aunque no se crea, terminó el párrafo, que no estoy por la terminación de la guerra. La historia sabe con certidumbre que *el Divino* no deseaba terminar la guerra al modo de Varela, e ignora si la quería terminar como el General Trabuco, clavando en picas llaneras las cabezas de Bolívar, San Martín, Sucre, Páez, y tantos millares de americanos que con sus hazañas colocaban en entredicho al decantado liberalismo español y facilitaban argumentos a las verdaderas y contadas naciones libres del mundo para excusar su apoyo a la jarana liberal hispánica.

Luego, con marcada crudeza se refirió a un ejemplo citado por Santos Suárez, dándole diversa interpretación. Según el diputado criollo cuando Inglaterra había comprobado la inutilidad de la guerra con los EE. UU. había propiciado la paz y el reconocimiento de su independencia.

"El argumento de comparación que ha hecho el señor preopinante, recalcó *el Divino*, sobre la guerra de independencia de los EE. UU. no tiene lugar en este caso, porque tenía tanta ilustración como su metrópoli, y no tenían los elementos que existen en la América española de frailes, cofradías, inquisición, etc., etc., y además hicieron todas las provincias de aquel estado una alianza compacta bajo un gobierno sólido, al paso que en Buenos Aires hay una república, en Méjico apenas nació un imperio cuando se desmoronó; en Chile no se sabe lo que hay."

Ambos, Varela y Santos Suárez, se mordían los labios. El primero pensaba si el juicio comparativo del Divino no era una falacia lógica. De metrópoli a metrópoli, ¿era la ilustración española semejante a la inglesa? De colonias a colonias, ¿acaso no estaban en la misma relación, considerados los EE. UU. respecto de Inglaterra que los suramericanos respecto de España? ¿Eran o no los mismos vicios los que corroían a España y a sus provincias? Aún podía pensar Varela, ¿se enseñaba en Madrid las mismas cosas que enseñaba él en La Habana? Pero era demasiado modesto para citarse como ejemplo.

Santos Suárez pensaba, y en España, ¿qué? ¿Acaso por el interés de salvar al liberalismo español habían coincidido las distantes facciones y partidos? Bastaba recordar el hecho reciente del grueso comunero apoyando la permanencia en Madrid del rey, solamente para contradecir a los hermanos pasteleros.

"Impugno, pues el dictamen, concluyó Argüelles, lo primero porque no sería legal llevar a efecto lo que en él se propone, y lo segundo, porque necesitábamos de los diversos países de América una garantía que no tenemos."

El gran maestro de los hermanos pasteleros, Istúriz, hizo una brevísima intervención solicitando la lectura de un decreto favorable a la tesis de su asociado. Como la cuestión se hacía de prurito, entonces el romántico Alcalá Galiano se prendió de su propia elocuencia. El no podía desaprovechar la ocasión de figurar y hacer demagogia, aunque veinte años más tarde se diese golpes de pecho por esto, y educase a su hijo en el rencor a los americanos y dentro de las doctrinas más rancias de la *integridad* y el usufructo, como decía Argüelles, de la herencia de Ultramar, de "cuya mayor parte disfrutaban los americanos".., ¡los ya muy contados y esquilmados americanos del solo patrimonio imperial de Cuba y Puerto Rico!

Dijo Alcalá que él estaba acostumbrado a que se le censurase por sus ideas sobre la cuestión americana, lo mismo por el gobierno que por las propias Cortes, pero que había notado que tanto el Ministro de la gobernación de Ultramar como Argüelles, eludieron un punto capital en el debate, cual era, de que si apesar de la acción brillante de las armas españolas en América, ¿había esperanzas de que pudieran ser nuevamente domeñadas las provincias disidentes? "Yo creo, añadió con ironía, que no hay persona sensata que no esté persuadida de la imposibilidad de reducir a la obediencia a las provincias de América", por lo que excuso extenderme sobre el tema.

Ahora bien, dice Su Señoría, "que la declaración de la independencia produciría una guerra en Europa, y cabalmente en esta razón me fundo yo para apoyar el dictamen".

Sin duda, el párrafo le había salido redondo. Alcalá miró en torno. En las tribunas había murmullos aprobatorios. Una gran guerra era lo que se necesitaba, como en tiempos de Napoleón, para sacarse de encima a los cien mil franceses de Luis XVIII.

"También ha hecho Su Señoría, una pintura patética de la poca estabilidad de los gobiernos de América. Pero, ¿ha olvidado el Sr. Argüelles que en medio de esas vicisitudes y de esos trastornos de gobierno que afligen a la América no se ha visto uno de ellos que haya hecho proposiciones de sujetarse al yugo español?"

Otra vez había estado certero. *Páginas* iba a salir triturado.

Pues bien, y engoló más la voz, "nuestros ejércitos es verdad que se están cubriendo de laureles en aquellos países, tanto más inmarcesibles cuanto mayores son los obstáculos que tienen que vencer, pero, ¿tienen por ventura una esperanza de conservar lo que han reconquistado, ni de un resultado feliz en la campaña? Yo apelo a la experiencia y a todos los hombres desapasionados para que digan si cada vez no se ha ido haciendo más imposible la reducción de las provincias ultramarinas. Apelo a una nota del gabinete inglés, en que se reconoce ya de hecho la independencia de América, apelo a la experiencia que da otra nación respetable en el día, los EE. UU., que ha reconocido también la independencia de la América, apelo a la invasión que de hecho la pone en el caso de considerarse emancipada, y apelo, en fin, a lo sucedido en el Congreso de Aquisgrán. No hay, pues, una esperanza ni aún remota de que se pueda unir la América al imperio español".

"Encuentra el Sr. Argüelles indecoroso el que la nación española sea la que proponga la independencia, pero yo creo que toda negociación es inútil, mientras que la potencia que siempre ha proclamado el principio de tener bajo su dominio a la América no muestre su intención de abandonar esta máxima..."

"Ahora bien, si la independencia de América es ya una cosa de hecho, la ley de la necesidad exige que se reconozca, y para que se consiga, es menester que nosotros busquemos el camino sin grave perjuicio de España, ¿qué inconveniente se encuentra en que nosotros reconozcamos la base?"

Alcalá estaba evidenciando de una vez y para toda la historia anterior y posterior a su discurso, los cimientos de prejuicios donde se asentaba aquel negocio político de América, donde la indiferencia peninsular se acentuaba determinada por el bajo costo de la guerra que sostenía, ya que sólo era la vida de los soldados la que se perdía en la contienda. Escuchémosle con atención sobre un asunto que no quiso tocar en sus *Memorias*:

"Se dice que ahora no estamos en situación de ocuparnos de este negocio, pero, ¿cuándo lo estaremos, señores? ¿No estaremos ahora en situación cuando podemos formar una alianza que nos proporcione ventajas? Y además, ¿qué bienes trae a la nación la persecución de la guerra de América? Es verdad que nosotros no gastamos en mantener los ejércitos que hacen la guerra en aquellos países, pero el incalculable mal de hallarse paralizado nuestro comercio y perseguido por los corsarios americanos que han estado infestando estos mares, ¿no ha de tenerse en cuenta? Cuando la Europa entera espera que las Cortes españolas den el paso deseado del reconocimiento de la independencia de América, ¿han de insistir en la idea de tener a ésta sometida?"

"Dícese que este paso es precipitado e imprudente, lo primero podrá serlo, pero lo segundo en manera alguna, al contrario, señores, no nos engañemos; con mucha extrañeza se ha estado mirando por el mundo entero la conducta que hemos observado con respecto a la América, además de que la Comisión de ninguna manera ha propuesto se reconozca la independencia, porque esto sería según los tratados que se ajustasen y según la conducta que observasen los gobiernos de América durante el curso de sus negociaciones."

"Por todas estas razones, concluyó, soy de opinión de que debe aprobarse el dictamen."

El debate arribó a su clímax. El joven romántico había descarnado y triturado hasta los tuétanos mismos de la cuestión. La aprobación del dictamen que inspirara Varela en la Comisión ultramarina por sí solo hubiera servido para inmortalizar al liberalismo español, pero don Joaquín de Zulueta, estimando que los diputados alcanzaban un grado de peligroso contagio mental, del que podía derivarse la ratificación del dictamen, se arrogó en sus facultades de presidente para declarar un receso hasta las ocho y media en punto de la noche.

Fué natural que los diputados se retirasen insuflados en una determinación favorable o desfavorable al dictamen, y así se marcharon en grupos de afines, comentando los pro y contra de la cuestión que colocaba al Congreso en una difícil encrucijada ideológica. Gener no estuvo entre los poquísimos que seguían a Varela. El estaba de acuerdo con *el Divino*.

A las ocho y media se reanudó la sesión con carácter de extraordinaria. Se leyeron algunos mensajes, entre ellos uno del Rey, donde comunicaba su deseo de acudir dos días más tarde a clausurar la legislatura. De acuerdo a este comunicado, se eligieron las respectivas comisiones de recibo a rey y reina. Varela y Santos Suárez lo fueron para la primera y Gener para la segunda. Cuando se reinició la discusión del dictamen, Gener fué el primero en hacer uso de la palabra.

Dijo con aleccionada energía que lo impugnaba, "porque no tengo poderes para autorizar la emancipación de la América, pues que no los tengo para alterar ni modificar la Constitución de la monarquía en ninguna de sus partes, y es evidente que si se aprobase la independencia de la América, se alterarían lo menos 30 artículos de la ley fundamental". Con objeto de ilustrar cuanto afirmaba, metió mano en la faltriquera y extrajo uno de aquellos tomitos en octavo menor donde aparecía impresa la Constitución, dando lectura al artículo I:

"La nación española es la reunión de todos los españoles de ambos hemisferios."

Luego leyó el 174, sobre el mismo tópico. Cuando hubo terminado, añadió: "Y yo pregunto: ¿cumpliríamos con estos artículos separando del territorio de España a las provincias ultramarinas? Del mismo modo digo, por no molestar la atención de las Cortes, que se alterarían 28 artículos más."

Fué la culminación, porque en aquel instante se daba nacimiento formal, en la historia de Cuba, a las dos tendencias que polemizarían con breves alternativas durante todo el siglo XIX; la del posibilismo, encarnada en un catalán aplatanado, y la independentista, hecha presencia en un cura rellollo, que acababa de realizar el último esfuerzo por mantener incólume la honra del segundo gobierno genuinamente libre que se registra en los anales de la península española.

Después, Gener llegó a decir que supo en Madrid que agentes extranjeros trataban de persuadir a algunos diputados para que

España reconociese la independencia de América, con el solo afán de que el Congreso infringiese la Constitución.

Alcalá se sintió aludido, por lo que saltó a burlarse de las afirmaciones del catalán, y tras hacer protesta de que jamás le había pasado por mientes provocar de las Cortes "que fuesen infieles a sus juramentos", preguntó en una cuchufleta: "¿dónde están las dos Floridas y la parte española de la Isla de Santo Domingo?"...

El diputado por Islas Canarias, Murfi, entendió que la discusión tomaba un cariz demasiado agresivo, desviándose de su objeto, cual era aprobar el dictamen de la Comisión, que no planteaba el reconocimiento explícito de la independencia, sino la sola autorización para discutir en su torno, caso de arribar a una avenencia; puesto que aquélla se constituía en materia a decidir por las propias Cortes, cuando las negociaciones estuviesen concluídas. Por eso quiso zanjar, insistiendo que los diputados estaban apartándose de la cuestión del día. Y aunque negó ser partidario de la independencia, pidió la aprobación del dictamen.

Le refutó Joaquín Ferrer, quien impugnó el dictamen, entre otras razones, "porque habría que tratar una previa suspensión de armas, ¿y cuál sería la suerte de nuestros ejércitos de América si los enemigos pudieran rehacerse mientras se trataba en España del punto de la independencia?" Como los monopolistas de La Habana, cargó la culpa de cuanto pasaba en Ultramar a los malditos extranjeros. "La revolución de América, dijo, empezó desde el momento en que los extranjeros pusieron el pie en ella, y se puede asegurar que no hay nación que no haya hecho algo para sublevar aquellos países, y tal vez estarán esperando que las Cortes reconozcan la independencia para oprimir la misma América." También echó sobre el absolutismo los pesares de haberse dejado desmembrar las Floridas, pero no hizo referencia a que en 1821, las propias Cortes cedieron el último pedazo y ratificaron lo de antaño y lo de hogaño. Al concluir Ferrer su turno, se sometió al Congreso si votaría nominalmente sobre el dictamen, y como muchos no deseaban figurar con nombres y apellidos, como cuando declararon la incapacidad de Fernando, por 53 votos contra 43 se acordó hacer votación anónima de *sentados* y *levantados*, y luego de esto, no hubo lugar a aprobar el proyecto vareliano, que pasó a confundirse entre la montonería de papeles inútiles que guardaban las Cortes.

Enseguida se comenzó la discusión de otros asuntos, y a la **exacta** medianoche se levantó la sesión.

Varela se sentía cansado y hasta de malhumor. Le había faltado ocasión de ripostar a Gener, que aunque no aludió directamente a él, en lo de la connivencia con los extranjeros, había sido quien le presentara a Mr. Appleton, para discurrir juntos sobre la implantación del Código ultramarino en Cuba, mediante el apoyo de Norteamérica. Como parte de su irritación también provenía por la serie de leguleyismos con que Gener había tratado de desvirtuar la esencia de su proyecto, aquella misma noche redactó unas cuartillas refutándole, cuartillas que a la mañana siguiente llevó al *Espectador*, de Cádiz, que por su parte ya tenía listo para publicar, el alegato del propio Gener.

* * *

El día cinco, Fernando VII concurrió a la antigua iglesia de San Felipe a pronunciar el ritual discurso de clausura. En correctísima dicción auguró que la agresión francesa sería "el escándalo de la posteridad y el mayor borrón del siglo xix". Acusó a los invasores de apelar al oro y llamó traidor, sin mencionarle, a Enrique O'Donnell, asegurando que su gobierno dejaría de existir antes "que dar un paso contrario a los juramentos que le ligan con la patria o a los que exige el decoro de la nación".

Luego retornó a la azotea de su estrecha morada para darse al deporte que solía practicar con preferencia en aquellos días azarosos: empinar papalotes. Según los realistas, el Rey había vuelto a los gustos de la niñez, según los resignados liberales, aquél era un medio de artero espionaje y comunicación con el enemigo.

La situación se hacía desesperada. Cádiz estaba sitiada por tierra y bloqueada por mar desde el 24 de junio. Morillo, el general *Trabuco*, había capitulado en Galicia el 10 de julio, por lo que al fin las Cortes, permitieron a Riego salir a reclutar soldados para la causa liberal. Su esfuerzo pronto dió frutos, aunque transitorios, pues encontró al general Ballesteros dispuesto a rendirse, pudiendo sostenerle, hasta que alejado nuevamente el valiente jefe asturiano, capitulara vergonzosamente, el día anterior a la clausura de las Cortes ordinarias. Los únicos generales que se mantenían firmes eran Mina, en Cataluña, y Plasencia, en Extremadura.

Entre los tristes trabajos que quedan a las Cortes está emplazar a los diputados fugitivos para que se presenten en Cádiz. Han desertado treinta y cuatro de ellos. Algunos conocidos, como el santiaguero Cuevas, y aquel Alcántara, que afirmaba que en un día no se podían borrar tres siglos de inquisición, tinieblas e ignorancia.

El 31 de agosto caía el Trocadero, una de las plazas fuertes que defendían a Cádiz y el 6 de septiembre, el Rey convocó las Cortes a una legislatura extraordinaria, para que deliberase "sobre el estado actual de la Nación". Fernando halló un goce especial atormentando a los liberales en aquel tristísimo instante. Su comedia de fingimientos le llevaba a colmos de anormalidad. Era su segunda naturaleza, impuesta por la vida traqueteada e inestable que había llevado. Ya sabía él que el telón de la farsa de improvisaciones, que se iniciara en Sevilla con la declaración de su incapacidad, iba a caer y su papel quería jugarlo hasta el instante mismo en que comenzara el descenso.

Los diputados, empero, no mostraban desesperación. Como el propio monarca querían jugar en la escena, pero a diferencia suya, no se retirarían hasta que el último de los utileros se hubiese marchado. En ellos no era ya el espíritu de comedia el que predominaba, habían tomado seriamente sus papeles y representaban un drama de honda repercusión espiritual ante el auditorio de la Historia. Nadie sentía miedo, sólo dolor e indignación.

Alvaro Gómez Becerra, que presidía la heroica Diputación permanente dijo en su discurso de apertura, anticipando el final trágico que se avecinaba:

"Si ha sido áspero y sembrado de espinas el camino que hemos corrido hasta ahora no será más delicioso y ameno el que nos falta por correr. El hombre recto e imparcial nos hará justicia en todos los tiempos y en todos los países. Cualquiera que sea la suerte a que estamos destinados, nos resta el honor y yo espero que vuestro patriotismo, vuestra cordura y vuestra ilustración sabrán conservarlo en las nuevas deliberaciones en que vamos a entrar, para conservar también el testimonio de una conciencia pura y exenta de remordimientos, con lo cual hay consuelo dulce y tranquilidad inalterable en medio de las mayores calamidades y desgracias."

Inmediatamente se dió lectura a la lista de los diputados que siguieron a las Cortes en su éxodo a Cádiz, también la de aquellos que rehuyeron cobardemente a su deber. Se eligió al propio Gómez Becerra presidente de la legislatura, y partió Varela con los demás miembros de la Comisión de etiqueta para comunicar al monarca y a su familia que el desolado acto de apertura sería sobre las cinco de la tarde. El Rey se excusó. A las seis fué la inauguración. Había poca luz, y estaban presentes los Secretarios de despachos. Se dió lectura al discurso de S. M. En él decía resumidamente: "Lo que os manifieste mi Gobierno mostrará también palpablemente cuán infructuosos han sido los esfuerzos hechos para obtener una paz honrosa, porque el enemigo, empeñado en llevar adelante su propósito de intervenir contra todo derecho en los negocios del reino, se obstina en no tratar sino conmigo solo y libre, no queriendo considerarme como tal si no paso a situarme entre sus bayonetas." A lo que sumaba con rebuscada hipocresía "inconcebible y ominosa libertad, cuya única base es la deshonra de entregarme a discreción en mano de sus agresores".

Enseguida colocaba a los diputados en la difícil disyuntiva de libertarle o mantenerle preso. Lo expresaba al desgaire, ya que su libertad estaba garantizada por los cañones que resonaban a las propias espaldas del Congreso. Pero había indudable sadismo en la forma de expresarlo:

"Proveed, pues, señores diputados, a las necesidades de la patria, de la cual no debo ni quiero separar nunca mi suerte; y convencido de que el enemigo no estima en nada la razón y la justicia, si no están apoyadas por la fuerza, examinad prontamente los males y sus remedios."

Nada había qué hacer, ni qué discutir.

Varela se sentía deprimido. No porque fuera a encontrar la muerte en vez de entre las funestas olas del océano, como dijera en su despedida a los habaneros, acribillado por las balas francesas, o por los puñales asesinos de los que mataban a nombre del altar y el trono profanados. Un sacerdote de veras jamás teme morir. Se sentía aplanado, sencillamente, porque de sus ambiciosos proyectos, dos de los más importantes se le habían frustrado. Uno, el dictamen sobre la pacificación de América. Otro, el acariciado de abolición de la esclavitud, que ni siquiera pudo presentar ante sus colegas. Lo que menos le importaba era haber jugado a carta tan insegura el tranquilo porvenir de un profesor, que luego de operar un gran cambio en la mentalidad de su medio escolar, cuando comenzaba a recoger los preciados frutos de su esfuerzo, se alejó de éstos, quizás para siempre.

Aquel Congreso podía hacer muy poco. De inmediato crear una Junta de defensa y contestar al Rey soslayando una de sus insidiosas ocurrencias: En cuanto a la exploración de la voluntad nacional que el Gobierno solicita del Congreso,. contestaba la Comisión de respuesta, el día 7, éste no puede hacerlo en la actualidad, cuando oprimida la nación por una fuerza extranjera y una facción que a su abrigo ejerce todo linaje de violencia, no tiene medios de manifestarla. El hecho de la elección de los señores diputados, con arreglo a las fórmulas constitucionales sin oposición ni embarazo, es una prueba irrecusable de que fueron libremente encargados de la actual misión." Constituía un enérgico recordatorio del origen popular de aquella asamblea, pero Fernando pensaba muy distinto a ellos. El sabía cómo la opinión del pueblo pedía *caenas*, y cómo hasta el *Sagrado* Batallón de Asturias, a cuyo frente proclamara Riego la Constitución, en 1820, había desertado para someterse al invasor.

El 9 de septiembre se votó un préstamo forzoso entre los vecinos pudientes de Cádiz. A Varela, Gener y Santos Suárez, no les quedaba un céntimo y fué necesario que las Cortes les proveyera mediante una libranza contra las Cajas de La Habana. Los demás acuerdos de estas sesiones secretas, se consumen en parte expidiendo certificados de adeudos, pues ya no hay pecunia ni para comprar papel y tinta.

A los pocos días, Riego, seguido por mala y poca tropa, caía en manos realistas. El 23 la Diputación permanente, sin previo aviso, convocó a sesión: Acababa de iniciarse el bombardeo por mar de Cádiz. Las Cortes permanecieron reunidas durante las tres horas y media que duraron las andanadas, con un total de más de trescientos proyectiles. Ni los diputados ni el pueblo de Cádiz empavorecieron. Contaban para la defensa con la sola lealtad de la heroica milicia de Madrid y la total de Sevilla, porque la tropa regular estaba vendida o desmoralizada.

En sus promesas verbales, Angulema había ofrecido que tan pronto se entregara Fernando, haría que proclamase una constitución liberal o le abandonaría a su suerte. Sin embargo, al reclamarle el General Alava, emisario de las Cortes en estos asuntos, que lo hiciera por escrito, Angulema se negó. Por su parte, el gobierno inglés, que primero se brindara como árbitro y luego como mediador, abandonaba finalmente a los liberales. En tal situación, las Cortes concedieron al gobierno arbitrio para que cuando lo juzgase oportuno negociase la paz, sacando el mayor partido a favor de las libertades del pueblo. Ese momento llegó el 30 de septiembre. Fernando se manifestó comprensivo, dijo que lanzaría un manifiesto a la opinión pública donde declararía que sus intenciones eran de "perdón y olvido completo del pasado". Al presentársele la minuta del manifiesto, por su mano compuso y recompuso. Explicó que él no deseaba conceder más de lo que podía dar. La sutil insidia con que gustaba recrear su atormentado espíritu, se hizo patente cuando al llegar al punto de brindar a España una constitución del tipo a la vigente en Francia, explicó con fingida sinceridad, que tocante ese extremo nada podía garantizar. Es, dijo, como si asegurase que iba a desempeñar una prenda que hipotecara en tiempos de penuria.

Muchos cayeron en la redada del monarca. Especulando sobre el manifiesto, cuya redacción gustó a todos, Gabriel García, viejo liberal y masón, explicaba que no había dudas al respecto. "¿Cómo puede usted figurarse, solía decir, que el General Guillerminot que es de la Sociedad de los Filadelfos y que dirige al duque de Angulema, aconseje para España un gobierno arbitrario y protector de la intolerancia y de la ignorancia?"

El día primero de octubre el propio don Cayetano Valdés condujo a Fernando al campamento enemigo. A su regreso, manifestó con pesimismo que nada había que esperar. El Rey había sido recibido con aclamaciones por franceses y españoles, que celebraban la caída de la Constitución. Al despedirse de mí, añadió, me fulminó con la mirada.

En la tarde del día 2 arribó un mensajero del campo francés, portaba una orden donde decía el monarca, "que restablecido en la plenitud de sus derechos y deseando que gozasen por igual y a plenitud la misma libertad todos sus vasallos", disponía que se levantase la prisión de los realistas encarcelados en Cádiz, por conspiradores, ya que "su delito no era otro que haber sido fieles al Rey". El 3 ya no había dudas sobre las intenciones reales, don Cayetano Valdés recibió otra orden, donde ni se le daba tratamiento, para que entregase la plaza a los franceses. Con el mandato los buques enemigos comenzaron a avanzar hacia la ribera, y los diputados a su vez iniciaron el éxodo definitivo. Sólo así se retiró la escuadra francesa. No disparó contra las embarcaciones en que partían los diputados, pero algo peor sucedía, mercenarios españoles empezaron a merodear las aguas con el fin de apresar diputados, que luego entregaban por algunas monedas a los realistas sedientos de sangre. Muchos congresistas marcharon prevenidos, sin permitir que ninguna embarcación se les acercase so pena de recibirla con fuego, y si bien el viento no se mostró favorable a la navegación, pudo la mayoría de diputados cruzar el ansiado estrecho de Gibraltar, poniéndose a salvo en las aguas jurisdiccionales de la Gran Bretaña. Varela, Gener y Santos Suárez fueron de los que se refugiaron en el Peñón, otros, menos afortunados, fueron capturados arribando a puerto seguro.

Ya en Gibraltar comenzaron los fugitivos a tomar destino. Los criollos, cuando se encontraron repuestos del cansancio y las emociones, sacaron pasaje en el "Draper C. Thorndike", un buque, con cargamento de sal y almendras, que se dirigía a la libre América del Norte. Los más siguieron a Inglaterra.

¡Cuán distinta es esta partida de Varela a la de La Habana, en 1821! Tal vez el Presbítero, más afortunado que otros de sus compañeros, no hubiese perdido el violín en los trajines de la fuga. Pues de haber hecho nuevamente música a bordo habría tocado *Les Adieux*, de su favorito Beethoven. Porque atrás quedaba Bizancio, dispersa, confundida, y quizás eternamente derrotada.

FELIX VARELA

De la obra de Antonio L. Valverde, "La Muerte del Padre Varela",
La Habana, 1924.

XV

EL DESTIERRO

El Draper entró en Nueva York el 15 de diciembre de 1823, y tan pronto los tres viajeros se libraron de las rutinas aduanales, se dirigieron a casa de Mr. Goodhue. Este era un importador de azúcar establecido en la calle South, no muy distante del Battery Place, y a quien conocían por sus frecuentísimos viajes a Cuba. Aquel día nevaba fieramente. Los tres diputados no traían mucha ropa de abrigo, pero el frío no arrecia hasta después que toda la nieve ha caído. Cuando se enfrentaron con Mr. Goodhue le inquirieron jocosamente: ¿Estamos seguros del despotismo español? Entonces Mr. Goodhue llamó, ¡Cristóbal! ¡Cristóbal!, y apareció por una de las puertas Cristobalito Madan. Se abrazó conmovido a su maestro. Después vinieron las presentaciones a los demás empleados de la casa. Varela, aunque leía inglés, ni lo hablaba y menos lo entendía. Por eso, en un aparte que tuvo con Cristobalito le exclamó con humor, ¡cómo tendré que luchar con estos silbos!

Cuando cesó el *blizzard*, Madan les llevó a encontrar habitación. Se encaminaron a Broadway. Entonces en Nueva York se conseguía pensión completa por nueve dólares al mes, y los extranjeros cantaban a la excelencia y cantidad de sus comidas. Caminando hacia el *boarding* de Mrs. Mann, las pisadas y el viento gélido habían endurecido y mancillado la pureza del suelo, que estaba muy resbaladizo, y Varela cayó. Enseguida Madan acudió a ayudarle, y dándole el brazo a él y a Gener, hizo una frase: "Estoy sosteniendo lo que España no ha podido sostener."

Meses más tarde, Varela supo por boca de otro amigo la leyenda que corría en la Isla de Manhattan. Se decía que el extranjero que resbalase en la nieve y cayese se quedaría para siempre en Norteamérica.

EL PADRE VARELA 293

Las visitas comenzaron enseguida. Los elementos españoles más destacados acudieron a saludar a los tres distinguidos diputados liberales. Entre ellos había figuras que estarían muy ligadas a la historia de Nueva York, como Mariano Velázquez de la Cadena, profesor del "Columbia College", Juan Delmónico, fundador del más famoso y exclusivo café de la ciudad; John Lasala, banquero, y don Tomás Stoughton, el viejo irlandés, cónsul español y amigo de George Washington.

Quisieron organizar una gran comida en honor de los cubanos. Varela rehusó, nada de honores y homenajes. La cuestión española estaba en el centro de la atención pública, como lo estaba el reconocimiento de los gobiernos libres de México y Colombia, y la lucha de Grecia contra los invasores turcos. Quince días antes de haber desembarcado los diputados cubanos, el presidente de los EE. UU., James Monroe, había dirigido al Congreso un mensaje que era comidilla ciudadana, porque aparte de hacer comentarios sobre estos eventos, entonaba, por contraste, un canto de fe y esperanza al progreso alcanzado por su patria en escaso medio siglo de libertad y gobierno popular.

En ese mensaje, que un catalán radicado en Baltimore, Mariano Cubí y Soler, tradujo a un español apresurado, se expresaba el deseo de los EE. UU. a permanecer en paz con el mundo. Se hacía ver que si no guerreaban, en cortos años pagarían sus deudas originadas por tal motivo, en 1776 y 1814. En consecuencia, una política amigable con todos los gobiernos europeos y una abstención absoluta en sus problemas y querellas se imponía a los estadunidenses, aún cuando el Sr. Presidente lamentaba la intervención francesa en la libre España y la turca en Grecia. Eso sí, enfatizaba Mr. Monroe, del mismo modo que nosotros vamos a inhibirnos en Europa, en contra de nuestras simpatías, tampoco permitiremos, y lo esperamos así, que las potencias de allá intenten arrebatar la libertad de los países hispanoamericanos. Por supuesto, aclaraba con inocente ironía. que continuaremos manteniendo nuestra neutralidad en la guerra que todavía sostienen España y sus excolonias, porque conociendo los aprestos militares de aquélla, no hay dudas de parte de quién está la victoria.

Aquél era, asimismo, un mensaje de aliento para los que en cualquier parte de la tierra presentaban batalla a favor de un mundo libre, y la garantía de que los EE. UU. siempre constituirían el refugio amable a los perseguidos y derrotados en el secular combate. Por eso Varela se acostumbró muy pronto a decir que vivía "en la tierra clásica de la libertad".

Su convicción de que Norteamérica era el punto de confluencia y amparo de los perseguidos por la reacción universal, le fué corroborada por sus propios discípulos y amigos de La Habana, también fugitivos como él del absolutismo.

Francisco de la O. García, Gaspar Betancourt Cisneros, los poetas José María Heredia y José Teurbe Tolón y Francisco Sentmanat, narraron por su parte a Varela, las aventuras que habían corrido, también por causa de la libertad de Cuba.

En las postrimerías del período constitucional, y en vista a las malas noticias que llegaban de España, comenzaron diciendo, se reunió el Cabildo habanero, para discutir si se declaraba o no independiente a la Isla. Enterado el Gobernador Vives, se apareció en la reunión y con gesto preocupado por los infortunios peninsulares, aconsejó no adelantarse en tomar medidas hasta que llegasen los oficios dando cuenta del triunfo definitivo de los franceses. Vives daba la impresión de simpatizar con el movimiento, por lo que el Cabildo decidió esperar. Pero tan pronto se hubo marchado, con tropas de su confianza comenzó a reforzar las fortalezas de la ciudad, iniciando de consuno una vasta intriga entre la alta oficialidad del ejército, los morenos libres y algunas personas notables, haciéndoles ver los excesos que podrían contemplarse en la Isla si se implantaba la independencia. Cuando lo supo el Cabildo tornó a reunirse, pero ya era tarde, Vives les colocó cuarenta hombres armados y una compañía de soldados regulares cabe a sus puertas. Nosotros esperamos la protesta airada de los reunidos, pero todo se redujo a largos discursos y a la conformidad que trajo saber que los franceses habían sido derrotados en una oscura batalla.

Sin embargo, no nos impacientamos, ya Juan José Hernández había anticipado a lo que estábamos decidido, cuando afirmó en un trabajo coetáneo: "Arda la Isla de Cuba cual otra Troya: horror, muerte y desolación, guerra y exterminio, antes que rendir la cerviz al atroz y bárbaro despotismo."

Al efecto, teníamos preparada una insurrección en conexión con Colombia, llamada "Rayos y Soles de Bolívar". Armas, escarapelas, uniformes, compromisos formales con diversas logias masónicas y oficiales de los batallones de Málaga y Cataluña, estaban formalizados, cuando Juan Agustín de Ferrety nos traicionó vendiendo nuestros planes a Vives. Varela dió un salto en su asiento. ¿Estáis seguros?, inquirió. Tan seguros como que Vives le nombró para que nos instruyese la correspondiente causa criminal, replicaron.

De los que pudimos huir, prosiguieron, unos marchamos a entrevistarnos con Bolívar y otros fuimos a México. No alcanzamos a entrevistarnos con el Libertador, pero sí con Santander y Gual, y sabemos que hasta tanto no termine la campaña del Perú no tendremos ayuda de Colombia. Por eso enviamos a José Agustín de Arango a La Habana para que previniese todo movimiento prematuro, pero ya el Capitán Rodríguez de Vera se había lanzado en Matanzas y luego de disparar algunos tiros, tuvo que escapar, pues nadie esperaba su pronunciamiento.

Nosotros, añadieron Pancho de la O y Sentmanat, estuvimos en México, y más afortunados, logramos el apoyo inmediato y sin reservas del presidente Guadalupe Victoria. También un plan de invasión, trazado por el General Antonio López de Santa Ana, que partiendo de Yucatán, atacará a La Habana. Al frente de la expedición iré yo, dijo con orgullo Sentmanat, que era uno de los firmantes de aquella adhesión a las Cortes de los alumnos de la clase de Constitución.

En La Habana, prosiguió Pancho de la O, también de los firmantes e hijo de ricos hacendados matanceros, don Francisco de Arango y Parreño ha tomado la defensa del absolutismo, y no ha cesado de enfrentársenos públicamente desde que comenzamos en el periódico *El Revisor* nuestra campaña en favor de la independencia. Asustar a los hacendados con el fantasma del negro que los pasará a cuchillo ha sido su argumento favorito, a la par que discurrir sobre la estrategia militar y naval que debe seguir el gobierno para contener una invasión, y es que don Francisco también ahora funge de Intendente del ejército. ¡Pero una intendencia de la desesperación, sin dinero y buscándolo por todas partes para defender una mala causa!

Cuando terminaron, Varela les relató sus zozobras congresionales, la actitud de los metropolitanos respecto al Código de ultramar, y la anarquía que sembraban con sus disputas los diversos partidos y sociedades secretas en España; por último, las angustias de Sevilla y Cádiz, lo reacias que se mostraron las Cortes a la negociación con las naciones de la Costa Firme, que le llevó a la persuasión de que fuesen serviles o liberales los que ocupasen el poder en la Península, América les significaría siempre las colonias a explotar con mayor o menor intensidad. Les narró a su vez, cómo había reaccionado *el Divino* ante el problema de la libertad del Nuevo Mundo. Desde aquel día, expresó, no he visto más que una sola senda a seguir por nuestros países, ¡la de la independencia!

Esa es la razón, prorrumpieron aquellos jóvenes, por la que reclamamos que usted se coloque al frente del movimiento libertario de la república de Cubanacán. Usted que ha sido el maestro que templara nuestro espíritu en el amor a la patria y a la libertad del hombre, y que jamás se ha contradicho en los principios que nos inculcara en la clase y en *el cuarto*.

Se abrió un silencio grave, hasta solemne. Varela mismo lo cortó. Bueno, dijo, me pondré gustoso al frente del movimiento sólo con dos condiciones: La primera, muy sencilla, que mantendré mi libertad de opinar en todo lo concerniente a la independencia. La segunda, que ni admitiré sugestión ni mandato emanado de sociedades secretas ni masónicas. Es más, las combatiré abiertamente. ¡Bastantes males ocasionaron a la pobre España!

Otro grave hiato se abrió entre los reunidos. Pero no por lo duro de la proposición, sino por lo fuerte de la contraposición que los jóvenes tenían que hacer a Varela, y que con el respeto que siempre inspira un maestro venerado no se atrevían a formularle abiertamente. Sin embargo, pudieron vencer el vano escrúpulo, y ya sin ambajes, ni eufemismos prorrumpieron con gran franqueza: Padre, el argumento favorito de Arango y Parreño contra la independencia ha sido presentar la posibilidad de que los esclavos, en mayoría sobre los blancos, conviertan a nuestra patria en otro Santo Domingo. Usted ha sido quien primero hablara de antiesclavismo en la Isla, y cuando se supo que preparaba un proyecto emancipador el comentario fué, que el diputado criollo que solicitare la abolición de la esclavitud merecía que le arrancasen la lengua. En realidad, no son los negros emancipados a quienes ellos temen, temen no poder obtener mano de obra barata cuando no haya esclavos. Además, los hacendados y comerciantes de Nueva Orleans y Charleston, si bien juzgan que los ocho o diez millones de pesos que importa nuestro comercio les quedarían garantizados con nuestra libertad y aún se aumentarían, estiman, por el reverso, que la abolición de la esclavitud en la Isla repercutiría necesariamente en sus estados.

De ahí que pese más en el ánimo de ellos la propaganda que a dicho respecto realiza el Secretario de Estado, John Quincy Adams, que las ventajas que les proporcionará nuestra independencia. Claro, los EE. UU. aspiran a la posesión de Cuba, pero no se sienten con fuerzas para tomarla libremente, temiendo, además, la competencia que en tal sentido les establezca otra nación, llámese Inglaterra, Colombia o México. Por lo que cualquier argumento que justifique marchar contra un competidor lo usará el poco escrupuloso Adams, que es quien de veras maneja la política de este país.

Le suplicamos, pues, que haga abstracción momentánea de sus ideales filantrópicos. La abolición de la esclavitud no debe ser mencionada otra vez hasta que triunfe nuestra causa. Los momentos son tan difíciles ahora como fácil sería apoyarnos luego en las naciones abolicionistas para defender la emancipación de los negros.

Varela, que comenzó insistiendo en 1811 que no era político, que continuó manteniéndolo durante su período de congresista, comprendió que sus discípulos habían alcanzado una mayoría de edad y una flexibilidad políticas, como para brindarle a él sus buenas lecciones. Vió con claridad que en política la transigencia no significa olvidar los ideales que informan un programa a realizar inexorablemente, pero sí que las circunstancias pueden influir para no recargar el acento sobre hechos que en un momento determinado pueden también manifestarse adversos al nudo mismo de los ideales perseguidos, y aceptó, gustosamente, como los jóvenes aceptaron lo de la masonería.

Los planes significaban ponerse en contacto inmediato con los representantes diplomáticos de México y Colombia. Ellos mantenían una activísima propaganda a favor de la independencia americana. Sobre todo, don Pablo Obregón, el mexicano, que reviviendo las tradiciones diplomáticas del Renacimiento, en que los embajadores actuaban como espías y enemigos saboteadores, anticipaba las pautas que seguiría la diplomacia de un siglo más tarde, al ofrecer premios en metálico a quienes demostrasen la destrucción de los efectivos españoles en puertos neutrales.

A poco de entrevistarse el Presbítero con sus alumnos cayó enfermo, víctima de uno de los ataques de asma más fuertes que había sufrido en su larga dolencia. Los madrileños siempre han hecho gala del frío intensísimo que traen las brisas heladas del Guadarrama, porque nunca sufrieron las que bajan de un casquete polar.

Varela, que resistió par de inviernos madrileños sin enfermarse, apenas pudo inaugurar el invierno neoyorqués sin que le derrotara. Se dice que sus ataques de tos superaban a sus ahogos, y que llegó a esputar sangre, al extremo de sospecharse que había contraído tuberculosis. Pero si así fué nada parece revelarlo, porque Varela vivió a partir de aquel momento el período más agitado de su vida, comió y durmió peor que nunca y casi llegó a decursar una larga vida, que a otro cualquiera, con el maltrato que se dió cediendo a los pobres comida y colchón, era para matarle. Si Varela fué tuberculoso, fué uno de esos casos de pasmosa sísmica patológica que confunden a la ciencia médica, y a los cuales las grietas pulmonares se les abren con la misma facilidad que se les restañan.

Convaleciente hace proyectos para trasladarse a Filadelfia, emporio de la actividad cultural, comercial y aún política de la nación norteamericana, para iniciar en ella la publicación de un periódico revolucionario. Allí también se hallaban los astilleros donde se construían las veloces cañoneras mexicanas y colombianas que acosaban a los barcos del Comandante Laborde, y radicaba el grueso de los armadores, traficantes y marinería, que por los buenos negocios que realizaban con los latinoamericanos y por la tradición libertaria de la patria donde habían nacido, siempre se hallaban dispuestos a tomarle el pelo a los *dones*, introduciéndoles pertrechos y propaganda subversiva en los puertos que dominaban. Además, Filadelfia había sido capital de la Unión, continuando aún en el papel de centro de intrigas diplomáticas. En ella moraban, tanto los ministros de México y Colombia, como el siempre vigilante y siempre despistado, Hilario de Rivas Salmón, de España.

Mientras Varela dispone la marcha, no quiere descuidar el otro y grande menester de su vida, el sacerdocio, en cuya actividad arde por ejercer, aunque sea, y mientras aprende a hablar bien inglés, para atender a unos cuantos hombres y mujeres de lengua española que se hallan dispersos por la ciudad de Nueva York. Pero no ha de serle fácil, no tanto por su escaso dominio del nuevo idioma, como por las condiciones prevalecientes dentro del catolicismo norteamericano.

Entre las diferencias que había constatado en su corta estancia neoyorquesa, estaba la distinción de uno y otro clero. Mientras un frarecico español cualquiera se encontraba presto a abandonar la buena vida que le proporcionaba el cobro del medio diezmo, para tomar un trabuco y defender la consustanciación del más absoluto trono con el más rancio altar, en los EE. UU., los sacerdotes y obispos, que a veces se acostaban con el estómago vacío y andaban vestidos de seglares, por no tener con que comprarse sotanas, combatían por todos los medios la unión de la iglesia y el estado. Por otra parte, los de Norteamérica atacaban a la Santa Alianza, denominándola, como cualquier creyente sensato, conjunción repugnante y diabólica de monarcas y príncipes contra los derechos del pueblo y la pureza del catolicismo.

Hablando de cómo las tradiciones democráticas se habían impuesto en los usos del catolicismo norteamericano, podía citarse a los propios jesuítas en el más arduo de los problemas que confrontó la Iglesia en su historia estadunidense, el *trusteeism*. Pero comencemos por el principio.

En 1790, los católicos, cansados de las discriminaciones de los protestantes, decidieron dirigirse a George Washington para reclamarle los derechos que les pertenecían por haber luchado a favor de las mismas libertades que los reformados ahora pretendían negarles.

Firmaban aquel documento personas de mucho copete. A la cabeza, y a nombre del clero, estampaba el prelado John Carroll, le seguía su hermano Daniel, y luego su primo, el famoso firmante de la Declaración de Independencia, Charles, a quien la historia inmortalizaría Carroll of Carrollton, y en orden subsecuente Thomas Stoughton, cónsul de España y amigo de George Washington; Dominik Lynch, exasociado comercial de Stoughton y, por último, el muy banquero, amigo de Hamilton, Thomas Fitzsimmons. Del grupo, el que menos revolucionarismo aparentaba blasonar era el antiguo jesuíta y primer Arzobispo de la Roma norteamericana, Baltimore, John Carroll, y para que no haya dudas al respecto, bástenos saber que había participado con Carrollton, Benjamín Franklin y Samuel Chase en la delicadísima embajada, que a raíz de la *Declaración*, fué a presentar a los canadienses la alternativa de la unión o de la neutralidad en la lucha.

Washington, que seguramente aconsejó a los católicos el discurso, para sacarse aquella espina de intolerancia que le clavaran sus conciudadanos protestantes, les respondió cómo la humanidad, empapada de principios liberales, marchaba de consuno a su inseparable hermana la tolerancia. Por eso, esperaba contemplar a su patria entre los más altos ejemplos de justicia y liberalidad. Pero si no fuera suficiente, y entonces ponía en juego el sentido empírico de los de su raza, se complacía en recordar a dichos conciudadanos reformados, que no olvidasen la parte que los católicos desempeñaron en la Revolución, tanto como la importante asistencia que los EE. UU. recibieran de una nación en la cual se profesaba la fe católicorromana.

De la última frase del inmortal caudillo y de la leyenda que corría, que al retornar Lafayette a Francia alguien le encargara un obispo para que se hiciese cargo de la grey católica, hasta que Carrollton insistió en su primo John, partía en buena parte la querella intestina de los papistas. Los curas franceses se estimaban con mejor derecho y hasta mejor ilustración, para regir los destinos de la incipiente iglesia. La otra parte con que se alimentó la discordia, partió del desliz cometido por John Carroll, que investido Obispo de Baltimore, y llevado de la tradición protestante y democrática, tanto como de la penuria de su grey, autorizó poner en manos de los fieles la administración de los templos, a través de unas juntas elegidas entre ellos mismos y que en inglés se conocen como *Board of Trustees.*

Tan pronto los trustees fueron elegidos, quisieron hacer lo que sus antagonistas protestantes, no sólo administrar sino poseer la iglesia y escoger a los párrocos y obispos. Estas pretensiones iban contra la tradición eclesiástica, que inviste al Obispo diocesano con todas las atribuciones que trataban de arrogarse ahora los novedosos fieles. En una Iglesia pobre, minoritaria, notó Varela que los tales *trustees,* patrocinados por muchos sacerdotes y consentidos por todos, en sus excesos, ocasionaban tanto daño al culto y progreso de la fe como la rivalidad establecida entre los sacerdotes franceses e irlandeses.

En aquel instante, el problema del *trusteeism,* que había comenzado a agriarse desde 1817, alcanzaba su clímax con el caso del Presbítero William Hogan, pastor de la Iglesia de Saint Mary, en Filadelfia, quien se había negado a reconocer la autoridad del recién nombrado Obispo Conwell. Iniciada la contienda y entre muchas vueltas, el asunto devino una brasa ardiente, cuando Hogan, excomulgado por Conwell, se refugió en el criterio romano, y el Papa León XII, a vuelta de correo, ratificó no sólo la autoridad de los obispos, sino hasta el anatema que le endilgara Conwell. Pero sin inmutarse, Hogan siguió oficiando en Saint Mary, como un nuevo Lutero, asistido de sus *trustees* y de dos españoles, que habiendo colgado hábitos le asesoraban en cánones. Muy pronto, el cura rebelde, presentó a la legislatura estatal un proyecto de ley mediante el cual los párrocos de las iglesias romanas serían escogidos por los administradores, y cuando se tratase de obispos, el Vaticano tendría muy a bien consultar la opinión de dichos *trustees*. Aprobada la parodia de regalismo, el gobernador del estado la vetó por inconstitucional, pero Hogan, obstinado como buen irlandés y siguiendo las normas del país, se puso a predicar un neocatolicismo, con unos usos y costumbres tan peculiares, que le valieron constituir secta, la cual, desde ese momento, se reconoció como *hoganismo*, y que él y sus seguidores llamaban, no sin patriótico desenfado, "American Catholic Church".

Lo que pasaba en Filadelfia acontecía en todas partes y aún en el feudo francés de Nueva Orleans, se llegaba al extremo de que los masones muertos recibían responso en las iglesias con el féretro cubierto por las insignias y símbolos de las logias a que pertenecían, y tan campantes.

Dondequiera que se reunían católicos había riñas. Los EE. UU. dependían del Colegio de la Propaganda, y éste mismo no andaba bien orientado, porque entre sus asesores figuraba algún que otro sacerdote que antes de aconsejar alebretara el cotarro *trusteísta* de Norteamérica, tanto como alimentado la inquina entre franceses e irlandeses. El viejo prelado de Nueva York, John Connolly, no constituía excepción al empuje del *trusteeism*. Sus propios paisanos, desde la iglesia de Saint Peter, le habían maltratado, y aunque los *trustees* de la Catedral de Saint Patrick se le mantenían obedientes, no podía sentirse tranquilo. Baste saber, que su coadjutor, que esperaba sucederle en la mitra, el Reverendo John Power, había venido de Irlanda a instancia de los administradores del añoso Saint Peter.

A pesar de que Varela fué introducido a Monseñor Connolly por sus amigos de Saint Patrick, el Obispo se mostró desconfiado y severo en cuanto a sus credenciales. En esto no hacía más que aplicar las estrictas instrucciones del matemático y sucesor de Carroll, Ambrose Marechal, que opinando muy pobremente del ex jesuíta, en tenor a su debilidad fundadora de los *Board of Trustees*, aconsejaba y exigía de sus sufragáneos, investigasen plenamente la opinión y conducta de todos los nuevos sacerdotes que apareciesen por las pobrísimas diócesis.

Así fué como Varela tuvo que escribir a Espada reclamando credenciales de presentación.

El Obispo de La Habana también confrontaba una difícil situación, y sus congojas eran mayores a las de su distante protegido. Achacoso, sin las energías de la juventud, como al final del anterior período constitucional, se veía asediado no sólo por las denuncias formuladas contra él en la Península, sino por la presión de Vives, que le impelía exhortar a los fieles a respaldar el absolutismo. Cuando Espada recibe la petición de Varela está librando su propia batalla, y con pretexto de su mala salud, reclamando ser sustituído en el gobierno de la diócesis. Aún en esto le desairaban, porque lejos de complacerle, atendiendo a su recomendado O'Gavan, colocaban en el mando a su enemigo, el archiabsolutista Obispo de Cartagena. A O'Gavan, en cambio, le llamaron de la Península, con objeto de disciplinarle. Los *apostólicos* peninsulares no habían olvidado que el Vicario era uno de los viejos diputados del año 12, firmante de la Constitución abolida.

La atmósfera de La Habana se hacía irrespirable para los espíritus libres. La transición al absolutismo no se estaba operando como en los blandos tiempos de Ruiz de Apodaca. Vives, a pesar de cuanto propalan algunas historias, apretaba tuercas de una sola vez, realizando los cambios tan súbita como inmoralmente, ya que mientras acosaba a muchos inocentes con cargos de conspiradores, abría de par en par las puertas de La Habana, para brindar refugio seguro y amable a sus amigos perseguidos en la Península por liberales.

Entre las personas que no habían podido resistir aquel medio viciado estaba José Antonio Saco. No es que fuera un conspirador, pero se sentía asqueado, por lo que decidió marcharse de la Isla y reunirse con su desterrado maestro.

En el otoño de 1824, llegó a los EE. UU. Alimentaba el propósito de ampliar sus conocimientos de química, encontrándose persuadido de no hallar mejor sitio para hacerlo que dicho país y cerca de Varela. Las noticias que traía eran altamente pesimistas. Vives no se las andaba con chiquitas, mientras perseguía con mano dura a los liberales, afirmaba con cinismo que él, para ganarse la voluntad del populacho, seguía la política de las *tres b*. Y eso, ¿en qué consiste?, preguntó Varela. Pues en baile, botella y baraja, respondió desoladamente Saco.

De la Cátedra de filosofía también portaba malas nuevas. Aprovechando la proscripción del Presbítero la iban a sacar a oposición. Era una manera sutil de desposeerle intelectualmente. Pero quizás algo acontezca entretanto, añadió Saco, porque el Obispo a quien designó en mi lugar fué a Pepé de la Luz. Luz, añadió Saco, dió una muestra de gran valor en su lección inaugural, pues no sólo se declaró discípulo suyo, sino continuador de su obra. ¡No sé como los renegados no le delataron para ganar favores en Palacio!

En los demás órdenes docentes poco había que contar, la Escuela de botánica agrícola sólo esperaba por el profesor de Madrid, y la Universidad respiraba a todo pulmón, tras haber rebasado el penoso período constitucional, que amenazó su inútil existencia.

Las noticias desalentadoras de Saco se le compensaron, no obstante, con una carta de Luz, la cual le animó a ensanchar sus planes intelectuales. Con pretexto de una consulta de carácter filosófico, Luz le ampliaba noticias sobre la Cátedra, de la cual consideraba a Varela "director perpetuo".

De igual modo, le complacía saber que Luz triunfaba siguiendo su método pedagógico y su texto de estudio. Fué así, como en la imprenta donde ya se componía el periódico revolucionario que planeara con sus discípulos, *El Habanero*, diera orden de reeditar las *Lecciones de filosofía*, que aparecieron en ese 1824, y a las cuales añadió algunas innovaciones, entre las que estaban, la de reunir en un solo tomo los Tratados "de la dirección del espíritu" y "del hombre" e incluir en ellas aquella deliciosa charla sobre el patriotismo, que tuvimos ocasión de escucharle en el *cuarto*.

También planeó traducir, con destino a la Escuela de botánica agrícola, el libro más moderno y de más justa fama que corría escrito en inglés sobre dicha materia, el de Humphrey Davy, y para las repúblicas que se inauguraban en la América del Sur, el *Manual de práctica parlamentaria*, de Jefferson, con anotaciones propias, basadas en sus recientes experiencias españolas.

Pero estos trabajos se iban a dilatar un poco. La actividad revolucionaria le absorbía día a día. Repuesto de sus achaques de asma, Varela aseveraba encontrarse mejor y más fuerte que nunca. El era como un manojo de juncos, flexible y resistente, y podía someterse a las más duras pruebas. Salió *El Habanero*, con nueve artículos, de los cuales, los cinco primeros eran eminentemente políticos y revolucionarios y los cuatro últimos de simple divulgación científica.

El primero lo titulaba *Máscaras Políticas*. Decía que los hombres acostumbraban disfrazar sus intenciones de muy diversas maneras, pero que entre todas las máscaras, las principales eran el "patriotismo y la religión", "objetos respetables, que profanados, sirven de velo para encubrir las intenciones más bajas, y aún los crímenes más vergonzosos".

El tema del patriotismo que antes ha desarrollado, aquí le resurge. Analiza lo que ya ha dicho sobre el hombre que le pone precio, exagerándolo al extremo que nadie le luce patriota en comparación consigo mismo. "Si promete sin venir al caso derramar su sangre por la Patria, es más que probable que en ofreciéndose no sacrificará ni un cabello. Si recorre varias sociedades secretas, —como los que en España fueron sucesivamente masones, comuneros, etc.—, enmascarados tenemos, y mucho más si el cambio es por el influjo que adquiere la sociedad a donde pasa, bien que jamás deserta uno de éstos la sociedad preponderante, a menos que en la otra no encuentre utilidades individuales, que acaso son contrarias al bien general, mas no importa."

Estos hombres siempre se refieren a los esfuerzos que hacen los enemigos para ganárselos, la honestidad con que han servido a sus empleos, que le obligan a exclamar en pensamiento y estilo que recuerdan a Martí: "La Patria a nadie debe, todos sus hijos la deben sus servicios. Cuando se presentan méritos patrióticos es para hacer ver que se han cumplido unas obligaciones. Esta debe ser la máxima de un patriota. Un especulador viene por su paga, pídala en efectivo como un mercenario, désele, y vaya en paz."

Rara coincidencia entre dos hombres que no se conocieron, pero a quienes el juego caprichoso del destino quiso unir tan estrechamente en ideales como en puntos de vista, y tan inexorablemente a continuidad temporal uno del otro, que Martí nació un mes antes que muriese Varela. Como si en la carrera de la independencia cubana, al cansado atleta que caía vencido por su esfuerzo sobrehumano, otro se le acercase para tomar la antorcha encendida de sus manos trémulas y derrotadas.

Sólo el estilo de José Martí tiene parangón en la literatura revolucionaria cubana con el de este cura, a quien llamaron los criollos.

de su tiempo "Padre de la Patria". Esa franqueza de opinión, a veces dicha en lenguaje directo no se halla más que en ellos, y cuyo mérito quizás radique en que ambos vivieron azarosamente y con tanta intensidad como para descubrir a los pícaros de la primer ojeada.

Pero en Varela la sinceridad es más acerada y penetrante que en Martí. En ningún momento recurre a la contemplación de los males que ataca. Está tan persuadido y seguro de que obra bien como del mal que producen los vicios que pretende destruir. "Otra de las máscaras que mejor encubren a los pícaros, dice, es la religión. Estos enmascarados agregan a su perfidia el más execrable sacrilegio. Se constituyen defensores natos de una religión que no observan, y que a veces detestan. La suponen siempre perseguida y abatida. Se dan el aire de confesores, y a veces el de mártires de la fe, —bien merecen ser mártires del diablo—, atribuyendo a las personas más honradas, y aún a las más piadosas, las ideas e intenciones más impías y abominables. En una palabra, ellos conocen el influjo de las ideas religiosas, y saben manejarlas en su favor.

En otro artículo que titula *Cambia Colores,* saca a relucir algunas de sus observaciones sobre los acontecimientos de la postrimería constitucional española.

"Era una diversión y una rabia, cuenta con sabor de testimonio inédito, ver algunos de estos lagartos en la plaza de San Antonio de Cádiz. Según se iban estrechando las distancias, variaban de lenguaje, y hombres que antes eran exaltados furiosos, iban apareciendo más que moderados, al día siguiente un sí es no es serviles, hasta que en los últimos momentos ya eran como los lacayos de Palacio. Muchos de los empleados empezaron por decir: Al fin parece que conservarán los empleos..., puede ser que el Rey cumpla..., algo es algo..., que hemos de hacer. Al poco tiempo ya decían: Es claro que el sistema constitucional, por bueno que sea, nos ha perdido, y últimamente ya preguntaban: ¿Cuándo se capitula con los franceses? ¿Cuándo se acaba esto? En el día estarán en España pasando por fieles vasallos del Rey los que más de una vez acusaban a las Cortes de débiles porque no proporcionaban un medio de matarle. Ahora estos mismos delatarán hasta a su padre por liberal, así como antes detalaban a toda clase de personas ante la opinión pública como serviles... Estos mismos dicen ahora con frecuencia: en el tiempo de las llamadas Cortes, en el llamado sistema constitucional, en el desgraciado tiempo de la anarquía, etc., etc. Y antes decían: en el tiempo del despotismo, en la cruel época de la esclavitud y tiranía."

Y qué desapasionado es nuestro Presbítero, precisamente cuando escribe con más pasión e interpreta la historia que lo está haciendo padecer en la proscripción. El, que en este artículo declara con seriedad y gracia: "¿Quién convence a un verdadero libertal de que es bueno el gobierno absoluto? *Ad calendas graecas.*"

Qué alma la suya, que aún reconoce las virtudes en sus enemigos, y confiesa admirar y respetar a los que mantuvieron sus convicciones por encima a todos los riesgos, pero que desprecia a los débiles y aprovechados que siguieron al cambio político con la misma tenaz desvergüenza que antes desplegaron durante el régimen parlamentario. "Estos indecentes, afirma, en el tiempo constitucional no había daño que no atribuyesen al tiempo del absolutismo. Nada había hecho el Rey que no fuese un absurdo, aún aquellas cosas de una utilidad conocida eran perjudicialísimas, y ahora, por el contrario, de todo tienen la culpa la Constitución y los constitucionales. Si no se hubiera interrumpido el gobierno absoluto bajo el mejor de los reyes —que antes era el mayor de los tiranos—, qué bienes no hubiera conseguido la nación. Infames, finaliza amonestándoles, el hombre que no puede hablar lo que piensa, calla si tiene honor."

En los subsiguientes artículos fogueó por igual a mercantilistas, monopolistas y miembros de las sociedades secretas. Don Francisco de Arango, que acababa de ser ratificado en su antiguo cargo de Consejero de Indias, en comisión en La Habana como Intendente del ejército y Súper de la hacienda, debió sentirse muy desazonado con la lectura de las *Consideraciones sobre el estado actual de la Isla de Cuba.*

"Es preciso no perder de vista, decía el Presbítero, que en la Isla de Cuba no hay opinión política, no hay otra opinión que la mercantil. En los muelles y almacenes se resuelven todas las cuestiones de estado. ¿Cuál es el precio de los frutos? ¿Qué derecho colectan las aduanas? ¿Alcanzan para pagar las tropas y empleados? He aquí las bases; lo demás queda para entretener las tertulias —cuando se podía hablar—, pero no produce ni producirá un verdadero efecto político. Las sociedades secretas de que tanto se teme han sido bien insignificantes en este punto. La mayor parte de los asociados, después de haber hablado en ellas con acaloramiento, llegan a sus casas, y ya todo paró; nada queda sino el deseo de que continúen los goces. Sólo el ataque de las bolsas, afirma como si en 1811 hubiera escuchado a don José de Arango en sus confesiones a Shaler, puede alterar el orden político de la Isla, y como éste no dista mucho, pues que ya empieza a sentirse, es claro que el actual gobierno tiene mucho que temer. Llamo ataque de bolsas a los efectos de una guerra en que todas son pérdidas y no hay ni una ganancia; llamo ataque de bolsas el que obligara a cerrarse muchas casas de comercio, y a arruinarse muchos hacendados, sin necesidad de que haya un movimiento popular, ni pisen los enemigos el territorio."

Su fe en la invasión colombiana es inmensa, 'hasta los niños de escuela saben que concluirse la guerra del Perú y efectuarse la invasión de la Isla por las tropas colombianas es casi todo uno".

La invasión, prosigue, producirá infinitos males, pero es "evidente que si los invasores guardan alguna moderación, si en vez de darse el aire de conquistadores, toman el de protectores, si respetan las propiedades, y sobre todo si no hacen la guerra a otra clase de personas que a los que tomen las armas contra ellos, su partido será numerosísimo". Naturales y europeos se reconciliarán entonces, porque el gobierno les ha confundido en un mismo criterio sean partidarios de la constitución o amigos de la independencia.

"Es preciso no equivocarse. En la Isla de Cuba no hay amor a España, ni a Colombia, ni a México, ni a nadie más que a las cajas de azúcar y a los sacos de café. Los naturales y los europeos radicados reducen su mundo a su isla, y los que sólo van por algún tiempo para buscar dinero no quieren perderlo. Las demás provincias de América les han dado lecciones muy amargas, y ninguno ha venido a la Isla de Cuba a trabajar por largo tiempo para perderlo todo en una revolución."

Después, juzga a la conspiración del Cabildo y a la de los Rayos y Soles como "dos jaranas" para alterar la forma política de la Isla, "ambas con el mismo fin aunque con distinto nombre"; o sea, la independencia, si bien una de ellas tomando "el viso de restauradora de la Constitución española". Su juicio sobre los "Soles" es deprimente. Tales, afirma, sólo consistían "en unos esfuerzos inútiles por innecesarios para generalizar entre los naturales la opinión de independencia y tenerlos dispuestos para cuando llegase el caso".

Entonces se decide a hablar con acrimonia a sus discípulos, pero con la de un padre que les hace ver si no lo inútil de su esfuerzo, lo inexplicable de su conducta secreta, que ha servido exclusivamente para que continúen haciéndose prisiones por un delito de conspiración que "es casi general". Para Ferrety, sin mencionarle, reserva frases muy duras. A él dedica este párrafo: "La mayor parte de los delatores se anticipan a serlo por ponerse a cubierto, pero son cómplices de los delatados, y yo no sé si el Gobierno ignora que los presos, a lo menos la mayor parte de ellos, no son los que sirvieron de base, y los que valían más en la conspiración, y que si las cosas se llevasen con rigor sería menester convertir las ciudades en cárceles."

Como si fuera poca su arremetida contra los conspiradores agrupados en crípticas constabulaciones, a continuación escribe sobre *Sociedades Secretas en la Isla de Cuba*. Este es quizás uno de los más ponderados artículos aparecidos en el *El Habanero*, y uno que en prosa revolucionaria siempre merecerá calificación de antológico:

"Las sociedades de la Isla de Cuba, dice, lo mismo que las de España, no son más que la reunión en secreto de un partido, que ni adquiere ni pierde por semejante reunión, y lo que hace es perturbarlo todo aparentando misterios donde no hay más que mentecatadas en unos, picardías en otros, y poca previsión en muchos que de buena fe creen que todos los asociados operarán siempre como hablan, y que tienen la misma honradez que ellos."

El maestro que ha sido duro con sus muchachos ahora los disculpa, afirmando a renglón seguido:

"Estos hombres se hacen entrar en tales sociedades para darlas vigor y prestigio. Por lo regular en semejantes sociedades sólo la juventud entra de buena fe, pues en los primeros años de la vida del hombre, cuando aún no ha adquirido el hábito de fingir, ni los dobleces de la sociedad, y tiene todo el vigor de la naturaleza, parte siempre por derecho, y se arroja abiertamente hacia el crimen o hacia la virtud. La voz patria siempre electriza el alma de un joven y todo lo arrostra por ella, pero en mayor edad se oyen siempre al mismo tiempo las voces ambición, riqueza."

"...Estoy muy distante, añade, de impugnar estas sociedades por motivos religiosos. Bajo este aspecto sólo encuentro en ellas una infracción de las leyes civiles donde están prohibidas, y de las leyes eclesiásticas entre los católicos, fundadas no tanto en la convicción de que semejantes sociedades tengan por objeto atacar la religión,

cuanto en la posibilidad de que esto suceda, en el escándalo que
producen, y en los males que pueden causar a la sociedad, pues desde
que se dice que un número de personas se reúnen en secreto hay
derecho para sospechar, pues nadie está obligado a creer que son
virtuosas porque ellas lo dicen, y al fin el que se esconde tiene que
ocultar. Sin embargo, yo jamás afirmaré que estas sociedades tienen
por objeto atacar la religión, y en tal caso tampoco creo que se
gana mucho con perseguirlas. Si las sociedades son verdaderamente
secretas, ¿cómo se sabe que su objeto es impugnar la religión? Y si
no son tan secretas que deje de traslucirse su objeto, ¿por qué se las
da una publicidad y un valor que no tienen? ¿Por qué se aumenta
el número de sus prosélitos persiguiéndolas? ¿Por qué no se consideran como una reunión de impíos, que no lo son porque están
reunidos, sino que están reunidos porque lo son? ¿Dejarán de serlo
porque no se reúnan? ¿Dejarán de reunirse porque se les prohiba?
Al contrario: es darles una importancia que acaso no tienen y excitar
el espíritu de venganza, y hacer que se les reúnan muchas personas,
cuyo carácter es la novedad, la singularidad y la contienda, pues sin
duda hay muchos hombres que gustan de estar siempre en campañas
políticas y religiosas, sin más razón sino que su espíritu se cansa
de un modo de pensar y de un proceder monótono y quiere agitarse.
Por hacerse raro hay hombre que se hace libertino, y si todos fueran
libertinos se haría devoto. Una gran parte de los que entran en
tales sociedades no tienen otro objeto sino decir que están en ellas,
hablar con misterio, hacer cuatro morisquetas, y suponer que son
hombres de importancia con quienes se cuenta para grandes negocios
aunque sean unos trompos que bailan lo mismo de púa que de
cabeza."

Estima que las sociedades masónicas han contribuído no poco a
dividir a naturales y europeos. Los primeros, agrupados bajo el rito
de York, cuyo primer Gran Maestro fué el segundo Conde de Mopox
y Jaruco, desde los Soles y la Cadena, antagonizaban con los
europeos, reunidos bajo el rito escocés de las logias españolas. A las
primeras iban los independientes y a las segundas los antiindependentistas. Y se pregunta: "Pero, ¿qué hacían estas sociedades? Predicar a convertidos como suele decirse. Los europeos reunían a
europeos y los naturales hacían lo mismo; como si unos y otros no
estuviesen naturalmente cada cual en su partido. Es un error, exclama, pensar que en un pueblo que se halla en la situación crítica

en que está la Isla de Cuba se pueda hacer nada bueno sin unión, y aún es mayor error creer que se conseguirá esta cordialidad reuniéndose cada partido en secreto."

Funesto sería que chocasen peninsulares y criollos, se matarían padres e hijos. Por eso desea que sus compatriotas, a los que por igual considera criollos o peninsulares, no se dejaran llamar a engaño y "tuviesen siempre por norma que en la Isla sólo deben distinguirse dos clases: los amigos de su prosperidad con preferencia a todos los países de la tierra, y los egoístas que sólo tratan de hacer su negocio aunque se arruine la Isla; en una palabra: patriotas y especuladores".

* * *

Por el propio puerto de Filadelfia, por Yucatán y Nueva Orleans, salieron los números de *El Habanero* rumbo a su destino heroico. Aquí los devoraron. Muchos, ante la imposibilidad de obtener más ejemplares lo copiaron y repartieron entre sus amigos; otros, mientras leían, se les agolpaba la sangre de vergüenza o de ira. Ferrety fué de los últimos, y planeó vengarse de su maestro, pero no sabía cómo.

Vives juzgó peligroso al periodiquín, extremadamente peligroso. Se hablaba en él con demasiada sinceridad para que nada quedase oculto a la vista de naturales y europeos. Allí se divulgaba lo que cada cual sabía, pero nadie confesaba: que todos conspiraban, eran potenciales conspiradores o habían conspirado. Con su habitual cinismo el Gobernador pensó que si aquel cura continuaba molestando lo mejor sería buscarle un remedio para cerrarle la boca, pero como Ferrety, aún ignoraba la manera de hacerlo. Históricamente no se sabe si recurrió a Arango y Parreño y a Martínez Pinillos para que le ayudasen a buscar la fórmula con que silenciar a Varela. Entonces los tres personajes andaban muy unidos y se aconsejaban en lo político, aunque en el fondo ninguno creía en el otro y se despreciasen recíprocamente.

El Gobernador no ignoraba que cuanto decía Varela era cierto, infortunadamente lo sabía por propia experiencia don Francisco. Al menos, él podía blasonar que los coqueteos de su partido con Shaler fueron mucho más serios que el juego de las escarapelas de las logias criollas y peninsulares. Sin embargo, cuando Vives concibió ordenar el asesinato de Varela, como fórmula para hacer enmudecer a *El Habanero*, nada consta sobre la participación de Arango y Parreño y Martínez Pinillos en plan tan tenebroso. La idea lleva el sello del propio Gobernador, que no podía vivir tranquilo sin hallarse vigilado por una cofradía de matasietes, entre cuyos feroces miembros estaba el Mayor de Policía Morejón, conocido por *El Tuerto*. Sabía Vives, para hallarse rodeado de maleantes, que la aguda nariz de un pez aguja entraba silenciosamente y desgarraba entrañas quedándose clavada antes de que el herido pudiese gemir. El se horrorizaba que un día le clavasen, pero no tuvo escrúpulos en pensar que el mejor remedio contra *El Habanero* era coser a puñaladas a su redactor. ¿Acaso este cura revoltoso y agitador no fungía de jefe del movimiento que se planeaba para echar el dominio español de Cuba?

Pero fué una lucubración que no le acabó de tomar cuerpo, por La Habana andaba él muy ocupado solicitando poderes de jefe de plaza sitiada y esperándolos, intrigando y escuchando las lamentaciones del Comandante Laborde, jefe de la escuadrilla naval española, tan valiente como carente de buenos recursos. En fin, animándose en el consejo de Arango y Pinillos que recogían colecta tras colecta para nuevos gastos con que sufragar la guerra en la Costa Firme y traer batallones de retén a la Isla.

Por entonces los musulmanes de Regla alcanzaban un auge rayano en los extremos de la mayor crueldad, ya se permitían el lujo de dar candela, con todos los tripulantes dentro, a los buques norteamericanos que apresaban. El gobierno de los EE. UU., protestaba en vano y Vives, que era amigo personal de Mr. Monroe y Mr. Adams, se excusaba de la mejor manera posible y luego encogía los hombros de puro indiferente.

El único que obstaculizaba a los musulmanes era el Comodoro David Porter, a cargo de una insignificante flota estadunidense, pero le era difícil perseguirlos, porque los piratas de Mateo García operaban muchas veces frente al mismo Morro de La Habana, o de otras bien artilladas y protegidas fortalezas españolas, cuando no refugiándose entre los bajos y cayos de la costa.

Hondamente preocupado, fué éste uno de los puntos que tocó Joel R. Poinsset, cuando a través de José María Salazar, ministro de Colombia en los EE. UU., conoció a Varela.

En el siguiente número de *El Habanero*, Varela no desperdició la ocasión de dar, a nombre de los cubanos, satisfacciones a Poinsett y sus compatriotas, enterándonos de paso de lo que fué tema de la entrevista que sostuviera con él. En un artículo donde hablaba con sorna de la *Tranquilidad de la Isla de Cuba,* planteaba la cuestión en esta forma, Cuba se halla inundada de piratas y "en tales términos y con tanta crueldad, que con dolor oigo —pues jamás puedo olvidar que es mi patria— que se la llama el Argel de América, puesto que los mismos que cometen estos atentados se han querido dar el nombre de musulmanes. El gobierno de la Isla, débil e indolente, pues no me atrevo a llamarle cómplice como algunos sospechan, no pone remedio a este mal que se aumenta cada día, en términos que los piratas parece que forman ya una nación temida, si no reconocida por aquel gobierno. Es bien notorio, decía para los mercachifles de la calle de la Muralla, que los piratas no son únicamente los que salen al mar, sino los compradores de los efectos, que animan estas empresas con su codiciosa y criminal conducta. Todo el mundo sabe quiénes son estos compradores, menos el Gobierno, que sólo se ocupa en saber quien niega que es esclavo, para hacerle entender que tiene un amo".

"Como los que más sufren en estas piraterías son los EE. UU., contra los cuales no parece sino que la España ha declarado de hecho una guerra —y una guerra sin leyes de naciones, puesto que sus súbditos, y los ajenos que se guarecen en su territorio, no cesan de saquear buques americanos y matar sus tripulaciones, llegando hasta a tener la crueldad de dar fuego a aquéllos con la gente dentro—, es claro que esta nación tiene un derecho para remediar por sí el mal que otros o consienten o no pueden evitar, y que exigirá, no una satisfacción de papeles, sino de hechos, y ya pueden inferirse los resultados. Hasta ahora sólo los detiene la consideración de Inglaterra, pero con una causa tan justa no es muy difícil un convenio entre las dos naciones."

Poinsett era partidario bien de la independencia de Cuba, bien de su unión a los EE. UU. Hombre culto y brillante, había sido electo en 1821 representante a la Cámara por South Carolina, y manifestado sus deseos de plantear el problema de la independencia de la Isla en el Congreso federal. A nuestra patria la había visitado en dos ocasiones, en 1813 y 1823. De su última visita data un formidable informe que rivaliza con todos los de Shaler. Entre los papeles que había acarreado Poinsett junto con sus notas estaban las *Reflexiones de un Habanero,* que había escrito Arango y Parreño a raíz de la intentona del Cabildo, en junio de 1823, para refutar, tanto la idea de independencia que nos vaticinara de Pradt, como la anexión a los EE. UU. Con su habitual "lisura y franqueza" decía campanudamente el creador del método de "contemplación y templanza", que si los norteamericanos unidos a su metrópoli hubiesen disfrutado de todas las ventajas que gozaba Cuba unida a España, jamás se hubieran separado de Inglaterra.

En el momento en que Poinsett y Varela se reúnen, las elecciones presidenciales norteamericanas están próximas. Poinsett apoya la candidatura de Andrew Jackson, el héroe de Nueva Orleans en la guerra con Gran Bretaña, que, por personal experiencia en los campos de batalla, sabe cuánto significa para la defensa de los EE. UU., la posesión del puerto de La Habana. Por eso es que Varela alienta grandes esperanzas en la gestión de Poinsett con Jackson, y estima que los EE. UU. pudieran llegar a una avenencia con Inglaterra sobre el problema cubano. Es decir, juzga que de todos los elementos que abonan a la separación de la Isla de España, sean colombianos, mexicanos o estadunidenses los que intervengan directamente en la contienda, arribarán forzosamente a conceder su independencia a Cuba, ya que el celo de Inglaterra, sumado al de las democracias americanas, favorecería colocar a la Gran Antilla en la posesión imparcial y equidistante de sus propios hijos.

La única posibilidad en contra, es que tanto los EE. UU. como Inglaterra, considerasen amparar el poderío de España en Cuba, como mejor árbitro de sus ulteriores ambiciones políticas y comerciales en la Isla, pero dicha posibilidad le luce remota, ya que España quedaría cabalgando entre Norte y Sur, suspendida como una espada de Damocles sobre Colombia y México, que sin duda protestarían enérgicamente del *affaire*. Esto, dando por descontado lo que los altos aranceles, más la piratería y los enjuagues de Madrid, pudieran representar para el futuro norteamericano.

En el artículo a que hacemos referencia, alude Varela a la noticia que le facilita desde México Pancho de la O, de que hay reunidos de cuatro a cinco mil hombres en el puerto de Campeche listos a caer sobre La Habana. Dicha nueva lleva al Presbítero a decir con tono inexorable de la revolución:

"...Quiera o no Fernando, sea cual fuere la opinión de su vasallos en la Isla de Cuba, la revolución de aquel país es inevitable. La diferencia sólo estará en el tiempo y en el modo, y desde este

punto de vista es como quisiera yo que se considerase el asunto. En
vano se cansan los tranquilistas en ponderar las ventajas de su
estado actual y todos los horrores de la revolución —horrores que
ellos mismos producen y lamentan—, pintando como monstruos a
los que no piensan como ellos; en vano se pregonan los beneficios
recibidos de España y las bondades del Rey. Todo eso no viene al
caso. La Isla de Cuba sigue la ley de la necesidad, y así como ella
se conserva dependiente, por ella misma puede verse precisada a
tomar otro partido."

"Para este caso, que quizás no dista mucho, deben prepararse
los ánimos. Sea cual fuere la opinión política de cada individuo,
deben reconocer el gran principio de la *necesidad*, y hacer todo lo
posible para que su aplicación no produzca males. Una lucha imprudente es una ruina probable y a veces cierta. Es preciso reunir
todos los esfuerzos para sacar ventajas de la misma necesidad."

Con la lucha armada tocando a las puertas de Cuba, luego de
inducir a los hombres honestos para que no se dejen arrebatar la
cosa pública por la chusma audaz, expresa justificando su actitud:

"¿Pero qué?, dirán algunos, ¿es la revolución de la Isla de Cuba
la que intenta persuadir un hijo de este suelo? ¿La revolución, que
equivale a la ruina del país; la revolución cuyos horrores apenas
puede contemplar sin estremecerse toda alma sensible? ¿Es la
sangre de sus compatriotas la que quiere que riegue unos campos
donde ahora, tranquilos y felices, recogen los frutos con que la
naturaleza premia su trabajo, y los regala abundantemente? ¡Ah!
Este será el lenguaje con que el interés momentáneo procurará callar
la voz imperiosa de la razón que manifiesta su inconstancia. Mas,
¿qué importa? La verdad siempre ha tenido enemigos, y jamás la
calumnia ha dejado de atacar a sus defensores. Sin embargo, yo
tengo el noble orgullo de persuadirme de que no habrá uno solo tan
olvidado de sí mismo que conociéndome, y entre los que me conozcan,
tenga la impudencia de llamarme sanguinario. ¡Ah!, esa sangre es
la que yo quiero impedir que se derrame; esos bienes son los que yo
quiero ver afianzados, esa paz es la que yo anhelo porque se cimente.
Deseando que se anticipe la revolución, sólo intento contribuir a
evitar sus males. Si se deja al tiempo será formada, y no muy tarde
por el terrible imperio de las circunstancias; un hado político la
decreta, ella será formada por el mismo gobierno español, que des-
conociendo sus intereses, y alimentándose con ficciones que ya sobre

ser temerarias tocan en ridículas, no dará paso alguno para conservar lo poco que le queda, y teniendo como siempre ha tenido por sus enemigos a todos los que le han dicho la verdad y le han aconsejado aproveche siquiera los escombros de su arruinado edificio, dará lugar a la destrucción de un pueblo al que no da otra defensa que llamarle *siempre fiel* —malhadada fidelidad— pero entonces con cuántas desventajas."

"Aún los más obstinados en la adhesión a España, creo que si no han perdido el sentido común, confesarán que una gran parte de la población de la Isla —para mí es casi toda— está por su independencia, y otra sólo está por su interés particular y se agregará a los que puedan garantizarlo; que es más que probable la invasión de la Isla, y que con tales elementos es casi evidente su toma. ¿Y cuál será en este caso probabilísimo, cuál será, digo, su desgraciada suerte? ¿Se habrá economizado la sangre? ¿Sentirá mucho verterla un ejército extranjero —porque a mí nadie me alucina con parentescos de pueblos—, pisando un país donde sólo encuentra objetos de venganza? ¿Qué propiedad o qué vida está garantizada? ¡Ah! Es preciso confesar que hay apatías más crueles que las mismas furias. Una revolución inevitable, prevista y no preparada, es a la vez la ruina y la ignominia de un pueblo."

"Jamás he dado a nadie el trabajo de adivinar mis opiniones; siempre he hablado con franqueza, y mucho más debo usarla cuando se interesa el bien de mi patria. Yo opino que la revolución; o mejor dicho, el cambio político de la Isla de Cuba es inevitable. Bajo este supuesto, para sacar todas las ventajas posibles y aminorar los males, debe anticiparse y hacerse por los mismos habitantes, callando por un momento la voz de las pasiones, no oyendo sino la de la razón y sometiéndose todos a la imperiosa ley de la necesidad. Sea cual fuere la opinión política de cada uno, todos deben convenir en un hecho, y es que si la revolución no se forma por los de casa, se formará inevitablemente por los de fuera, y que el primer caso es mucho más ventajoso... Si por desgracia, se diere lugar a la invasión de tropas colombianas o mexicanas, es menester unirse a ellas; no tomar la defensa de un gobierno que sólo pide sacrificios inútiles; cambiar el orden de cosas, y despedir prontamente los huéspedes con las indemnizaciones que fuesen justas y con las pruebas de la más sincera amistad y gratitud. Cualquier otro partido que se tome, es inútil, es absurdo, y es destructor del país. ¿Por qué se pelearía entonces? ¿Por la tranquilidad? Sería el medio de perderla para siempre. ¿Por la riqueza? Sería el medio de aniquilarla. ¿Por el comercio? ¡Ah! Este desaparecería en el momento. ¿Por un amo? No puedo hacer a mi país la injuria de suponerlo. No; no presentará la historia al mismo tiempo en el otro hemisferio a la inmortal Ipsara haciendo prodigios de valor por ser libre en medio de los esclavos, y en éste, a la interesante Cuba luchando entre los libres por ser esclava."

Según los informes que poseía Varela, parte de los cuales se los había facilitado el propio Poinsett, que durante su estancia en la Isla no se había concretado a encerrarse con un solo grupo, el pueblo pensaba alzarse hasta con palos y trabucos al primer disparo colombiano o mexicano que sonase en sus costas. Varela quiere que ese alzamiento sea unánime, mayoritario, para no hacer perder a los criollos su derecho moral en la contienda, que de no poseerlo les anularía su capacidad para exigir la retirada de los libertadores.

Esta es la razón que explica el tono de arenga encendida con que el artículo finaliza:

"Compatriotas, dice, salvad una patria cuya suerte está en vuestras manos... Echad una sola mirada sobre un futuro que ya tocamos. No permitáis que vuestro nombre pase con execración a las generaciones venideras. Al que fuere tan débil que aún tema cuando la patria peligra, cuyo temor es ignominia, concédasela la vida en castigo de su crimen; arrastre, sí, una existencia marcada en todos momentos con abominación y oprobio. Súfranse estos tímidos, pero reprímanse los que no lo fueren para asesinar la patria siéndolo sólo para libertarla. Son nuestros todos los que piensan o por lo menos operen como nosotros, sean de la parte del mundo que fueren. Unión y sincera amistad con ellos. Son enemigos todos los que por cualquier respecto lo fueren de la Patria. Firmeza y decisión para castigarlos. Olvido sobre lo pasado. La generosidad en cada partido, no es ya sólo una virtud moral; es un deber político, cuya infracción convierte al patriota en asesino de su patria. Unión y valor; he aquí las bases de vuestra felicidad."

Aquel segundo número de *El Habanero* continuaba con un valiosísimo artículo sobre el *Estado eclesiástico en la Isla de Cuba,* que bien merecía lo hubiere leído el comunero Canga Argüelles, para conocer que el clero cubano dependía de sus propios bienes y valía más "como propietario que como corporación". Para ser sacerdote un cubano necesitaba dos cosas, tener bienes y vocación. Aún, aclaraba el Presbítero, los frailes, luego de ser pocos no poseen señorío, y su mayor número desea marchar tranquilamente a sus casas. Varela, que declara haber dado pruebas de no ser parcial de ellos y desear que no hubiera uno solo, no rehusa, en cambio, reconocer el mérito individual tanto como el de las corporaciones "mientras ellas están autorizadas por la sociedad". El escribe con el propósito de prevenir cualesquier confusión respecto a los eclesiásticos de Cuba, que se hallan muy lejos de intrigar en política. Aquí, una vez más insiste, que libertad y religión no son incompatibles. "Defensores del trono y el altar, exclama, quitaos la máscara. Vosotros podréis servir de apoyo al primero, más la sagrada víctima que se sacrifica en el segundo abomina vuestra hipocresía, y detesta vuestra impiedad." En fin, para nuestro héroe, "la fuerza es el apoyo de la tiranía y la religión no puede servirla de pretexto, sino empezando por experimentar ella misma el mayor de los ultrajes". A lo que añadirá: "Yo confío en el clero de la Isla de Cuba porque le conozco, y espero que si una política infernal intentase —como lo consiguió en España—, tomar a la religión por pretexto para sus inicuos planes, no sólo no encontrará cabida entre tan beneméritos eclesiásticos, sino que cada uno de ellos en desempeño de su sagrado ministerio trabajará por correr este velo y evitar a nuestra sagrada religión un ultraje tan manifiesto. Sí, yo no dudo que ésta será su conducta y que el pueblo de la Isla de Cuba, lejos de ser jamás oprimido por el influjo de su clero, encontrará en él un firme apoyo, del cual en vano se tratará de privarlo."

Era otra de sus profesías, porque el sacerdocio cubano jamás se manifestó remiso en simpatías y apoyo a la causa de la independencia, a pesar de que Madrid tomó buena cuenta de cuanto decía Varela, para, en menos de una década, repletar la Isla con el clero peninsular más ignorante, ambicioso y patriotero que pudo agenciarse.

Empero, donde el Presbítero volcaba toda su pasión por la libertad era en el artículo titulado *Amor de los americanos a la Independencia*. Apenas comienza el primer párrafo y ya nos proporciona su mente clarísima algo más universal que el tono y el espíritu americanista que predomina en su discurso de despedida a los habaneros:

"Los americanos, dice, tienen por enemigos a los antiindependientes, sean de la parte del mundo que fueren, y aprecian a todos los que propenden a su libertad aunque fuesen hijos del mismo Hernán Cortés. ¿Qué influye el origen de los hombres, ni qué tenemos que recordar ahora la conducta de unos seres que envueltos en los siglos, ya sólo existen en las páginas de la historia?"

¡Como se ha ido desprendiendo de prejuicios vanos el forjador de nuestra conciencia nacional! Aquel y un tanto fiero nacionalismo que juzgaba prudente estimular se ha ido diluyendo en la apetencia de libertad para su tierra oprimida. Venga la libertad de donde venga, no importa a Varela, mientras sea libertad y se respete a los que viven en Cuba su dignidad de hombres libres.

"Los americanos, prosigue, nacen con el amor a la independencia. He aquí una verdad evidente. Aún los que por intereses personales se envilecen con una baja adulación al poder, en un momento de descuido abren el pecho y se lee: *Independencia.* ¿Y a qué hombre no le inspira la naturaleza este sentimiento? ¿Quién desea ver a su país dominado y sirviendo sólo para las utilidades de otro pueblo? A nadie se oculta todo lo que puede ser la América, y lo poco que sería mientras la dominase una potencia europea, y principalmente la España. Los intereses se contrarían, y es un imposible que un gobierno europeo promueva el engrandecimiento de estos países cuando éste sería el medio de que sacudiesen el yugo. La ilustración en ellos inspirará siempre temores a su amo, y aún el progreso de su riqueza si bien le halaga por estar a su disposición, no deja de inquietarle por lo que puede perder."

"Unas regiones inmensas, ricas, ilustradas, y fuertes por sólo su situación geográfica, dependientes de un país europeo que en su comparación es un palmo de tierra, pobre, ignorante, al contacto de naciones fuertes, sin el dominio de los mares ni esperanza de tenerlo; esta dependencia, digo, sería un fenómeno político, el más extraordinario, y que sin duda no debía esperarse. En consecuencia se han puesto, y se han debido poner según la política europea, aunque no según la razón, justicia y humanidad, todos los medios para que los países de América no sean más que lo que conviene a su amo que sean; que la ilustración no vaya sino hasta donde baste para sacar a los pueblos del estado de salvajes, en el cual no serían útiles, ni halagaría el orgullo de sus dominadores, pero no hasta un grado que conozcan todo lo que valen, pues en tal caso se harían valer. Para conseguir este intento inhumano, se les ha procurado separar del contacto de las naciones extranjeras, bajo pretextos ridículos por mal forjados. Mas la ilustración, que siempre empieza por una pequeña llama, y concluye por un incendio que arrasa el soberbio edificio de la tiranía, ha conducido ya a los pueblos de América a un estado en que seguramente no quisieron verlo sus opresores. Tienen mucho que aprender, pero saben lo bastante para conocer lo que pueden prometerse a sí mismos y lo que puede prometerles un amo."

Trece años antes, estos párrafos no hubieran deslucido los labios de Francisco o José de Arango, ni los del muy cosmopolita Antonio del Valle Hernández, pero a fiado tan largo, y en el instante que alcanzan La Habana, es posible que sólo les provocase un automatismo psíquico en la forma de hacerles llevar la mano al pecho para constatar si todavía llevaban escrito en él el vocablo independencia. ¿Poco más, poco menos, no pronunciaron ellos palabras semejantes a las que vamos a transcribir, cuando se disponían a enviar a Jáuregui un proyecto de gobierno autonómico que jamás pisó las Cortes?:

"Un gobierno a millares de leguas, sin conocimiento alguno de estos países y sin amor a ellos, sino en cuanto le utilizan, rodeado de un enjambre de pretendientes, que sólo aspiran a conseguir un permiso que consiguen sin más que el favor de una cortesana o el soborno de un palaciego; un gobierno débil para la defensa, y sólo fuerte para la opresión de estos países que mira sólo como una hacienda donde trabajan sus esclavos para proporcionar los medios de sostener sus hijos, que son los peninsulares; un gobierno que premia la sumisión con la injusticia y hace de la generosidad un título de envilecimiento; un gobierno que por ignorancia o por una política maquiavélica, lejos de promover la industria en estos países propende a que haya en ellos un ocio inevitable, contentándose con que algunos trabajen para sacar plata con que sostener un diluvio de holgazanes peninsulares con el título de empleados; este gobierno, digo, ¿cómo no ha de ser detestado por todo el que no se olvide que es americano? ¿No lo detestan los mismos peninsulares? ¿No lo abominan los españoles residentes en América? ¿Cuál de ellos habla siquiera una vez de gobiernos, sin hacer mil increpaciones contra el español? ¿Cómo quieren, pues, que los americanos se avengan a vivir bajo un gobierno que ellos mismos abominan y pintan del modo más ridículo?"

Quien se haya entretenido alguna vez en repasar las cartas cruzadas entre aranguistas y montalvistas, habrá reparado que en tiempos de Godoy, hasta la cortesana no les fué ajena para obtener ventajas. ¿Se encontrarían tan seguros de sí mismos en cuanto a fidelidad los próceres criollos que inauguraron el siglo diecinueve cubano haciendo cuanto les venía en ganas desde su *Consulado*? Es posible que no, pero sus intereses, aquellos intereses que siempre veían peligrar y que amargaron las honras y honores que el sufrido Jáuregui disfrutara en Cortes, les cegaba, aunque no tanto para dejar de percibir cuanto Varela con sorna les endilgaba a renglón seguido:

"No son, no tan brutos los americanos que crean que les hace un beneficio la mano que les da de palos; los europeos residentes en América pueden resignarse a aguantarlos por el amor que conservan a su país, en cuyo obsequio creen que deben sacrificarse; pero los americanos nada tienen que les interese en España, y para el caso les es tan indiferente Madrid como Constantinopla. Si fuera posible cambiar las cosas, esto es, hacer de la América la metrópoli, y de España una colonia, es indudable que tendrían los peninsulares los mismos sentimientos que ahora tienen los americanos y que serían los primeros insurgentes, expresión que sólo significa: hombre amante de su patria y enemigo de sus opresores. Metan la mano en su pecho, como suele decirse, y hablen después los europeos."

...."¿En qué puede fundarse la descabellada, o más bien ridícula suposición, de que sólo un corto número como dicen de criollos está por la independencia, y que el pueblo americano quiere ser esclavo? ¡Ah! Se funda en que como he dicho anteriormente, los ilustrados peninsulares creen, o fingen creer, que los americanos se hallan en el estado de salvajes; se fundan, sí, en una ignorancia que suponen, porque han puesto todos los medios para que exista, pero que por desgracia de ellos y fortuna nuestra ha desaparecido de la parte del pueblo influyente y va desapareciendo de la gran masa, condenada por sus opresores a vivir siempre esclava y conducida por sus hermanos a vivir libre y feliz."

Esta era también una respuesta al liberal y Divino Argüelles, reforzada en el mismo pensamiento usado por Santos Suárez con objeto de demostrarle que bien que anduviesen desunidos los americanos entre sí, ninguno se hallaba dispuesto a aceptar la soberanía española. Los americanos, dice Varela, "han tenido sus desavenencias sobre el modo de ser libres, o mejor dicho sobre las personas a quienes se podía encargar el sagrado depósito de la libertad; pero en medio de estos disturbios, ¿se ha notado un solo momento en que los americanos quisiesen volver al yugo de España? A pesar de haber ganado el gobierno español —como es fácil en todos los países—, algún corto número de personas, y de suponer que tenía un gran partido, para ver si de este modo podía formárselo, ¿qué ha logrado? Dar una prueba, la más evidente de que ha gobernado, y pretende gobernar, contra la voluntad de los pueblos. Y el gobernar un pueblo contra su voluntad, ¿qué otro nombre tiene que el de tiranía?, ¿y la mitad del Nuevo Mundo, deberá sufrir la tiranía de una manchita europea?"

Ponía fin al segundo número de *El Habanero* con una *Carta a un amigo respondiendo a algunas dudas ideológicas*. Así contestaba el Presbítero a Luz y Caballero sobre la consulta filosófica que le formulara tiempo atrás. De otra forma no podía hacerlo, porque entre las normas políticas de Vives estaba la violación de la correspondencia.

El tercer número no pudo salir hasta los primeros días de 1825. Para entonces la derrota española era un hecho, la victoria de Ayacucho había culminado el 9 de diciembre de 1824, pero también había perdido Andrew Jackson la presidencia de los EE. UU. El elegido fué Quincy Adams, que llevaría como Secretario de Estado a Henry Clay, astuto político y fanático protestante. Nadie deseaba con más fuerza la posesión de Cuba que Quincy Adams, y nadie como él para considerarse impotente y no tomarla. Varela y Poinsett tuvieron una última entrevista en esos días iniciales de 1825, pero apenas disfrutaron tiempo para hablar. El Presbítero se vió urgido a regresar a Nueva York, puesto que habían llegado las credenciales de Espada, debiendo incorporarse inmediatamente a la parroquia de Saint Peter, y Poinsett tuvo que marchar a México, a donde acudió como embajador de su patria.

Desde Nueva York, Varela le escribió dos cartas, donde respondía a una que Poinsett le enviara el 20 de enero, por conducto de José María Salazar, el ministro colombiano. En la primera de esas cartas, que lleva fecha 27 de enero de 1825, se refería a los piratas. Se expresa con optimismo. Los piratas no se extinguirán mientras no cese el poder español, en cambio, el nuevo gobierno que se establezca podrá hacerlo, "pues estoy bien seguro que serán muy contados los individuos que espontáneamente no ofrezcan sus personas y capitales en servicio de la patria y para consolidar el nuevo orden de cosas". A lo que añadía, como si una extraña visión le mostrara la total y posterior historia de España y Cuba:

"España, amigo mío, es un cadáver, y no puede dar de sí más que corrupción y principios de muerte"..., "por el contrario un estado nuevo —¡ah!, si le viéramos en la Isla de Cuba—, tiene todo el calor de la naturaleza en su juventud".

Al día siguiente vuelve a escribirle, para abundar en el tema trunco. Juzga que los EE. UU. perderán el tiempo usando la vía diplomática para terminar la piratería. Ahora bien, si recurren a medios violentos prescindiendo de una previa declaración de guerra sería injusto, "y además lleva consigo el ultraje". "Yo conozco a mis paisanos, dice con justicia, y si por desgracia yacen en una lamentable apatía; no por esto carecen de un carácter firme y pundonoroso, y acaso la idea de ser vejados es la que más puede moverlos a una resistencia, y será preciso concluir por una guerra, que desde el principio puede hacerse, si se quiere con más decoro, y más ventajas, porque en el país no hay ahora disposición ni voluntad de sostenerla."

Setenta y tres años más tarde estallaba en la bahía de La Habana, el buque de guerra estadunidense "Maine". La declaración de guerra a España siguió al evento, cuyas causas constituyen aún un enigma histórico. En el momento que Varela escribe a Poinsett, el gobierno de los Estados Unidos poseía más pruebas de los ataques de la chusma de Mateo García a sus buques y de la protección que les deparaban los gobernadores de Cuba y Puerto Rico, que de los agentes externos que volaron al Maine. Pero si no bastaren estos elementos de juicio, sepamos que Quincy Adams humilló al bizarro David Porter, porque coetáneamente, en defensa de la marina mercante y del honor de su país, persiguiendo a los cobardes musulmanes echó ancla en Fajardo, Puerto Rico, y detuvo a las autoridades del lugar, por ocultar a los forajidos. Porter, a quien Adams citaba en el famoso mensaje que enviara el presidente Monroe, en diciembre de 1823, renunció altivamente a todos sus rangos, incluso la ciudadanía, y se fué a servir a México, como jefe de su flota.

Cuando Varela se corresponde con Poinsett hace tiempo que es un republicano convencido, y como republicano y demócrata admite contiguo a su criterio los demás sin azorarse ni blasfemar. Por eso, y aunque continúa manteniendo su libertad de opinión y siempre se decide por una Isla independizada por sus propios hijos, tampoco excluye cualquier otra posibilidad contraria a la suya, siempre que no sea el sometimiento a una nación europea o a sus principios reaccionarios de gobierno. Así se explica que sin ambages diga a Poinsett toda la verdad política de su patria: "El partido más fuerte que existe entre los independientes de la Isla está porque ella se constituya por sí sola, o que en caso de agregarse a alguna nación, sea a estos Estados no formando propiamente uno de ellos, sino mirándolos como nación protectora y estableciendo pactos políticos y mercantiles ventajosos a ambas partes." Como ha demostrado el Profesor Portell Vilá, Varela proponía un Zollverein. El no ignoraba los peligros que acarrearía la fórmula anexista, no porque fuesen asimilados biológicamente los cubanos y comenzáramos a nacer rubios o pelicolorados, pues era lo de menos, sino por la transición violenta y dolorosa del hibridismo que se operaría en el terrible intermedio de dos pueblos de orígenes y tradiciones encontradas forcejeando por insuflarse sus instituciones típicas. El Zollverein, que hacía seis años establecieran con la oposición de los demás estados germánicos, Prusia y el pequeñísimo Schwarzburg-Sondershausen, al final fué el medio, que basado en los principios de la utilidad, más contribuyó a la unidad alemana.

"Agregue usted, amigo mío, a sus fructuosos trabajos en favor de la libertad americana, terminaba invocando a Poinsett, este último golpe, que dará nuevo lustre a su carrera política, y le dará un nuevo título al aprecio de los pueblos americanos."

El Presbítero tenía motivos para urgirle en esa forma, porque le alcanzaban noticias desalentadoras. De la Isla acababa de llegar fugitivo el Capitán Feliciano Montenegro, jefe de las fortalezas matanceras, con objeto de ponerse a conspirar a favor de la independencia. Sus motivos de odio a España no eran ideológicos, pero quizás más profundos, porque le herían en lo personal. Vives, premunido en su condición de amo, le perseguía para quitarle la amante. Montenegro reveló también algunos secretos que llegaron hasta Pablo Obregón, el ministro mexicano, los agentes de Vives trabajaban de duro al vanidoso y fanfarrón López de Santa Anna para que revertiese las tropas que reunía en Campeche sobre el gobierno mexicano, poniendo a su frente a un príncipe Borbón. Podía ser cierto o no, pero el gobierno de México no autorizaba la salida de las tropas con destino a Cuba, y ya Sentmanat y José Francisco Lemus desesperaban por la tardanza. Por su parte Colombia decidía esperar; todavía el Callao estaba en manos españolas, mientras en el propio México lo estaba San Juan de Ulúa.

En La Habana, Ayacucho causó en Arango y Parreño el mismo efecto que el proyecto de Guridi Alcocer. Dejó de patrocinar colectas para traer tropas de la Península, y se puso a escribir con "lisura y verdad" un grávido memorial para sumarse a un viejo proyecto de Varela, cual era el reconocimiento de la independencia americana. Si en Varela aquella doctrina le había brotado en oportunidad generosa y práctica, en Arango surgía condicionada por el más sórdido y ruín egoísmo. Según sus teorías, y tenía razón, el reconocimiento sería el precio por el que Colombia y México se despreocuparían de Cuba. El Apóstol de los hacendados ya veía a los colombianos en La Habana parapetados tras las dulces cajas de azúcar disparando a diestro y siniestro. Su teoría prendió simultáneamente, y como sucede con frecuencia en ciencia, arte y religión, en las también ardidas mentes de Adams y Clay, quienes, ensanchando un poco la añeja fábula del perro del hortelano, propusieron a Colombia y a México que los EE. UU. negociarían a través de Rusia el reconocimiento de sus respectivas independencias por la bagatela de que relegasen sus planes sobre Cuba.

En cuanto a la suerte de Varela, sabemos por un suplemento que aparecía en el tercer número de *El Habanero*, último que vería la luz en Filadelfia, que:

"Mientras los negocios políticos toman este aspecto, en La Habana sólo se trata de perseguir a mi pobre *Habanero*, y de mandar asesinar a su autor. Acabo de recibir la noticia de que en consecuencia de los efectos producidos por el segundo número, se ha hecho una suscripción para pagar asesinos que ya han encontrado y que deben venir de la Isla de Cuba a este país sin otro objeto que este asesinato. La noticia es dada por personas de quienes no puede dudarse, y además tiene otros antecedentes que la confirman."

Sin embargo, ni el desaliento ni las amenazas restaron ardor a ese tercer número de *El Habanero*. Su primer artículo era un *Paralelo entre la revolución que puede formarse en la Isla de Cuba por sus mismos habitantes, y la que se formará por la invasión de tropas extranjeras.*

"Yo, soy el primero que estoy contra la unión de la Isla a ningún gobierno, afirmaba el Presbítero, y desearía verla tan isla en política como lo es en la naturaleza." Luego se entretenía en sentar fundamento para un sólido panamericanismo, cuya explicación teórica se condicionaba a la diferenciación establecida por el origen y la vida política entre el mundo homogéneo y joven de América y el disperso y caduco de Europa.

"En América no hay conquistadores, y si algún pueblo intentase serlo, deberá esperar la reacción de todo el Continente, pues todo él verá atacado el principio americano, esto es, que la libre voluntad de los pueblos es el único origen y derecho de los gobiernos, en contraposición al lamentable principio de la legitimidad europea."

En el *Diálogo que han tenido en esta ciudad un español partidario de la independencia de la Isla de Cuba y un paisano suyo antiindependiente*. Varela, a la par que define lo que es un revolucionario, responde a los peninsulares, por su favorecida vía fatalista, sobre el inexorabilismo que a su ver determina la libertad del Nuevo Mundo: En el idioma de los déspotas, dice, "es revolucionario todo el que propende al bien de los pueblos y resiste a su opresión". Pero, "cuando una sociedad es bastante numerosa para constituir un cuerpo político, y las circunstancias exigen que lo constituya, tiene un derecho a hacerlo, y mucho más si la naturaleza favorece este designio por la misma situación y proporciones del país. En tales circunstancias, un pueblo entero jamás es revolucionario. Lo son sus opresores. Mas si (se) llama revolucionario a todo el que trabaja por alterar un orden de cosas contrario al bien de un pueblo, yo me glorío de contarme entre esos revolucionarios, y si he rechazado la expresión, es porque sé el sentido en que se aplica."

En *El Habanero* se hallan desperdigados muchos de los recuerdos y de las opiniones de Varela sobre la España constitucional. Entre ellos hay un párrafo de reflexivas evocaciones que nos reitera el motivo empírico por el cual su pensamiento se vió impelido a evolucionar políticamente hacia la independencia: "Si nuestros paisanos, arguye por boca de un interlocutor, cuando cayó la libertad en España, la hubieran querido sostener en La Habana, ¿hubiera habido choque con los naturales? Ahora mismo, si se avinieran a cooperar a la felicidad de aquel pueblo, ¿no merecerían el aprecio y aún el cariño de sus naturales? ¿No sería la Isla de Cuba el asilo de todos los libres? ¿No se aumentaría extraordinariamente su riqueza y población? ¡Ah! Permítame usted que le diga que los europeos que fomentan ideas contrarias, hacen un papel ridículo y cruel; ridículo porque demuestran que son liberales de España y nada más, y que sus principios son tan opresores como los que siempre han reinado en la Península; cruel porque asesinan un pueblo, y lejos de evitarle una revolución sangrienta, y proporcionarle todas las ventajas de la armonía, van a precipitarlo a su entera ruina."

Por supuesto, esto no significa que si nuevamente tuviese que demostrar sus convicciones liberales en el perímetro peninsular rehusaría hacerlo a virtud de un justificado resentimiento. Varela, ante todo, fué un hombre de principios y honor en política, incapaz de traicionar sus ideales, aunque sepa de antemano que nada puede esperar del liberalismo para su lejana patria. Así confiesa, que si mil veces tuviera que votar la incapacidad de Fernando VII, lo haría sin remordimientos, y no le faltará la trágica reminiscencia del "desgraciado Riego", cuyo premio fué la horca, la misma, dice en tono peyorativo, en que los "simples de España quisieran ver balanceándose a Bolívar, Victoria, Bravo, y todos los infames cabecillas de una y otra de las llamadas Repúblicas".

* * *

La alarma había cundido entre los amigos del Presbítero ante la noticia de que se planeaba su asesinato, pero éste no le concedía mayor importancia. Se sentía demasiado feliz por haber podido comenzar a servir a Dios en la vieja iglesia de Saint Peter.

Aquí actuaba de pastor el Padre John Power y acababa de unírsele el Reverendo Thomas Levins. Al primero ya le conocemos como Vicario de la diócesis, esperando muy pronto pasar a la mitra, porque Connolly, el Obispo, estaba gravemente enfermo. Power era un recio irlandés, había conspirado por la libertad de su tierra, y como Varela, enseñado en un seminario. Hablaba varias lenguas, entre ellas el español, además de ser un orador fácil y elocuente, lo que le pagaba un poco de sí mismo, pues en cuanta fiesta, regocijo o celebración cristiana se llevaba a efecto, no faltaba él para figurar como obligado apologista. Por su parte, al jesuíta Levins se le conocía por su sapiencia en teología y matemáticas y como poseedor de un temperamento atroz, que le daba fama de atrabiliario. El par de irlandeses tenían en común con Varela la solidaridad isleña y el amor a la independencia. Con él compartían ilustración, y al igual que todo el clero norteamericano, ideas contrarias a la unión de la iglesia y el estado, a las monarquías absolutas y a la Santa Alianza, que al unísono con Varela llamaban la "diabólica alianza". Pero discrepaban del cubano en cuanto a quien debía poseer y administrar los templos, y a la forma en que debían ser elegidos sus pastores. Imbuídos en la tradición norteamericana, pensaban con el Arzobispo Carroll, que la opinión de los fieles debía tenerse en cuenta en esas ocasiones, puesto que eran ellos, no sólo los que iban a recibir los beneficios espirituales derivados de la asistencia de los sacerdotes, sino porque también sufragaban la mayor parte de los gastos ocasionados por el mantenimento del culto.

Aún se conservan en la Iglesia de la Transfiguración, de Nueva York, los primeros libros parroquiales que llevó nuestro Presbítero, lo que hace inferir que dado el escaso número de pastores frente al enorme de creyentes, tuvo desde el primer momento su propia feligresía, también nos hablan estos asientos de los progresos realizados por nuestro atareado héroe en el dominio de la escritura inglesa. En la parte fonética nos cuenta Saco, que con el objeto de mejorar pronunciación y oído, el grupo de exilados cubanos pagaba a un niño judío para que diariamente les leyese en inglés. El primer sábado el muchacho llegó tarde y lejos de excusarse mintiendo, les confesó lo que todos sabían, que él era judío y que por su religión estaba en el deber de observar el descanso sabático. El grupo de gentiles, entre los que se hallaba un sacerdote, rió. No en son de burla, sino de sana gracia a la violencia del infeliz púber que pensaba iba a ser despedido. Desde aquel día el grupo de gentiles no recibió clase los sábados.

Entonces Varela vivía en la Calle de Fulton número 140, y parecía su modestísima habitación la prolongación del *cuarto* del San Carlos, sólo que la tertulia se había ensanchado hasta hacerse cosmopolita, y los alumnos habían crecido en barbas y estatura, y no pocos en grandes y notables conocimientos, y mientras Saco traducía al sesuso Heinecio, siguiendo el ejemplo del maestro que lo hacía con Jefferson y Davy, Pepe Tolón, como se conocía a José Teurbe Tolón, escribía sus primeros versos en inglés.

Entre los nuevos tertulianos están don Mariano Velázquez de la Cadena, cuya gramática comentara Varela para la Patriótica, y que ahora proyecta un diccionario bilingüe, famoso hasta nuestros días; el Padre Power, Juan Delmónico, John Lasala, y el más influyente de los emigrados irlandeses, de gran prestigio revolucionario en su patria, puesto que había participado en el movimiento libertador de 1798, el médico y humanista, William James McNeven. De vez en cuando hasta asistía el propio don Tomás Stoughton, que confrontaba una situación difícil visitando al Presbítero, pero que parecía no tomarla en serio.

En efecto, el siempre despistado Hilario de Rivas Salmón le urgía para que le consiguiese ejemplares de *El Habanero*, y Stoughton, haciéndose el caído de las nubes, le contestaba sobre Varela, que sólo poseía noticias "que dicho individuo" acababa de publicar en Filadelfia una obra de filosofía y otra sobre política, por lo que "en consecuencia, continuaba, traté de ver dichos escritos. Muy pronto pude conseguir que me prestasen el tomo sobre filosofía, mas el otro nadie lo había visto ni podía dar razón de él, pero después de haber practicado muchas diligencias, por último logré que un español llamado Picard, me prestase por un cuarto de hora, antes de embarcarse para La Habana, el único ejemplar que se decía había en Nueva York".

Con justicia podía afirmar el sufrido Rivas Salmón: "Es evidente que este Cónsul de S. M. ha supuesto dificultades únicamente para excusar su descuido en no haberme dicho nada de este periódico; pues yo no he encontrado dificultad en obtener tres ejemplares de cada número, valiéndome de otra persona en Nueva York."

La tomadura de pelo de Stoughton a su jefe inmediato, era la mejor señal del prestigio creciente de Varela, no sólo entre los que por una razón u otra, en Irlanda o los EE. UU., habían servido a la causa de la libertad, sino entre los feligreses de todas las categorías. Cuentan los que le conocieron que aquel hombre de aspecto candoroso y humilde, poseía una personalidad tan firme y fascinadora, que aún entre los propios protestantes despertaba respeto.

Apenas transcurridos los dos primeros años de su agitado destierro, ocupado y trajinante por la revolución, por sus fieles, por la nueva lengua, ya se las anda planeando un periódico en español e inglés que piensa titular *The Youth's Friend* (*El amigo de la juventud*), para compartir con Velázquez de la Cadena, con Cubí y Soler y el inmortal Ticknor, las primicias de divulgar nuestra lengua por tierras norteamericanas. Este empeño loable, aunque jamás Varela ejerció menesteres formales de profesor de español en Colegio o Universidad alguna, resalta como símbolo inaugurativo de la emigración cubana, orgánica y compactamente cultural, que durante todo el siglo XIX pobló las costas de los EE. UU., pero sobre todo y a los intereses de esta historia, ¿no se hace admirable y conmovedor contemplar a ese haz de nervios vivos que es Varela, también metido a divulgador de lenguas modernas extranjeras, cuando el absolutismo le acosa y quiere matarle?

Un mes antes a que comiencen a circular los prospectos que anuncian la salida de *El amigo de la juventud;* o sea, marzo de 1825, es cuestión confirmada el plan de su asesinato. El criminal, por pelos y señales, es el mismo Morejón, Mayor de la policía de La Habana, conocido por el *Tuerto Morejón,* entre los matones de Vives. Según las versiones, absolutistas y amantes de las cajas de azúcar habían recolectado treinta mil duros, para premiar al *Tuerto* la innoble hazaña de despachar al otro mundo a un pobre cura, "falto de sangre", como diría el muy vil de Ferrety.

Los amigos criollos del Presbítero se asustaron. Aún en ellos perduraba el imborrable recuerdo del terror desatado en La Habana y quisieron que Varela se escondiese fuera de la ciudad. Este rehusó, y no es malo insistir sobre el punto, no lo hizo por temeridad, sino por convicción religiosa. Un verdadero sacerdote, ya lo dijimos, no teme a la muerte. Ante la obstinación vareliana, la filial devoción de sus discípulos y amigos recurrió a la policía. Pero la policía de Nueva York ni era muy buena, ni muy diligente. Había, sin embargo, un último recurso, los irlandeses. Entre el *Tuerto* y los irlandeses era menester decidir quién resultaba más temible. Los hijos de Erín, secularmente desposeídos y oprimidos por Inglaterra, sumidos en la desesperación y la ignorancia, apesar de su grande y viva fe cristiana no tenían muchos escrúpulos en darse de cuchilladas después de misa, si por uno de esos azares se encontraban los miembros de alguno de los bandos y sociedades secretas en que buen número de ellos militaban. A Varela los irlandeses le establecieron una estrecha vigilancia por el reducido Nueva York de entonces. No era muy difícil distinguir entre tanto rubicundo, un "tuerto" de expresión meridional, que no hablaba la lengua del país.

Cuando salió el cuarto número de *El Habanero,* Varela concedió mayor importancia a la persecución que sufría el periódico que a la de su propia persona. No fué hasta el último de sus artículos que se mencionó a sí mismo. En la *Carta del editor de este papel a un amigo,* decía: "vuelve usted a hablarme de los asesinos que algunos bien intencionados quieren mandar para libertarse de mí, y asegura usted que están prontos a sacrificar treinta mil pesos. Yo estoy pronto a decir treinta mil verdades para conservar a esos alucinados esos treinta mil pesos y otros muchos que perderán, si no es que pierden la vida, continuando en su errónea conducta. En el suplemento al tercer número de *El Habanero*, he dicho algo sobre esta materia, pero las noticias, acaecimientos posteriores me ponen en actitud de formar un juicio más aproximado. Efectivamente, parece cierto que en los primeros momentos de recibirse el segundo número de mi *Habanero*, dolió tanto en ciertas personas el garrotazo, que formaron o fingieron haber formado ese proyecto, o porque realmente intentasen librarse de mí asesinándome o porque quisiesen espantarme con la noticia. Yo creo que pasado el acaloramiento, habrán conocido que el primer caso no es muy fácil, y si muy contrario a sus miras como lo he manifestado en el citado suplemento, y en cuanto al segundo caso, se equivocan medio a medio, pues —para valerme de la expresión de un amigo mío—, yo estoy perfectamente curado del mal de espanto."

El *Tuerto*, llegó, vió y se largó. A los matones y criminales de oficio, cuando se hallan fuera del escenario de sus impunidades, siempre les ocurre lo mismo. De haber hecho ademán contra Varela, le hubiesen dado el merecido que sus crímenes reclamaban.

Al Presbítero no interesaba su vida sino la causa que defendía. Al odio respondió sin odio. Podía haber señalado a su presunto asesino, haberse cebado en Vives, Arango y Martínez Pinillos. Hizo lo que todo hombre justo hace en estos casos, sin nombrarlos les llamó cobardes, porque, "creen salvar la Patria adulando a un amo y persiguiendo a todo el que menos cobarde que ellos se atreve a dar un paso para libertarla de la opresión que sufre y del peligro que la amenaza".

Su falta de odio se refuerza al comentar sobre la Comisión militar establecida en La Habana, de la que sólo se burla: "Hablen ahora con libertad, señores constitucionales, criollitos independientes, atrévanse a negar que tienen amo y verán por donde les da el agua. Junta militar, con autoridad plena. ¡Qué sustazo! Si alguno tiene "El Habanero", a esconderlo prontamente, o a quemarlo, porque si no... fusilan... No hay nada de eso. Yo me entiendo, y ellos me entienden... aunque si alguno tienen ganas de fusilar es a mí; mas por ahora no hay caso."

Lejos de atacar a las personas que integran la famosa Comisión, hasta expresa de que su Presidente "es un hombre de honor incapaz de una bajeza y que hasta ahora no ha dado pruebas de abrigar los sentimientos de crueldad o mejor dicho de barbarie, que son favoritos a los que componen semejantes juntas en la Península". Asimismo, supone que los demás miembros sean de igual calidad, pues no posee datos "para juzgar de otro modo". Sin embargo, su confianza no es tan ilimitada como para dejar de exclamar con relativismo, en esa misma reseña, "mi máxima es pensar bien de los hombres, mientras no me consta que son malos, y precaverme siempre de ellos como si lo fuesen".

* * *

El 2 de abril de 1825 vió la luz en Nueva York *The Truth Teller*, segundo periódico católico de los EE. UU. Su fundador era el Padre Power, pero lo editaban William Denman y George Pardow. En realidad el periódico era más bien un órgano irlandés por necesidad católico, pues la colonia, numerosísima y maltratada, reclamaba un instrumento de defensa a sus intereses peculiares, entre los que estaba el muy principal de su religión, por cuya causa era tan fuertemente discriminada.

La esperada muerte del Obispo Connolly trajo algunos cambios, el Padre Levins pasó al Saint Patrick, junto a su colega William Taylor y el sacerdote belga, Antonie Malou se incorporó a Saint Peter. Todos vestían hábitos de jesuítas y no todos eran amigos del recién nombrado Obispo de Boston, Benedict Fenwick, también jesuíta. Por entonces se planeaba la inauguración de otra iglesia en un viejo casucho de madera, la de Saint Mary, y Power, con orgullo terminaba un nuevo edificio de tres plantas para dar albergue a ciento sesenta huérfanos del asilo que con ese objeto fundara.

Al mes siguiente de salir el *Teller*, ya Power acogía en sus columnas el nombre de Varela. Bajo el título de "Nuevo periódico", afirmaba tener bajo su vista el prospecto de una publicación que aparecería en inglés y español con el título de *The Youth's Friend*. A su frente iría "Don F. Varela", " un caballero muy conocido en el mundo literario como autor de un invaluable tratado de filosofía". El amigo de la juventud saldría todos los sábados, y Power, para lucir sus conocimientos lingüísticos, citaba en nuestro idioma, y luego traducía al inglés, algunas palabras textuales del prospecto, con el objeto de demostrar a los estudiantes de español, "que un periódico escrito en dicha lengua, con un particular cuidado de acentuar las sílabas del modo que es indispensable para una pronunciación exacta, será muy útil y merecerá el aprecio público". Estamos de acuerdo con él, continuaba en inglés el Vicario, la acentuación imparte una exactitud e infiltra tal espíritu al lenguaje, que anima y facilita el progreso del que lo estudia. De hecho, esta parte puede llamarse el alma de la exactitud, la cual derrama sus resplandores geniales sobre el boscaje impenetrable de la sílaba, dirigiendo, guiando y satisfaciendo la curiosidad del estudioso. Esperamos, pues, que la buena acogida de un público ilustrado seguirá al proyecto".

"El amigo de la juventud" puede añadirse a la lista de las obras perdidas de Varela. Los más ingentes esfuerzos realizados en su búsqueda hasta ahora nos han resultado infructuosos. Lo que si sabemos es, que coetáneamente el Presbítero recibió noticias de las preocupaciones que su humilde persona ocasionaba al muy absoluto don Fernando VII y a muchos de sus paniaguados y satélites. Primero, la Audiencia de Sevilla acababa de dictar sentencia, en 11 de mayo de 1825, condenándole a muerte y confiscación de bienes en unión de otros sesenticinco diputados. Segundo, por una Real Orden de 27 de junio de ese mismo año, se prohibía en la "Península e islas adyacentes" la entrada de *El Habanero*. Tercero, llegaban a sus manos unas *Apuntaciones sobre El Habanero, hechas por un discípulo del mismo Varela,* donde el discípulo, que no era otro que Ferrety, tras muchas vueltas y revueltas había encontrado medio de vengarse del Presbítero con tanto éxito, que su libelo se imprimía en Puerto Príncipe a expensas de otro grupo de burócratas y aduladores gubernamentales.

Como es de suponer a un escrito anónimo, se echaba en cara a Varela cuanto lucía contradictorio a su conducta anterior. El propio *Elogio a Fernando VII,* que Varela redujo a los beneficios derivados por Cuba, se utilizaba como muestra de su inconsistencia de opinión.

Esgrimiendo algunas falsedades, se hacían para el denostado los mejores augurios a su biografía. Decía Ferrety:

"En otro tiempo, cuando mi maestro no se ocupaba más que de su filosofía, creía yo que su ambición se limitaba a adquirir alguna institución con sus libros, dentro de los claustros del Colegio; pero los escritos que ha publicado en su actual retiro, me convencen de que aspira a más. En efecto, es muy seductora la idea de trasmitirse a la posteridad con el carácter de defensor de los derechos y de la libertad de su patria: de esa pretendida libertad que deslumbraría a otro pueblo que no fuese el muy ilustrado de esta Isla, que ya la disfruta y que conoce lo insignificante de la expresión, sabiendo que ella no consiste en la licencia sin límites de hacer cada uno lo que quiere, sino en obedecer la ley y los encargados de su ejecución; y en saber lo que es lícito hacer o dejar de practicar."

El mismo asombro que domina a quien se asoma a la vida del cubano más atareado de toda nuestra historia, tan lleno de energía vital como carente de vigor físico, invade a Ferrety. "Apenas puede concebirse, afirma, que el autor de *El Habanero*, sea el mismo Presbítero Varela, que todos hemos conocido; y que aquel mismo hombre sin físico, sin alientos y sin sangre, sea el que nos aconseje una revolución, para preservarnos de otros males, como si pudiésemos temer otro mayor."

En aquel instante se aumentaba la luenga lista de proscriptos criollos con más de una treintena de nombres nuevos, que huyendo al exilio lograban escapar a la represión de la Junta militar habanera. Vives, como los primeros gobernadores de la Conquista, al fin había sido investido con facultades omnímodas, pudiendo producirse como jefe de una plaza sitiada. Si bien el propio redactor de *El Habanero*, reconocía que las persecuciones en la Isla no lucían sangrientas comparadas a las peninsulares, también es cierto que los odios jamás estuvieron desatados en semejante proporción. En España, desde la aprehensión de Riego, y su suplicio finalizado en la horca, en noviembre de 1823, con un pretexto u otro se habían sacrificado en el solo distrito de Barcelona 1,828 liberales. Corría tanta sangre, que Rusia y Francia protestaban escandalizadas ante lo que ellas mismas promovieron dos años antes. Las "Juntas de la fe" sustituían a la inquisición, y aún el monarca se hallaba aprisionado entre las mallas de su propia intriga, los partidarios de su hermano Carlos, le juzgaban débil y complaciente y conspiraban contra él. Este partido, conocido como el "apostólico", era el que rebasaba los límites de todas las crueldades.

A Varela tocó en el quinto número de *El Habanero*, prevenir la guerra carlista. Animando la rebelión que a Ferrety lucía improcedente y a nuestro héroe una necesidad histórica, rotundizaba:

"En cuanto a la posibilidad de efectuar la emancipación y sostenerla, basta reflexionar que en el día nadie sabe qué fuerza conserva la Isla de Cuba unida a España; que un fatal alucinamiento tiene a los hombres vacilantes y que sólo falta que éste se disipe un poco para que vean claro, conozcan sus intereses y operen de concierto. Si una vez operasen, ¿quién podría obligarles a retroceder? ¿España? ¿Esa España que no ha podido mandar otros socorros que los comprados —porque así debe decirse— por los habitantes de la misma Isla? ¿Esa España, donde a la par del hambre crece la impotencia, donde un gobierno sin recursos y embestido por mil y mil necesidades, delira, se aturde, y casi se derroca? ¿Esa España, donde un partido, ya considerable, aclamando a Carlos V, prepara una nueva guerra civil, cuyos funestos estragos aún no pueden calcularse?"

Luego añadía para sus atacantes anónimos:

"El autor de *El Habanero*, que por primera diligencia ha puesto su nombre al frente de su papel, no ha tenido el gusto de que sus impugnadores lo hayan imitado; pero sí el conocerles como a sus manos." Y lejos de descargárselas duro y sobre sus pesados lomos de traidores e intrigantes, les proseguía: "Indulgente con las opiniones de todos los hombres, lo es mucho más con las de los tímidos, pero no puede menos que hacerles unas cortas reflexiones sobre el errado plan que han seguido en su ataque."

"Cuando los males son evidentes, la pretensión de ocultarlos sólo sirve para manifestar que son incurables, y que se quiere distraer la atención del que los padece. Estar todo el mundo palpando, por decirlo así, la necesidad absoluta en que están las repúblicas del continente americano de efectuar una invasión en la Isla de Cuba; ver por todas partes los recursos que toman y los medios que preparan para ello; ser la opinión general de todos los países que el negocio se lleva a efecto dentro de poco tiempo, y querer sostener, sin embargo, uno que otro escritor en la Isla de Cuba que nada hay que temer, sin duda es lo más extraño que puede presentarse. Haciéndoles mucha justicia debo creerles alucinados."

Examinando anteriormente la posibilidad de unión de Cuba a otra nacionalidad, con argumentos extraídos de la economía, se manifiesta abiertamente contrario a la anexión. Por eso quisiera que sus propios enemigos lejos de combatirle, se le uniesen para obtener la independencia por las solas manos cubanas y, en consecuencia,

el total usufructo cubano de la riqueza de la Isla. Habla en teoría
general, pero teoría cuya profundidad de análisis se hace inesca-
pable desde el primer momento de su lectura:

Las naciones de América, afirma, para poder subsistir tendrán
que ser libres económicamente, y para ello tendrán que hacerse
esencialmente manufactureras, pues su riqueza en materia prima
es incalculable. Esto llevará a restringir las importaciones, como
acaba de suceder en México; o como los EE. UU., que sin restringir
nada gravan tanto las importaciones que equivale a una prohibición.
"Ahora bien, la Isla de Cuba tiene un interés abiertamente contrario: lejos de sobrarla, fáltanla brazos que emplear en la explo-
tación de la inagotable mina de su agricultura; hállase casi desierta
en mucha parte de su territorio; carece de primeras materias, o por
lo menos no son ellas su principal riqueza; si bien no debe desatender
las artes, dista mucho, y acaso no se percibe el período en que éstas
deban ser objeto a que pueda sacrificarse el menor interés de su
opulencia agrícola y mercantil. Producir en abundancia, recalca, y
cambiar sus frutos por las producciones de todo el mundo sin excepción alguna, y con el menor gravamen posible, he aquí el principio vital de la Isla de Cuba."

"Formando parte de cualquiera de las naciones continentales,
deberá la Isla de Cuba contribuir, según las leyes del estado, a las
cargas generales y sin duda serán mucho más cuantiosas, aún en
la parte que pueda tocarla, que las que tendría constituyéndose por
sí sola; mejor dicho, pagará éstas y a más, parte de aquéllas. Los
productos de aduana deberán ser reputados como caudales de la
nación, y por consiguiente el sobrante, después de cubrir los gastos
que prescriba el gobierno general, deberá ponerse a disposición de
éste. Es fácil percibir que bajo el influjo de un gobierno libre, tar-
darán muy poco los hermosos puertos de la Isla en ser émulos de
La Habana, Cuba y Matanzas, y en este caso yo dejo a la consideración de los hombres imparciales calcular a cuánto ascenderá la
verdadera contribución de la Isla de Cuba en favor del gobierno a
quien se una. Estos inmensos caudales —porque sin duda serán
inmensos—, ¿no deberán emplearse mejor en el fomento de la misma
Isla, ya construyendo los caminos y canales de que tanto necesita,
ya sosteniendo una marina cual exige por su naturaleza, ya fomen-
tando los establecimientos públicos, ya propagando la instrucción

gratuita, en una palabra: empleando en casa lo que se produce en casa?"

El problema de la independencia nunca constituyó en Varela un tema de exaltada esperanza alentado con sueños y visiones. Quien fué tan soñador como para no ostentar otra ciudadanía que la supuestamente cubana y vivir como apatrida, al hablar de la revolución, condensa, a tono con la realidad económica de su tiempo, un programa que, pudiendo encerrarse en una página, jamás lograran precisar con tanta exactitud y firmeza los ideólogos posteriores de nuestra libertad. ¿Qué diremos de la anexión? En su lógica se convierte en un problema de simple aritmética mercantil, evidente hasta para los más simples. Cuando Saco, tras haber predicado brevemente la unión con Norteamérica, retrocedió al punto de poderle espetar Lorenzo de Allo que él era responsable del movimiento anexista por haber animado sus ideales, Saco no puede contrarrestar a su viejo amigo y condiscípulo tan limpiamente y con el vigor con que lo acaba de hacer Varela. Quizás porque Saco tuvo de la independencia un concepto tan refinado y perfeccionista, que más que sofisma le resultó lastre a la flexibilidad política de su pensamiento.

*   *   *

Fué motivo de gran contentamiento para Guadalupe Victoria extender un pliego presidencial de invitación para que Varela se trasladase a México, aprovechando que el navío de guerra, "Congreso Mexicano", se hallaba fondeado en el puerto de Nueva York. Este buque, a quien el Presbítero aludía pocos meses antes en *El Habanero*, como una de las posibles unidades españolas con que contaban los "tranquilistas" de La Habana para mantener la hegemonía peninsular en Cuba, era el "Asia", recién capturado por los mexicanos, y mejor demostración de la pobreza de recursos navales de España para sofocar un movimiento revolucionario en las Antillas.

Varela no aceptó la invitación, su aquiescencia hubiera significado tanto como renunciar a su propia libertad de opinión y colocarse del lado mexicano en sus aspiraciones sobre Cuba. No obstante, agradeció profundamente el gesto del presidente mexicano. Victoria y el ministro Pablo Obregón, mantuvieron una gran corriente de simpatía hacia nuestro sacerdote. Revisando los comunicados secretos que el segundo envía al primero, vemos que en la concisión febril con que el diplomático escribe al presidente, le sobra espacio para referirse a la ilustración del "Dr. Varela", recomendarle que lea sus obras y contarle cómo le anima a continuar la publicación de *El Habanero*.

En efecto, al Presbítero le sobraban razones para ir cediendo en su entusiasmo propagador. El asunto de la independencia de Cuba parecía entrar en un penoso interludio. Por el momento, Poinsett recibía instrucciones de Henry Clay para que detuviese bajo presiones amistosas todo proyecto invasor por parte de México. De otro lado, los criollos radicados en este país, cansados de esperar decidían establecer una "Junta promotora de la libertad cubana" y dirigirse a Guadalupe Victoria solicitándole apoyo directo en su causa, en tanto que el argentino Miralla, comisionado en Colombia, retornaba desilusionado a México, luego de haber desempeñado una misión infructuosa en Bogotá.

La situación lucía harto difícil, porque los intereses internacionales se hallaban muy encontrados respecto a Cuba, y aún se agravaba el asunto debido a las propias luchas intestinas que se sostenían en México y Colombia. Los monarquistas mexicanos, de consuno con el clero, acusaban a los republicanos de hallarse sometidos a las intrigas de Poinsett; a su vez, éstos rebotaban a los otros las aspiraciones que alentaban para instaurar un gobierno absoluto. En Colombia, se tenía a Bolívar por dictador, y las disensiones quizás fuesen más notables que en la tierra de los aztecas. La solución a todos los problemas planteados, o quizás nada más que a las divergencias internacionales presentes, parecía apuntar como meta hacia el Congreso de Repúblicas Americanas, que habría de celebrarse en el Istmo de Panamá, a principios de 1826. Allí sería tratada con preferencia la cuestión de Cuba y Puerto Rico.

Tales acaecimientos, en lo único que no descorazonan a Varela es en la idea, cada vez más arraigada en él, de que los cubanos pueden hacerse independientes por sí mismos, sin esperar ayuda de nadie. Su voz es un grito desesperado de incitación a la libertad: ..."Incúlcase mil veces la necesidad absoluta de una paz octaviana para evitar una ruina desastrosa. Hácense algunas insinuaciones, y aún más que insinuaciones sobre la causa principal de estos temores, y con sacrificio de la prudencia consíguese herir la imaginación sin convencer al entendimiento. Algunos más precavidos no se atreven arrostrar la opinión contraria —si es que puede llamarse opinión la evidencia de los hechos que a nadie se ocultan—, y confesando claramente que el cambio es necesario, preguntan cómo se hace. No falta más sino que pregunten cómo se abre la boca para recibir un bocado, cómo se mueven las quijadas para mascar, y cómo se traga. ¿Cómo se hace? Hablando menos y operando más. Contribuyan con sus luces unos, otros con su influjo y otros con su dinero a salvar la Patria, y con ella los intereses individuales, y este corto sacrificio removerá ese grande obstáculo que tanto se pondera. Repítese de mil modos que es imposible efectuar la independencia sin auxilio extranjero, y yo pregunto: ¿qué se ha hecho para conseguirla? ¿Sobre qué pruebas descansa la aserción de su imposibilidad? Verdad es que un número de patriotas hizo esfuerzos pocos felices para romper unas cadenas que se han remachado; verdad es que prófugos unos, presos otros, y todos desgraciados recuerdan constantemente el lamentable, y yo no sé si me atreva a llamar criminal abandono con que han sido mirados por muchos que aspiran al título de patriotas. Dejáronlos, sí, dejáronlos como suele decirse en las astas del toro bajo pretexto de la inmadurez del plan y de la inexperiencia o si se quiere ligereza de las personas. Yo convengo en mucha parte de estas ideas aunque no puedo llevarlas hasta el término que las extienden los enemigos de la independencia. Bueno son los planes, mas en las resoluciones lo que importa es la generalidad del sentimiento, y si ésta se promovía por los desgraciados patriotas que ahora persiguen, debió fomentarse el proyecto lejos de combatirse de un modo que sería ofensivo si no fuese ridículo. No ha habido intención depravada que no se haya atribuído a los que se atrevieron a decir: seamos libres. ¿Faltaban luces? Hubiéranlas dado los que la tienen. ¿Faltaba prestigio? Hubiéranse acordado muchos que lo tienen, que lo deben a la Patria. ¿Faltaba dinero? Bastante gastan inútil, y aún diré inicuamente, muchos que se llaman patriotas. Por otra parte, gastar una corta cantidad por asegurar una gran fortuna, es hacer una buena especulación, y así, aún prescindiendo de todo sentimiento generoso, el interés pecuniario, único móvil de ciertas personas, debió moverlas a contribuir al intento. Estos Heráclitos de la Isla de Cuba, como dejé dicho en el número anterior, son la causa de sus lloros. Convengamos en que nada se ha hecho en favor de la independencia como obra de los habitantes de la Isla, y que por consiguiente no hay fundamento para afirmar que es imposible."

Sin embargo, pese al canto de sirena norteamericano con que estaban prestos a dejarse enloquecer los gobiernos de México y Colombia, a Varela sobran motivos para imaginar que la caída reciente del último reducto español en México, el castillo de San Juan de Ulúa, haría ver con claridad a las potencias confederadas de Hispanoamérica, que mejor que toda promesa de reconocimiento sería barrer el pontón absolutista de Cuba, desde el cual se sentirían siempre amenazadas. Además, ya con su clara visión había augurado el fracaso de las gestiones en España que pretendían hacer en cuanto al reconocimiento de México y Colombia, don Francisco de Arango Parreño y los de su partido. Varela, mejor conocedor de la política española que ellos, sabía que los "apostólicos" harían punto de honor no permitir flaquear a Fernando en un proyecto que consideraban originalmente "constitucional", y cuya última demanda en las Cortes había formulado él mismo. Por eso es que ahora lanza una postrer admonición a los antiindependentistas.

...¿Dirán aún los enemigos de *El Habanero* que no es probable la invasión? Séalo norabuena, dicen: nos defenderemos. ¿Por qué no dicen: nos destruiremos, y al fin nos rendiremos, después de haber perdido inmensos caudales y muchas vidas, después de haber reconcentrado el odio y alimentado una guerra civil; después de haber dado origen a nuevos partidos no menos funestos que los que existen; después de haber empobrecido si no arrasado los campos, ahuyentado el comercio, causado una gran emigración; en una palabra: después que Cuba haya perdido cuanto le da valor en el mundo culto, y se reduzca a sus ventajas naturales? Entonces saldrán para España los jefes principales, ¿y qué les quedará a los heroicos defensores? La necesidad absoluta de sostener por mucho tiempo un ejército de ocupación y de un gobierno militar que contenga la gangrena amputando y quemando.

* * *

El 20 de diciembre de 1825, Henry Clay llamó apresuradamente a su despacho a José María Salazar, Ministro de Colombia en los EE. UU. Quería comunicarle que acababa de iniciar una gestión cerca del emperador de Rusia para que éste obtuviese de Fernando VII el reconocimiento de la independencia de Colombia. Un golpe en las Antillas vendría a echarlo a perder todo, insistió

Clay. Aparentando desolación comunicó Salazar a Revenga, Ministro de estado de su país, tan importante noticia, después escribió una carta melosa dando las gracias a Clay por la gestión que acababa de iniciar. Por su parte, Anderson, representante diplomático norteamericano en Colombia presentaba idéntica versión a Revenga. Fué tal el empuje y el entusiasmo que se les despertó en consecuencia a los colombianos, que a Revenga no le quedó otro comentario para justificarse ante la Historia que exclamar: "pararon el golpe cuando teníamos levantado el brazo". La orden de Santander, vicepresidente de Colombia, fué terminante: La cuestión de las Islas queda a resolver por el futuro Congreso de Panamá.

Varela parece haber estado al tanto de todo. En el séptimo y último número de *El Habanero*, reprodujo la comunicación oficial de Clay al ministro estadunidense en Rusia, Middleton, con fecha 26 de diciembre de 1825. Su optimismo no había cedido aún, porque comentó sobre la *Fuerza naval de los estados independientes que se halla en el Pacífico, y acaso está ya en camino para el Atlántico*. Pero bien pronto recibió más noticias adversas, las gestiones de Clay circulaban de cancillería en cancillería, y los peruanos también se hallaban dispuestos a posponer la cuestión de las Islas para el Congreso de Panamá.

Llegó éste y nuevas complicaciones surgieron. Mr. Dawkins, el delegado de Inglaterra, presentaba la objeción del reconocimiento del Perú como nación libre. Según sus palabras, comunicaba el plenipotenciario peruano, Manuel Vidaurre, "debemos proceder de modo que no choquemos de frente, ni al sistema de la Europa, ni los prejuicios de la América".

A su vez, el senado norteamericano, al discutir la designación de los plenipotenciarios en Panamá, adoptó un tono agresivo respecto a la suerte de Cuba. Su independencia significaba la abolición de la esclavitud, y eso no convenía a los intereses sureños, que fueron dominantes de la política norteamericana hasta que los deshizo la Guerra de Secesión.

Creyendo en la invasión colombiana, dos jóvenes camagüeyanos, Francisco Agüero y Carlos Andrés Sánchez, a principios de 1826, vinieron desde aquel país a practicar reconocimientos y establecer contactos en la Isla, y delatados pagaron con sus vidas el símbolo de figurar como protomártires de la independencia cubana.

Para julio de 1826, el Congreso de Panamá era un fracaso. Bien lo sabían sus dos secretarios cubanos, Fructuoso del Castillo y José Agustín de Arango. Ni aún las naciones confederadas, Colombia, México y Centro América, se encontraban inclinadas a ratificar el pacto de mutua asistencia celebrado anteriormente por ellas, y mucho habían divagado desde un año antes sobre las fuerzas que proporcionalmente descargarían sobre Cuba, sin haber arribado tampoco a conclusión alguna. Así fué cómo, en octubre de 1826, desesperados los criollos de la "Junta promotora", se reunieron en Veracruz bajo la presidencia de José Francisco Lemus, acordando incrementar la recaudación de numerario, con el objeto de formar una expedición y libertar a Cuba, sin más ayuda que la de sus propios hijos. Estimaban que si en la Europa absolutista se obtenían buenas sumas para librar a Grecia del yugo turco, en la libre América conseguirían cantidades fabulosas. Apelaban a este medio "bien convencidos de que en las presentes circunstancias, no era de esperarse ningún auxilio de fuerza armada de las nuevas repúblicas del Continente, y de que no quedaba otro arbitrio para llevar a cabo el firme propósito y juramento que han hecho de libertar su desgraciada patria de la esclavitud en que gime". Entre los acuerdos finales estaba que el dinero se enviara a nombre de Varela o de Pancho de la O. Imaginaban que la suscripción sería tan rápida como para invadir la Isla al mes siguiente. Entre los conjurados figuraban buen número de personajes mexicanos, sin que faltase el propio Ministro de hacienda. Pero aquella Junta fué el último estertor del exaltado patriotismo de 1823. Pronto apareció Pancho de la O en Nueva York con sólo cuatro mil pesos recaudados, cantidad ridícula por la que jamás el *Tuerto Morejón* hubiese aceptado tocar un cabello de Varela. El Presbítero comprendió que los cubanos habían servido de cebo, y él a la cabeza, para un *affaire* internacional, donde la Isla iba a ser sacrificada a los intereses de los EE. UU., Colombia y México; como años antes lo fuera España a los de Rusia, Prusia, Austria y Francia. En esta ocasión tocó a Norteamérica, como previamente a Rusia, el papel del diablo, vendiendo a México y a Colombia un imposible reconocimiento. Después, los muy marrajos de Adams y Clay se sentaron a esperar el cumplimiento de la ley de la gravitación política. Cuando el árbol podrido soltó los frutos, al fin de la centuria, no había Adams ni Clay. La manzana de la gravitación fué un Puerto Rico esquilmado, sin jugos. En cuanto a Cuba, era tanto el espíritu de independencia, que hasta

MANUAL

DE

PRACTICA PARLAMENTARIA,

PARA EL

USO DEL SENADO DE LOS ESTADOS UNIDOS.

POR

TOMAS JEFFERSON.

Al cual se han agregado

EL REGLAMENTÓ DE CADA CAMARA Y EL COMUN A AMBAS.

TRADUCIDO DEL INGLES Y ANOTADO

POR

FELIX VARELA.

NUEVA-YORK:

POR HENRIQUE NEWTON,

Calle de Chatham, No. 157.

1826.

Portada del "Manual de Práctica Parlamentaria", de Jefferson.

los católicos, trabajados durante setenta años de predicación trabucaire, se rebelaron contra el Obispo italiano que aleccionaron en los EE. UU. para propiciar una anexión que había perdido simpatías populares y sobre todo, oportunidad. Pues en Cuba, hasta los más indiferentes o "tranquilistas" descubrieron, al igual que Varela tres cuartos de siglo antes, que los criollos siempre habían tenido fuerza suficiente para zafarse del yugo español, como en ese momento de cualquier otro cabestro foráneo.

* * *

En aquel mes de octubre de 1826, apareció publicada la traducción del *Manual de Práctica Parlamentaria*, de Thomas Jefferson y fué a través de Mariano Velázquez de la Cadena que Varela obsequió al "Columbia College" con uno de los contadísimos ejemplares que hoy pueden consultarse.

El fin del *Manual* era eminentemente americano, puesto que lo destinaba al uso de los congresistas de la recién establecidas repúblicas, y su texto, en consecuencia, se hallaba repleto de observaciones, algunas muy interesantes, donde el autor volcaba todo su entrenamiento parlamentario, adquirido en su "corta, pero azarosa y costosísima práctica", que ya conocemos en minucia.

De esa costosísima práctica ha sacado enseñanzas tales como para mostrarse recalcitrante partidario de la inviolabilidad parlamentaria y frente a tan importante punto, reforzar el jeffersoniano de que los diputados no permanezcan con el sombrero puesto durante las sesiones. Derecho y deberes se mezclan con reglas de mera cortesía, y otras anotaciones que perfeccionan la obra del que Varela llama "benemérito Jefferson", hasta convertirla en inseparable vademecum del legislador.

Según Varela, el principio por el cual un congresista que obtiene mayoría, puede hablar más de dos veces debe ser abolido, ya que entonces nunca abandonará el uso de la palabra. También en las llamadas al orden estima que deben ser hechas sólo por el presidente, como en las Cortes españolas. A un orador, afirma, debe oírsele y caso que divague ser traído al tema por el propio presidente y no aceptarse lo que propugna este reglamento, que interpreta un murmullo general de desagrado, como testimonio de que el que habla debe silenciarse. Si los oradores "tienen la debilidad de ceder, como aquí se les aconseja, es seguro el triunfo de los intrigantes, y fácil el medio. Aún cuando constase a la evidencia la inutilidad de un discurso, que tuviese en contra la mayoría de la Cámara, y lo que es más, el interés de un partido preponderante, debería continuarse por la dignidad del mismo cuerpo y por el interés de la justicia, que no debe presentarse débil cuando la malicia se presenta astuta. No es perdido, no, un discurso semejante, pues aunque nada produzca en la discusión produce mucho en el interés general de los pueblos, siendo cada ejemplo de firmeza un apoyo de sus libertades".

Tampoco cree que los extranjeros deban ser expulsados de las galerías, cuando lo solicite un legislador. "¿Quién no sabe, afirma, que los mejores agentes, los mejores espías, y acaso los únicos que se emplean, o por lo menos con más seguridad, son siempre los naturales del país?"

En cuanto al sistema de enmendar los dictámenes por párrafos, le luce inadecuado, puesto que al alcanzar sus últimas partes jamás se puede retroceder a las primeras. "En las comisiones, prosigue, lo que conviene es alterar y quitar hasta que el dictamen quede a satisfacción de la mayoría, y en la cámara o congreso, o cuerpo deliberante, conviene tratar los proyectos en su totalidad antes de considerarlos por partes." A lo que agrega: "No ignoro que en pocas cosas hay más abuso que en las discusiones sobre la totalidad de un dictamen; pero nada es tan necesario. Frecuentemente se cae en el defecto de impugnar los artículos en particular y no en cuanto a la relación que tienen en la totalidad del dictamen."

En otra importante acotación —al juzgar el establecimiento de una nueva ley con referencia a los principios precedentes; o sea, tomar como pautas forzosas las resoluciones o leyes anteriores para legislar sobre el caso presente—, muestra su repugnancia a la tradición anglosajona. Esto sirvió a José Ignacio Rodríguez, para divagar en torno al choque que produciría en Varela enfrentarse con dicho fenómeno jurídico, pero la realidad es que el Presbítero manifiesta su repulsión entre otras razones, porque él anota para países cuya jurisprudencia es distinta, y donde dicha tradición no prevalece, que fué lo que no percibió Rodríguez. El argumento de Varela en ese sentido es el siguiente:

"Cuando no existe ley o no está clara acerca de un caso, se juzga por resoluciones precedentes, quiere decir, por las determinaciones tomadas en casos semejantes. No puedo negar que debe tenerse en consideración lo determinado por personas que se suponen que examinaron el caso detenidamente; mas no puedo convenir en que su conducta forme una ley a la que debe someterse el juez como el juzgado. ¿Quién califica el acierto de la primera determinación? ¿No fué acaso dada por circunstancias del momento que tal vez no ocurren en el nuevo caso por más que se parezca al primero? ¿No puede ser efecto de la precipitación, y aún de la malicia? Creo que es un modo de perpetuar los desaciertos. Para la formación de una ley parecen pocas todas las precauciones, pocos todos los conocimientos, y, ¿bastará una resolución de un tribunal acaso precipitada, o hija de intereses rastreros, para producir una norma que si bien no es una ley produce los mismos efectos? Diráse acaso que el objeto es alejar todo lo posible la facultad discrecional de los jueces. Mas, ¿qué otra cosa fué su origen? ¿No fué resuelto el caso discrecionalmente? ¿Los juicios posteriores son otra cosa que la repetición del primero justo o injusto?"

"El único argumento que encuentro de alguna fuerza en favor del juicio por resoluciones precedentes, es que cuando una decisión ha dado motivo a reclamos, o una ley que la evite en lo sucesivo, tiene la presunción de justa. ¿Pero cuántos y cuántos casos, hay que por infinitas circunstancias se quedan sin ser reclamados, y apenas se tiene noticia de ellos? ¿Quién asegura que se han formado leyes siempre que ha habido resoluciones injustas? Donde no hay ley, debe haber razón, la autoridad debe guiar pero no tiranizar."

El *Manual* fué una obra tan completa en su clase, que más de medio siglo después, hasta la jerarquía católica norteamericana lo adoptó para regular las discusiones de sus concilios.

Cuando Varela saboreaba la salida del nuevo libro, un hecho vino a sumarse a la ola de antagonismos católicos. Roma no eligió a John Power, Obispo de Nueva York, sino al francés John Dubois. Aunque Power se encaminó a Baltimore para la consagración de quien le tronchaba sus aspiraciones, el recién nombrado Obispo de Boston, Benedict Fenwick, no estimó hacerlo y envió en su lugar al P. William Taylor, pastor en Saint Patrick, que fué quien predicó en la ocasión.

El 11 de noviembre de 1826 entraba Dubois en posesión de su mitra. Dos días más tarde Varela depositaba los derechos de propiedad literaria de su traducción al libro de Davy, bajo el título de *Elementos de química aplicada a la agricultura, en un curso de lecciones en el Instituto de Agricultura.*

Esta era su contribución intelectual en los momentos que la Cátedra de botánica agrícola seguía debatiendo su mala suerte en La Habana, pues terminándose la construcción del Jardín adjunto, el profesor, ¡Ramón de la Sagra!, no hallaba quien le asistiese a clases, ya que nadie creía en sus conocimientos y menos querían estudiar por el pésimo manualete que había escrito para justificar su arbitraria designación. La Sagra ahora era absolutista, y en cierto sentido deseaba apuntar, de acuerdo a su nueva ideología, como baluarte de la sapiencia europea frente a la criolla. Por otra parte, O'Gavan, que en 1824, había sido llamado a España, precisamente por haberle propuesto Espada para gobernar la diócesis, se había pasado al partido apostólico y disfrutaba una influencia sólo comparable a la de su íntimo Claudio Martínez de Pinillos, que al fin, comenzaba a recibir los premios por sus buenos servicios a don Fernando VII, en la forma de un condado para su anciano padre y la exaltación de su ilustre persona al cargo de Intendente. A tono con los merecimientos de Arango y Parreño, y para suavizarle el charolado puntapié que le daba Pinillos, le encomendaron la misión de sincronizar la enseñanza criolla con la "reforma" que se operaba en la Península. Don Francisco no desperdició la oportunidad, con la traducción de Varela a la vista, para insistir en el viejo proyecto de la Cátedra de química aplicada a la agricultura, y mientras se encargaba de reforzar a la Universidad en todas las prerrogativas que le había quitado el traductor de Davy, San Gerónimo se animaba a su vez para cobrárselas al Presbítero, proyectando enviar un dominico a las oposiciones de filosofía en el San Carlos.

También en ese año de 1826 Saco regresó a Cuba. En sus baúles no pudo guardar el *Manual de práctica parlamentaria*, pero sí la obra de Davy, junto con los *Elementos de derecho romano*, de Heinecio, que él, estimulado en el ejemplo del maestro, también había traducido y publicado en español.

La ausencia de Saco dejó en Varela un profundo sentimiento de abatida soledad. Percibía como si ante él sólo se abriera un ancho, infinito destierro, pues de los tres exilados, era el único que aún no encontrara estabilidad en su menester típico, ya que Santos Suárez y Gener estaban encauzados en el comercio. Varela ardía en ansias de poseer iglesia, pero sus recursos y los de sus amigos de Cuba y los EE. UU., parecían no alcanzar para tanto. Deseaba vivamente salir de Saint Peter y sustraerse de aquel hervidero de recelos y habladurías nocivas, pues todo el clero neoyorqués no se ocultaba, apoyado en los trustees, para decir pestes del nuevo Obispo, cuya situación se agravaba en aquel momento por la orden religiosa a que pertenecía, la de San Sulpicio, puesto que ella andaba en disputas con la Compañía de Jesús por el control de unas propiedades en Baltimore.

A Dubois le llamaban el extranjero, aunque allí todos lo eran, al menos que los irlandeses considerasen como foráneos a los que no ostentaban su mismo origen. En fin, una situación desagradable que se apoyaba en una realidad, la hegemonía que frente a la tradición católica querían arrogarse los fieles en el manejo de las parroquias y las diócesis, y en torno a ella floreciendo innumerables y hasta ingenuas intrigas, que trastornaban la obra seria y de méritos en que todos y por igual, se hallaban empeñados.

Dubois no era un advenedizo. Por no querer transigir con las imposiciones de la revolución francesa había venido a los EE. UU., en 1791. Aquí, gracias a las cartas introductorias que le diera Lafayette, trabó estrecha amistad con James Monroe y Charles Carroll, entre otros personajes. Varón tenaz, había hecho tanto por el catolicismo como para haber sido rector de las Hermanas de la Caridad y fundado un seminario, el Mount Saint Mary's, en Emmetsburgh, Maryland, donde, sin excepción, los jóvenes irlandeses, venidos a, o nacidos en los EE. UU., habían cursado su carrera eclesiástica. Una prueba de su carácter, que hacía le llamaran el *Pequeño Napoleón*, la dió poco tiempo antes, en que consumido por el fuego el seminario volvió a levantarlo enseguida, sin recursos y pegando él mismo las piedras. Por sus buenas relaciones políticas, por su obra respetable, o como aparecía en los archivos vaticanos, por la recomendación del rey de Francia, fué escogido para la diócesis de Nueva York.

Como el P. Taylor iba a marcharse enseguida a Europa, pudo desde el púlpito consagratorio llamar extranjero a Dubois, dándole a entender que sus compatriotas irlandeses no le tolerarían. Llegado a su sede, Dubois corroboró cuanto le había vaticinado Taylor, y sintió una hostilidad tan marcada, que tuvo que hacer acopio de todas sus energías a fin de emitir una pastoral, que hoy constituye el más precioso y rico documento para conocer su programa de gobierno y el estado prevaleciente entre los fieles de su diócesis.

"Fuí designado Obispo sin haberme enterado, decía Dubois, y aunque sé que no soy del agrado de personas a quienes ni conozco, les declaro que una casa no puede estar dividida. El primero de los cargos que me hacen es el de mi escaso mérito; luego, que soy extranjero. Discutiendo la extranjería, diré que llevo treinticinco años de residencia en el país y le he jurado sumisión, pero si la sola labor misionera y a favor de la educación pública emprendida por nosotros concediera mérito ciudadano, éste sería el de exclamar ¡también somos norteamericanos! Pero ante todo somos católicos, y en esta ciudad hay norteamericanos, irlandeses, ingleses, franceses, españoles y alemanes. ¡Imaginaos qué sucedería si cada grupo quisiera un obispo de su propia nacionalidad!"

Expandir la educación pública por todos los medios posibles figuraba como primer punto de su programa, y por supuesto, levantar en Nueva York un seminario como el de Emmetsburgh. Luego pasaba a hacer el análisis descarnado de su grey con estas palabras:

"Una gran parte de la población católica de esta diócesis, está compuesta de emigrantes de Irlanda, quienes tratados como extranjeros en su propia casa, vienen a esta tierra libre en busca de aquella independencia, de aquella libertad de conciencia, de aquellos derechos civiles que le son negados en su propia patria. Pero, ¿en qué condiciones, bajo qué circunstancias arriban? Aunque muchos de ellos son descendientes de las más respetables y antiguas familias, las más de las veces llegan destituídos de todos los medios de sustentamiento, excepto su propia laboriosidad. ¿Y, qué hacen de esa industria, cuando ni pueden procurarse trabajo, ni empleos adecuados? Venidos en contingentes a un lugar ya de por sí denso, y frecuentemente al inicio del invierno, muchos de los hombres, simples jornaleros, y casi todas las mujeres, habituadas a los trabajos del campo, a la manufactura o a seguir el curso humilde de su propia familia más que a las finas disposiciones que exige constituirse en amas de casa, ¿qué pueden hacer?, sino sufrir hambre, gastar lo poco que pudieran haber acarreado, aún vender sus propias ropas, pedir prestado, si es que pueden, o aceptar cualquier oportunidad que les ofrezcan, les ajuste o no y bajo las condiciones discrecionales que les impongan? He aquí, por tanto, las quejas que emiten aquellos que les emplean; he aquí los males que insurgen de la pobreza, la ociosidad, y, la promiscuidad entre familias buenas y malas; he aquí la corrupción moral, los hábitos alcohólicos y pendencieros; he aquí la causa de esa postrada miseria, que les perdura aún cuando abunde el trabajo, porque les persiste el deber de pagar las deudas contraídas al arribo para librarse del hambre."

"¿Cómo podemos remediar tantos males?, se preguntaba. Solamente alargándoles una mano tan pronto como desembarcan." Desde este instante comienza Dubois a trazar un plan vasto y hermoso con objeto de auxiliar a los irlandeses. No quería que fuese en metálico, sino que se organizasen industrias donde, a un bajo costo de mano de obra, se diese trabajo a los inmigrantes durante sus primeros tiempos de estancia en Nueva York. Seguía luego a elogiar el asilo establecido por el P. Power, al cual reconocía su meritísima labor en favor de los huérfanos de padre y madre. Pero, interrogaba, los niños que han perdido solamente madre o padre, ¿qué se hace por ellos? Creía necesario que un asilo de esta índole, una *creche*, por su nombre francés, debiera establecerse, de igual modo que hogares para ancianos. Para éstos, proponía una fórmula muy plausible, había muchos que contando con algunos recursos no tenían lo suficiente para sostenerse hasta la muerte, ¿por qué todos no reunían sus capitales y vivían en comunidad?

Por último, tocaba los puntos referentes al clero, como bautizos, matrimonios y funerales, y las irregularidades observadas en tales ceremonias, aún la propia despreocupación de los sacerdotes, que acudían a llenar muchos de sus deberes hasta sin vestir hábitos. En otras palabras, Dubois aludía a todo lo que pudiera llenar un programa de reformas diocesanas, lo cual nos hace recordar a Espada cuando irrumpiera en La Habana de 1802. Sólo que Dubois lucharía estérilmente, y con menos éxito que el prelado vizcaíno, porque muy pocos sacerdotes se hallaban dispuestos a colaborar con él y menos irlandeses a interpretar el sentido de la forma franca y desnuda con que se había referido a todas sus miserias. Pero ésta es la realidad, la realidad y los fieles entre los que Félix Varela tiene que desenvolver sus menesteres sagrados.

* * *

La oportunidad de obtener iglesia pareció presentarse a nuestro Presbítero durante el verano de 1827, cuando los trustees de un templo episcopal situado en la calle Ann, decidieron venderlo en vista a su imposible sostenimiento. Varela lo supo y lo comunicó a sus amigos, y allá marcharon. La casa, vetusta y carcomida, lo mejor que poseía era estar condicionada para el culto. Ya se regostaba el Presbítero, cuando los administradores le comunicaron que tenían otra oferta que duplicaba el valor de la propiedad. El opulento comprador lo constituía un circo ecuestre, de caballitos, como se diría en buen criollo. Sin embargo, las negociaciones entre los trustees y el circo se fueron dilatando. Los primeros sentían escrúpulos en vender una casa consagrada a Dios para distracción del diablo, pero como en medio había un ofrecimiento de treinta y ocho mil dólares por lo que escasamente valía la mitad, de ahí que en citas bíblicas y discusiones donde el lucro se contraponía a la piedad y la gazmonería a los deseos, se decidieran, tras mucho discurrir, por sacrificar el diablo a Dios. Era de celebrarse.

Aquel núcleo de honestos protestantes volvió a llamar a Varela para reanudar negociaciones. Varela acudió con su amigo, el español John Lasala, y muy pocas esperanzas de poseer iglesia. Cuenta Lasala, que reunidos con los protestantes hablaron éstos sobre sus escrúpulos de que la iglesia fuese transformada en centro de diversiones, por lo que preferían verla continuar consagrada al culto religioso, aunque dicho culto fuese distinto al de ellos, y les costase la decisión una cantidad igual a la que pagarían por la propiedad los católicos.

A pesar del noble sacrificio, nuestro Presbítero no poseía tanto dinero como diecinueve mil dólares, ni creía que sus amigos lo aportaran. Por eso guardó silencio, y esperó por la decisión de su acompañante, el banquero Lasala, que tras meditar un poco, expresó secamente, y como hombre de negocios al fin, ¡la operación está hecha! Al oír estas palabras Varela se emocionó tanto, sigue narrando Lasala, que se retiró a un rincón a orar, mientras las lágrimas le corrían copiosamente por las mejillas.

XVI

UNA IGLESIA, UNA ESCUELITA Y UNA CRECHE

Varela quiso reconocer la loable actitud de aquellos protestantes que sacrificaron diecinueve mil dólares porque su iglesia continuase consagrada a Dios, y en reciprocidad a ellos y a Cristo redentor, cuya intervención providencial vería mezclada en el milagroso cambio que se operó en los vendedores, le conservó el nombre original de Christ's Church, Iglesia de Cristo.

Luego de haber verificado las reparaciones oportunas, reunió toda la deuda contraída, y de acuerdo a los principios de la Iglesia, la colocó, junto con la propiedad del templo, bajo el nombre del Obispo. Esto exacerbó a los trustees de Saint Peter, que eran los más bullangueros, los cuales iniciaron enseguida un movimiento terrible contra la nueva iglesia, su pastor y el Obispo diocesano. Aquello degeneró, como en La Habana la campaña dirigida contra los extranjeros, en una abyecta pasquinata. Se decía demagógicamente, que por el sistema inaugurado, las propiedades eclesiásticas pasarían a los herederos de los obispos, o en caso de tener deudas, a sus acreedores. Varela sufrió mucho con tan malévola propaganda, pero como estaba acostumbrado a enfrentarse con los monstruos, resistió la dura embestida, y sentó un ejemplo que aún no le ha sido reconocido merecidamente, pues como sigue narrando Lasala, fué el primero en su diócesis que se alzó contra el *trusteeism*. Su firme actitud lejos de hacerle decrecer su ascendente prestigio, también como en La Habana, y cuando saliera al paso de los dómines universitarios con sus reformas escolares, le ganó mayor número de simpatizadores. El propio William James McNeven, que era amigo íntimo de Power, y la figura irlandesa de mayor prestigio en Nueva York, se pasó a la nueva parroquia y consigo arrastró a otros muchos paisanos suyos, cansados de las patioterías e insinceridades religiosas de los trustees.

Christ's Church fué inaugurada con todo esplendor, el 15 de julio de 1827. Ofició el propio Dubois y dijo el sermón Power "con su habitual elocuente e impresionante oratoria". Asistió el clero de la ciudad y sus inmediaciones, agolpándose el público por todos los rincones del templo, al extremo de que se hizo una "respetable recaudación", según la versión del "U. S. Catholic Miscellany", que no mencionaba para nada el nombre de Varela. Lo cual era lógico, pues Power, que actuaba como corresponsal en Nueva York del periódico que editaba en Charleston su amigo el Obispo England, tampoco mencionó a Varela en la reseña del "Truth Teller".

Que Power predicara en la ocasión no significaba que los ataques cedieran, pero el flamante pastor ya no los tenía en cuenta. Abrigaba grandes y futuros proyectos, y su tranquilidad de espíritu se refleja en la introducción a la tercera edición de la *Miscelánea filosófica*, que publicó por aquellos meses. En dicha introducción sólo se trasluce que la reminiscencia de la patria y la muerte reciente de Cayetano Sanfeliú, rompen la serenidad de su alma. Por Sanfeliú, dice, es que me decidí "a escribir sobre algunos de los objetos de nuestras conversaciones".

"Hallábame entonces, continúa en plano de confidencia, en el lugar de mi nacimiento, y el santuario de las letras, que había frecuentado desde mis primeros años, y en el que tenía el honor de ocupar un puesto, para indicar a una estudiosa juventud, las sendas de la razón y de la moralidad, los portentos y delicias de la naturaleza. Mientras mi espíritu se ocupaba de estas apacibles ideas, fuí arrebatado por el torbellino político, que aún agita la Europa, y, más feliz que otros, lanzado a la tierra clásica de la libertad, donde reviso tranquilo estos ocios míos para presentarlos menos imperfectos."

Entre las innovaciones de la nueva edición estaba haber suprimido las dos primeras observaciones sobre el escolasticismo, añadido un nuevo artículo *Sobre las causas del atraso de la juventud en la carrera de las letras*, e insertado, "a insinuación de un amigo", el del patriotismo, "extendiéndole algo más con las reflexiones sugeridas por una lamentable experiencia".

Finalizaba 1827 y los ataques de los trustees en vez de ir dirigidos a Varela, se reconcentraban sobre Dubois. Los motivos reales de haber cesado la arremetida contra él radicaban en una serie de hechos, tales como haber proporcionado la mayor parte del dinero para la compra, lo cual restaba fuerza moral a los atacantes; y sobre todo, su reputación, basada no sólo en las anteriores hazañas de su vida, sino en su gran piedad e ilimitada caridad. Ningún pobre que tocase a las puertas del cubano se iba sin mendrugo; ningún inmigrante enfermo y recluído en el asqueroso hospital de Ellis Island, desesperaba de auxilio; ninguna infeliz y joven irlandesa sin trabajo, próxima a ceder a las demandas del alcohol o la prostitución, carecía del brazo enérgico que tratase de rescatarla. Confesor y director espiritual de muchos hombres y mujeres, era respetado hasta por los delincuentes del barrio de "Five Points". Ante los ojos de aquella gente irlandesa, admiradora de las viejas grandezas hispánicas, Varela era el caballero por excelencia, tocado por la gracia de los elegidos, que hijo y nieto de bizarros oficiales castellanos, rehusaba los derechos de su tradición y sangre para consagrarse a la causa de los pobres del mundo, predicando la santa religión y la libertad del suelo donde había nacido. Power, el agrio Levins, Antoine Malou, jesuíta y exgeneral de los rebeldes ejércitos belgas contra la opresión austríaca; John Dubois, antiguo condiscípulo de Robespierre, y a quien debía en parte su fuga de Francia; Stoughton, al servicio de España, y McNeven, médico y dado a las humanidades, ya contemplaban a Varela con el mismo respeto que Adelaida O'Sullivan, la joven cuñada de Cristobalito Madan, a quien el Presbítero preparaba para ser monja.

Pero fueron tan crudos y reiterados los ataques, que en octubre de 1827, Dubois se vió impelido a lanzar una Pastoral concerniente al duro problema de la nueva iglesia. Algunos de sus párrafos revelan la temperatura del momento:

"No ignoramos que se han hecho circular profusamente noticias de que esta iglesia sería desviada de su finalidad, bien para caer en manos de nuestros herederos o para advenir objeto de reclamación por nuestros acreedores, si es que tenemos alguno. Es obvio que tales reflexiones están dirigidas a detener el celo de aquellos que se mostraron favorables a su erección, previniéndoles para que no continúen con sus dádivas estimulando su progreso. ¡Cómo si el Obispo pudiese tener un interés distinto al de su grey y religión, como si el pastor que llevado de afecto por su rebaño y por el bien de éste, hubiese rechazado echar sobre sí mismo la pesada responsabilidad, y pudiera con su negligencia distraer los medios de asegurar la perpetuidad del templo! ¡A Dios gracia! que aún existen almas

354 A. HERNÁNDEZ TRAVIESO

que creen en la honesta sinceridad de su Obispo. Porque los de vosotros que habéis puesto vuestra confianza en nos, jamás seréis defraudados."

"Si bien contribuciones y donativos solamente han cubierto parte de los gastos ocasionados por las mejoras y muebles introducidos en la iglesia, proseguía, por nuestra parte no hemos dudado un momento en asegurar para siempre su entera propiedad a los fines del culto católico. Para nos, tomamos todas las cargas, para vosotros hemos dejado todas las ventajas... Para nos y nuestros sucesores solamente hemos reservado la administración o superintendencia de este templo, y no para nuestro propio beneficio, sino para la mayor gloria de Dios, la edificación pública y el futuro sostenimiento de los pastores destinados a distribuiros el pan de la vida en conformidad con la ley canónica y la más firme tradición de la Iglesia católica."

Pese a los ataques, Christ's Church era una empresa en marcha. Refutando a los trustees ,el propio Dubois declaraba que la iglesia tenía tal número de fieles, que ya se iba haciendo necesaria la presencia de un teniente cura. A los escasos tres meses de abierta su parroquia, asistía Varla a tantos irlandeses, españoles, franceses italianos y alemanes como para estar clamando por urgente auxilio.

Abrigaba entonces dos nuevos proyectos, crear una escuela parroquial femenina y fundar una creche. Dos puntos, que como vimos, estaban comprendidos dentro del programa episcopal. Varela carecía de dinero para tales propósitos pero no le faltaba optimismo, y cuando le preguntaban que cómo los llevaría adelante, exclamaba haciéndose el despreocupado, ya veremos porque *el sol sale para todos, y yo no desmayo.*

De los proyectos el que más le interesaba era el de la escuela. Al profesor de elevada cátedra, que vimos postular la necesidad de la educación femenina, con alcances tan amplios como para que las mujeres fuesen instruídas en las ciencias, ahora sólo desea instruirlas en conocimientos elementales de escritura, número y labores. ¿Es que ha variado su criterio? Muy lejos de eso, Varela en la Isla de Cuba se preocupaba por la educación de las hijas de hacendados y gente de alcurnia, y en Norteamérica lo hace por la de infelices irlandesas, la mayor parte analfabetas, que no podían conseguir otro empleo que el de domésticas y mozas de taberna.

El sol salió para Varela. Con el producto del alquiler de los bancos de la nave de la iglesia —porque los de la galería los destinaba a los que no podían pagar—, más las donaciones de algunos amigos, no sólo pudo inaugurar la escuela para mujeres sino otra para niños. Estaba que no cabía en sí de gozo. Lo cierto es, que nuestro Presbítero desarrollaba una extraordinaria diligencia para procurarse dinero por todos los medios. Power, que no le había mencionado en el *Teller* cuando inauguraba la Iglesia de Cristo, tocado en su fibra patriótica, no desmayaba ahora publicándole anuncios y estimulando a los católicos para que fuesen a registrar sus nombres en el libro de dádivas que el "Reverend Mister Varela" tenía abierto en el vestíbulo de su iglesia.

La última suscripción preinaugural de la escuelita fué el domingo de resurrección de 1828. Aquel, Easter Sunday, evento que señala oficialmente la entrada en la primavera y el renacimiento a la vida, lleno de galas, desfiles, vestuario, flores, aunque el frío cale los huesos, celebró misa mayor donde se cantó un magnífico "Gloria in Excelsis", acompañado de orquesta reforzada y bajo la batuta experta del maestro español don Juan Comillas. Fué de tanto éxito el concierto, que para el siguiente domingo tuvo que repetirlo. Esta vez, los dineros iban destinados a redimir la deuda del templo.

La escuelita quedó inaugurada con el otoño de aquel año, e instalada a pocas puertas de la iglesia, en Ann número 31. Niños y niñas tenían locales separados y diferentes maestras. Las cuotas oscilaban de un dólar cincuenta a dos dólares cincuenta centavos trimestrales, y según declaraba el director, que ya tenía a la creche rondándole, lo que sobrase de dichas cuotas, sería destinado al sostenimiento de la escuela dominical y a "vestidos para los niños pobres".

También para esa época publicaba en Nueva York, 1828, la tercera edición de sus *Lecciones de filosofía*. Su obra, ya famosa, se empleaba en muchas naciones del Continente, y en La Habana continuaba usándose como texto de estudio pese a la persecución que sufría el autor.

Varela estaba muy contento, tenía con él, desde el verano, a cuatro de sus predilectos discípulos, ya que José Antonio Saco había vuelto en la compañía de Pepé y Antonio de la Luz y José Luis Alfonso. En ese 1828 se había trasladado de domicilio por dos veces seguidas, de Fulton había ido a vivir a la calle Murray y ahora moraba, desde fines de 1827, en la vieja y evocadora calle de Greenwich N° 303, entonces sombreada por árboles, retirada y tranquila en la parte menos bulliciosa de Manhattan, ya que entonces Greenwich se consideraba "up town".

La casa de Varela tornaba a ser el *cuarto* del San Carlos. Allí concebía con Saco un nuevo proyecto publicitario, *El Mensajero Semanal,* y mientras Pepé, Antonio y José Luis, andan de ceca a meca, en Boston, Washington, Saratoga Springs, Niágara Falls, o Filadelfia, Toño corre con los trámites editoriales en esta última ciudad.

El Mensajero, que salió por primera vez en ocho páginas y el sábado 18 de agosto de 1828, continuaba en cierto sentido los ideales de vulgarización científica que iniciara *El Habanero.* Porque como éste, recogía, y con mayor amplitud, las noticias más diversas en ciencia, literatura, política, arte y religión. Por supuesto, que sin hacer alusión alguna al gobierno de Cuba.

Una idea de la universalidad e interés de la publicación puede captarse de los diversos temas que toca: Bolívar y Colombia, La botánica en Cuba, Noticias de que en Ferrol se esfuerzan por terminar navíos que se dicen destinados a invadir México, Versos de Juan Nicasio Gallegos, La literatura española contemporánea, Análisis de las aguas del río Almendares, Paralelo entre la Luisiana y Cuba, Las cárceles en los EE. UU., La revolución de Lavalle en Argentina, La revolución mexicana, Formación de una pupila artificial, Reseña del rasgo humanitario de un negrero que libertó a una esclava y su hijo, Ecos del viaje de Humboldt a Cuba, Comunicados diversos sobre las actividades literarias, artísticas y científicas de los emigrados liberales de Londres, en especial, uno de Domingo del Monte, donde enviaba el juicio crítico de Alberto Lista sobre la poesía de José María Heredia.

El Mensajero obtuvo gran número de suscripciones. En Nueva York se vendía en la Agencia extranjera, de la calle Nassau, junto con publicaciones y periódicos de todas partes del mundo, en La Habana lo recibían cien suscriptores y en Matanzas otro número aproximado, a pesar de la ojeriza del gobernador de la provincia, que confiscaba los envíos por algún tiempo antes de dejarlos circular. En la capital de la Isla muchos fueron los que se sintieron mordidos por la envidia. Entre ellos, Ramón de la Sagra, el profesor sin alumnos de la Cátedra de botánica. Por esa época publicaba, con la ayuda oficiosa de su amigo Claudio Martínez Pinillos, unos *Anales de Ciencias, Agricultura, Comercio y Artes,* y hacía milagros para pagarle al impresor, puesto que no conseguía suscriptores. La realidad es que los *Anales* constituían un formidable almacén de estadísticas sospechosas y estudios inconclusos. Sin embargo, su editor y botánico improvisado, no había perdido la petulancia de antaño, por lo que ahora, alternando servilismo rabioso y crítica pacotillera, arremetió contra *El Mensajero*, con pretexto del juicio emitido por Alberto Lista sobre Heredia, un crítico y un poeta liberales.

Mientras Sagrita, como le llamaría con simultáneo desprecio y conmiseración Saco, mojaba su pluma en la mejor bilis para hacernos el fiel retrato de su necia personalidad, al decir para el ya revitalizador de la lírica castellana, "esperamos que este joven leerá con gusto y aprovechamiento el artículo que en su obsequio y en el de su país hemos escrito", en los EE. UU. los ciudadanos se disponían a elegir nuevo presidente.

Los candidatos eran otra vez John Quincy Adams y Andrew Jackson. El empuje patricio y aristocrático del reeleccionista Adams, se contraponía al humilde de Jackson, descendiente de irlandeses, de leyenda heroica, conocido afectuosamente entre el pueblo como Old Hickory.

Aunque Jackson no era católico ni le pasaba por mientes, los irlandeses le miraban bien, quizás como a Poinsett, que siendo masón no sólo cultivaba la amistad de Varela por aquello de la independencia de Cuba, sino la de algunos jerarcas de la Iglesia, como el Obispo England, de Charleston, por sus simpatías con la libertad de Irlanda.

Esta vez Old Hickory resultó electo. Su exaltación deshizo la *clique* de New Englanders y Virginians y encauzó la democracia a sus verdaderos destinos populares, al dar nacimiento a las dos orientaciones clásicas de republicanos y demócratas. Pero también la elección de Jackson, que en el orden administrativo simbolizaría la exacerbación del burocratismo político, dejó resentida a la *clique* y a su propia y dominante religión presbiteriana, de por sí alarmada, por cuanto sucedía en Inglaterra, donde los católicos, por un *bill*, eran relevados de la situación humillante en que se encontraban como ciudadanos, por el hecho de reconocer al Papa y no al monarca inglés como rector de la conciencia religiosa.

Los *shanty Irishmen*, naturalizados votaron por Jackson, lo cual dió motivo para que se comenzara a hablar por los presbiterianos del "voto extranjero" de los católicos, y que éstos no tenían más patria que Roma, ni obedecían a otras leyes que a los mandatos del Papa.

En esos instantes, y como demostración de que los prejuicios siempre visten el mismo sayo, don Fernando VII, llevado de los chismes de su nuevo ministro en los EE. UU., dictaba una Real Cédula por la cual prohibía que los jóvenes nativos y católicos de las Islas de Cuba, Puerto Rico y Canarias, se educasen en país republicano, "porque no es posible dejen de impregnarse de máximas sumamente perniciosas".

* * *

A causa de los juicios malevolentes de Sagrita sobre Heredia, se había establecido un duelo polémico entre los *Anales* y *El Mensajero*. Varela no quiso participar, a sus muchos trabajos añadía el de vigilar la educación de un grupo de niños cubanos que le habían sido encomendados por sus padres, y Saco, dueño del terreno, le descargaba fuerte tunda al "saludador de todas las ciencias". Este se había desbocado no sólo contra Heredia, sino contra *El Mensajero* y sus editores. Lo llamó mal periódico, cuya pésima condición se demostraba en que mientras tenía muchos suscriptores, los *Anales* eran devueltos a su redactor. Asimismo, decía que *El Mensajero* se publicaba fuera de Cuba con el único afán de hacer aparecer en sus páginas las proclamas de Bolívar y los negocios de las recién independizadas colonias. A sus editores despectivamente los calificaba un par de "personas oscuras". Llegado este extremo, Saco recordó a Sagra sus relaciones con Varela, el plagio de Kant, y el ridículo en que hacía poco tiempo le colocara Luz y Caballero cuando aquél, dándoselas también de astrónomo, no pudo, por su incapacidad, hacer observaciones sobre un cometa, luego de haber cacareado que las haría antes de su aparición.

Como el frustrado astrónomo también había escrito sobre instrucción pública, el bayamés le recomendaba leyese un artículo aparecido en *El Mensajero* bajo el mismo título. Dicho artículo se debía a la pluma de Varela, y es interesante por los nuevos puntos de vista que plantea, escribiendo a la carrera, sobre el tema capital de la pedagogía décimonona, o sea, la instrucción primaria.

En ese trabajo, el Presbítero insistía sobre la obligatoriedad y carácter gratuito de la enseñanza de primeras letras y su ilimitada expansión, al extremo, de que como en los EE. UU., dondequiera que hubiese veinte casas, una fuese la de la escuela.

La ilustración, afirmaba, no se mide por el florecimiento de la ciencia, sino por la carencia de analfabetos. Los EE. UU., "están muy lejos de rivalizar a las primeras naciones europeas en punto a ciencias, pero exceden a todas ellas en punto a ilustración". Varela no es aquí de los observadores que achacan el gran desarrollo norteamericano solamente al uso de la antracita por la industria —cosa que ocurría por aquellos días—, o a las grandes vías fluviales que tanto favorecieron la economía estadunidense. El secreto él lo cree encontrar en ese catalizador de la democracia que es la popularización de la enseñanza. "Por una desgracia de la sociedad, sentencia irónicamente y sin querer poner ironía, aspiran todas las naciones no sólo a figurar como científicas sino como creadoras de las ciencias; pero muy pocas tienen el noble orgullo de manifestarse como verdaderamente ilustradas, haciendo ver que en su territorio no hay tinieblas sino más o menos iluminación según las circunstancias. Inglaterra, tan célebre por sus conocimientos, es un astro muy manchado. ¿Qué es Francia sino un bosque oscuro penetrado acá y allá por los rayos del sol? Sin que se crea que influye en nuestro juicio la hospitalidad recibida en el país que habitamos, podemos asegurar que es el único verdaderamente ilustrado." Las razones las aduce enseguida, y hoy, a más de cien años vista, dejan de tener el valor teórico de su tiempo para convertirse en exacto vaticinio:

"La educación científica es distinta de la pública. De la primera recibe la sociedad los adelantamientos en las artes que no están sujetos a un mero mecanismo, las mejoras de su legislación, los medios de conservar la salud pública, en una palabra su parte *directiva;* de la segunda su parte *operante.* Si ésta es bruta, aquélla es inútil o por lo menos encuentra muchos obstáculos, y ve frustradas sus direcciones. Forma la primera clase el *esplendor* del pueblo, la segunda produce su *sensatez.* Cuando todos los miembros de la sociedad tienen la instrucción suficiente para conocer sus deberes y sus utilidades, sólo se necesita un pequeño estímulo para ponerlos en acción, y casi puede decirse que continúan por sí mismos con cierta regularidad y tino que es lo que entendemos por *sensatez popular;* y los sabios se animan a sugerir ideas correctas y planes ventajosos porque están seguros de la buena acogida, y de que su trabajo será fructuoso. Mas, cuando la masa popular es bruta, aún cuando abunden los sabios, el pueblo no será *sensato*, y siempre será preciso tratarle como a un conjunto de niños o de locos: siempre será el juguete de todo el que quiera engañarle, y siempre será una víctima sacrificada a la ambición y a la avaricia. En las naciones así como en los individuos la sensatez se distingue de la ciencia, echándose de menos en muchos sabios el sano juicio que admiramos en hombres de muy poca instrucción. La práctica de pensar es la que facilita el acierto, y cuando un pueblo no tiene, por decirlo así, medios para pensar no puede esperarse que adquiera dicha práctica. Antes al contrario, se familiariza con la idea de su incapacidad, deja a otros el cuidado de discurrir, y se constituye una masa inerte. Cuando sale de esta inercia es para entregarse a una furia brutal o a un júbilo insensato, ni más ni menos que un demente."

La instrucción pública no difunde ideas, afirma, sino medios de saber, por eso añade: "sea cual fuere la forma de gobierno, debe proteger la instrucción pública, y de no hacerlo, dará una prueba evidente de su perversidad". En consecuencia, "la necesidad de instruir a un pueblo es como la de darle de comer, que no admite demora. Si se omite, produce la muerte civil retrogradando la sociedad al estado salvaje. Por lo mismo que no es obra de pocos años, si a su natural demora agrega otra la equivocación o la indolencia; se pasará en muchos pueblos la presente generación sin esperanzas de gozar tales beneficios. Nada puede haber más triste. Norabuena que se siembren semillas para que recoja los frutos la posteridad, pero si podemos recogerlos nosotros, aunque sea a medio madurar, no los dejemos en el árbol. Esta doctrina, tendrá acaso muchos impugnadores de boca, pero ninguno de corazón. Pocos hombres hablan o por lo menos escriben como piensan, y por eso hay tantas simplezas autorizadas. *El que viene atrás que arree.* Así es como piensan y sienten los hombres, y como hablan cuando dicen la verdad".

Fué un cubano, Luis Felipe Mantilla, quien sacrificara una brillante carrera por establecer en los EE. UU., la primera Escuela Normal para maestros hispanoamericanos. De él tomó Domingo Faustino Sarmiento idea y patrones para establecer otra en Chile. Cubanos contemporáneos a Mantilla, y citemos nada más que a José Martí y a Néstor Ponce de León, fueron los que afanosamente escribiendo y traduciendo inundaban el mercado hispanoamericano de literatura pedagógica a través de las editoriales estadunidenses. Todo esto ocurría a fines del siglo de haber comenzado el movimiento educativo norteamericano y muchos años después a que Varela, siempre observador y vigilante, desde la puerta de su casa contemplara una niña desaseada y descalza, que al tocar con su pie un viejo pedazo de periódico se agachara a recogerlo y continuara su camino leyéndolo.

Como si ya hablara en tiempos de Mantilla, Martí, Sarmiento y Ponce de León, Varela dirá con clarísima visión:

"Concluyamos, pues, que el mejor medio de promover la instrucción pública es dejarla en perfecta libertad, dirigirla por medio de la prensa, presentarla buenos modelos en los establecimientos costeados de los fondos públicos y ofrecerla premios."

Y abordando a continuación la enseñanza religiosa, adoptará el mismo punto de vista ampliamente imparcial de la democracia, sin que para ello le falten buenas razones que aducir:

"...Una sola dificultad puede ofrecerse y es que enseñándose los dogmas de la religión en las escuelas, no parece conveniente permitirlo a toda clase de personas. Prohíbase, norabuena, y sólo enseñen la doctrina cristiana los maestros aprobados, mas no se niegue la facultad de enseñar a leer y escribir porque no se tenga la de explicar el catecismo. En este punto nuestra opinión es más rigurosa, pues no sólo creemos que no se debe permitir a todos los maestros de primeras letras enseñar la doctrina cristiana, sino que no debía permitírsele a ninguno, pues a la verdad muy pocos son capaces de desempeñar tan arduo encargo. Se necesita un gran tino, instrucción y prudencia para enseñar a un niño las primeras ideas religiosas. El fanatismo y la impiedad son dos clases de ignorancia muy contrarias, pero que suelen tener un mismo origen. Los errores comunicados en la infancia por la incapacidad de los maestros, el descuido en resolver las dudas que asaltan a la niñez, la imprudencia en el modo de hacerlo, el método de enseñar la religión como una historia sin exponer sus fundamentos, el presentarlos de un modo inadecuado a la comprensión de la tierna edad; en una palabra los defectos de la primera educación religiosa son la causa de que muchos en mayor edad impugnen lo que jamás entendieron o defiendan acaloradamente lo que entendieron a su modo y de aquí la impiedad y el fanatismo."

"Creemos que los curas o los eclesiásticos que ellos nombraren, son los únicos que deben enseñar la doctrina a los niños, que con este objeto deberían concurrir a la iglesia uno o dos días en la semana, y que sus padres deben ser los más empeñados en cuidar su asistencia. La santidad del lugar, el respeto a la persona que enseña, la propiedad de la enseñanza, todo contribuirá a llamar la atención de los niños, y a imprimir en su alma de un modo sólido las verdades religiosas."

Varela, que sabía que muchos darían el respingo en La Habana, donde don Francisco de Arango había terminado el plan de reforma universitaria estableciendo hasta una cárcel para que los estudiantes purgaran sus delitos académicos, finalizaba con la desesperación del que se quiere zafar por anticipado del cerco gazmoño donde tratarán de acorralar a sus elevados pensamientos:

"Acaso hemos escrito con más claridad de la que algunos quisieran, acaso nuestra franqueza se tendrá por imprudencia; pero sírvanos de excusa el no haber querido medir nuestras fuerzas con las de la verdad, que es un ser imperioso y mal contentadizo, que ni da paz al que la calla, ni se satisface con presentarse a medias. Insta, hostiga, impele, derriba cuanto quiere ocultarla, y al fin rasgando con violencia todo velo, se burla de los esfuerzos del disimulo y del poder humano, como hija del Omnipotente, franca y bella por naturaleza. ¡Puedan todos decirla!"

* * *

El 20 de septiembre de 1829, el Obispo Dubois partía hacia Europa. Unos afirmaban que no retornaría, que marchaba a buscar un traslado. Otros, que sencillamente iba a informar al Colegio de la Propaganda y a levantar fondos para erigir el proyectado Seminario de su diócesis. Como las desavenencias entre Power y Dubois continuaban, y éste no confiaba en aquél, antes de partir invistió a Varela con un cargo que no deseaba y de tan delicada naturaleza como para demostrar en su desempeño hasta dónde podía alcanzar la sutileza espiritual de un hombre sincero y bien nacido. Lo hizo Vicario, con iguales atribuciones que Power. Es así que el criollo vino a quedar situado como amortiguador entre las dos fuerzas hostiles, el episcopado y los *trustees*.

Diez días más tarde a la marcha del Obispo, también partía Power, pero rumbo al Sur, para asistir al Primer Concilio Provincial de Baltimore. Cuando retornó, se halló a Varela muy atareado en la organización de una creche. Según una fuente, nuestro Presbítero vió reforzados sus fondos con ochocientos dólares que le regaló una devota; según otra, fué la herencia que le dejara una infeliz inmigrante a la que había asistido; pero aún existe otra versión, la de que fué su tía monja la que le enviara la suma. Fuese cualquiera de éstos el origen de los ochocientos dólares, a Power le hizo muy buena impresión que el nuevo Vicario recurriese a la asociación de damas de su parroquia, Saint Peter, con el objeto de que le auxiliasen en recabar medios con que sostener la nueva fundación. El propio Power no rehusó compartir con Varela los empeños directores de un proyecto estimulado públicamente por su rival Dubois.

Tal ocurría en octubre de 1829, a principios de noviembre embarcaban rumbo a Europa, Pepé y Antonio de la Luz y José Luis Alfonso. Varela, Gener y Santos Suárez les dieron cartas introductorias para algunos de los liberales exilados, pues no habían perdido contacto, ni amistad con ellos, a pesar de las divergencias de opinión, cuyo mejor ejemplo de tolerancia lo brindaban en el exilio los propios Varela y Gener. 1829 no terminó sin que el Presbítero se ocupara de la impresión en Filadelfia de las *Poesías* de Manuel de Zequeira y Arango, primer poeta criollo que reuniera en un tomo su producción. Aquellos versos le traían reminiscencias gloriosas del progreso de la tierra isleña, porque Zequeira no sólo había cantado al cementerio inaugurado por Espada, sino a la piña, olorosa y fresca como la brisa habanera.

Entró 1830 y Varela en él con una bien cimentada reputación de sacerdote, tan consagrado a sus fieles, de tan ilimitada caridad como armonioso entendimiento, pues todo el mundo le quería, desde los cuarentenados en Ellis Island, hasta el pobre viudo que dejaba a su nene seguro y bien cuidado mientras salía a librar el sustento con el sudor de su frente en el más alto sentido de la palabra. Le querían los niños, le querían los padres irlandeses que podían educar a sus hijas norteamericanas en costumbres y hábitos de refinamientos tan buenos como los de cualquier damita empingorotada de la ciudad, ya que en la escuelita del "Reverend doctor Varela" aprendían piano, bordado y francés, como pudieran aprenderlo las hijas del rico hotelero Astor o del acaudalado propietario de Delmonico's.

Por entonces le instaban sus amigos de habla inglesa a que se naturalizara. Llevaba siete años de exilio, manejaba el idioma y en éste ya había refutado enérgicamente a los protestantes que acusaban a la religión católica y a sus miembros y sacerdotes de foráneos. Varela contestaba invariablemente a los que así le urgían:

Certainly, "I am in affection a native of this country, although I am not nor ever will be a citizen, having made a firm resolution to become a citizen of no other country, after the occurrences which have torn me from my own. I never expect to see it again, but I think I owe it a tribute of my love and respect by uniting myself to no other."

Al igual que a la gente inglesa, cuando la de habla española le insistía sobre la cuestión, nuestro apatrida respondía con todo el énfasis de su lengua materna:

"Yo soy en el afecto un natural de este país, aunque no soy ciudadano ni lo seré jamás por haber formado una firme resolución de no serlo de país alguno de la tierra, desde que circunstancias que no (ignoráis) me separaron de mi patria. No pienso volver a ella, pero creo deberla un tributo de cariño y de respeto, no uniéndome a otra alguna."

¡Es lamentable!, comentaban los amigos, que veían apuntar en el Padre Varela como Obispo la posibilidad hacia una armonización de los intereses encontrados de la diócesis y que en su gran talento y dotes polémicas también adivinaban al más eficaz defensor de la fe.

En efecto, y como dijimos, Varela había ya dado muestra de esto último al refutar en noviembre de 1829, los reiterados ataques de un grupo de presbiterianos que, bajo el mando acogedor de la piedad religiosa, mezclaban teología y política.

La prosecución de la polémica, le proporcionó justa fama de teólogo y controversista entre católicos y protestantes. En otro de sus artículos publicados en el Teller, que sin ambages dirigía por sus nombres a los patrocinadores de *The Protestant*, "semanario publicado recientemente en la calle Spring No. 245, New York", hacía gala del fuego demoledor de su dialéctica al colocar en el encabezamiento de su artículo las frases originales de Juan Jacobo Rousseau sobre la verdad: "Ninguna gracia hay entre aquellos que imaginan esencial adoptar una actitud fría ante la verdad. Cuando Arquímedes, transportado por haberla encontrado, corrió desnudo por las calles de Siracusa, no lo hacía a impulsos de su pasión, sino porque aquel que siente la verdad no puede abstenerse de adorarla, y el que se comporta fríamente ante ella es porque jamás la ha visto."

* * *

Don Francisco Tacón, nuevo Ministro de España en los EE. UU., como su antecesor Rivas Salmón, también radicaba en Filadelfia, pero con menos fortuna que éste, puesto que no tenía movimientos revolucionarios que delatar, ni periódicos varelianos que enviar al Ministerio de Estado. Tacón, que gustaba del fisgoneo y las comadrerías, se mantenía al tanto de las discrepancias surgidas entre Dubois, los trustees y Power, y sumando los rumores de que Dubois no volvía, con la piedad de Varela, más la prueba de confianza ofrecida a éste por el prelado francés, lo interpretó todo en un digesto que ha servido para confundir la opinión histórica, al extremo de juzgarse que nuestro Presbítero perdió el episcopado a que no aspiraba, por las arterías de Tacón, que a la sazón escribía apresuradamente a Madrid, con el objeto de que la cancillería interviniese en Roma y frustrase las aspiraciones a la mitra del cubano.

"El eclesiástico emigrado Varela, decía el diplomático en su monumento de ignominia epistolar, está intrigando actualmente en fraguar una pomposa justificación de su celo apostólico para mandarla a Roma, acompañada de la más eficaz recomendación firmada por muchas personas de aquel pueblo que profesan nuestra Santa Religión, a fin de obtener de Su Santidad le nombre Obispo de Nueva York en caso de conseguir el Ilustrísimo Dubois, que se halla en Europa, su traslación a una de las iglesias de Francia, o de resultar vacante otra silla episcopal en estos Estados; y como la elección de tan malvado español a la dignidad que pretende, podría ser muy perjudicial a los intereses del Rey Nuestro Señor por los mayores medios que se proporcionaría de sostener sus inicuos y acreditados deseos de alterar la tranquilidad de la Isla de Cuba, me apresuro a comunicarlo a V. E. para el debido conocimiento de S. M."

Por supuesto que el malintencionado Tacón, hacía historia de la influencia de los trustees, ignorando concientemente como Varela les había salido al paso, pero a esta influencia de los Board of Trustees, que juzgaba poderosísima, contraponía la de ser por entonces Norteamérica una provincia de misiones, dependiente del Colegio de la propagación de la fe, y como el Sumo Pontífice podía designar libremente a quien le pareciese en la mitra, es que lo prevenía, para que el gabinete español lo comunicase a toda prisa al Vaticano. Tacón estaba alarmado. Las predicciones del Presbítero se acababan de cumplir en cierto modo, México y Colombia, embelesadas por el reconocimiento que les ofreciera Clay, detuvieron sus proyectos sobre

Cuba, y ahora México se había visto en el penoso caso de rechazar una invasión española de su territorio, la famosa expedición de Barradas, que había partido del mismo puerto de La Habana. Esta petulante aventura neocortesiana había demostrado por una parte a mexicanos y colombianos, que Fernando VII no cejaba en la reconquista, y por otra a los españoles, que los americanos del siglo xix eran más bravos que sus ancestros y podían revolverse contra su invasor. Si Varela de simple cura había formado tanto revuelo por la independencia de Cuba, si los ministros de Colombia y México, el astuto norteamericano Poinsett, le consultaron en su momento, y aún el propio Fernández Lizardi (Guadalupe Victoria) le había invitado a residir en tierra azteca, ¿qué no haría con toda su influencia episcopal y el fingido celo apostólico que le suponía?

En Madrid acogieron la comunicación merecidamente, trasladándola enseguida al embajador en el Vaticano, que el 22 de junio de 1830, contaba en tono confidencial al Cardenal Albani, Secretario de Estado, otras hazañas insospechadas y gratuitas que no correspondían a Varela:

... "El Presbítero Varela, después de haber sido uno de los principales autores de los desórdenes efectuados en España en el tiempo de la Constitución, en que fué diputado a Cortes, se hizo señalar por su odio a las antiguas instituciones y por su espíritu de revolucionaria novedad; no ha cesado nunca desde entonces de conspirar en contra de su Soberano y de su patria, ya manteniendo relaciones criminales con los principales revolucionarios de la América española y promoviendo los desórdenes acaecidos en aquellos lugares, ya incitando con sus escritos a la rebelión a los habitantes de las Islas de Cuba y Puerto Rico que se mantienen fieles a su legítimo soberano. Agregando el Presbítero Varela la hipocresía a la traición ha conseguido insinuarse a la benevolencia de Dubois, Obispo de Nueva York, el cual lo ha nombrado su Vicario General, pero no contenta su ambición con este carácter, aspira abiertamente a aquel de Obispo, y demostrando falsamente un gran celo religioso procura conquistarse la benevolencia de los católicos de los EE. UU. con el objeto de ser recomendado por ellos al Santo Padre para la silla episcopal de Nueva York si llegase a vacar como se cree posible, por traslado de Monseñor Dubois, si ésta no vacase, para cualquier otra sede de los EE. UU. Es por lo tanto posible que los católicos de aquellos países, ignorantes del falso celo e inducidos por los raciocinios ambiciosos del referido Presbítero, lo recomienden a la Santa Sede como un eclesiástico benemérito, y es solamente con la mira de impedir que sea sorprendido el ánimo del Santo Padre con tan falsas recomendaciones, que el que suscribe anticipa a V. E. estas noticias confidenciales rogándole hacer conocer a Su Santidad, en cuya religiosidad y paterno amor por el Rey Católico confía el embajador, que no tendrá jamás lugar la promoción del Presbítero Varela, lo cual según su carácter turbulento resultaría dañosísimo para la religión y para las colonias españolas vecinas a los EE. UU."

A los dos meses, el Cardenal Albani sacaba definitivamente de dudas al embajador español. El Ministro de León IX, que había oído hablar de Varela a Dubois, por lo que se infiere de su respuesta, y oído bien, pues Dubois no podía decirle otra cosa que la verdad, respondió como sigue:

"El nombre del sacerdote español Varela, a que se refiere la confidencial..., no es conocido aquí sino por la correspondencia en que él ha estado con Monseñor el Obispo de Nueva York durante la estancia que este Prelado ha hecho recientemente en Roma. Habría sido deseable que hubiese recibido el pliego de Vuestra Excelencia antes que Monseñor el Obispo de Nueva York hubiese partido de aquí, se hubiera podido llamarle la atención respecto a aquel eclesiástico mucho mejor de lo que ahora se puede hacer por escrito a tanta distancia. En tanto, una cosa es segura, que el Varela, poco en armonía con otro de los Vicarios de Nueva York, piensa seriamente dejar aquella diócesis por transferirse a otra parte, y que, si hasta ahora no hubiera más que una remota posibilidad de quedar vacante la Sede de Nueva York, por el traslado del Obispo a alguna de las sedes episcopales de Francia se hace esto cada vez más improbable, ahora que las críticas circunstancias de la Francia han hecho todavía más lejana la época en que S. M. Cristianísima quiera dirigirnos sus atenciones. Por otra parte; si por ventura sucediera que un día el nombre de Varela sea realmente propuesto a la Santa Sede para nombrarle Obispo, Vuestra Excelencia puede estar bien seguro que no serán olvidadas por el Ministerio Pontificio las noticias que en torno a él se han recibido por el conducto de V. E."

Hemos visto que las relaciones de Varela con Power no eran tan malas como para estar pensando en solicitar su traslado de la diócesis en los momentos en que lograba atraérselo definitivamente, y menos cuando posee una iglesia, una escuelita y una creche, a la que ya todo el mundo conoce por el nombre de "Half Orphan Asylum", en plena marcha y hasta plena simpatía de Power, a quien citaría por su nombre en sus *Cartas a Elpidio*. De todo esto sí puede derivarse, que Albani, conociendo por Dubois los enredos de la diócesis, hubiera concebido una de esas inocentes intrigas de la curia romana, para con el pretexto de desavenencias entre los dos vicarios imponer a Dubois el traslado de Varela y complacer así al gabinete español. ¡Gracias a que el sufrido Obispo de Nueva York, ya rumbeaba hacia América y la distancia era peligrosa para confiar al papel tan elaborada desvergüenza!

De otro modo, para Varela haber aspirado a una mitra estadunidense, no digamos Nueva York, porque Dubois, como tendremos ocasión de ver, no era de los que cejaba en sus empeños, tenía que someterse por lo menos a una circunstancia con la cual no transigía; o sea, adoptar la ciudadanía norteamericana. Ya sabemos cómo fué acogido Dubois, que estaba naturalizado con treinta y tantos años de residencia y una obra como la del Seminario de Emmetsburgh respaldándole, amén del famoso y aún existente Georgetown College, en cuya fundación interviniera. Varela ni soñó ni aspiró jamás a Obispado alguno, y si su buena disposición y la obediencia al prelado de turno le llevaran siempre a aceptar el cargo de Vicario, lo hizo, en cada ocasión que lo invistieron como tal, solamente para contribuir a que fuesen menos los rozamientos y las suspicacias existentes. En todos los momentos de este primer y pleno ejercicio de su vicariato, firmó siempre en segundo término, y tan pronto como regresó Dubois olvidó la dignidad, que más que honor, premio o satisfacción fué deber penoso.

De toda la intriga que esbozó Albani se infiere, y como afirmaba el excomulgado Hogan y los dos exdiputados y sacerdotes españoles que le asesoraban en cánones, don Juan Rico y don Salvador Miers, que Roma estaba demasiado sometida a los tiranos de Europa para que aún los católicos republicanos de los EE. UU. sintiesen confianza en sus decisiones. Y algo había de cierto, porque durante la primera mitad del siglo XIX, monarcas y papas, contemplaron a Norteamérica como sede del complot universal para trastornar al mundo, y los propios católicos, haciendo fe de su patriotismo, declararon en esa mitad del siglo, que si el Papa arrogado en sus investiduras temporales, trataba de invadir a los EE. UU., les encontraría a ellos en primera línea, con fortunas y vidas, para rechazarle.

Al menos, los protestantes habían desatado ya una campaña en tal sentido, que dominaba la opinión pública. *The Protestant* no se cansaba de hablar de Roma como de la grande y corrompida Babilonia, ni respiraba para decir a los norteamericanos que los papistas conspiraban contra sus libertades actuando de agentes de la Santa Alianza. Por eso el *Teller*, cada vez que tenía ocasión disparaba sus andanadas contra los aliancistas y contra Fernando VII, y Varela, poniendo todo su inmenso prestigio de revolucionario y hombre libre de América al servicio de su religión, ripostaba valientemente a los protestantes.

Así es, que mientras el Cardenal Albani fragua una infortunada intriga en complicidad con Fernando VII, Varela publica coetáneamente *The Protestant resumido y anotado* (*The Protestant, abridger and annotator*), y defiende la fe católica con mejor acierto que el Vaticano a sus paladines, ya que a éste no le interesaba saber si sus soldados espirituales eran fieles o infieles a la pureza del dogma y a la religión de Cristo, sino fieles o infieles a los déspotas europeos.

Desde su primer número, *El Anotador* nos descubre que eran los presbiterianos quienes atacaban empleando el nombre de todas las otras sectas protestantes. Pero mejor es escuchar al propio Varela: *The Protestant* pretende ser el "órgano de combate de todas las sectas cristianas contra la Iglesia Católica, cuando es lo cierto que sus sostenedores son los líderes de una sola de ellas, sin haber conseguido jamás la aprobación de las otras que consideran este tipo de ataque una empresa sin provecho, infamante e impolítica". Los católicos son designados, añade después, "filisteos no circuncidados" y sus sacerdotes "representados como impostores". "Mi religión, mi honor, y mi menester me obligan a convertirme en el anotador de *The Protestant*, para demostrarle, al menos, que está equivocado." Solamente publicó tres números de estas anotaciones, que se vendían al precio de sesenta centavos, y cuyos ejemplares hoy son muy raros de encontrar. Ellos, en conjunto, contienen entre artículos y referencias más de setenta títulos sobre temas tan diversos como la defensa de los jesuítas, la recepción de los sacramentos, la lectura de las escrituras, la supremacía del Papa, la admisión indirecta del Purgatorio por los protestantes, Lutero y Calvino como corruptores de la Biblia. En fin, una colección de trabajos, que con los demás

THE

PROTESTANT'S ABRIDGER

AND

ANNOTATOR.

⸺⸱⸱⸱⸱⸺

BY THE REV. FELIX VARELA.

NO. 2.

Terms.

To Subscribers for 6 Nos. paid in advance, 1s. each.
Non-Subscribers, ... 1s. 6d.

⸺⸱⸱⸱⸱⸺

NEW-YORK:

PRINTED BY G. F. BUNCE, 224 CHERRY-ST.

—

1830.

Portada del Protestant's Abridger and Annotator No. 2.

suyos sobre teología, demuestran las calidades que le adornan en el cultivo de esa ciencia y merecen, adjunto a los correspondientes estudios monográficos, una versión española de los mismos.

The Protestant abridger and annotator, fué muy anunciado en el *Teller,* en cuyas oficinas se vendía tanto como en la librería de James Ryan, situada en la calle Broadway, y muchos de sus artículos se reprodujeron en la poca prensa católica de entonces, entre otras razones, debido a que sus ejemplares volaban, agotándose en manos de sacerdotes y fieles de todas las diócesis.

En mayo de 1830, cuando ya el Presbítero entregaba al impresor Bunce el Nº 2 de *The Protestant Abridger,* se disponía a abrir otra escuelita en la calle de Oliver, la cual constaba de dos ramas, la academia de muchachas y la escuela de párvulos. En total, tenía tres escuelas de párvulos y dos de muchachas. Porque habiéndose trasladado la primera de 31 Ann St. a 25 John St., ahora ésta la trasladaba al 29 de Ann St. y en el local que abandonaba establecía otra para niños. Las cuotas para párvulos las había rebajado, al extremo de hacer la escuelita prácticamente gratuita, pues se pagaban setenta y cinco centavos trimestrales.

Otro proyecto que alentaba era traer a las Hermanas de la Caridad para ponerlas al cuidado del "Saint Mary's Roman Catholic Institution for the Children of Poor Widows and Widowers", que fué el nombre oficial que adoptó el "Half Orphan Asylum". Con el objeto de su sostenimiento abrió una suscripción en Christ's Church de dos dólares anuales. Power le prestó ayuda al publicarle en el *Teller* un patético suelto, donde Varela alegaba:

"Aquellos que se detengan a reflexionar en los sufrimientos de los hijos de las viudas sin recursos y en los peligros espirituales y temporales con que se ven amenazadas sólo por tratar de encontrar medios para sostenerlos y educarlos; aquellos que mediten en las funestas consecuencias que significa para la religión y la sociedad el abandono de esos infelices niños y los vicios innumerables a que sus madres se exponen por amor a su destituída prole, percibirán fácilmente la necesidad y ventajas de este establecimiento."

En ese instante el asilo estaba instalado cerca del North River, en la calle Scott, y ocupaba dos casas, una para hembras y otra para varones, y la colecta de dinero no fué mala, pues para julio de ese año se encontraban en Nueva York tres hermanas, procedentes de Emmetsburgh, que además se disponían a abrir otra escuela por

su cuenta, bajo el patronato de Power, que por sentirse celoso de
no hacer nada por la enseñanza, se incorporaba indirectamente al
programa de Dubois.

Sin embargo, muy pronto se hicieron necesarias nuevas colectas
y entre las formas ideadas por Varela, estuvo la organización en
su iglesia de un Oratorio, donde hubo números orquestales y co-
rales, ejecutándose el "Requiem", de Mozart y predicando el Reverendo Joseph Schneller, un joven sacerdote austríaco que muy
pronto pasó a auxiliarle en sus ya inmensas labores parroquiales.

A la sazón José de la Luz y Caballero viajaba por Italia, y desde
allí escribía admirado a Saco sobre el extraordinario caso del Cardenal Mezzofanti, profesor de lenguas orientales, quien además,
hablaba sin el menor acento casi todos los idiomas modernos y hasta
los dialectos africanos. Luz, que asiste a una clase de griego de
Mezzofanti y conversa con él en latín, dice de su perfecta locución:
ésta es ciceroniana, "un riecito que no encuentra piedrecilla, ni
arena en su fácil y continuado curso". "Es un hombre, proseguía,
instruidísimo y profundo en las ciencias ideológicas, en la literatura
clásica, en la historia, y no de una erudición indigesta, sino mucho
talento, gracia, chispa y chiste en la conversación, y para realzar
sus singulares dotes, está adornado de una modestia y dulzura que
le dan a uno ganas de quedarse a vivir con él. Cuántos puntos de
semejanza tiene con nuestro queridísimo Varela. También es eclesiástico; sobre todo, se le parece mucho cuando está hablando latín."

Saco publicó la Carta en *El Mensajero*, pero Varela le hizo tachar
su nombre y poner en su lugar puntos suspensivos.

Refiriéndose a cuáles eran los quehaceres de un Obispo católico
en la Norteamérica de aquellos tiempos, John Dubois nos ha dejado
una extensa relación por la que nos habla de que no sólo se ocupaba de los menesteres típicos a su jerarquía, sino de los propios de
un párroco, amén de los de un misionero que recorre los caminos
y poblados en una extensísima diócesis, para decir misa, oír confesiones, dar la sagrada comunión y asistir a los que se morían. La
apertura de canales y la construcción de ferrocarriles en marcha
recta hacia los cuatro puntos cardinales simboliza la mejor conquista
de toda la expansión norteamericana, y el enérgico obrero que puso
su brazo en ella fué en mayoría abrumadora el católico irlandés.
Si éstos eran los trabajos de un Obispo, ¿cuáles no serían los de un
párroco? Imaginémonos a Varela remontándose hasta la fría Boston

con el fin de brindar asistencia espiritual a unos secuaces de Mateo
García, que van a ser ejecutados por el crimen de piratería. Veá-
mosle como Vicario recorriendo los caminos fluviales y ferrocarri-
leros para cuidar de su grey, o prevenirla de que no se deje sorprender
por el Reverendo John Farnan, que es un sacerdote sacrílego, desau-
torizado para decir misa y administrar los sacramentos.

Pero imaginémosle también, sufriendo aquella hiperestesia de
los sentidos, que le hace insoportable el ruido que producen las
ruedas de los carruajes contra el empedrado de las calles, y los olores
fétidos que emanan del hospital de inmigrantes, perceptibles a más
de cien metros de distancia, y que si tanto le hieren el olfato no le
disminuyen sus deseos de visitarle continuamente, y entonces, en
las cortas horas de sueño que disfruta, tratando de inventar dispo-
sitivos mecánicos para amortiguar el ruido de los coches y refrescar
la atmósfera enrarecida dentro de la que viven los enfermos.

En agosto de 1831, cuando ya hace siete meses que no ve la luz
El Mensajero, patentiza una rueda que si bien no sabemos el éxito
que tuvo como invento, sí nos consta la opinión que de ella daba
el *Teller*, que por aquella época también introducía el invento de
otro católico, tan humilde que ni su nombre daba, y que es una
salsa que en nuestros días se ha hecho connatural a la gastronomía
universal, el *tomato kepchup*.

"Sentimos gran satisfacción en anunciar un gran producto a
nuestros lectores, decía el periódico que editaban Dennman y Pardow,
en tanto estimemos asociados arte y mecánica. Se trata de una
rueda que facilita el movimiento y preserva el pavimento, y para
la cual ha obtenido patente el Reverendo Félix Varela, vecino de
esta ciudad, y quien es sobradamente conocido como admirador de
la ciencia, y uno de sus celosos cultivadores, tanto en este país
como en el suyo propio." A continuación describía la invención,
que por los datos incompletos que ofrece, semeja ser precursora
del sistema carterpillar, o de gusano; pues constaba de distintas sec-
ciones, "unidas por bisagras en forma de cadena, las cuales se
movían por la rueda en su girar típico. La cadena iba adherida a
la rueda por grampas triangulares de hierro y como éstas no estaban
soldadas a aquélla, necesariamente no ocasionaban fricción. El interior de dichas grampas estaba cubierto a su vez con cuero, al
objeto de que tanto como previniesen el ruido, proporcionasen un

movimiento fácil a cualquier clase de carruaje, en que fuese aplicado el nuevo artefacto."

En su otro invento habría de trabajar más tiempo, pero jamás fué extensamente probado, por lo que el Presbítero lo abandonó finalmente.

Pero entretanto, un suceso desagradabilísimo vino a perturbar el sosiego católico. Influído quizás por la animadversión que sembraban los presbiterianos, y como parece de los juicios emitidos en la época, un fanático puso candela a la iglesia de Saint Mary, que ardió con su lindo órgano hasta los cimientos. Como gesto de cristiana asistencia, la congregación protestante de los universalistas ofreció generosamente su templo para que los fieles católicos no perdiesen la oportunidad de ofrecer tributo a Dios. Todo esto es un poco conmovedor de puro sencillo, y su historia íntima sirve para mostrarnos la gran fe religiosa que alentaban por igual los grupos contendientes, aunque la barbarie apuntase entre los reformados de vez en cuando.

A los pocos días del suceso de Saint Mary, retornó Dubois. El anciano e incansable Obispo había conseguido dinero para levantar el soñado seminario. Su sorpresa ante las fundaciones varelianas fué grande y satisfactoria, y si el Cardenal Albani en aquel momento le hubiese exigido fomentar una intriga para sacarse al cubano de sus predios y satisfacer a Fernando VII, hubiera rehusado de plano, porque le quitaba el mejor, más obediente y constructivo de sus clérigos. Pero a todas luces, casi es evidente que Albani, no escribió sobre tan delicado asunto al Obispo de Nueva York. Una prueba del gran afecto que dispensaba Dubois a Varela fué que aún no repuesto del penosísimo viaje escogió su iglesia para decir misa mayor. Mucho halagaba al Obispo que Varela hubiese promovido la entrada en la ciudad de las hermanas de la Caridad, y que el propio Power se hubiese interesado tanto en ellas, como para constituírseles en patrono honorífico.

Cerró 1831 demostrando hasta dónde la influencia del Presbítero se percibía en materia escolar. Miss Mc Avoy, que fuera maestra de la primer escuelita que fundara, abrió una por su cuenta y como mejor referencia decía anunciándola, "la que suscribe ha dirigido últimamente la escuela del Reverendo Señor Varela, en Christ's Church".

De la obra de José Ignacio Rodríguez, "Vida del Presbítero Don Félix Varela", Nueva York, 1878. La firma es de 1850.

El siguiente año, iba a constituir fecha de grandes y memorables sucesos en la vida de nuestro héroe, que ya por entonces había vivido tanto como para no azorarse de nada. Impresiones plácidas o gravosas; alegrías o pesadumbres, no le alteraban el espíritu como veinte años antes, cuando con el alma virgen del roce mundano se lanzaba en su vértigo. Contaba cuarenta y cuatro años de edad y aparentaba más, pero si su físico lucía desgarbado, su cabello hirsuto, su miopía más aguda y su tos más frecuente, la voluntad no le había cedido. Es posible que fuese por esta época que Cristobalito Madan le hiciera posar para un óleo, cuyo original nos dice el propio Madan, fué copiado por el cubano Cisneros, también retratista de Luz. En dicho retrato Varela luce mal, inquieto, como si deseara saltar e irse a su trabajo. Y en efecto, a quien los placeres ni las penas del mundo hacen mella en su corazón distrayéndole un minuto de los deberes que se ha impuesto, se halla una media noche del frío febrero, cerca de la lumbre escribiendo a sus discípulos, que acaban de publicar la *Revista Bimestre Cubana*, porque Varela ha dado fin a un valiosísimo trabajo sobre la recién aparecida gramática de su antiguo compañero en Cortes, don Vicente Salvá.

Por su mente cruzan las reminiscencias del suelo distante y como una obsesión en aquel momento tranquilo, muerto "al través de las tinieblas que cubren la helada naturaleza", dice a sus muchachos: "mi activa imaginación sólo me presenta esqueletos vegetales, aguas empedernidas, animales casi yertos, montes de nieve, y llanuras desoladas..., pero ya un grato recuerdo me saca de esta región de inercia, y me transporta al vergel de las Antillas donde todo está animado. Veo aquellos árboles frondosos, aquellos inquietos arroyuelos, aquellos lozanos animales, aquellos copudos montes, y aquellas floridas llanuras que tantas veces recorría y tan pocas contemplaba. ¡Cuán cierto es que la belleza debe ser esquiva, y que la sal de los placeres es su carencia! Estas delicias de mi imaginación se aumentan por el contraste, que con ellas forma la vista del pequeño aposento donde escribo a beneficio de una buena chimenea, que no dista de mí una vara, y aún estoy más próximo al lecho cubierto con mantas pesadísimas. Pero yo estoy entre vosotros, a todos veo, a todos hablo". Y se recupera en un esfuerzo supremo, como para no dejarse seguir arrastrando por la tormentosa nostalgia, cortando de cuajo, "vamos a ocuparnos de la Revista"...

El artículo sobre la gramática de Salvá, abstrayéndonos de cualquier otra consideración, disfrutará siempre de un renovado favor crítico, porque en él, no sólo gravita la inveterada independencia de pensamiento filosófico de que hizo gala su autor, sino también su preocupación por el rigorismo científico, que muy pocas veces tuvieron en cuenta gramáticos, lingüistas y filólogos contemporáneos suyos.

Según el Presbítero, teorías derivadas de suposiciones ideales más que de su correspondencia con los fenómenos del lenguaje, han repletado la gramática de las más arbitrarias explicaciones, hasta convertirla en "un bosque espeso y tenebroso, que sólo penetra la juventud, a fuerza de la autoridad de los maestros, el temor de los castigos, y la irreflexión de los primeros años".

Sin embargo, no son exclusivamente culpables del desaguisado los antiguos dómines, lo son también los modernos filósofos. "Efectivamente, afirma, desde que Condillac estableció su carpintería filosófica, en que a su sabor, divide, reúne, angosta, rebaja, contornea, pule y acaba, ora ideas, ora juicios, ora discursos, cual pudieran formarse bancos, mesas, estantes y otros muebles, llevando al extremo su sistema de sensaciones. Desde que el fácil y claro, pero locuaz y minucioso Destutt de Tracy dió cierto aire de misterio a las más frívolas observaciones, parece que la gramática se ha convertido para muchos en conocimientos de la lengua de un pueblo ideal."

El lenguaje es hijo del capricho más que de la meditación, "y de la casualidad más que del cálculo", por eso celebra que su antiguo colega de Cortes haya escrito un tratado de la lengua tal cual se habla, donde aparece que los propios castellanos debilitan las *d* intermedias de las sílabas finales y dicen *quemao* por quemado, y que la *y* debe tener franquicia de consonante y no de vocal sustituyéndose por *i* cuando diptonga o cuando se usa como conjunción, porque en fin, para Varela, "la piedra de toque es la experiencia y el medio de aplicarla es la observación. Esta doctrina, añade, que hace tanto tiempo forma la base del método en las ciencias llamadas naturales, ha sido muy poco bservada por los filólogos".

Al principio de su carta a los redactores de la *Revista Cubana*, que es como todo el mundo la conoció desde el momento de su

EL PADRE VARELA 377

aparición, se recriminaba por no haber hecho girar su pluma sobre temas literarios: "Bien quisiera yo ser útil, pero mi espíritu agitado por diversos y desagradables pensamientos, no es susceptible del placer que requiere la literatura, y sólo me encuentro algo dispuesto para las serias investigaciones filosóficas, porque al fin, como fuí zapatero de antaño, algo me acuerdo de hacer zapatos. Siento, sí siento a veces renacer mi antiguo amor a las ciencias naturales, que me recuerda lo que de otro muy diverso dijo aquel adulado mantuano: *agnosco veteris vestigia flammae;* pero estas ráfagas pasan pronto, y vuelvo a mi fastidiosa indiferencia."

¡Dura y exigente modestia la suya, habla de fastidiosa indiferencia, quien tiene cada minuto de su día absorto en tan diversas materias! No hace veinticuatro horas ha recurrido a Power para que acuda a predicar en Christ's Church, con el sano intento de recaudar fondos para los exhaustos del asilo de hijos de viudos. Tampoco comunica a sus alumnos de los difíciles trabajos de controversia teológica en que está empeñado, dejando en ayunas y despistando a la posteridad, que pudo haber tomado en serio sus afirmaciones de indolencia intelectual. Tampoco les dice palabra de otro trabajo, no menos arduo y famoso, que prepara en hermenéutica religiosa, al comparar los textos de las biblias editadas en inglés, francés y español por la "American Bible Society", y para no referirse más a sí mismo se disculpa de esta manera:

"Por otra parte mi deber me obliga a hablar con gran número de personas, y los silbos ingleses, cual moscas impertinentes me inquietan con frecuencia y destruyen toda mi ilusión escribiendo en el hermoso idioma castellano. De aquí mi disgusto y en consecuencia mi abandono. Mas gracias a la Revista y a sus editores que me proporcionan una ocasión tan honorífica para salir de esta ominosa apatía y consagrar a mi patria los frutos de algunos momentos."

Puede lucir que ni sigue el ritmo de los acontecimientos políticos de España y Cuba, y sin embargo, cuán enterado está de todo, desde la última postura de los presuntuosos afrancesados, hasta su posible entendimiento con los serviles para hacer hundir a la *Revista Cubana*, que no tiene semejante en nuestra lengua. ¡Y cómo aconseja cautela a Luz, que es el más sensato de sus discípulos, sobre la espinosa cuestión!

La revista, comunica a éste en otra carta, tiene "un gran pecado, y sus enemigos llamarán la atención del gobierno sobre él para castigarlo. Consiste mi amigo, en que es el mejor papel de toda la monarquía, y no conviene que..., por América... De modo que los serviles después de alegrarse de la guerra de los afrancesados, no serán sordos a sus insinuaciones sobre la conveniencia de quitar ese *escándalo*. Yo no temo que se mande a suprimir la Revista: tampoco temo un ataque abierto; pero sí una orden de *muerte lenta* con sólo indicar que no merece la aprobación del gobierno".

Apenas ha escrito a Luz, que apunta la primavera, cuando ya los protestantes, más envalentonados y teológicos que nunca, le retan a polemizar en público.

El miércoles 25 de abril de 1832, protestantes y católicos se reunían en "Broadway Hall", a discutir ante una concurrencia mixta sobre cuestión tan trascendente como "¿Es la jerarquía romana el hombre pecador, hijo de perdición, que predijo Pablo en su Epístola a los Tesalónicos?" Por los protestantes asistían, los Reverendos Starks y Wilson, que eran quienes lanzaban el reto. Por los católicos iban Power, Charles Constantine Pise y Varela.

Power, giró su discurso en torno a demostrar que la iglesia católica era la única y verdadera. Pise, autor de una documentada historia de la Iglesia, se entretuvo en fustigar al Reverendo Wilson, que le lucía muy excéntrico trayendo a colación tema con tan enrevesada exégesis. Varela, que como nadie poseía la inspiración polémica y el dominio de los artilugios formales, no quiso concederle importancia a la discusión bizantinísima que planteaban los protestantes, y como un Sócrates que se regodea en llevar a sus antagonistas a la contradicción y al embarazo, pasó a demostrar el mal planteamiento de la cuestión, ya que los protestantes no habían distinguido si el hombre de que hablaban "significaba un individuo o un cuerpo moral". "Ahora bien, proseguía, sobre esta duda se acumula otra; o sea, si es un cuerpo moral, éste puede ser la iglesia romana, el paganismo o cualquier otra congregación humana. Por tanto, la cuestión puede titularse "la duda sobre la duda", y por este título vosotros podéis juzgar de su utilidad en materias donde se halla envuelta nuestra salvación, y donde la certidumbre es indudablemente requerida."

Fué un sacudimiento que nadie esperaba. El erudito Pise, que se hallaba de visita en Nueva York, se percibió que estaba frente a un maestro, y allí mismo le nacieron simpatías por el varón que daba muestras de poseer genio tan vivo como penetrante, y una sapiencia asombrosa, que se probó a renglón seguido, cuando al refutar al protestante que le precediera en el uso de la palabra, con citas que iban de Eiuphanius a San Agustín, demostró que sin Papa no había posibilidad de Iglesia.

La discusión prosiguió el próximo miércoles, en la iglesia protestante del Dr. M'Clay, situada en Mulberry Street. Ese día le tocó presidir al Dr. William C. Brownlee, uno de los que estaban a cargo de *The Protestant*, y principal agitador anticatólico. Casi se arma trifulca, pues al tomar Power la defensa del Papa y sacar a la luz sin mucho miramiento las recíprocas acusaciones que se prodigaron Lutero, Calvino, Knox y Beza, Brownlee, que no se encontraba a la altura de un verdadero presidente, le acusó de haber querido fomentar la reyerta entre los del auditorio.

Sin embargo, aquellas discusiones eran reveladoras de que un gran espíritu de ingenua cooperación social subsistía en medio de los antagonismos. Protestantes y católicos que acudían a las controversias pagaban por sus asientos y luego la cantidad recaudada se dividía por igual, con objeto de engrosar los fondos de los centros benéficos que ambos grupos sostenían. Del éxito económico de esta empresa no hay que hablar, como los bandos se disputaban los aplausos, unas veces eran los protestantes los que llegaban temprano y llenaban el local y otras los católicos. Por lo menos, era positivo que los hombres que acudían a aplaudir, sin entender mucho de lo que se debatía, no deambulaban por tabernas y tugurios de la ciudad gastando los jornales en whiskey.

La otra controversia se llevó a efecto en Clinton Hall, el jueves 17 de mayo de 1832. La cuestión a debatir fué: "¿Están justificados los sacerdotes católicos en alejar al pueblo de las Escrituras?" Power entró cerrilmente en la discusión, afirmando que no era cierto que los sacerdotes católicos mantuviesen alejado al pueblo de las Sagradas escrituras, pero que tampoco aconsejaban poner la biblia en todas las manos. Los protestantes tomaron esta parte de la argumentación del párroco de Saint Peter como confesión explícita de que en efecto, los papistas prohibían la lectura de la biblia. Cuando tocó el turno a Varela mostró al público dos biblias que constituían dos rarezas bibliográficas, una en inglés, impresa en 1610 y aprobada por el Papa en 1609 y otra, en alemán, publicada en 1764. Luego que hubo leído los títulos y años de impresión, no sin cierta espectacularidad y como si fuera un prestidigitador, las pasó al presidente de la mesa para que las examinara. Tan pronto el presidente se las devolvió, expresó: "Esta biblia inglesa fué impresa con aprobación de la iglesia católica romana, treinta y siete años después del Concilio de Trento" y como se ha afirmado que parte de aquí la prohibición entre los católicos de la lectura en lengua vulgar de la biblia, "este heho prueba evidentemente que dicho Concilio no prohibió la publicación de la biblia en lengua común. La biblia alemana, prueba lo mismo una centuria más tarde. Y si se consideran imparcialmente estos dos hechos, creo que son suficientes". Luego extrajo una larga lista donde aparecían los nombres de papas y obispos autorizando en muy distintas épocas la lectura de la biblia. Como un mago de encantamientos había sacado a Power de apuros y cerrado de paso la boca a sus impugnadores.

Al día siguiente continuó la discusión. Esta vez bajo el rubro, ¿Es el Papa el pecador hijo de la perdición? Varela llevó consigo a Joseph Schneller, que ya le había sido destinado su teniente cura. Quería que su ayudante se familiarizara con todo lo concerniente a la actividad de un sacerdote católico de aquellos tiempos, y como el joven austríaco aparte de sus energías contaba con una sólida preparación teológica, no deseaba restarle la gran enseñanza de enfrentarse al grupo hostil, que con sus clamores ya vaticinaba largos años de controversia y persecución.

Al final de esa noche, nuestro Presbítero estaba más que persuadido que aquellos actos no podían contrarrestarse acudiendo solamente a discutir. Por eso concibió organizar inmediatamente unas conferencias semanales sobre doctrina católica, donde participasen todos los sacerdotes de la ciudad, con el fin de demostrar que los católicos poseían una unidad de criterio en materia dogmática de la que no gozaban los reformados. La inicial la señaló para el 30 de mayo, y colocó a Schneller como primer disertante.

En esa fecha tenía preparada una sorpresa a sus antagonistas que mucho contribuiría a confundirlos y desacreditar la buena fe que decían poner en sus predicaciones y ediciones bíblicas, levantando ante los ojos del observador imparcial el prestigio católico. Dicha sorpresa se reveló cuando el *Teller* pudo anunciar, cuatro días antes a que se iniciaran las conferencias sobre doctrina cristiana, lo siguiente:

"Las Tres Biblias."

"El Reverendo Doctor Varela —todavía Varela no ostentaba grado de doctor alguno, aunque lo había ganado cien veces—, tras haber comparado las ediciones inglesa, francesa y española de la biblia publicadas por la "New York Bible Society", las ha encontrado tan distintas en sus puntos esenciales, que ha considerado propio publicar un folleto sobre la materia, donde los distintos textos son comparados para probar el desacuerdo evidente que existe entre ellos."

Fué una bomba que cayó en medio del cotarro protestante. Los folletos volaron y circularon más que *The Protestant resumido y anotado.* Hasta el Obispo Fenwick, que no sentía inclinación alguna por el cubano, se dignó reproducir el trabajo en su periódico, conservándolo así a la posteridad, bien sea de notar que el periódico de Fenwick en sí mismo constituye otra rareza bibliográfica.

El agresivo Brownlee se sintió anonadado, pero lejos de repartir la culpa entre todos, la cargó exclusivamente sobre la Sociedad bíblica americana, no sin antes endilgar a Varela dos o tres de sus habituales groserías. Bajo el mismo título del folleto publicó en *The Protestant*:

...“El Sr. Varela también ha publicado un despreciable volante sobre el sujeto de la lectura bíblica, tan lleno de falsedades como de jesuitismo español." Se refería al discurso donde echara mano de las dos biblias de 1610 y 1764, y en párrafo aparte:

"Un folleto del mismo jaez proviene de igual fuente, en el cual, la "Sociedad bíblica americana", es visiblemente acusada de propagar tres religiones diferentes. El Sr. Varela expresa con plenitud que la corrompida traducción española contiene la vil abominación papista, la cual es enteramente repugnante a la palabra de Dios, por lo que justamente escarnece a la Sociedad bíblica, ridiculizándola por propagar la traducción protestante en los EE. UU. y la versión papista en Suramérica."

"Los administradores de la Sociedad bíblica americana, deben considerar concientemente dicha materia, y como si se hallasen a presencia de Dios, contestar, ante acto tan extraordinario como impropio, si son o no justos los reproches del Vicario general del Papa en Nueva York. ¡Cuán temerariamente diseminan los protestantes las versiones adulteradas y erróneas que han sido fabricadas expresamente para confirmar todos los engaños de la falsedad! Las Sociedades bíblicas deben hacer suya esta cuestión y colocar en entredicho a sus administradores por malbaratar el dinero público, difundiendo diabólicas herejías papistas. La actitud de éstos es para los protestantes como la traición de Judas a Nuestro Señor Jesucristo, al haber propagado el veneno destructor de almas que usan los jesuítas."

Sepultados en el documental enorme de la famosa controversia que marca su mejor inicio en 1829 para desembocar veinte años más tarde en aquel *Know-nothing Party*, que mancha la brillante hoja democrática norteamericana, nada hubo, ni nada escribieron los católicos, que en buena, caballeresca lid, hiciera morder a sus detractores el polvo de la vergüenza, como este calmoso, erudito trabajo hermenéutico del sacerdote a quien el Cardenal Albini, por anticipado, cerraba las puertas vaticanas, y, ¡quizás hasta las del cielo! Hubo recogida de biblias y muchos patrocinadores de *The Protestant* se borraron de sus listas, sin tomar en cuenta las voces de auxilio que comenzó a lanzar desesperadamente George Bourne, otro de los editores del papelucho.

El mismo día, en que Brownlee aludía al folleto de Varela, el *Teller* prevenía a los habitantes de Nueva York sobre la posible visita del cólera, que ya hacía estragos en el Canadá. Por la información adjunta, se desprendía que los hospitales de la ciudad estaban muy mal preparados para recibir al terrible huésped.

Aún el 24, Thomas Levins, que había participado en la polémica desde el *Teller*, unas veces bajo su nombre, otras bajo el de Fergus Mc Alpin, predicó en Christ's Church, y algunos especuladores para sacar tajada del pánico colectivo que se iniciaba, anunciaron que los baños de agua salada constituían un gran preventivo contra el esperado mal, pero el lunes 2 de julio la cosa fué seria, un vecino reportó al "Board of Health" la existencia de un caso sospechoso. El martes, se constituía un Concilio médico especial para combatir la peste, y el jueves se reportaban once muertes de veinte casos probados de cólera. La suma fué ascendiendo. En veinticinco días, como promedio, morían de cólera en la ciudad de Nueva York más de dos personas por hora. Era espantoso, un comerciante en medio de su trajín repentinamente se llevaba las manos al vientre y caía muerto. Otros, simplemente se desplomaban en plena calle. Varela ignoraba si éste sería su destino, porque desde que la peste se agudizó, se constituyó entre los que la combatían. Nada se sabía de ella. Unos afirmaban que el cólera era contagioso sólo por vía atmosférica. Otros, pensaban que el mejor remedio lo constituía la administración de calomel por vía oral y aplicación de jeringas de espíritu de aguarrás. Quien, defendía el tratamiento inglés, la ingestión por el enfermo de ocho a cuarenta libras diarias de agua y sal o la constante de agua helada y aplicación de botellas calientes al cuerpo. No faltó el mitad higienista, mitad moralista, que asegurase que si los neoyorqueses fuesen más aseados, moderados en comer y abusaran menos del whiskey, la epidemia no se extendería tanto. En fin, ningún remedio, ni preventivo, ni rogativa afectó al mal, y hasta las iglesias tuvieron que cerrar puertas, y disputas y polémicas se extinguieron ante el clamor desesperado de la muerte.

Mientras Varela corre a asistir a sus enfermos, dos nombres muy ligados a su destino también corren peripecias con la muerte. Uno es Fernando VII, el 18 de septiembre de aquel año todos en el Palacio real esperaban verle morir de un momento a otro. Su hermano Carlos, jefe de los apostólicos, era el que más fruición hallaba en la idea. No iba a suceder, pues Fernando había exhumado la ley de Partidas, por la que se reconocía el derecho de las hembras a heredar el cetro español, y ya ardía por encender la guerra civil para destronar a su pequeña sobrina.

Fernando, siempre duro al sufrimiento, rebasó el coma, y don Carlos, no por frustrado dejó de conspirar. Fué lógico que los liberales, comenzaran a agruparse en torno a la futura real viuda María Cristina y a su retoño Isabel, y que el monarca restablecido, pero con días contados, dictase una amnistía donde puso tantas excepciones que no lo semejaba. Aunque algunos emigrados pudieron volver a sus lares y las Universidades tornaran a abrirse, Varela no fué de los agraciados.

En La Habana, y en lo más cálido del verano, moría el Obispo Espada, luego que sudoroso y para calmar la sed, según cuenta el historiador Pezuela, ingirió un sorbete. De cómo el terror absolutista imperaba en "el vergel de las Antillas", se desprende del tributo póstumo que los discípulos de Varela quisieron rendir a Espada a nombre de la Sociedad Patriótica, convocando a concurso a los poetas para que cantasen "las dotes peculiares y raras" del prelado muerto. Los versos fueron tan abstractos que el tribunal, presidido por Pepé de la Luz, se negó a dar lauro, en base a que las virtudes exaltadas en Espada podían serlo en cualquier otro obispo de la cristiandad.

En septiembre de 1832, por haberse retirado el cólera de Nueva York, el Obispo Dubois autorizó la apertura de las iglesias. Ninguno de nuestros amigos sacerdotes había muerto, tampoco ninguno de los protestantes. Quedaba el campo abierto nuevamente a la disputa para ganar el cielo. Empero, en lo que respecta a Varela y a Power la epidemia les dejó una extraordinaria herencia de huérfanos y medios huérfanos que reclamaban mayores locales para asilo. En cuanto a Cuba, tan pronto cedió el cólera en los EE. UU., el espíritu de lucro obligó a levantar las cuarentenas de las aduanas, por lo que, como hizo ver Saco en un eruditísimo ensayo, la terrible enfermedad invadió La Habana, comenzando por un barracón de negros recién entrados, trasmitiéndose luego a gente de mayor distinción, hasta fulminar a nombres que nos son muy simpáticos y familiares, como el de nuestro viejo conocido William Shaler, que tras haber sido burlado por el falso revolucionario José Alvarez Toledo, haber actuado de plenipotenciario de su patria en el tratado de paz con Inglaterra, se las anduvo por Algería, hasta retornar a Cuba, en 1829, en calidad de Cónsul oficial y reconocido de Norteamérica. Shaler tuvo nueva ocasión de entrar en paliques con su admirado don Francisco de Arango y Parreño, hablar con él sobre un tratado comercial con los EE. UU. y enviar algunos otros informes laudatorios de su persona al *State Department*. No vivió lo suficiente para ver con qué intensidad le perduraba el antiespañolismo de 1811. ¡Lástima!, porque ya el decadente Arango, maltratado por serviles y apostólicos, retrocedía incorporándose a otro viejo ideal vareliano, el antiesclavismo. A lo mejor lo hacía solamente por cansancio y rivalidad con su sucesor Martínez de Pinillos, de quien estaría harto de escuchar que era un genio hacendístico, sólo porque como los otros, no se robaba el dinero. Sin duda, William Shaler, Apóstol de la *Rational Liberty*, no murió al tiempo que parecía exigirle nuestra historia patria.

Por entonces, Jackson aspiraba a ser reelecto presidente, y los republicanos le contraponían a Henry Clay. El *Teller* se venía abajo por Old Hickory. El *Courier and Inquirer*, defendía a Clay. Según el *Teller*, el *Courier* "órgano de la aristocracia" atacaba a Jackson por "descender de honrada sangre irlandesa". Pero en realidad

Jackson había cometido muchos errores y su administración constituído lo que en esa época se denominaba un *humbug*. Las burlas
que se le hacían eran de lo más subidas. Corría la versión de que
Old Hickory era tan ignorante, que cuando deseaba expresar que
algo estaba correcto, escribía al pie de los documentos O. K., con
lo cual abreviaba, según su ortografía, *Oll Korrect*.

Pero el *Teller* no se quedaba corto al *Courier*. Afirmaba que si
Clay resultaba electo, entre las muchas ventajas que obtendrían los
norteamericanos estaban, el establecimiento de una nobleza tipo
británica, el placer de pagar altos impuestos para enriquecer a los
sangre azul federalistas y a los manufactureros de Nueva Inglaterra y colocar los cargos de la administración entre "los bien
nacidos aristócratas, para que mejor cabalguen, sobre las clases laboriosas de la comunidad".

Varela, tan pronto se vió relevado de los deberes que le impuso
la epidemia, recibió ofrecimiento del *Teller* para publicar sus discursos polémicos. Con ellos pretendía demostrar que la iglesia católica era la verdadera de Cristo, y así lo anunció el periódico. Enseguida fué retado a polemizar por un protestante, pero en forma
anónima, porque después de todo, decía quien lanzaba el guante,
"la verdad religiosa no deriva sanción alguna de los nombres y autoridades humanos", bajo lo cual firmaba "Inquirer".

Tocó en la parte sensible de Varela, que tanto repugnaba el
anónimo.

"En tanto usted considere propio ocultar su verdadero nombre,
ripostó indignado el Presbítero, nada tengo yo que ver con un enmascarado. Usted está en lo cierto al decir que la verdad nada obtiene de los nombres humanos, pero usted debe tener sus puntos
de vista cuando permanece oculto tras la cortina, y yo tengo los
míos en tratar de sacarle al descubierto. Sin embargo, dentro de
breves semanas comenzaré a publicar las conferencias que he brindado sobre la Iglesia, en orden a cumplir mi promesa de probar
que la católica es la de Jesucristo."

Siete días más tarde se revelaba el enmascarado. Era George
Bourne. Decía con reticencia en su respuesta, que en vista a que
el Presbítero iba a publicar sus trabajos con objeto de "iluminar
las mentes del público sobre *la verdadera iglesia*, y lo subrayaba,

por este medio puede considerarse informado, de que sus argumentos serán estimados y contestados, no por "Inquirer", sino por su respetuoso, G. Bourne."

Las razones de por qué Varela no publicó enseguida el material prometido, se ignoran. Simple desgano o puede ser que eludiera enfrentarse nuevamente con Bourne, quien teniendo la lengua tan suelta como Brownlee, poseía menos meollo que éste, fuese que ya le rondara en mientes establecer un periódico netamente consagrado al catolicismo y los católicos, puesto que el *Teller*, dado ya más a la política que a la religión, podía ser el pretexto con que le involucraran en una de las tantas y falsas acusaciones que los protestantes, exacerbados por la derrota de su candidato presidencial, desearen hacerle con tal motivo. Lo cierto es que en su cabeza latía el proyecto de un periódico católico y polémico, pero de polémica religiosa, idea que quizás fuera la que le indujera a tratar de rehuir por todos los medios el otro guante, que a continuación de Bourne, le lanzó Brownlee.

Este, sintiéndose molesto por varias alusiones anónimas del *Teller*, se dirigió en una carta a William Denman, proponiendo de paso a un reto a Dubois, Power, Varela y Levins para enzarzarse con ellos en otra controversaria teológica, bien tomándolos individualmente, bien en conjunto. Power, Levins y Varela respondieron que aceptaban bajo las condiciones de que Brownlee prometiese no introducir como cuestiones materias equívocas e irrelevantes a los temas de discusión, con el solo objeto de asegurar unidad de criterio y así prevenir vanos subterfugios y digresiones inútiles. Si estaba de acuerdo con tales requisitos, le suplicaban respondiese ¿qué entendía por "Regla de fe y quién o qué constituía para él su juez en tal cuestión?"

Por su parte, Dubois hizo público, en una extensa carta, que no participaba en la controversia entre otras razones, porque ésta daría motivos a que surgiesen sentimientos hostiles, lenguaje poco liberal y reflexiones aún menos caritativas, si no siempre entre los escritores, entre sus simpatizantes. Por último, expresaba que la polémica no tendría otra utilidad que abstraer a los sacerdotes de sus deberes más urgentes. Se proyectaba con el clásico rigor ordenancista de que hiciera gala en Emmetsburgh, pero algo de cierto había en ello, porque Varela parece que muy ocupado por ese tiempo no pudo suscribir respuesta al primer artículo, donde Power y Levins refutaban a Brownlee. ¿La causa?, hallarse organizando entre las damas de su parroquia una "Ladie's Society of Charity", con el objeto de socorrer a los pobres. El proyecto era el mismo que esbozara Dubois en su programa, aunque adaptado a los escasos medios que contaba el Presbítero para procurarse recursos. Consistía el nuevo "altarito" vareliano simplemente en comprar tela para hacer ropa destinada a los pobres, reclutando las costureras entre las mujeres más necesitadas de la ciudad, que de esa manera hallarían manera de librar un jornal decoroso.

Brownlee interpretó el silencio del criollo como desacuerdo con las opiniones emitidas por Power y Levins. Lo cual obligó al Presbítero a aclarar que su excesivo trabajo no le había permitido mantenerse en contacto con sus colegas, que por delicadeza no quisieron poner su nombre en la respuesta. No obstante, añadía, eso carece de importancia, porque en materia de doctrina marchamos los tres de acuerdo, por lo que ratifico y hago mío cuanto han expresado. Ya estaba envuelto en la vorágine de la más famosa de las discusiones teológicas celebradas en Norteamérica, y que en las respectivas historias de católicos y protestantes se conoce con el nombre de "Controversia de Nueva York". Producto de ésta, que enseguida se extendió por todo el país, fueron unos catorce artículos, cuya mayor parte encabezó Varela en tono epistolar: *Al Dr. Browlee*, y otros con el simple nombre de *Precauciones contra las anotaciones del Dr. Brownlee*, pero ya estos últimos dejó de publicarlos en el *Teller* para continuarlos en el *New York Weekly Register and Catholic Diary*", editado, según rezaba en su primera página, por una "Asociación de miembros de la iglesia católica de Nueva York", que como lema adoptaba la siguiente norma de conducta: "Todas las cosas, cualquiera que desees los hombres hagan por ti, hazlas también por ellos."

Desde el segundo número del *New York Weekly*, apareció la colaboración de Varela que meses antes anunciara el *Teller*, bajo el título de *Disertación sobre la antigüedad de la doctrina católica*. Era un estudio extenso que tuvo que ser publicado fragmentariamente.

Una demostración de que el Obispo Dubois tenía buenas razones para pronunciarse contra las polémicas, la tenemos en la acusación de deísta, que en uno de sus escritos formulaba Brownlee a Varela.

"¡Es doloroso, decía el protestante, ver a un caballero de vuestra edad y experiencia, abogando por el deísmo! ¡Sí, señor Varela, Thomas Paine y David Hume hubieran asentido y aplaudido su actitud contra la Sagrada biblia al considerarla mal ajustada y demasiado imperfecta para constituirse en regla de fe! Yo apelo a la comunidad cristiana para que diga, revisando su carta, si en ella no se hace obvio que usted aboga por el espíritu de infidelidad."

De la respuesta de Varela sacamos este párrafo que fué otro porrazo asestado sobre las testas refractarias y pertinaces de Brownlee y los administradores de la Sociedad bíblica:

"Usted sabe, mi estimado señor, la multitud de biblias con que los protestantes han regalado al mundo, contrarias entre sí en los puntos más esenciales, si nos atenemos a las doctrinas encontradas de sus respectivos doctores. ¡Por Dios!, ¿dígame cuál de ellas constituye su *regla de fe*, y si usted señala alguna, déjeme saber también cómo pudo escrutar que era ésa y no otra la infalible? Yo he escrito un folleto titulado *Las tres biblias* demostrando que los protestantes ofrecían tres versiones diferentes al pueblo de Nueva York. Usted encontró mi demostración tan evidente, que ni trató de refutarla, y usted —o su amgio el señor Bourne—, publicó en *The Protestant* una gran filípica contra los administradores de la Sociedad bíblica. A este objeto y para su gobierno, quiero hacerle saber de que ya no hay tres biblias, sino *cuatro* distintas que son vendidas por vosotros, ya que la biblia alemana que ofrece la Sociedad también es distinta a las demás. Ahora bien, escoja la suya entre todas éstas y señale su regla de fe antes de ponerse a la greña con sus ilustres asociados."

Por la anterior respuesta se puede apreciar que en esa fecha nuestro Presbítero añadía a su trabajo inicial de comparación de los textos bíblicos en inglés, francés y español, el alemán, y ya en el mes de junio, como John Doyle, editor y librero, miembro de la parroquia de Christ's Church, anunciaba admitir suscripciones para una nueva obra del "Reverendo Félix Varela", en duodécimo, "impresa en fino papel y encuadernada en percalina", al precio de un dólar, y con el siguiente contenido:

"Disertación sobre la Vulgata latina". "Refutación al trabajo titulado Bellum Papale o Guerra de los Papas". "Las cuatro biblias

o cuatro diferentes palabras de Dios, publicadas por la Sociedad
Bíblica Americana".

Esta obra aparenta hallarse definitivamente extraviada, y aunque
Rodríguez la menciona, junto con un catecismo, cuya paternidad
también atribuye a Varela, lo hace bajo el título genérico de *Tracts*,
que nunca tuvo la oportunidad de ver, ni siquiera en la relación de
su contenido. Tampoco se halla indicada en el catálogo de la biblioteca del Presbítero, que se formó a su muerte para ser sacada a
subasta pública. Y aunque reiteramos que aún falta la monografía
exhaustiva sobre esta fundamental fase del hacer vareliano, basta
revisar las obras respectivas de los más afamados teólogos católicos
contemporáneos suyos, para considerar a nuestro compatriota entre
los más hábiles controversistas y eruditos teólogos de su tiempo, que
con la misma facilidad que manejaba textos griegos y latinos, se
desenvolvía en lenguas vivas, compaginando rutina diaria y labor
intelectual intensísima, reflejada en su persona en un prematuro
envejecimiento. Porque todavía antes de haber cumplido cuarenticinco años de su vida, ya Brownlee, se refería a él como "un caballero de vuestra edad".

Sin embargo, Varela no acudió como teólogo al Segundo Concilio
Provincial celebrado en Baltimore en aquel año, si bien lo hicieron
Dubois y Power, pero ya el Reverendo Charles Constantine Pise,
que acababa de ser designado Capellán del Congreso norteamericano
y profesaba retórica en el Saint Mary's Seminary, pensaba muy
seriamente que al cubano debía concedérsele por su meritísima labor
intelectual el grado honorario de "Divinity Doctor". Por estos
tiempos nuevas publicaciones aparecían en el país reproduciendo,
comentando o citando los artículos o el nombre de Varela. Entre
esas publicaciones figuraban, aparte de las conocidas, el *Metropolitan*,
de Baltimore, revista mensual que editaba el propio Pise; el *Catholic
Herald*, de Filadelfia, establecido en ese mismo 1833, y el *Catholic
Telegraph*, de Cincinnati, que vió la luz, un año después al *Metropolitan*, o sea, en 1831.

El "Half Orphan Asylum" había crecido, ya no lo regenteaba
Varela, lo hacían las hermanas de la Caridad. En agosto de 1833,
existía uno mayor en Sixth Avenue, y refiriéndose a éste afirmaba
el *Teller*: "Esta institución fué establecida sobre las cenizas, si es
válida la expresión, de la otra que originalmente se desarrolló bajo

la guía y asistencia de ese clérigo tan extraordinariamente piadoso como caritativo que es el doctor Varela."

Entretanto, el aludido, con un gratuito doctorado a cuestas, aún molesto por el deísmo que le endilgara Brownlee, se complacía en darle mayores sacudidas a él y a los editores reformados. La Sociedad bíblica, como dijimos, al publicar Varela su primer trabajo hermenéutico, hizo una recogida general de la edición española, de la cual, en el instante que se efectuó, se habían vendido hasta cuatro mil ejemplares, y a toda carrera los Administradores suprimieron las Escrituras que los protestantes consideran apócrifas en la biblia católica. Pero luego que subsanaron el error y pasó el tiempo, consideraron la cuestión sepultada en el olvido. Así fué, cómo al agotárseles la edición velozmente rectificada, publicaron otra nueva, pero incluyendo nuevamente los textos católicos. El Presbítero no quiso perder oportunidad en recordarles lo que acababan de realizar y con sarcasmo escribió:

"¿Qué va a responder esta vez la Sociedad bíblica? Después de un aviso acaban de cometer con premeditación el segundo crimen..."

"¿Por qué los Ministros protestantes no observan estos hechos? ¿Si acaso no tienen autoridad para prevenirlos, ¿por qué no predican contra tales abominaciones? ¿Qué van a pensar los católicos de su conducta? Solamente que la verdadera iglesia es la protectora de las Escrituras señaladas por Cristo, y que sin su autoridad, éstas advienen una herramienta discrecional en manos de cada quien."

Los argumentos varelianos eran los que más afectaban a los protestantes, en especial a Brownlee, que se había topado con un papista que yéndose hasta la esencia misma de lo que ellos estimaban regla máxima de fe, no sólo se regocijaba en mostrarles las contradicciones existentes entre las diversas sectas, sino los fraudes de sus sagradas editoriales. Como Brownlee le contestara en forma descompuesta, Varela quiso burlarse definitivamente de él y publicó una *Paráfrasis del Dr. Brownlee dirigida a los Católicos*, donde imitando el estilo de su adversario, expresaba:

"Piensa, lee, juzga, decide por ti mismo, aunque ni yo ni ningún protestante nunca hemos podido decidir nada, ya que como afirmé en una de mis Cartas, nosotros con las Escrituras en la mano somos lo que el abogado con el código civil, y como ellos no pueden decidir infaliblemente, así también procedemos nosotros."

"Ningún sacerdote puede arriesgarse a prescribir algo para tu conciencia, como ningún médico puede prescribir para tu cuerpo. Y como el alma es para ti lo que tu cuerpo, no serás tan simple como para llamar a un médico cuando estés enfermo, sino que irás directamente a la botica, c tomarás la medicina que más te plazca."

Por supuesto, proseguía, "que no responderé a los argumentos presentados por los malvados sacerdotes católicos, y menos a los de ese imprudente señor Varela".

* * *

El 2 de octubre de 1833, el príncipe don Carlos no podía más con su impaciencia e hizo estallar en toda España, y desde su exilio portugués, las insurrecciones carlistas. El 4 moría Fernando VII. Como heredera dejaba a su hija Isabel. De regente, a su cuarta mujer, María Cristina. Ambas constituían un par de finas, indefensas gacelas, por lo que doña María Cristina buscó entre otros apoyos el de los liberales. Esto marcaría un nuevo signo en la vida del Presbítero, pero ese signo que iba a colocarle en la más difícil encrucijada de su destino, no se marcó plenamente hasta el domingo 27 de ese mes de octubre y mientras celebraba la más concurrida de las misas, la de media mañana.

Con las espaldas vueltas a los fieles oficiaba cuando se oyó estruendo horrible de cristales rotos. Mientras, se desplomaba una pared de las galerías. Alguién gritó, después se escucharon alaridos de terror. Muchos corrían, buscando puertas por donde salir, otros se lanzaban por las ventanas, que se levantaban a más de dos metros de la superficie. Algunos, como petrificados, ni se movían. Un buen número había escapado, pero el crujir de las resquebrajaduras continuaba. Christ's Church se hacía añicos. Varela prosiguió oficiando, semejaba no darse por enterado de lo que acaecía, igual las personas que atendían la misa de rodillas y se encontraban inmediatas al altar. De pronto se escucharon nuevos alaridos. Lució como si los que estaban fuera contemplasen el bamboleo y desplome total de la iglesia, pero no era eso, era un hombre gordo, corpulento, que poseído por el terror, sin meditar en su peso se había lanzado por una ventana quedando sujeto a ella por los faldones de su casaca, y ahora, suspendido en el aire, amenazaba caer chato, de plano, como sólo caen los aviones al fallarles el despegue.

Cuando se terminó el sacrificio, muy pocos fieles quedaban dentro de la iglesia, contadísimos. Estos luego confesaron que al apercibirse del derrumbe estimaron aquélla como la mejor oportunidad para morir, en absoluta unción, con todos los deseos puestos en obtener el perdón de sus pecados y la gracia del cielo. Varela nada dijo, pero notó con pesadumbre que su pobre iglesia estaba muy deteriorada, tal vez en peligro de pulverizarse definitivamente. ¿Qué prueba era ésta, a la que le sometía de nuevo la Divina Providencia?

Como medida preventiva cerró el templo, y el Obispo convocó a una junta de fieles, puesto que allí no había *Board of Trustees* y presidiéndola, acordó designar una comisión, en la que figuraban, el doctor James McNeven; el profesor Velázquez de la Cadena; y el impresor y librero Doyle, para que en nombre de los fieles y conjuntamente con Varela, investigasen todo lo concerniente al suceso.

Ingenieros y constructores opinaron que una de las paredes laterales de la iglesia había cedido a virtud de la excavación realizada en un terreno contiguo, con el objeto de iniciar nueva fabricación, siendo la causa de haberse afectado los cimientos del edificio, pero sin ofrecer peligro de otro derrumbe. Llevado de dicho criterio, el Obispo autorizó la celebración de la misa, pero los fieles temieron y fué necesario alquilar el segundo piso de la casa situada en la calle Williams Nº 208 para verificar los oficios divinos mientras se determinaba una conducta definitiva respecto al templo semidestruído.

El resquebrajamiento físico del templo se tradujo en otro moral para su pastor. En los instantes en que la iglesia marchaba por una senda de prosperidades ocurría el infortunado accidente que le colocaba en dura alternativa, pues de venderla la depreciación sería grande, y de repararla, su costo crecería desmesuradamente, pues a los desperfectos naturales, ocasionados en un viejo edificio, se aumentaba reforzar sus cimientos, derruir paredes y levantar otras. En pocas palabras, una rutina viciosa que le quitó el sueño por muchos días. Al fin, la reparación fué decidida, y para fines de noviembre volvía el Presbítero a predicar en Christ's Church, pero empeñado en deudas, y con una de las galerías del templo inutilizada permanentemente.

Dos meses llevaba Varela en su mal remozada iglesia, cuando los hechos que se desarrollaban en la Península le abrieron ancho campo para el retorno a sus lares. Debido al incremento carlista en las provincias vascongadas, doña María Cristina, había puesto a la cabeza del gabinete a aquel viejo anillero, ahora luciendo el aire parisién de un artista romántico, que en el mundo de la política y de la sufrida poética circuló como un floripondio estampado por el largo nombre de Francisco de Paula Martínez de la Rosa. Entre los primeros actos del anillero estuvo ampliar la amnistía de 1832, devolver los bienes confiscados, suprimir la censura previa, y con este ejemplo abrir las más lisonjeras esperanzas de relapso liberal a los que por más de diez años habían arrastrado penoso pero nobilísimo extrañamiento.

Gener, Pancho de la O García, Lemus, Teurbe Tolón, Senmanat, los más comprometidos se hallaban prestos a regresar. Para Varela también constituía una brillante oportunidad. Haciendo balance de su gestión norteamericana, sin falso orgullo ni indecorosa modestia, podía decir que su destierro había sido positivo y pródigo, tanto a la causa de su religión como a la del país que le brindara asilo, y su influencia tan poderosa como para que su nombre jamás se apartase del lado de los esforzados pioneros que con sumos sacrificios estaban sentando las bases del catolicismo estadunidense.

En lo que a Cuba concernía, los más halagüeños vaticinios parecían presidir su retorno. Saco, en unión de Luz, del Monte, González del Valle, Francisco Ruiz, Blas Osés, los dos Anastasios, Carrillo y Orozco, Nicolás de Cárdenas y otros de sus discípulos, fundaba la *Academia cubana de literatura* y se desentendía definitivamente de O'Gavan, quien a pesar de su cortísima producción literaria —dos inmundos folletos defendiendo la esclavitud de los negros—, pretendía orientar desde la Comisión permanente de literatura de la Patriótica, las opiniones y los gustos de la *Revista Cubana*.

Por su parte, Luz y Caballero, descendía de su alto magisterio filosófico para hacerse cargo del Colegio de Carraguao, y enseñar a leer a párvulos de acuerdo al método Wood, que era el mismo "explicativo", según declaraba, de su maestro Varela, al tiempo que acometía el Informe de la nueva Escuela de Náutica, conocido como del Instituto cubano, entre cuyos textos de estudio recomendaba las necesarias *Lecciones de filosofía*, del aún proscripto mentor. Hasta don Francisco de Arango, cobrándoselas a sus enemigos, se estaba redimiendo del crimen de esclavismo. En 1832 se había colocado

del lado de Saco, defendiéndole frente al gobernador, de las denuncias y enredos que le fabricara O'Gavan, que estaba muy molesto
por haber escrito el bayamés en contra de la trata de negros.

En lo político, aseguraban Gener y Luz, el porvenir luce de lo
más halagüeño, hasta prometiendo mejores oportunidades que diez
años antes.

Varela, podía regresar a la Isla a regodearse en la contemplación
de su propia obra. Hasta la Cátedra de filosofía, sacada a oposiciones
un año antes, la había obtenido su discípulo Francisco Ruiz, ya Presbítero como él. Era el retorno a la tranquilidad y el reposo, ¡pocos
hombres a sus cuarenticinco años podían vanagloriarse de vida tan
prolífica! Pero no se convencía al regreso, ni aún le convencieron
las incitaciones de su familia.

Así fué cómo echó su suerte, para quedarse de por vida, retirado
y sólo con sus convicicones y sus irlandeses, sin patria, con una
iglesia en decadencia, en la miseria y con los ahogos torturantes de
su asma. Decidido, con toda la sangre castellana hirviéndole en la
cabeza, respondió a una de sus hermanas, que desesperaba por abra-
zarle, que no volvía, porque no aceptaba perdón, ya que no había
cometido crimen alguno. Y tenía razón Varela. Razón moral, ¿iba
a someterse a la benevolencia inspirada precisamente por uno de
aquellos que en las sociedades secretas más contribuyeron a socavar
los cimientos del liberalismo? Pero habían otros pruritos que le obstaculizaban el retorno y que expresaba así: "...¿y querrás tú verme
perdonado? ¡Ah!, tú me quieres mucho para desearme tanta infamia,
tu Félix no es criminal. Si lo fuera no sería digno de ti. Antes pro-
curaría borrar de su alma tu memoria, tu memoria, que ahora tanto
la consuela. El tiempo y la adversidad han echado contra mi pecho
hasta que convencidos de la inutilidad de sus esfuerzos me han dejado
en la tranquila posesión de mis antiguos y nunca olvidados sentimientos. Créeme que el placer de hacerse superior a las desgracias
basta para destruirlas, pues ellas sólo ejercen su imperio sobre el
cobarde que las teme. Yo vivo feliz: no te ofendas: comprende mi
intención, yo vivo feliz lejos de los míos y sólo sería desgraciado entre
ellos. Suponte que anuncian mi llegada a la bahía de La Habana,
¿crees que una juventud cuya imaginación ha exaltado en mi favor
la amistosa imprudencia de mis elogiadores no saldría a recibirme?,
pues he aquí mi primer escollo. Otras personas de más rango, imi-

tando la clemencia soberana se apresurarían a felicitar al perdonado. ¡Qué! ¿El que salió de su patria seguido de las miradas del aplauso, volverá a ella para recibir la de la conmiseración? No me hables de patria. Yo no tengo otra que mi pecho, donde está grabada tu imagen, y así es que jamás te olvida tu Félix."

Pero quiso releer cuanto había escrito en el momento en que todo el pasado, con sus injusticias y sus humillaciones, saltó impetuoso y se le deslizó en protesta enfebrecida.

Después que hubo releído añadió una postdata mansa y resignada en la que quiso inculcar a las desoladas hermanas de su corazón.

"Leída en calma la carta anterior que escribí en agitación, advierto que si bien expresa mis sentimientos no los expresa todos. Traslúcese un no sé qué de ingratitud a los amistosos deseos de mis paisanos y a las bondades de Cristina, cuando nada es más ajeno a mi pecho."

Su vida estaba definida. Podían alegrarse los católicos de Nueva York, y quedaba desmentido el Cardenal Albani, complotador de inocentes intrigas entre príncipes ociosos y embajadores gordos, "el Varela", como lo había llamado, no pensaba trasladarse de diócesis, aunque fuera para retornar a aquella isla lejana de donde venía, y que su imaginación, trabajada por la ausencia y el insomnio, se la representaba un vergel, ¡el bendito de todas sus añoranzas!

XVII

ÉL YA ES DE DIOS

Escribió con altivez, pero sin equivocarse. A poco, todas sus previsiones se cumplieron, murió la *Revista Bimestre Cubana* y Saco tuvo que marchar deportado.

Los hechos, según narrábamos en el capítulo anterior, se promovieron por haber escrito el bayamés contra la trata negrera. O'Gavan, molesto, quiso echarle de la dirección del órgano de la Patriótica, pero Saco rehusó. Fracasado en este intento, recurrió al gobernador, Mariano Ricafort, para que lo deportase, pero hallando ocasión de vengarse don Francisco de Arango, de quien también contribuyera a que le echasen de la Intendencia, puso su decreciente influencia en favor del antiesclavista, salvando de consuno a la famosa publicación.

Saco y el resto de la nutrida nómina de discípulos de Varela, ya picados hasta de romanticismo artístico, ardían por zafarse de la tutela de la Patriótica, desde donde O'Gavan solía imponer su criterio espeso, y fundaron, autorizados por Madrid, la "Academia cubana de literatura". Más herido que nunca, el Vicario se enzarzó en polémica con Saco, y éste le zarandeó tan lindamente como a su acólito Antoñico Zambrana, que según todas las hablillas había colaborado también con Ferrety en el libelo de 1825 contra Varela.

En ese brevísimo intermedio, Ricafort fué sustituído por Miguel Tacón, hermano de aquel cónsul zurcidor de intrigas, que vimos escribir a Madrid contra el Presbítero. Tacón era un general derrotado en la Costa Firme y un realista de los que mordían, también estaba interesado en la trata y no le lucía apropiado el excesivo ascendiente que Saco, un enemigo de la esclavitud, ejercía entre los más destacados jóvenes criollos, y menos le pareció cuando el 12 de julio de 1834, recibiera una misiva de O'Gavan, donde, rezumando ponzoña por todas sus frases, afirmaba del corifeo bayamés:

"...Medite V. E. si puede existir gobierno regular, orden, tranquilidad y seguridad públicas, tolerando entre nosotros a hombres como el autor de la "Defensa de la academia cubana", que buscan el auxilio alevoso de la imprenta extranjera y el nombre de un supuesto amigo para venir a degradar y envilecer nuestras corporaciones respetables, para difamar a personas que gozan de buena opinión, para encender en nuestro suelo la tea fatal de la discordia civil, para envenenar nuestra paz actual, y para atacar y dejar burladas por medios tortuosos y clandestinos las justas disposiciones de la primera autoridad de la Isla de Cuba."

Cinco días más tarde se hallaba Saco en el Colegio San Carlos, examinando a los alumnos de Ruiz, cuando un edecán del Gobernador le interrumpió para ordenarle a nombre de éste que se trasladase a vivir a la villa de Trinidad. El fundamento del mandato era que él constituía una influencia malsana para la juventud. Nada más, nada menos.

Entre marchar a podrirse intelectualmente a Trinidad y optar por el recurso heroico de su maestro, decidió lo último, y el 13 de septiembre de 1834 embarcó rumbo a Inglaterra. El amor propio de O'Gavan quedó reparado moral y literariamente, pues desterró a Saco y puso en obligado barbecho a la Revista, que no volvió a fructificar hasta setentisiete años más tarde.

Por entonces, Varela se encontraba en Boston. El Obispo Fenwick, le había llamado urgentemente para que asistiese a catorce "musulmanes" apresados a bordo de un barco negrero, el "Panda", que dos años antes capturara y diera candela al buque norteamericano "Mexican".

El contacto con los culpables de hechos similares a los que refiriera en *El Habanero*, le dió noción absoluta, de primera mano, de la degradación colonial. Lo bueno y lo malo en la Isla de Cuba habían perdido sus fronteras y se confundían en la estimativa moral de los hombres. Traficar con esclavos era productivo y se justificaba en el viejo principio mercantilista de que sin negros la Isla se empobrecería. El afán de lucro arrastraba a todas las castas sociales, y en la dotación del "Panda", se confundían y entreveraban el hijo ilustrado del Intendente de la Coruña, Bernardo de Soto, con el estólido, por ignorante, Domingo Guzmán, un indio anónimo, bautizado con el nombre del fundador de la Orden de Predicadores.

Aquellos hombres intuyeron la suerte trágica que les aguardaba. Ellos eran más viciosos que malos, gracias al ambiente corrupto del colonialismo, que con tanto ardor defendiera el apóstol Arango y Parreño cuando la independencia pareció tocar las puertas cubanas. El joven Soto, por ejemplo, años atrás, se había comportado como un héroe al salvar setenta vidas de otro buque norteamericano que zozobró en ruta de Filadelfia a La Habana. Pero allí estaba, tan espiritualmente deshecho como los demás, sin poseer noción clara de su crimen y buscando el auxilio imponderable de la religión que profesaba. ¿Acaso trata y piratería no eran consentidas por el recto Tacón, que terminara con el bandolerismo en la Isla y expulsara del seno criollo a los jóvenes iconoclastas que no sabían respetar la alta dignidad de un Vicario católico?

Ninguno comprendía su pecado, ninguno comprendía el gran pecado cubano de la esclavitud. Ni el alelado carpintero del buque, que por ganar unos cuartos más se había enrolado en el "Panda", ni el arrapiezo de quince años, Nicolás Costa, que pensaba labrarse un risueño porvenir aprendiendo oficio de negrero.

Varela les infundió el valor que les abandonaba. Pero en su interior se sentía más deshecho que ellos. ¿A dónde, a dónde se inquiría persistentemente, será guiada la Isla en su carrera de indignidades? ¿Es que los españoles se proponían con Cuba lo que los ingleses con Irlanda?

Pero este tormento fue uno entre los varios que le tocó sufrir en esos días, colmándole definitivamente hasta impelerle a escribir como nunca antes hizo, y como si con su palabra pretendiese detener la otra y loca palabra de la desvergüenza humana que se señoreaba de su amada patria. La misma patria que en un arranque de desesperación había negado poco tiempo atrás.

Estaba cenando con Fenwick una de aquellas noches bostonianas, y comentando entre otros incidentes, las reiteradas amenazas que contra los católicos formulaban los protestantes, cuando alguien sin resuello irrumpió con la noticia de que el convento de las Ursulinas ardía. Dicho convento estaba situado en un arrabal solitario de Cambridge, en Charlestown, a las casi orillas del río que separa a Boston de sus principales suburbios.

Allá corrieron anfitrión y comensal. Era un espectáculo desolador. Niñas despavoridas, una pobre monja como enloquecida, otra sollozante y envuelta en frazadas y a la que subía la fiebre de un resfriado que se le volvía maligno. Después, cenizas y escombros, acomodo en la vecindad de las desarraigadas, y retorno del anfitrión y el comensal entre las cuchufletas de los espectadores, que celebraban el acontecimiento predicho dos días antes por la prensa reformada.

Tan pronto la noticia trascendió entre los "shanty Irishmen". que construían ferrocarriles por Worcester, Lowell y Providence, afilaron los puñales y bajaron a pelear. Venían en cientos. Por su lado, el alcalde de la ciudad, periódicos e instituciones de relieve, trataban de desagraviar a los católicos condenando el crimen y pidiendo castigo para los culpables. Había quien declamaba que aquello no podía acontecer en la culta Boston.

Pero no eran más que aspavientos de tiesa hipocresía, porque ni echaban en chirona a los responsables, y hasta en lo de la cultura mentían, pues los más refinados alumnos de Harvard, o sea, los que aprendían humanidades, disgustados con los acentos y aspiraciones del griego, para acabar de una vez con éste, le daban de puntapiés al profesor, y no contentos le destruían el aula y hasta el lecho donde dormía el pobre diablo. ¡Que le viniesen con cultura al pobre Josiah Quincy, presidente de la Universidad, que notando que sus futuros *Harvardmen* ya no querían estudiar ni griego, ni nada, les suplicaba que si sólo cesaban en destruir la centenaria institución les perdonaría hasta los pecados humanísticos de haber pateado al profesor de griego!

La confluencia de irlandeses presagiaba una guerra santa. Todo el clero fué movilizado, y Fenwick tuvo que reunir a los vengadores en la iglesia de Franklin Street, para desarmarlos de intenciones y puñales con las palabras registradas en la crónica de San Mateo:

"Habrás escuchado el viejo adagio de ojo por ojo y diente por diente. Pero te digo..., si uno te abofetea la mejilla derecha, vuelve y ofrécele la otra."

"Habrás oído decir ama al vecino amigo y odia a tu enemigo. Yo te digo ama a tu enemigo, hazle bien a los que te odian, y ruega por los que te persiguen y calumnian."

Luego, improvisó un breve discurso haciendo historia del convento donde se educaban niñas que venían desde parajes tan remotos como el Baton Rouge y las Antillas, y donde había más educandas protestantes que católicas. "¿Y qué debemos hacer? ¿Debemos decir a nuestros enemigos, tú has destruído nuestro edificio y ahora vamos a destruir el tuyo? No, hermanos míos, ésta no es la religión de Jesucristo. Estas palabras no marchan de acuerdo con el espíritu de la sagrada religión de Jesucristo. No volváis un dedo en vuestra propia defensa, y aquellos que os rodean contemplarán que la justicia está con vosotros."

Los irlandeses retornaron a los rieles, Varela a Nueva York, la justicia de Boston arrestó como presunto autor del siniestro a un irresponsable menor de edad.

En Nueva York, el Presbítero encontró nuevos contingentes de polacos, víctimas como él de la Santa Alianza; encontró otra publicación de los fanáticos presbiterianos, *The Protestant Vindicator*, con Brownlee, Bourne y la plana mayor de secuaces metidos en sus columnas. Ahora acusaban a los católicos de ser agentes de la Santa Alianza y mantener los calabozos de la inquisición en los sótanos de la Catedral de San Patricio. También encontró noticias de la proscripción de Saco.

No esperó más, aquel viejo tema de la impiedad, la superstición y el fanatismo, que observando la conducta del individuo en sus reacciones sociales, apuntara en las páginas de sus *Lecciones de filosofía*, se le impuso definitivamente venciendo la indiferencia de que se acusaba para con las letras españolas.

Archienriquecidas con las más notables experiencias de su vida, que iban desde el trato con reyes a prostitutas del Five Points neoyorqués, se dió a escribir la más filosófica de sus obras, las *Cartas a Elpidio*, cuya teorética constituye quizás el único y más genuino trabajo de antropología social escrito en español.

Escribió, escribió, e iba de Elpidio y del español, a Brownlee y el inglés. Sentado en su mesa humilde, con la lumbre de su chimenea calentándole en las frescas madrugadas, dejaba rodar su pensamiento y contemplaba irse al otoño y encimársele el invierno, siempre atacado de tos y ahogos, pero pensando que tenía cuarenta y seis años y estaba fuerte como si tuviera veinte.

Su colaboración al *Catholic Weekly* fué copiosa, y la atención de los nuevos fieles le absorbía como era de esperarse en una ciudad que ya contaba con treinta mil católicos. Ahora conversaba en alemán y polaco, revisaba los textos de clásicos y doctores de la Iglesia. Revolvía a San Agustín y a Santo Tomás, a San Ambrosio, a Bossuet, a Villanueva. A Lucrecio y Virgilio, a Lutero, Calvino, Melanchton, Knox y Beza. A Madame Stäel, Marmontel, Rousseau, Voltaire.

Escribiendo a Elpidio le sorprendió la muerte de su gran maestro el Padre Agustín y la inesperada de Tomás Gener. Tenía el primer volumen en la imprenta y adelantado el segundo, cuando se detuvo para no volver a empuñar la pluma hasta un año después. Otros sucesos se la detuvieron, Christ's Church ardió como paja aunque no por la tea de los protestantes, y tuvo que salir a Boston a dar la postrer asistencia a los piratas del "Panda".

Tan pronto éstos se percibieron de la embarazosa situación en que estaban metidos desesperaron; uno logró suicidarse y otro lo intentó en vano. El infeliz carpintero enloqueció, y los relatores de aquellos sucesos concuerdan que sólo se tranquilizaba cuando el Padre Varela acudía a consolarle. El día que fué ejecutado el Capitán del "Panda", estaba tan envalentonado que exclamó: "¡Voy a morir como un noble español!", y contemplándole Varela, junto a los otros les gritó al instante que les echaban soga al cuello: "Españoles, ¡al cielo!" Estaban reconciliados con Dios y arrepentidos de sus pecados. El carpintero fué ajusticiado semanas más tarde, y como no era noble subió al patíbulo candorosamente: cantando himnos laudatorios que hubo aprendido de niño. El único que salvó la pelleja fué Soto, pues le indultó el presidente Jackson por su heroísmo anterior.

* * *

Desde el instante que aparecieron las *Cartas a Elpidio*, nadie puso en duda que el destinatario era un simbolismo. Luz y Caballero, lo dió a entender al saludarlas críticamente:

"Este libro, que el autor tiene la modestia de dirigir a la juventud de su patria, va encaminado a cuantos blasonan de pensadores y patriotas. En él se demuestra matemáticamente, o mejor dicho, en él se hace sentir de extremo a extremo, la indispensable necesidad de los vínculos interiores para conseguir la felicidad eterna y aún la temporal; en él reluce la sublimidad del Evangelio, eclipsando con su divino resplandor a cuantos sistemas de moral inventó la humana sabiduría; en él se trata de formar hombres de conciencia en lugar de farsantes de sociedad; hombres que no sean soberbios con los débiles, ni débiles con los poderosos. En él hallará el político abundante materia para graves meditaciones, el padre de familia los más saludables consejos para el gobierno de sus caros hijos, el di-

rector de la juventud los más preciados documentos para no malograr el fruto de sus faenas, el ministro del altar los más oportunos avisos para conseguir el fin que la religión santa se propone. Los impostores y los déspotas llevan grandes desengaños en este libro: en vano se esforzarán de hoy más estos perversos en profanar el sagrado asilo de la iglesia para sostener sus siniestras miras: ellos serán echados del templo como los hipócritas y fariseos, convirtiéndose contra sus pechos aquellos mismos rayos con que intentaron exterminarnos: aquí se descubren hasta en sus últimos escondrijos los sofismas y las cadenas con que pretenden embaucar y aherrojar al miserable pueblo: aquí se trata de hacernos a todos, gobernantes y gobernados, cristianos y consecuentes y no cristianos contradictorios. En una palabra, la verdad desnuda y sin rodeos es la divisa del amigo de Elpidio. Mas no siendo su ánimo, como él mismo insinúa, exasperar, sino advertir, la verdad se dice en todos casos sin permitirse ni aún las más lícitas y remotas alusiones."

Pero en 1878, José Ignacio Rodríguez sin motivo se hizo el perplejo, sobre si Elpidio era José María Casal o el propio José de la Luz y Caballero. Fué una falsa especulación del biógrafo, pues se carteaba muy a menudo con Casal para habérselo preguntado, y en cuanto a la suposición de Luz, no sólo no cabía por lo que acabamos de transcribir, sino porque coetáneamente Vidal Morales le narraba, en carta, su conversación con el ya muy anciano y valetudinario, Manín González del Valle, que no sin mala intención, le sugería que Saco podía haber sido el Elpidio vareliano, puesto que andaba un tanto desviado en religión. Este dato, que es empírico, que tiene alguna fuente de comprobación, Rodríguez lo desestimó para decidirse por Luz o Casal. El primero, fallecido, y el segundo, en franca correspondencia con él. En cuanto a Saco, si bien su destierro constituyera uno de los móviles que empujara la pluma de Varela, estaba demasiado lejos para enviarle un epistolario destinado a los más jóvenes que en parte desorientados por la ausencia del bayamés, vivían y padecían en Cuba. Hasta etimológicamente Elpidio significa esperanza, la misma que alienta Varela en la salvación de la juventud criolla, sometida en ese momento a una severa prueba moral.

Si no bastare, detengámonos a escuchar al propio Presbítero, que dice a su héroe:

"No ignoras que si circunstancias inevitables me separan para siempre de mi patria, sabes también que la juventud a quien consagré en otro tiempo mis desvelos, me conserva en su memoria, y dícenme que la naciente no oye con indiferencia mi nombre. Te encargo, pues, que seas órgano de mis sentimientos y que procures, de todos modos, separarlas del escollo de la irreligiosidad. Si mi experiencia puede dar algún paso a mis razones, diles que un hombre de cuya ingenuidad no creo que dudan, y que por desgracia o por fortuna conoce a fondo a los impíos, puede asegurarles que son unos desgraciados y les advierte y suplica que eviten tan funesto precipicio. *Diles que ellos son la dulce esperanza de la patria.*"

Elpidio, insistimos, es el simbolismo de una hermosa teoría, donde Varela, con todos los recursos racionales de su experiencia vital y cultural, reúne las ideas centrales de la impiedad y la superstición, para demostrar fundamentalmente que jamás ninguna idealización de la sociedad humana será perfecta y libre si los genuinos motivos del cristianismo no la informan.

Todo lo demás casi es accesorio, como el destinatario con nombre y apellidos, y la estructura empírica en que reposan los hilos de su raciocinio, trátese de la cita de Santo Tomás, demostrativa que trono y altar jamás se expresaron consustanciados en su pensamiento, sea el paralelo entre dos mujeres impías, la infatuada por soberbia y la degradada por prostituta.

Hechos y datos que en su lectura convienen, como decía Luz, al confesor, como al psicólogo, al maestro como al político, pero que examinados con mayor hondura, y fuera de las contingencias apuntadas, se nota en ellos otra cualidad, que es su infrecuencia como tema y trama en la literatura universal, comparables en rareza, sólo con el "De rerum natura", de Lucrecio.

En sus inicios la obra fué planeada en tres volúmenes complementarios, aunque independientes entre sí y versando según orden preestablecido sobre la impiedad, la superstición y el fanatismo.

El tomo de la impiedad alcanzó en Cuba un éxito clamoroso. Lo devoraron cuantos se hallaban empeñados en la lucha civil contra Tacón, que sumaba en su persona todos los pecados morales y políticos que se apuntaban en las "Cartas". Luz, en ausencia de Saco, actuaba como portavoz político de la juventud, y hasta aranguistas y montalvistas descendían a hacer causa común con los discípulos de Varela en orden a destruir al tiranuelo. El haber jurado doña María Cristina el Estamento real, concebido desde hacía muchos años por los anilleros de Martínez de la Rosa, llevó a las Cortes por turnos a Saco, Juan Montalvo y Andrés de Arango. Sustituído Martínez de la Rosa por el pastelero Istúriz, que apoyaba a Tacón, los criollos tuvieron que elegir también diputado al ciego Escobedo, para librarle del destierro que ya le tenía en remojo el amo de la Isla, y aunque Tacón lucía inconmovible, estos delegados de la opinión cubana le atacaban en Cortes minándole insensiblemente su arraigo. Por eso retornaba a Luz y a sus seguidores el optimismo que perdieran en 1834, y con el mismo entusiasmo que acogieron en aquel momento la proclamación de la Constitución de 1812, llegaron a sufragar en el propio Madrid una segunda edición de ese primer tomo de las *Cartas a Elpidio*, que tanto bien espiritual les hiciera en la lucha contra el despotismo taconiano.

La neoproclamación de la Constitución del 12, producto de la rebelión española de "La Granja", llegó a ser implantada en Santiago de Cuba por su gobernador, el general Manuel Lorenzo, y todo parecía indicar que el tiranuelo rodaría irremisiblemente al volver la política al curso liberal de antaño, cuando los antiguos pasteleros, comuneros y landaburianos, que en el 23 combatieron las atribuciones de la "Diputación provincial", del proyecto de Varela, se desenmascararon de una vez y echaron sin contemplaciones a los diputados cubanos de Cortes, con el especioso argumento de que las colonias debían ser gobernadas por leyes especiales. Tacón entonces fué sostenido en sus facultades omnímodas y el pobre Lorenzo puesto en fuga. Cuba viviría desde ese momento en el más obyecto terrorismo político, sin otra esperanza de alcanzar mejoras que por las armas que empuñaran sus propios hijos, como ya había postulado Varela desde su *Habanero*.

1836 y 1837 también constituyeron años terribles para los católicos norteamericanos. *The Protestant Vindicator* sacó a relucir una trama según la cual los papistas someterían los EE. UU. a la Santa Alianza, y cuenta Varela que hasta apareció un profeta que vaticinó que en 1838, "un hijo de Napoleón" invadiría Norteamérica para hincársela de rodillas al Santo Padre. La profecía llegó a asustar al mismo José Bonaparte, que con su familia vivía en Filadelfia haciendo buenos oficios de inofensivo burgués y devoto católico.

Ni las profecías ni las acusaciones del *Vindicator*, fueron lo peor, apareció un libro en el que una señora, María Monk, narraba sus experiencias en un convento de Montreal, donde estuvo recluída.

En el "Hotel de Dieu", que así se llamaba el lugarejo, se celebraban aquelarres del diablo, se cometían innumerables infanticidios y hasta las monjas que defendían la integridad de su cuerpo eran vilmente asesinadas. A consecuencia del escándalo se promovieron pacatas comisiones investigadoras y algaradas verbales, donde hasta Samuel F. B. Morse, inventor del famoso aparato y código telegráficos, tomó parte de activo vociferante.

Varela no permitió que su nombre corriera unido a estas refutaciones, ni los protestantes se atrevieron a retarle o aludirle en lo más mínimo. Sin embargo, su erudición la puso al servicio de su credo, mostrándole a Schneller que la patraña de la Monk estaba calcada de un viejo libro portugués, donde se contaban hechos semejantes. Desde entonces la agitación comenzó a perder crédito entre los protestantes enrolados de buena fe en tan mala causa, y perdió definitivo prestigio al desmentir públicamente los presbiterianos de Montreal cuanto afirmaba la Monk del "Hotel de Dieu".

En 1836 el Presbítero se hallaba como los grandes estrategas, apartado de la línea de fuego, porque su línea de combate era la iglesuca que había perdido por las llamas, con los agravantes, que Schneller, con parte de la congregación levantó fondos y hasta cargó con el título legal de Christ's Church, abriendo nuevo templo en la calle de James, que los fieles, quizás por bochorno con el Presbítero, se dieron en llamar caprichosamente Saint James.

Entonces Norteamérica vivía en plena inflazón económica, y los diecinueve mil dólares de antaño constituían una bagatela por la que no se podía comprar ninguna propiedad medianamente decente. Los pobrísimos irlandeses que se quedaron con Varela, puesto que casi todos los prósperos cerrajeros alemanes marcharon con su antiguo ayudante, se dieron a ahorrar centavos, y un día se le aparecieron con cinco mil dólares. Hay la versión que Juan Delmónico no pudo con su orgullo y en pasando por frente a un antiguo templo presbiteriano de la calle Chambers, muy cerca de Broadway, hizo lo que Lasala hiciera en 1827, adelantó la parte del dinero que faltaba para comprarlo. La simple suma de cincuenta y un mil dólares.

El gesto de los irlandeses y de Delmónico conmovió a Varela, espontáneamente le pusieron la propiedad a su nombre y él en reciprocidad les dejó integrar un simbólico Board of Trustees. Sólo que los irlandeses escogieron como miembro a los más fieles amigos del sacerdote y mayores contributores, como el propio Delmónico,

James McNeven, Velázquez de la Cadena, Lasala, los editores John Doyle y C. H. Gottsberger y Mr. McKeon, que con su esposa estaba constituído en uno de los más devotos colaboradores del Presbítero.

La nueva iglesia fué bautizada "Transfiguration Church", Iglesia de la Transfiguración, quedando inaugurada con las últimas nieves de 1836. Comentando este evento con sus hermanas, Varela les comunica escuetamente, "el señor Obispo me ha entregado otra iglesia en lugar de la que se quemó", sin narrarles sus preocupaciones por la enorme deuda que había contraído.

Tan pronto quedó inaugurada Transfiguration, mudó de habitación para la calle Reade número 23, una casita contigua al templo, que Eusebio Guiteras, que estuvo allí de visita, nos la describe junto con su morador:

"Vivía él en la calle de Reade, en una casa de ladrillo de modesta apariencia, que ya hoy ha desaparecido para dar lugar a uno de los grandes palacios mercantiles de Broadway. Era la casa de dos pisos. Había en el primero una salita pobremente amueblada; y la estancia que en el segundo a ésta correspondía, mostraba ser a la vez dormitorio y cuarto de estudio; pues además de una sencilla cama, veíase una mesa con escribanía de cobre encima, y varios estantes de nogal llenos de libros. El compatriota que habitaba esta casa era de menos que mediana estatura, enjuto de carnes y un tanto cargado de espaldas. Eran sus ojos vivos y expresivos, morena la tez, grande la boca y grueso el labio; y sobre la bien formada nariz reposaban constantemente los espejuelos. Tenía la cabellera poblada, pero indócil, a lo cual contribuía el hábito de su dueño de introducir los dedos entre las guedejas. Los muchos años que había pasado en tierras extranjeras, no habían sido parte a hacerle perder los modales y lenguaje del habanero. Su vestido y un pasillo que comunicaba su habitación con una iglesia, indicaban su profesión clerical. Era el Presbítero don Félix Varela, Vicario General de la diócesis de Nueva York."

Ya instalado, nuestro pastor halló otra inconveniencia, no tenía teniente cura que le auxiliase. Fué entonces, como todas las cosas que le ocurrían, que muy milagrosamente arribó a su iglesia un cartujo, tan flaco y feble que parecía estampa de un mosaico bizantino. El cartujito era muy presumido, porque casi agónico como venía de Turquía, dijo a Varela que iba en tránsito de misionero hasta el sur del país. Varela le hizo ver que en medio de la civilización podía trabajar como si se hallare en campo desolado por infieles, y con él se quedó desde entonces y hasta que murió el piadoso y esforzado fray Alejandro Muppieti.

Poco después comenzaron los preparativos para el Tercer Concilio Provincial que, como los anteriores, se celebraría en Baltimore. Dubois, que estaba muy viejo, no quiso asistir, sabía que en aquella congregación se hablaría de imponerle un coadjutor. En otras palabras, un forzoso heredero de la mitra que aún el se sentía con fuerzas para llevar dignamente. Si esto iba a acontecer deseaba que su sucesor fuese, bien su brillante discípulo, Patrick Kenrick, coadjutor de Filadelfia o el prestigioso jesuíta, Thomas Mulledy, expresidente del Georgetown College, aledaño a la joven ciudad de Washington. Por eso es que a su nombre, y como Procurador suyo ante el Concilio, envió a Varela.

Allá se encaminó el Presbítero, y el 17 de abril de 1837 se disponía a asistir a la "Prima congregatio privata", cuando el Promotor del Concilio, Benedict Fenwick, le informó que sólo podía hacerlo a las sesiones públicas. Por supuesto que Varela jamás había sido investido obispo, pero llevaba los poderes de uno, y su caso tenía precedente establecido en los dos concilios anteriores con la presencia en todos sus eventos del propio John Power. Empero, lo que en el fondo trataba de evitar Fenwick era que Varela pudiese discutir la cuestión del coadjutor de Dubois, cuya selección iba a constituir para éste una sorpresa semejante a la recibida por Power en 1825.

Varela protestó en un mesurado alegato, al que el ladino Fenwick respondió en la siguiente forma:

"Reverendo señor doctor:

"Es de mi incumbencia informarle, que habiendo decretado el Concilio que Ud. solamente podría asistir en calidad de Procurador del Obispo Dubois y como voz consultiva, con el privilegio de expresar su opinión en las congregaciones públicas, sin el derecho de asistir a las sesiones privadas o suscribir sus decretos, soy de la opinión de que los prelados han actuado de conformidad con el punto de vista y ruegos expresados por el Obispo Dubois, quien suplicó que Ud. fuera acogido como su Procurador con los privilegios que los Padres juzgaran investirle.

"Acepte la seguridad de mi gran respeto,

Benedict Fenwick,

"Obispo de Boston y Promotor del Tercer Concilio de esta provincia."

La inesperada misiva hizo comentar a Varela en carta a Dubois, el 23 de abril:

"Ya puede Ud. juzgar las ventajas que han obtenido de la confianza que Ud. depositara en la benevolencia de ellos. Ud. les dejó a discreción que me invistiesen con privilegios, pero no para que me privasen de los derechos que me asistían, los cuales demostré con franca sencillez en mi exposición, una copia de la cual le someteré a mi regreso a Nueva York, en los fines de esta semana. Perdóneme porque le insista que se inhiba de hacer nada en torno a este affaire, en tanto no hable con Ud., porque me encuentro en posesión de datos que pueden servirle de guía."

¿Cuáles eran los datos que poseía Varela? ¿Qué a Dubois le habían impuesto heredero y que éste no eran ni Kenrick ni Mulledy? Ya lo veremos en su oportunidad, porque ahora al Presbítero le falta tiempo para decirlo, pues no pisa Nueva York cuando una verdulera le trae noticias que los carniceros protestantes planean quemar la catedral de Saint Patrick.

Días de renovada agitación y prolongadas zozobras. De nada ha valido que la Carta pastoral suscrita por el Concilio, que el criollo firma como primer teólogo, se refiera a los abusos y vejaciones a que son sometidos los católicos. Ningún norteamericano quiere recordar las palabras admonitorias del gran George Washington, y menos quiere recordarlas Henry Clay, que coetáneamente presentaba ante el Senado una ley por la cual se negaba el derecho de naturalización a los inmigrantes católicos, además de suprimirle el del sufragio a los ciudadanos que profesaban dicho credo.

Así se desfogaba la clique patricia que una vez más acababa de perder las elecciones en manos de otro jacksonian, Martin Van Buren, mil veces acusado de entrar en granjerías con los "shanty Irishmen". Felizmente, ni quemaron San Patricio ni la ley apoyada por Clay prosperó.

Varela, ya en calma, fué muníficamente desairado por sus reveses del Concilio. Del Saint Mary's Seminary le enviaron un Divinity Doctor honorífico, que si algo simbolizaba era justo reconocimiento al que sin mengua podía figurar como primer teólogo católico de Norteamérica, pues de hecho su obra, que aún el Presbítero no ha coronado, es la más compacta y digna de la desarrollada hasta ese

momento por todos aquellos brillantes controversistas, que con sus
escritos, y aún con sus querellas, semejan un claustro de nuevos
doctores de la Iglesia, que vigorosamente insurge en las tierras libres
de los EE. UU. de América.

Dubois no, Dubois fué ofendido como nunca. Le nombraron
coadjutor al más obtuso de sus alumnos, el Reverendo John Hughes.
Y aquí viene el affaire que todavía no ha podido narrar Varela:

Hughes había sido el candidato de Fenwick y el Obispo Purcell
de Cincinnati, que lo impusieron no sin la oposición del venerable
John England, que se excusó de asistir al Concilio, y la retirada un
tanto abrupta del prelado de Detroit, Monseñor Rese. El propio
Kenrick, se encontró en una situación muy delicada, pues sólo
aceptaba ir a Nueva York por unanimidad. Sometido el nombre de
Hughes al Colegio de la propaganda, fué escogido y en noviembre de
ese 1837 el propio interesado comunicaba su elección a Dubois.

En la primera decena de 1838, Hughes fué consagrado Obispo en
la Catedral de Saint Patrick. Oficiaron el propio Dubois, Kenrick
y Fenwick y predicó Thomas Mulledy.

Al día siguiente de la consagración, Dubois cayó paralítico. No
había podido resistir el choque psíquico. Pero quizás las razones
estuviesen explicadas en la propia historia de su coadjutor.

Arribado a los EE. UU. despuntando sus diecisiete años, John
Hughes sabía pocas cosas del mundo pero mucho de jardinería. Como
buen irlandés admiraba la carrera eclesiástica, y cuando rondó por
Emmetsburgh creyó que en las facilidades concedidas por Dubois
a los seminaristas pobres estaba su oportunidad de hacerse sacerdote.
Desde ese día juzgó que el Creador le deparaba un gran designio
dentro de la Iglesia. Pero fué rechazado una y otra vez, porque
Hughes era ignorante. Empero, aquel mocetón corpulento y díscolo
llegó a impresionar a Dubois con su persistencia, que al fin le
admitió de jardinero, para que con el fruto de su trabajo pagase la
preparación de que carecía. Del jardín pasó Hughes a las aulas, y
de las aulas continuó pagando sus estudios brindando clases a los
más retrasados. Cuando le invistieron Presbítero, asignándole iglesia
en Filadelfia, era todo un cura de misa y olla, con más o menos fe
y más o menos conocimientos, y por supuesto, no de muchos cánones.

En la contienda de los trustees de Filadelfia se señaló como uno
de sus contrarios, y hasta se singularizó en una polémica regional
cuya importancia sus panegiristas han exagerado bastante.

Sin embargo, la ambición de Hughes y la firme creencia de que estaba llamado a grandes destinos, le impulsaron a buscar mayor campo a su popularidad. Entonces quiso meter baza entre los grandes teólogos de la New York Controversy, pero como no podía pasearse sin mucho peligro por los predios sutiles de la teología, la filosofía y la historia, se dedicó a escribir a *The Protestant*, bajo el seudónimo de "Cranmer", contándole los progresos del papismo en su diócesis, que día a día iban minando los terrenos del puritanismo. Casi no hubo semana en que Brownlee y Bourne dejaran de incluir en su periódico un comunicado del "pío y celoso Cranmer", en base a cuyos asertos los presbiterianos exacerbaban el odio y los ataques a los católicos. La broma pueril adquirió tan grandes proporciones, que el mismo Hughes se asustó, revelando su verdadero nombre. Los protestantes no quisieron retroceder, reconociendo la burla de que habían sido objeto, acusando a Hughes de impostor. Este ofreció premios, dijo que se sometería a pruebas, etc., lo cual hizo evidente su identificación, pero ya el descontento reinaba entre los católicos, que tanto habían padecido por los falaces informes de Cranmer. Aquí fué cuando el temperamental Levins le cayó como una tromba desde las columnas del *Teller*, propinándole tan vergonzosa tunda que, aunque Hughes ripostó, y hasta se hizo su lugar en el periódico, no pudo menos que guardarle profundo rencor. En puridad de razón, ningún católico ilustrado de Nueva York sintió simpatías por Hughes. Sólo Félix Varela le acogió bondadosamente. Un inmenso corazón como el suyo podía comprender y hasta disculpar los pueriles excesos a que suelen conducir la vanidad y la ignorancia.

No es de causar extrañeza, pues, que desde su consagración, el flamante coadjutor tratase de hacer buenas migas con el manso y siempre bien dispuesto doctor Varela, que entre todos consideraban como el más erudito y consecuente, y de quien los pobres se complacían en guardar como reliquias pedazos de sus sotanas o algunos de los objetos que les regalaba cuando no tenía dinero.

A este respecto, cuenta Cristóbal Madan, que Varela cada vez que se le agotaba el bolsillo echaba mano del reloj y con el importe de su venta hacía las obras de caridad más perentorias. Era sintomático en él y sintomático en sus amigos ricachones que, por no ver a su confesor sin hora, le comprasen uno nuevo. Pero eran tantos los relojes comprados, que Cristobalito ideó, para que no los vendiese más, darle otro, pero diciéndole que se lo facilitaba sólo en calidad de préstamo.

Tan pronto Varela no pudo disponer del reloj que portaba, nos dice ahora su doméstica, una irlandesa que sabía pararse en jarras, echó mano de los cubiertos de plata, y un día que también se vió sin cubiertos valiosos, avergonzado, tomó sus frazadas y su colchón y los lanzó por la ventana. Lo más desesperante para la irlandesa, era que el Presbítero le soportaba sus increpaciones con la ingenua humildad y la apacible resignación de un santo, pero sin reprimirse. Y esto constituía el fundamento para que la doméstica se sulfurase como sólo suelen hacerlo los hijos de Erín, porque entre aquellos limosneros los había redomados tunantes y profesionales de la pedigüeñería.

Otra vez era invierno y Varela descendía por Broadway. Ante él marchaba tiritando una infeliz con su hijo en brazos. No lo dudó, se despojó de su amplia capa española y se la colocó sobre los hombros, echando a correr para que no le identificase la pobre madre. Sin duda que padecía chifladura, pero ésta no le impedía escribir con el seso de una de las mentes mejor sentadas de su tiempo. Al menos esto podría decir hasta el abogado del diablo si se entretuviese en leer con parsimonia y detenimiento el segundo volumen de las *Cartas a Elpidio*, terminadas y aparecidas ese año de 1838, en la imprenta neoyorquesa de G. P. Scott. Sí, porque a Varela la única chifladura que le sorbía el seso era la de santo.

Por estar escritas por un santo genuino las "Cartas" cayeron tan mal en su patria. "No sé si me atreva a decirte, Elpidio, que la superstición hace más daño a las naciones que la misma impiedad y que las herejías. Estos son enemigos bien conocidos y por lo regular parten de frente como suele decirse, aunque se disfracen, mas la superstición siempre es baja, infame y alevosa."

Y en La Habana de 1838 la religión oficial era baja, infame y alevosa. Veamos las respuestas que da Domingo del Monte a uno serie de preguntas que le formularon ex profeso, y cuyo criterio no puede parecernos engañoso, puesto que del Monte iba a contagiarse también de gazmoñería y emprenderla contra Luz, dando origen a la polémica sobre Cousin.

—¿Es satisfactorio el estado de la religión en esta Isla?, le preguntaban.

—"No, respondía, porque pocos creen, y los que creen son supersticiosos e ignorantes y corrompidos."

Prosiguiendo luego en párrafos que retratan la inercia religiosa en que estaba sumido el país, a causa del clero desvergonzado y trabucaire que la había invadido, decía:

"El clero sigue aquí ciegamente el impulso de las causas morales y políticas que arrastra al resto de la población a defender la esclavitud"... "Sin embargo, en estos últimos tiempos, no ha dejado de haber algunos hombres religiosos que al ver que la corrupción del clero era la causa principal del estado deplorable en que se halla la religión en Cuba, han deseado el establecimiento de la Iglesia protestante..."

"En el estado de postración en que se encuentran los jefes oficiales del catolicismo no veo más remedio que predicar la fe en los periódicos. Nuestros sacerdotes son, por lo regular, inmorales, hombres ignorantes, sin entusiasmo por su santa misión, indignos de entrar en el templo, de donde debieran ser arrojados porque no van a él más que a profanarlo"...

¿Y qué intentaba hacer Varela ante este repugnante fenómeno social? Demostrar, demostrar a las nuevas y desconcertadas generaciones que aquélla que se practicaba en Cuba no era la verdadera religión católica, donde sus más grandes santos y sus doctores más eminentes jamás anduvieron aliados, ni se hicieron cómplices de la tiranía, ni las inmoralidades del mundo. Todavía para los desesperados que juzgan que el protestantismo pondrá un freno a los corrompidos clérigos que pululaban ciudades y bateyes, palacios y barracones, se distrae en reseñarles sus experiencias norteamericanas, sus polémicas y luchas, sus discusiones y ansiedades-surgidas de su comercio con los reformados, cuya gama muestra desde los anabaptistas a los cuáqueros tembladores, desde los episcopales y metodistas a presbiterianos y universalistas.

Por estas razones, el segundo tomo de las *Cartas a Elpidio*, se hace menos teórico y más empíricamente demostrativo que el primero, por eso zahiere más en la colonia oprimida, donde un año antes, tras haberse aliado a los discípulos de Varela, para combatir a Tacón, moría don Francisco de Arango, aún pomposo y como un neo fray Bartolomé, maldiciendo a la esclavitud.

Oye, Elpidio, "la impiedad es rara entre los eclesiásticos, y el pueblo no siempre la descubre, mas la superstición no es tan rara y siempre se manifiesta". Esto te lo afirma quien en treinta y tres años, desde su mera adolescencia, siempre amó sus hábitos de clérigo. Treinta y tres años, Elpidio, "en los cuales no ha habido un solo momento en que me haya pesado ser eclesiástico y muchos en que me he gloriado de serlo". No desesperes, apenas puede abrirse una página de la Historia sin notar los estragos causados por la superstición, bien porque se adore a una divinidad fingida o "se tribute un culto absurdo a la verdadera".

De rerum natura y *Cartas a Elpidio*, dos obras tan opuestas en ideales como semejantes en rareza vuelven paradójicamente a hacerse afines en la oposición de los personajes a que son dirigidas. Memmio, el héroe de Lucrecio, es la memoria, el don del conocimiento. Recuerda, conoce, memoriza la ciencia, dice el poeta latino, sal de tu abandono y así alcanzarás la verdad del mundo que falsea la superstición religiosa. Espera, espera, invoca Varela a Elpidio y conoce que la fe es el arma única para destruir a los monstruos que abaten la religión y el instrumento perfecto que salva a la verdadera ciencia en sus humildes adelantos.

La obra de Lucrecio simboliza el desencanto religioso y la esperanza en la ciencia empírica, la de Varela lo limitado de nuestros conocimientos científicos y sus penosos progresos, cuyas jornadas más laboriosas sólo sirven para desentrañarnos un poco de la obra portentosa del Creador acrecentándonos la fe en El. ¡Qué formidable impugnador de Lucrecio resulta Varela sin quererlo!

Es preciso ignorar el conocimiento de la física y de la química, afirma, "para atreverse a sospechar que puedan servir de apoyo a la incredulidad. Estas ciencias ponen al hombre en un verdadero contacto con la naturaleza y le dan a conocer de un modo evidente que su ciencia no es sólo limitada, sino contraída a una mera historia de los hechos, si bien algunos de ellos se presentan como principios de otros. Las verdaderas causas, quiero decir, las primarias, nos son desconocidas y así es que hablando con ingenuidad nadie está más dispuesto a admitir misterios que el físico y el químico; que por estudio y convencimiento saben que estos arcanos incomprensibles, pero innegables son mucho más comunes de lo que el vulgo se persuade".

En forma tan libre de gazmoñería religiosa cuando habla de la ciencia, como de pacatería científica cuando se refiere a la fe, se nos muestra en su típico menester sacerdotal quien no se tropieza con el pecado sólo para complacerse que no es pecador, sino para evitarlo con el tino del que sabe por experiencia que los males si no pueden desterrarse, al menos pueden disminuirse en sus efectos.

"Mi profesión y los diversos accidentes de mi vida, afirma, me han puesto en contacto con toda clase de personas..., y puedo decirte que he tratado los mayores impíos y los mayores fanáticos." A ellos "he procurado siempre indicarles mi respeto y consideración..., mi buena amistad y mi condescendencia hasta donde he podido llevarla, sin comprometer mis principios... Puedo decirte que a veces han hecho varios impíos un esfuerzo para despreciarme y no han podido. Su semblante me daba a entender que su corazón era mío, y yo contento con esta propiedad no me cuidaba mucho de sus delirios. En estos casos, siempre he recordado un consejo y una comparación admirable de San Agustín. Si nos aproximamos al lecho de un hombre agitado por una fiebre intensísima y que acaso delira, nos recibirá tal vez con aspereza, despreciará nuestros consejos y puede que hasta nos tire a la cara la medicina que le ofrecemos, mas sería muy necio el que se ofendiese por estas acciones y abandonase al paciente. ¿Y por qué? Porque está enfermo. Pues bien, nos dice el Santo Padre, todos los pecadores están gravemente enfermos".

¿Quién duda de la honradez de este santo que vimos una vez alzarse para combatir los bienes espúreos del clero, y que en las "Cartas" defiende los bien habidos, sencillamente porque los halla necesarios cuando son justos, pero de los que aconseja desprenderse definitivamente, si es que "en la constante lucha de la Iglesia contra el siglo corrompido..., llegan a ser perjudiciales al verdadero interés, que es la salvación de las almas, y en este caso, un ministerio pobre, sin más defensa que la cruz, saldrá siempre victorioso de todos sus enemigos"?

Elpidio, "te escribe un hombre que jamás ha desobedecido una autoridad, pero te escribe un hombre franco y firme que no sacrifica la verdad en aras del poder, y que sea cual fuere el resultado de sus esfuerzos los dirige todos a presentar las cosas como son en sí y no como hipócritamente se quiere que aparezcan".

Cuando las "Cartas" sobre la superstición alcanzaron La Habana de clérigos y predicantes dueños de esclavos, vivían los discípulos de Varela el más cruel de los desengaños morales y políticos. Todo el optimismo anterior se les había disipado con la expulsión de Cortes de los diputados criollos. Luz, que estimaba el poder de la justicia tan alto que podía alzarse siempre por encima a la arbitrariedad, y que primero en la elección de Saco y luego en la de Escobedo creyó corroborarlo, fué el que más fuertemente recibió el impacto en su impresionable y sensible espíritu.

Perseguidos, humillados, ahogados por la podredumbre colonial, cada uno se sobrepuso a las miserias circundantes para continuar con el ejemplo individual lo que colectivamente se les había frustrado.

Luz se dió con más ardor a la tarea de ilustrar "desde abajo", enseñando niños. El Padre Isidro Carbonells, en avergonzar con su piedad la impudicia de los curas peninsulares que participaban de la corrupción imperante. Anacleto Bermúdez, como abogado famosísimo, no aceptando pleitos cuya limpieza moral no estuviese demostrada a priori de toda posibilidad jurídica. Gaspar Betancourt Cisneros, resistente y firme, metido en sus haciendas de Puerto Príncipe, tratando de contribuir con su dinero a la renovación de los sistemas agrícolas y al mejoramiento de las condiciones de vida del esclavo, que no detendría hasta emanciparlos. Pancho de la O, planeando la construcción del primer ferrocarril de Matanzas. Felipe Poey, dado ya por entero a las ciencias naturales, publicando una Geografía de Cuba, y calladamente, sin ostentación, preparando con sus estudios sobre peces, la más vigorosa protesta ante el injusto postergamiento de que había sido objeto por parte de Ramón de la Sagra, cuyas glorias por la publicación de la *Historia física, política y natural de la Isla de Cuba*, sólo eran de frontispicio, ya que pertenecían a los científicos franceses que la escribían y al fatuo Martínez de Pinillos que agenciaba los doblones.

Por su lado, Domingo del Monte, ejercía la crítica artística, erigiéndose con su *Puntero literario* en vocero del romanticismo cubano. A Del Monte no le siguen solamente los poetas conspiradores del 23, sino los más jóvenes escritores. Con él están miembros de la nueva generación, ésa de quien ha oído Varela que no escucha su nombre con indiferencia. Están Antonio Bachiller y Morales, a quien tanto debe la historiografía cubana, y a quien tocó el primero desempolvar los datos de la biografía del maestro. Don Antonio siempre recordó a Varela. Era muy niño, dice en carta íntima, cuando mi madre me llevaba a oírle predicar a la ermita de Monserrate. Recuerdo que una vez pasó por mi lado casi rozándome. Otro de la generación balbuciente es Anselmo Suárez, por cuyo amor

al primero que nos enseñó a pensar, y por la iniciación que hizo
en él a su amado discípulo Vidal Morales, pudo José Ignacio Rodríguez escribir su famosa biografía de Varela; Vidal Morales, que
como su allegado don Antonio Bachiller, puede considerarse como
uno de los más grandes historiadores cubanos de todos los tiempos,
achacaba al Presbítero cuanto es origen y principio en la integración
de nuestra conciencia nacional.

"Para medir con justicia su valor, decía en carta a Rodríguez, es
menester reparar lo que hizo, a manera de un relámpago que alumbra
súbitamente en tempestad, en tan pequeño espacio de tiempo; y entonces no puede uno menos de inferir que su talento debió ser muy
claro, muy constante su aplicación, muy poco el tiempo que perdió
por los placeres y los negocios, y muy tenaz la constancia con la
cual logró hacer descollar tanto la filosofía. El gran número de discípulos notables formados bajo su dirección demuestra que como profesor reunía todas las dotes de paciencia, de amor, de entusiasmo, de
discreción y de método, que son precisas en un maestro."

Y entonces emprende una lista de materias donde sitúa con
nombres propios a los discípulos más conspicuos de Varela, para
demostrar que en filosofía, religión, literatura, ciencias naturales y
sociales, fué mentor y patriarca aquel a quien con resentimiento alu-
dieron los historiadores españoles, como forjador de la primera generación de políticos criollos.

Cuando en España se emprenda el estudio acucioso y erudito que
don Rafael Altamira reclamaba de las Cortes de 1810 y 1820, resal-
tará que Félix Varela se demostró más español y patriota al proponer el reconocimiento de América en 1823, que Martínez de la
Rosa y toda la cohorte masónica, haciéndolo once años más tarde
por complacer las exigencias de Inglaterra.

Pero en materia de justicia no acontece lo mismo con los historiadores del catolicismo norteamericano. Si éstos no han hecho toda
la que merece el héroe, no ha sido ni por conciente olvido, ni por
intencionada mala fe, sino por no haber reunido a su debido tiempo
muchas fuentes de información que se hallaban dispersas por archivos y bibliotecas. Todavía, en 1927, cuando el Padre William
Francis Blakeslee, se asoma a la vida y escritos del cubano, en un
breve y enjundioso estudio, dice con sano reproche:

"Quizás los historiadores de la Iglesia norteamericana algún día
se muestren tan interesados en este humilde sacerdote, como para

escribir su vida y darnos una visión más exhaustiva de su obra. Félix Varela fué experto tanto en los problemas de nuestra patria, como en los de la suya propia, y para ambas escribió, aunque muchos hayamos visto pocos de esos escritos." Posiblemente también los historiadores españoles del futuro se expresen en el mismo tono que el Padre Blakeslee, y reconozcan que Varela fué en su momento el más leal consejero del imperio español que se pulverizó con el siglo XIX.

* * *

Las *Cartas a Elpidio*, reiteramos, no podían encontrar eco en la Isla tiranizada. No podían encontrarlo unos escritos piadosísimos donde se predicaba que un pueblo cristiano sería aquel "libre, ilustrado, dichoso", cuya existencia la religión justifica en las páginas del Sagrado Testamento, porque aquí "los hombres se presentan todos iguales y sin derecho alguno, ni el más ligero pretexto para ser injustos". No podían hallar eco las Cartas que rotundizaban que jamás serían religiosos sinceros los militares, caballeros y clérigos que deshonraban los ideales y aplicaciones prácticas de su clase.

Lo único que hallaron fué la sorda oposición de los núcleos oficiales, aunque las permitieron circular, y tal vez porque O'Gavan había muerto ese mismo año. Pero Varela no lo entendió así, o Luz no quiso decirle cuánto ocurría en la ciudad que ya él mismo calificaba "degradada"

"Suplico a usted, escribió el autor a su bienamado discípulo, que me diga con franqueza por qué han sido mal recibidas mis Cartas a Elpidio. ¿Es por las doctrinas que contienen? ¿Es por el modo de presentarlas? ¿Es por mero odio al autor? En este último caso quisiera saber la causa de un odio tan inesperado en vez del aprecio con que me honraban mis paisanos."

Está dolido, muy dolido, pero realmente él no conoce a fondo la situación habanera, ni cómo andan los espíritus de sus discípulos, que se están fraccionando, de puro desesperar, en la clamorosa polémica que insurge sobre Victor Cousin y su filosofía. La cual, en buena interpretación psicológica, es el pretexto que les sirve para hacer catarsis encubierta de cuanto no podían desfogar políticamente.

Y Varela que lo ignora, prosigue su carta con el despecho de quien se ve solo y relegado, y así dice, encendido, para darnos cuenta de que nunca ha dejado de pensar, ni de trabajar por su patria:

"Al fin, el desprecio con que han sido miradas mis Cartas a Elpidio, que contienen mis ideas, mi carácter, y puedo decir que toda mi alma, es un exponente del desprecio con que yo soy mirado. Y, ¿por qué cree usted que le escribo esto? ¿Por vía de duelo o de queja tonta? No, mi amigo, yo reconozco en los pueblos una inmensa superioridad sobre los individuos y un derecho a apreciarles, o a negarles su aprecio sin reclamo alguno. Dirígese, pues, mi observación a un objeto muy distinto y es manifestar la gran ventaja que he sacado de este acaecimiento. En primer lugar, he adquirido el inestimable tesoro del desengaño, y en segundo, un complemento de libertad de que carecía. Yo siempre he creído que las circunstancias en que el hombre se halla le imponen un deber de hacerlos valer en cuanto pueda para su propio bien y el de sus semejantes; y así es que mientras creía tener algún influjo para hacer el bien en ese país, siempre me pareció que hacía poco, y no teniendo otros momentos que consagrarle que los de mi reposo, me privaba de éste por cumplir una obligación. Dicho influjo se ha visto que era quimérico, y que si algún tiempo fué real, ya no existe, héme aquí totalmente libre, y sin lazos particulares con ningún país de la tierra, sí héme aquí entregado a un egoísmo justo y racional pues consiste en dar gusto a mis semejantes que así lo quieren. Yo soy mi mundo, mi corazón es mi amigo, y Dios mi esperanza."

El es su mundo, él tiene a su corazón como su único amigo, él cifra en Dios sus esperanzas. ¡Qué solos e iracundos se sienten algunas veces los que ofrecen sus vidas como ejemplo para que los demás se salven!

Pero su soledad y su iracundia son momentáneas, ya le veremos insurgir como el de antes cuando todo se aclare. Ahora Mr. Scott, el editor, acosa, y Varela que no puede ahorrar un centavo, tampoco puede deberlo. En esa misma carta, en el instante en que su tensión parece que va a estallar definitivamente, dice a Luz que recoja todos los ejemplares que sobran para ver si puede venderlos en otra parte "o quemarlos para sacar cualquier cosa con que pagar los gastos de impresión. Estoy apuradísimo, y añade entre paréntesis (¡como usted no puede figurarse!)". Y ya con sarcasmo irrespetuoso de sí mismo, se prodiga: "De veras que si hubiera de escribir el tercer tomito que debía tratar del fanatismo me bastaría observarme a mí mismo, pues soy el primer fanático, puesto que casi siempre me he lanzado a hacer el bien sin tener medios para ello."

Pero fiasco tras fiasco, llovía sobre mojado, también lucía que fracasaba su nueva invención, aquel aparato para condicionar el aire de los hospitales y al que ya aludimos, el cual había enviado a Cuba coetáneamente a sus *Cartas a Elpidio*. La primera prueba no dió el resultado apetecido, quizás porque no se ensayara debidamente. Por eso Luz le comunica estar interesando nuevamente al Protomedicato habanero. Pero Varela, con la desconfianza dentro le expresaba de los ensayos: "si el primero no ha correspondido, no es probable que corresponda el segundo —como acaso se habrá usted desengañado—, y así, agradeciéndole a usted el empeño que ha tomado, y pidiéndole me dispense tanta incomodidad, le suplico que haga pedazos los tarecos, o sean, aparatos, y punto concluído. Me ha faltado el acierto, mas no el deseo de ser útil a la humanidad."

Sin embargo, dos años después, en 1841, se publicó en el *Repertorio Médico* de La Habana, la teoría de su invención y la descripción del artefacto, que a todas luces parece que no despertó gran curiosidad, quizás por esa indiferncia al confort, tan sentida en aquellos tiempos, o por la de nuestros científicos, más dados a la brillante exposición verbal de las hipótesis, que a la paciente y a veces estéril investigación de los hechos supuestos en un orden de cosas.

El Presbítero se sentía deprimido y su malestar anímico le provenía también por otras causas somáticas, que se aclaran en el intenso ataque de asma que sufrió por aquellos meses. Hasta llegó a propagarse por la Isla que había muerto. Esta es la causa para que en enero de 1839, escriba apresuradamente a sus hermanas, y sin hacer mención de la enfermedad, que podía disculpar su largo silencio, les cuente con buen humor: "He visto en los papeles de esa ciudad, que se corrió en ella la noticia de mi muerte. Es la segunda vez, y dicen que a la tercera va la vencida. Sin embargo, yo me hallo mejor que nunca, y no sé en qué pudieron fundar semejante noticia." En esta misma misiva hace alusión a Carlota y sus hijos. O sea, su cuñada y sobrinos, de los que junto con su medio hermano Manuel tan poco se conoce, y uno de cuyos descendientes bautizó por poder sobre 1831.

En realidad, Varela no se sentía nada bien, pero no deseaba alarmar a sus familiares. Hasta el otoño no volverá a recobrar su salud, tanto como su habitual tranquilidad de espíritu. Entonces torna a escribir a Luz, pero sólo para prevenirle que tenga cuidado con las cartas de recomendación que entrega, a la vez que le solicita algunas disertaciones del Padre Agustín que se le han extraviado.

En el momento que traza estas brevísimas líneas se halla de lo más atareado con los deberes diocesanos, pues Hughes había embarcado rumbo a Europa, y él le suplía, ejerciendo nuevamente y con suma discreción el famoso vicariato con que le invistiera por primera vez Dubois. La situación se había hecho más penosa que en la época anterior. Hughes tampoco confiaba en Power, y Dubois, con el fin de explicar el postergamiento de que era objeto, por su parte no cesaba de manifestar que cuando muriese quería ser enterrado bajo las losas de la entrada de Saint Patrick, para continuar siendo humillado por las pisadas de todos los que trasvasasen el templo. Llamaba a su coadjutor simplemente Míster Hughes y desesperaba de verse en la más absoluta impotencia física y espiritual por arte de aquel Tercer Concilio de 1837.

Sorteando tan escabroso sendero, que se empeoraba por haber Hughes suspendido al P. Levins como sacerdote, iba nuestro Presbítero sin ceder en pensamientos mezquinos ni para sus superiores ni para sus iguales en jerarquía. Entonces se encontraba embargado por dos empresas editoriales, la primera, un periódico consagrado a los niños, al parecer irremisiblemente extraviado, *The Children's Catholic Magazine*, y la otra, *The New York Catholic Register*.

Apenas Hughes pisa suelo europeo cuando Varela le pone al correo el *Register*, con la fina intención de mantenerle informado de cuanto ocurre entre la grey neoyorquesa. El coadjutor se lo agradece con expansivas muestras epistolares. Hughes, escogió al cubano como una de las pocas personas con quien corresponderse, y ya desde su primer carta no sólo se le quiere mostrar afectuoso sino alquitarado, como cuando le habla de Roma:

"Las asociaciones que se despiertan dentro de sus paredes, decía Hughes, constituyen una fiesta perpetua de los sentimientos..., el mundo del genio, artes y ciencias, mezcladas y combinadas con los más brillantes y mejores legados de confesores, santos, mártires, apóstoles, hacen de Roma lo que ninguna otra ciudad es o pudiera ser, la ciudad del alma... Sólo hay una Roma en este mundo. Las demás ciudades, si así se desea, serán bellas. Pero para mí resultan insípidas comparadas con Roma."

En los instantes que el coadjutor de Dubois deambula por Roma o por Dublín, Daniel O'Connell libra la más hermosa batalla parlamentaria por su Irlanda sojuzgada, y el Padre Theobald Matthew se erige en apóstol de la temperancia. Como el mejor estimulante a la degradación pública, el alcohol sirvió a los ingleses en Irlanda como la esclavitud a los españoles en Cuba. Por tanto, abstener de la embriaguez a los irlandeses constituía no sólo una digna empresa moral, sino una forma de debilitar la economía británica. El Padre Mathew había arremetido tan duro en su propaganda, que Hughes, se complacía en contar a Varela que ya en Irlanda se consumía menos whiskey que entre sus más famosos destiladores, los tacaños escoceses. Estos, a su vez, se dirigían alarmados al parlamento británico hablando de su próxima ruina y reclamando auxilios. Era una fiebre patriótica la que alejaba de la bebida a las masas de Erín. Los *pennies* que antes se iban en duro, áspero whiskey, mejor era darlos ahora para que Daniel O'Connell mantuviese enhiestos los recursos de su agitación parlamentaria.

Cuando Hughes, en junio de 1840, vuelve a escribir a Varela con menos afectación y más pruebas de sincero aprecio, ya el Presbítero tiene en marcha la primera sociedad de católicos temperantes que se estableciera en los EE. UU.

No sin trabajos la había logrado. Resistidos de primera intención los trustees de los demás templos, y entre cuyos miembros los había muy buenos catadores, Varela convocó a una junta en "Transfiguration" de los párrocos de Manhattan y Brooklyn, amén de todos los amigos sinceros de la temperancia, y en la tarde del domingo 9 de febrero de 1840, fundó la "New York Catholic Temperance Association", de la que fué elegido presidente, con Michael Burke, de Secretario. Después, acordaron el juramento, y diseñaron una tarjeta al efecto, donde, circunscripto por una cruz, se leía lo siguiente:

"Prometo solemnemente evitar la intemperancia, y si para lograrla fuese menester abstenerme totalmente de ingerir licores espirituosos, también lo prometo, tanto como aconsejar e inducir a otros a que hagan lo que yo."

Finalmente, con el lenguaje claro de al pan pan y al vino vino, el pastor de Transfiguration se alzó para pronunciar las siguientes palabras:

"El objeto de la New York Catholic Temperance Association es abolir la intemperancia sin imponer privaciones innecesarias, y prevenir los males que en dicha materia suscitan la hipocresía y el fanatismo. En nuestra promesa nada se solicita que no constituya un deber estricto, sin dar oportunidad al escándalo malicioso y farisaico. Por ella cada persona sólo es impelida a evitar la intemperancia, y no a privarse totalmente de los licores. De igual modo, para los que concientemente sienten necesidad de la abstinencia absoluta, también ofrecemos la oportunidad de practicarla por el mismo juramento. Y lo hacemos así, porque consideramos imprudente establecer una regla general cuando los casos son de tan diferente naturaleza. Al que en sus comidas siempre bebió un vaso de vino sin sentir efectos intemperantes, no se le obliga a romper su hábito porque otros sean borrachines, y será su sola experiencia la que le indique, por alguna manifestación física o moral, que el vino le produce mal efecto, o que adviene inclinado a tomarlo con mayor frecuencia a la acostumbrada. Entonces es cuando él se encuentra obligado a abstenerse enteramente de licores, y en ese deber ya se halla impuesto por su promesa inicial."

"Así, no sólo no daremos ocasión a santificar la hipocresía del que tiembla ante la vista de un vaso de vino y privadamente ingiere varios de coñac, sino que saldremos al paso de la especulación sobre materia de temperancia, evitando cualquiera y poco caritativa sospecha que pudiera originarse, al presentarnos como pecadores a personas virtuosas, exclusivamente porque han probado una gota de licor."

"Tampoco concederemos oportunidad al fanatismo, que conduce a la impiedad, de poner en duda la divinidad de Cristo, al afirmar que El no tuvo suficiente experiencia para conocer los males derivados del vino cuando convirtió el agua en éste, no escuchemos más que se ha empleado leche cuajada en la Eucaristía. Jamás veremos renovada la herejía de los encráticos, del siglo segundo, que también condenaron el uso del vino y administraban la eucaristía con agua. Los enemigos de la religión no volverán a tener ocasión de ponerla nuevamente en ridículo, porque nos vamos a reír ante el temor cursi de los que piensan que todo el mundo se convertirá en beodo, si el uso del vino es consentido. En otras palabras, pondremos las cosas en orden."

"Pudiera argüirse, no obstante, y reforzándolo con la experiencia, que al menos que una abstinencia absoluta prevalezca, el alcoholismo jamás podrá ser erradicado. A ello respondemos que el *totalismo* queda implícitamente impuesto en nuestro juramento, para aquellos que lo requiriesen sin necesidad de una nueva promesa. Lo cual no ha sido el caso de las diferentes sociedades de temperantes hasta ahora establecidas, ya que generalmente ellas propugnan un totalismo universal, o hacen tantas clases de excepciones que el licor exceptuado queda incluído en la propia promesa, por lo que si el abstinente desea constreñirse a una total exclusión de licores, deberá, por consecuencia, formular otra promesa distinta, o pasar en todo caso a otra sociedad temperante. Esto no sucederá entre nosotros, porque basta leer nuestra promesa para comprenderlo así. Simplemente tratamos de auxiliar a los que están necesitados de restricción, y de avisar a los que no lo están, o que se hallen temerosos de encontrarse en la contingencia de ser reprimidos. En tal forma dejaremos de molestar a las personas, al menos que para su salvación se haga *imprescindible*."

"Por todo esto, concluyó, anhelamos que nuestra Sociedad alcance su laudable objeto y que los amigos de la temperancia la apoyen en orden a promover la mayor gloria de Dios y el verdadero bienestar social."

La total abstinencia de licores estaba en moda, y sus exageraciones por parte de los protestantes había llegado al caso de usar leche cuajada en lugar de vino al momento de la consagración del culto. Esto lo habían denunciado años antes los católicos, y ahora lo aludía nuevamente en su discurso Varela, sin pensar que muy pronto los de su propio credo, para escarnio del dogma, adoptarían el totalismo como divisa de temperancia, y todo con el consentimiento y beneplácito de Hughes, que ya firmaba sus cartas "Obispo de Basileópolis, Coadjutor y Administrador de la diócesis de Nueva York."

*   *   *

Era natural que el nombre de Varela saltase a cada momento en el curso de la polémica que sus discípulos sostenían en La Habana sobre la filosofía de Victor Cousin. El propio maestro se mostró en sus inicios muy interesado en ella, al extremo de que en las cartas que dirigiera a Luz sobre el destino que habían corrido sus *Cartas a Elpidio* y su aparato de condicionar aire, le urgía a que le mantuviese al tanto de los acontecimientos. "No me deje usted a oscuras sobre Cousin. Mándeme usted siquiera un extracto de sus observaciones sobre la doctrina de este ideólogo moderno", y tres meses más tarde: "Mientras usted no me dé gusto en esto no se verá libre de que le mortifique repitiendo mi petición."

Cuando la discusión fué agriándose, los contendientes comenzaron a buscar su parecer, como si se tratara de un laudo. El que más insistió fué González del Valle, que políticamente ya se había colocado del lado europeo, aunque sin cometer las felonías al gran estilo de Ferrety y del Padre O'Gavan.

El 22 de octubre de 1840 Varela respondió a González del Valle con el afectuoso encabezamiento de, "Mi querido Manín". A lo que proseguía:

"Mi silencio respecto a las cuestiones filosóficas que hace tiempo llaman la atención del público en esa Isla, no es más que una medida prudente. Toda intervención de mi parte podría mirarse como un reclamo de mi antiguo magisterio, que si nunca hice valer cuando casi todos esos contendientes recibían mis lecciones, mal podría pretender ejercerle cuando se hallan a la cabeza de la enseñanza de que yo me he separado. Mas tus instancias son tales y tan repetidas, que al fin voy a manifestarte lo que pienso"...

Después, contaba treinta y siete años más tarde el anciano Manín al joven Vidal Morales, me deslizó una serie de suaves ironías que no he olvidado jamás. No me explico, continuó expresándose, por qué José Manuel Mestre, a cuyo poder pasó dicha carta, borró el "cariñoso vocativo" de "Mi querido Manín". Y todo fué una dulce rememoración del maestro, que muy firme en sus convicciones contra Cousin trató de reconciliarlos y no de atizar la candela.

Varela vió en Cousin lo mismo que viera en él la posterior historia de la filosofía: al gran moderador intelectual de la monarquía ecléctica de Luis Felipe. El famoso Felipe Igualdad del terrorismo revolucionario, a la vez que el sufrido desterrado realista de los tiempos posteriores, que en su precario gobierno deseaba aparecer ante el pueblo mitad soberano, mitad ciudadano.

Cousin, por subsecuentes derivaciones, venía de perilla para justificar el estaticismo político. Todo bien, todo realizado, nada por hacer, Occidente ha encontrado sus pautas, sus respuestas, ha zanjado sus disputas y tensiones intelectuales. Detengámonos entonces, que nuestra civilización todo lo tiene a mano. Para Luis Felipe resultaba encantador aplicarse la metafísima cousiniana, también para las mentes criollas al servicio de España. Nada se toque en la Isla de Cuba, que ninguna fórmula nueva se ha descubierto para garantizar una felicidad política semejante a la que disfrutamos. ¿Acaso no brindan un penoso espectáculo histórico las independizadas colonias?

Pero, ¿iba Luz a hacerse solidario de este pensamiento gravitante en las heces de la polémica? Jamás, como jamás el gran patriarca de la libertad cubana, que investía por derecho único el proscripto Varela.

Este no se mortificó con González del Valle, sino con del Monte, por haber dado lugar, con sus mojigaterías de última hora, a la escisión que José Luis Alfonso calificaba de imprudente y nociva a los intereses de Cuba. No obstante, Varela iba amainando en su juicio sobre el ya atribulado Domingo. En ello se esforzaba Francisco de Paula de Coimbra, que estaba en Nueva York con él, convenciéndole que del Monte obró sin doble intención.

Y era cierto, el achaque de Domingo fué literario. Quien se detenga a leer su *Edicto* sobre el romanticismo, o le encuentre por Batabanó en medio de un festín poético donde el lechoncito asado se mezcla con las estrofas de los demás bardos que le siguen, percibirá enseguida que en él se sincretizan ideas de mojigato cristianismo junto a las del más intelectual y orgiástico paganismo. Cosas, en fin, que sólo suceden a los artistas, y Domingo lo era en grado sumo.

Pudo así Coimbra escribir al ahora remordido del Monte, un mes antes a la famosa respuesta del Presbítero a González del Valle:

"Nuestro eminente Varela está fuerte y bueno, tenía noticias de usted del tiempo de Gener y aunque le habían informado que usted había sido promotor de la cuestión de Cousin, yo he puesto las cosas en platos limpios, ahora lo conoce a usted mejor y lo quiere. Tiene de usted la idea que usted merece, la que yo creo que *es* y quiero que se tenga y esto le hará a usted entender que ya Varela le considera entre los primeros de nuestra tierra."

Luego pasaba a hacerlas de pullero, al anunciarle las ideas del maestro sobre la batalla filosófica y el filósofo francés:

"Está indignado con la polémica, es anticousinista, lo es el célebre Saco y creo que se propone decir algo aunque indirectamente."

Lo dijo, en efecto, un mes más tarde, pero sin indignaciones y **en el mismo tono con que les reprochaba cuando los antagonistas de** hoy eran sus alumnos, y alguno estropeaba un experimento preparado con previa y minuciosa laboriosidad.

Coimbra fué el amanuense que transcribió la carta del 22 de octubre de 1840, y quien por su cuenta envió un ejemplar a los demás discípulos anticousinistas. Lo descubrió Varela y por su parte lo comunicó al "viejecito", como solía llamar a Anastasio Orozco, adjuntándole también el texto robado.

"Te incluyo la carta que te ofrecí, le dice, para que hagas de ella el uso que quieras, reteniéndola o dejándola correr según creas conveniente. Debo advertirte que tengo sospecha de que teniendo que valerme de amanuense, o mejor dicho de copiante, han sacado otra copia mandándola a La Habana sin consentimiento mío. Esta no es más que una sospecha. Poco importa, pues si al fin la imprimen sólo sabrán cómo piensa un hombre arrinconado y nada más."

La carta no se imprimió. Los contendientes necesitaban un manjar más fuerte que el que les brindaba el Presbítero, que sólo concurría a tratar de armonizarlos en el más puro sentido filosófico. Lo de Cousin fué algo inesperado, si bien proporcionaba adultez pensante a sus discípulos y él se había inmiscuído emergentemente, aunque también con renovados bríos, pues a pesar de que se consideraba arrinconado, dice Coimbra a del Monte; está reimprimiendo sus *Lecciones de filosofía* y "escribirá pronto un magnífico catecismo, el tercer tomo de Elpidio y algo más que me reservo porque él me lo encarga".

La reacentuada preocupación en las cosas de Cuba del que un año atrás afirmaba haberse encerrado en su propio corazón, trajo por consecuencia que José Luis Alfonso, que apareció en medio de la contienda como un Júpiter tonante admonizando en privado a tirios y troyanos, le propusiera tomar bajo su égida los asuntos de la Isla en el extranjero, a lo cual rehusó, aceptando luego su brioso discípulo y émulo, José Antonio Saco.

Varela pudo sentirse muy halagado por la proposición, pero él ya se había dado por entero a la salvación de almas, a la par que, como expresara en el primer párrafo de la carta a González del Valle, no estaba, como no estuvo nunca, por erigirse en árbitro absoluto, ni aún en su antiguo magisterio filosófico, para hacerlo ahora en el político. Ya había ejercido ambos magisterios, cuando nadie podía hacerlo, y entonces señaló los rumbos a seguir. El porvenir no era suyo, era de sus discípulos. ¿Acaso, como decía él, no es la mayor gloria de un maestro saber que "habla por boca de sus discípulos"?

Porque, ¿qué otra cosa puede hacer un maestro? Su misión es descubrirnos la vocación, encauzarnos en ella, abrirnos el entendimiento a los grandes valores humanos y dejarnos después discurrir solos mientras no nos traicionemos en los ideales en que fuimos imbuídos. Los grandes maestros, y el mito socrático que aplicaron a Varela nos brota de consuno, son aquellos que hacen discípulos con ideas propias, no importa lo mucho que éstas difieran en contenido mientras sean lícitas y compatibles con la honradez y la sinceridad de quienes las profesan.

Varela era anticousinista, pero no increpa a Manín como siempre hacen los pobres dómines. En sustancia, dice para unos y otros cuanto piensa, sin sacudirlos ni atronarlos. A las tres encuestas que le son sometidas:

a) Si debe primar la lógica o la física en la enseñanza.

b) Si en ética debe admitirse la utilidad como principio y normas de las acciones.

c) Si debe admitirse el sistema de Cousin.

Responde a las dos primeras reconciliándolas. Puede enseñarse la física primero, afirma, "por ser más agradable", y así se les forma a los estudiantes el gusto, "enseñándoles al mismo tiempo la lógica sin que lo perciban. Luego venimos al último resultado, y es que no yerran los que enseñan la lógica antes que la física, ni los que enseñan aquélla sirviendo ésta de ensayo..."

En la segunda encuesta, tras barajar con los términos utilidad y bien, demuestra lo que los utilitaristas, de Bentham a su contemporáneo Stuart Mill, no logran inculcar a sus impugnadores, y es que el término utilidad, más puede interpretarse como el *bien general* a que se refieren ciertos racionalistas, que al *placer* aludido por los hedonistas clásicos. Utilidad —afirma Varela, tal como si escribiera en nuestro siglo—, significa y se hace equivalente de *bien real*, por lo que estoy seguro, concluye, "que ninguno de los defensores del sistema utilitario en La Habana" da al término utilidad otro significado que el que los racionalistas ofrecen para el *bien real*.

"En cuanto al sistema de Cousin, prosigue, creo que también puede haber un acomodamiento, si prescindimos de los errores *particulares* que puede tener el autor, como nos sucede cuando prescindimos de los gravísimos que cometió Aristóteles, a quien puede considerarse como el padre del sensualismo. El panteísmo de Cousin se deduce de algunas proposiciones de este autor esparcidas en sus obras; pero no es hijo de su sistema, que sólo viene a ser un espiritualismo, lo cual seguramente no es cosa nueva. No puedo menos de admirarme de que Cousin haya hecho tanto ruido, cuando no ha hecho más que repetir lo que otros han dicho; pero al fin debo ceder a la experiencia y confesar que hay *nadas sonoras*. Redúcese, pues, toda la cuestión a dejar que Cousin y sus partidarios defiendan las ideas innatas, o las *puramente intelectuales* que no son innatas, pues su objeto no se representa por imágenes sensibles. A cualquiera de estos dos sistemas que se reduzca el cousinismo, debe desecharse, según mi opinión; pero no debemos alarmarnos porque otros lo sigan."

En este párrafo fué sin duda donde González del Valle percibió con mayor intensidad las inolvidables ironías que aludiera a Vidal Morales. Pero éstas no sólo eran desplegadas contra él, también se refería en una postdata a Luz y Caballero, del que tenía noticias andaba muy metido en frenología con su tocayo José de la Luz Hernández. Al respecto, aseguraba Varela que se quedaría fuera de la órbita de Gall, "y acaso serviré de ejemplo frenológico, bromeaba, pues tal vez tendré algún malhadado chichón antifrenológico, o de incredulidad frenológica sumamente desenvuelto".

A renglón seguido, daba muestras de hallarse muy al tanto de las investigaciones cerebrales contemporáneas, que en aquel momento verificaban no existir correspondencia entre las cavidades craneales y sus protuberancias exteriores. "Siendo esto así, terminaba, mal están los examinadores de cráneos, y es menester que se despidan de Gall."

El mentor de tan sutil magisterio, también se despedía en esta fecha de otra de sus empresas, el *Catholic Register*. Este semanario, que aparecía cada jueves encabezado con una viñeta representando el desembarco de Colón en San Salvador, iba a ser liquidado a un competidor de mayor empuje económico y que le había surgido unos meses antes, *The New York Freeman's Journal*.

Cavilaría Varela, y no sin tristeza, de su pobre papel, el día posterior a la Natividad de 1840, en que la "Spanish Benevolent Society", celebró aniversario con un gran banquete a banderas desplegadas de España y sus hijas libres de América.

Columbus landed in a rich dress, with a naked sword in his hand. He turn followed, and kneeling down, they all kissed the ground ... They next erected a Crucifix, and prostrating themselves before it, returned thanks to God.—*Robertson.*

THE NEW YORK CATHOLIC REGISTER.

PRINTED AND PUBLISHED BY GALLAGHER & SMITH, NO. 168 FULTON STREET, AT $3 PER ANNUM, PAYABLE IN ADVANCE.

VOL. II.   NEW YORK, THURSDAY, JULY 16, 1840.   NO. 1.

Encabezamiento de uno de los periódicos que editara Varela.

No vería más la luz el *Register*, y para el *Freeman's* acababa de escribir un suelto de despedida, donde formulaba los votos de ritual por su progreso, y porque encontrara los recursos que no permitieron la estabilidad de su desaparecido periódico.

Desde el *Register*, Varela había defendido a los indios estadunidenses, cuyo atropello por los blancos, que se adentraban por todos los rincones del país, cada vez se hacía más ostensible. La propia prensa justificaba tales crueldades y no se escondía para proclamar que los indios eran como alimañas.

Llamando a la piedad protestante, el Presbítero había salido a la palestra resucitando los recuerdos de su niñez en San Agustín, al contrastar la actitud pacífica de los semínolas con los conquistadores hispanos, a la rebelde que observaban con los flamantes aventureros. Mientras bajo España los días de pascua los indios descendían por los arenales para recoger regalos y dejarse bautizar, ahora se adelantaban a sorprender en emboscada a los colonizadores que sólo acudían a robarles y destruirles la vida. Entre la colonización española y la norteamericana Varela se decide por la primera. ¡Muy duros debieron haberse comportado los *gringos* cuando nuestro Presbítero, que en su proyecto de abolición de la esclavitud atacaba a los *dones*, por haber destruído a los ciboneyes, ahora se enciende y protesta con mayor energía que entonces!

El primer brindis del gran banquete de confraternidad de la Spanish Benevolent Society se hizo por el ausente Obispo Dubois y por su presente coadjutor. Luego que Hughes dió las gracias a traves de un discurso, los comensales hicieron hablar a Varela, que se expresó como testigo de los grandes trabajos emprendidos por la "Benevolent Society" entre las personas de origen hispánico, lo cual y en su sentir, "entre otros buenos efectos contribuía a la amistosa unión de los españoles procedentes de todos los rincones del mundo". Por último, él mismo formuló un brindis: "¡Porque perdure la caridad en espíritu y obras!"

En ese momento, peninsulares e hispanoamericanos mantenían estrecha amistad. Las repúblicas habían sido reconocidas aunque, como dijimos, ni remotamente en la forma desprendida que el hoy Vicario de Nueva York propusiera en las Cortes. Tomando a México de ejemplo, en las cláusulas secretas del tratado, constaba haber satisfecho como precio al reconocimiento de una nación impotente, que no permitiría que en su territorio se armasen conspiraciones, ni expediciones dirigidas a libertar otras colonias españolas. Desdichadamente, esas colonias eran Cuba y Puerto Rico.

El resumen del acto estuvo a cargo del Padre Charles Constantine Pise, que recientemente había sido trasladado de Washington a la parroquia de Saint Peter. Pise lució galas de elocuencia y erudición. Refiriéndose a la deuda de los americanos para España, recalcó sobre las grandes instituciones y hombres décimosextos, como la Universidad de Salamanca y el gran Cardenal Jiménez de Cisneros, finalizando con un brindis por España y las Repúblicas americanas.

Desde que el sacerdote mitad italiano, mitad norteamericano, se estableciera en Nueva York, se había constituído en asiduo de Varela. Aparte del menester eclesiástico les ataba el gusto humanístico. Por este rumbo arribaron a la necesidad de una publicación mensual de gran corte y estilo, donde la literatura y la filosofía hiciesen gala al catolicismo y su teología.

Lucirían paradójicos estos planes, pero también era que mucho se había expandido la grey romana por Norteamérica, aunque la persecución no cediera, y en parajes como Rhode Island los católicos implorasen disfrutar los mismos derechos civiles que los pobres negros.

Por supuesto que no acontecía lo mismo en Nueva York, aquí los romanistas constituían una fuerza política que el joven Obispo Hughes se encargaba de canalizar definitivamente, aunque Hughes, muy a la cazurra, siempre anduviese protestando que estaba contra la política.

Pero no era censurable en el coadjutor, ya existía un tremebundo "Partido de norteamericanos nativos", cuya actitud, semejante a la de los célebres "orangistas" de Irlanda, tenía por objetivo principal perseguir sin contemplaciones a los papistas.

Una señal del vigor católico lo acababa de ofrecer Hughes al ganar la partida en la "School Question", donde a nombre de miles de contribuyentes de su credo, se opuso a que en las escuelas públicas se impartiese obligatoriamente la doctrina protestante. En esta destacada discusión, el coadjutor no hizo más que defender abiertamente la tesis que años antes planteara Varela desde *El Mensajero Semanal*, en su artículo sobre instrucción pública. O sea, la teoría democrática de la imparcialidad de la enseñanza, dejando que, independiente de la escuela, los niños fuesen educados en religión por los sacerdotes de sus respectivos credos.

Dicha polémica también sirvió a Hughes para demostrar su valor y arrojo, muy necesarios en los tiempos en que la civilización norteamericana se iba construyendo por el esfuerzo de los que sabían plantarse osadamente con desprecio de los demás.

Con sus gestos de implacable, Hughes logró ganarse el respeto y hasta la amistad de muchos enemigos, como William H. Seward, futuro Secretario de Estado de Abraham Lincoln, quien echando a un lado las consideraciones de su partido whig, se manifestaba contrario a las discriminaciones entre los hombres y defendía a los irlandeses de los "Norteamericanos nativos", como después le tocaría defender la libertad de los negros, ¡y hasta convertir al antiesclavismo al propio Hughes!

Constituídos los católicos en fuerza política por Hughes, se justificaba la revista de grandes vuelos doctrinales, planeada por Varela y Pise, que deseaban aislarse del rumor público y entregarse al sólo argumento racional y fideísta de su credo religioso. El Presbítero se mostraba entusiasmadísimo con el proyecto. Apenas, y como solía decir, se le acababa de caer "un altarito", cuando ya levantaba otro mejor.

Coetáneamente se disponía a celebrar el primer aniversario de su sociedad de temperantes, que contaba la respetable cantidad de cinco mil miembros, y la cual, cobrado este gran impulso, pensaba abandonar en manos más jóvenes que las suyas. Hasta esa fecha había luchado tesoneramente por encauzarla y mantenerla firme en sus postulados fundadores, pues apenas dió señales de vida la "New York Catholic Temperance Association", cuando le surgieron émulas de neta inspiración totalista.

La disparidad entre temperantes y totalistas, se hizo seria a los pocos días de esta celebración, en que el *Freeman's* insinuó en un artículo de abierto ataque, que la sociedad establecida por Varela debiera cambiar su juramento por uno totalista. El Presbítero ripostó negándose, en otro documentadísimo escrito. "Repito como otras veces, dijo, que la abstinencia total debe ser loada, mas no objeto de imposición, y tratarlo de esta manera es intento que ni la prudencia justifica, ni la religión jamás sancionaría. Otra opinión distinta conduciría, bien a la infidelidad, bien al fanatismo. Si la abstinencia total es un deber, su infracción es un pecado, y en consecuencia Cristo, que no se abstuvo del vino fué un pecador. ¡Qué blasfemia!, pero es la conclusión natural derivada de tales premisas.

Que Cristo bebió vino, y el vino que puede intoxicar, y no el que han inventado los protestantes y suponen en uso en los tiempos del Salvador, se hace evidente tomando de San Mateo (xi 19) el siguiente pasaje: "El hijo del hombre vino comiendo y bebiendo, y ellos dijeron: detén a un hombre que es glotón y vinoso, amigo de publicanos y pecadores, etc."

Y de aquí en adelante, para sostener con el vigor necesario su punto de vista, continuaba en sus citas, por las que desfilaban San Agustín, San Juan Crisóstomo, San Bernardo, Santo Tomás de Aquino. Pero en balde, Hughes que como coadjutor de la diócesis se demostraba más político que teólogo, cuando la cuestión trascendió a él se decidió por la imparcialidad salomónica, admitiendo por igual los juramentos de una y otra tendencia.

Varela, en cambio, optó por la retirada. No deseaba dejarse absorber por más tareas y discusiones, que en última instancia iban en detrimento de su pobre y perseguida religión. ¡Bastante quehacer tenía! Su aquella sociedad de damas para vestir a los pobres había advenido una arraigada institución de asistencia social. De otra parte, el librero y editor, C. H. Gottsberger, pensando que había demasiadas publicaciones protestantes consagradas a los jóvenes, decidió establecer la primera de esta clase dedicada a la juventud católica, *The Young Catholic's Magazine*, "bajo la revisión del Muy Reverendo Félix Varela", cuyos éxitos podían medirse por los escritos laudatorios del *Freeman's*, que a su vez, y estimando que bastante había mortificado al doctor Varela con su imprudente ataque "totalista", se deshacía en excusas indirectas, donde los elogios a su piedad, a su sabiduría, a su dignísimo ejemplo, sólo se superaron en la amorosa semblanza que del Presbítero posteriormente hizo otra publicación católica de Nueva York, para mostrarnos, como nadie, su hacer cotidiano y su abnegado y piadoso carácter.

"Los que tienen el hábito de deambular por las calles de esta ciudad, se afirmaba en dicha semblanza, se habrán percatado alguna vez de un caballero de baja estatura, débil porte y gesto humilde que suele caminar con aire abstraído entre la multitud que se mueve en nuestra gran Babel."

"El luce como desapercibido de las numerosas y bien ataviadas personas que le saludan a su paso. Y si se detiene a hablar, es para hacerlo con algún pobre arrapiezo, cuya cara sucia se torna brillante al sentirse reconocido por alguien que es amado por todo el mundo."

"Como es temprano, sigamos a nuestro caballero por un rato y descubramos en qué menester se emplea."

"Ahora ha doblado por una maloliente y angosta callejuela. Tal vez sea una simple vereda, a cuyos bordes habitan los más destituídos y peor estimados de la ciudad."

"Ya se nos cuela por la puerta de una casa vetusta y desvencijada, repleta, hasta más no poder, de miserables criaturas; en las cuales nadie repara excepto Dios y algunos de sus ministros en éste, su deleznable mundo. Uno de los moradores yace agónico, y aunque pudo haber vivido en el pecado y la ignorancia conciente de sus deberes, como un ser responsable e inmortal, a la hora oncena ha sentido la gracia de pedir el auxilio que habrá de recibir todo aquel que lo reclame con sinceridad."

"En la puerta del tugurio nuestro caballero de débil porte, es recibido por una mujeruca basta, cuya faz está regada de llanto, y quien con mirada honda y grata acoge al visitante y le conduce arriba, por unas estrechas, sucias, destartaladas escaleras hasta encontrar una reducidísima guardilla, donde, sobre un montón de paja y cubierto por harapos, está tirado el compañero mortal de su vida."

"Entonces nuestro caballero se hinca de rodillas para escuchar la confesión del moribundo. Atiende con noble paciencia —quizá cuanto escuche esté tan lleno de abismos que su sola enunciación le estremezca de horror el espíritu—. Cuando termina, y mientras proporciona el viático con que la Santa Madre Iglesia provee generosamente a los que van a emprender el largo viaje de la muerte, le irá confortando con las promesas de El, quien dijo que jamás magullaría a la semilla rota, ni aún sofocaría a la débil y volátil agramadera."

"En pie nuestro confesor, y en actitud de retirarse, dejaré para el niño hambreado que detuvo en la calle, prueba sustanciosa de que también él siempre se halla presto a socorrer las demandas temporales."

"Nuestro caballero retorna a casa, pero no a descansar. Durante su ausencia muchos acudieron a inquirir por él, y no hará más que llegar, cuando tendrá que volver sobre sus pasos para repetir, en visita tras visita, escena semejante a la que hemos presenciado, aunque esté como se halla, debilitado por la enfermedad y casi desfalleciendo por el ayuno. Al fin, cuando no tenga más visitas que hacer y vuelva definitivamente a su hogar, ya estarán también aguardándole algunas infelices criaturas que se encuentran ansiosas por descargar en el padre y amigo las muchas penas que oprimen sus corazones."

"No hay duda, él es padre y amigo. El pobre que acude en sus necesidades y el afligido por sus tristezas, se despiden siempre confortados. Cuanto posee lo da con tal munificencia, que en ocasiones carece de lo imprescindible para mantener lo más común y elemental al sostenimiento de su vida."

"A todos brinda consejo o admonición, pero sin palabra afectada, ni en tono ni en gesto. Por eso sus consejos se atesoran en el corazón y aún sus admoniciones son recibidas con tanta gratitud."

"Sin embargo, no son inveteradamente el pobre y el ignorante los que acuden en busca de su parecer. Nuestro caballero de humilde porte, está dotado de un talento de primerísimo orden, tan cultivado en los conocimientos de los hechos pretéritos, como enterado de los actuales, y provisto de un discernimiento tan perspicaz en los negocios del mundo, como candorosa es la simplicidad de su alma."

"Sobre todo, su mente es clara y singular entre las materias que conciernen a su sagrado ministerio. Por eso, dentro de su hábito cotidiano está escuchar a sus hermanos en vocación, que también acuden a consultarle. Podría hacerse orgulloso por esto, pero no pierde su disposición humilde porque sus opiniones las sigan con señalada preferencia algunos a quienes la estimación mundana coloca por encima de él."

"Y no se juzgue arbitrario el escorzo de débil trazo que emprendimos del humilde y laborioso, del pío, del caritativo, culto sacerdote, fiel seguidor del manso y humillado Maestro, cuyo retrato hemos realizado con suma imperfección para que semeje en algo a la disposición y al carácter del doctor Varela, bienamado pastor de la Iglesia de la Transfiguración."

Cuando esta semblanza se publicó en 1847, hacía tiempo que Varela, agobiado por sus males, no empuñaba la pluma. Ahora, abril de 1841, la deslizaba rauda, muy lejos de entrever lo cerca que estaba su decadencia, para publicar, junto con el Padre Pise, la mejor revista católica en mucho tiempo aparecida en los EE. UU., *The Catholic Expositor.*

De todos los planes publicitarios de que nos hablara Coimbra fué éste, junto con la quinta edición de las *Lecciones de filosofía*, los que plasmaron en honores de imprenta, pues no escribió una frase del tercer tomo a Elpidio, ni aún reeditó la *Miscelánea filosófica*. Sin embargo, nos mencionaba también Coimbra otro proyecto literario del Padre, que consideraba una sorpresa y cuya índole no quiso revelar a Domingo del Monte. Si emprendió éste no puede ser otro que la *Advertencia a los católicos, principalmente a los españoles que vienen a los EE. UU. de Norte América,* que según José Ignacio Rodríguez, era un libro inédito cuyo manuscrito leyó, y el cual debió devolver a quien se lo facilitara, pues no se halla entre su enorme papelería, como tampoco las menos sustanciales anotaciones que cita junto a unos *Entretenimientos religiosos de la Nochebuena,* sobre *Distribución del tiempo, Máximas para el trato humano* y *Prácticas religiosas.*

* * *

La quinta edición de las *Lecciones* es la que en orden biográfico posee más valor, precisamente por su breve introducción, donde el autor nos revela la persistencia de sus ideas, aparte de describirnos su famoso método explicativo. Asimismo, nos dice que no incluye en su texto muchas de las nuevas teorías que en física van abriéndose paso, porque estima que la fase de discusión en que se hallan, harían de su manual uno farragoso e insoportable, dejando al arbitrio de los profesores que amplíen todo cuanto quieran, luego que hayan logrado fijar las ideas fundamentales en las mentes de sus alumnos.

Otro dato no menos notable que abona a favor del que una vez rompiera los moldes escolásticos, y en lugar de enseñar conversión de silogismos enseñó el método y las formas operantes del pensamiento científico, es la crítica fundamental que emprende contra los reverdecedores de la lógica aristotélica. Escuchemos al propio autor, que en nada ha hecho mengua del tono criollo y desenvuelto de su estilo característico en español:

"Tiempo hace que Cousin se ocupa de revivir todo lo antiguo, y habiéndolo ya hecho respecto a las doctrinas, creyó sin duda que debía hacerlo respecto a las formas. Parece pues que retrocederá la Francia, o a lo menos sus escuelas públicas al siglo trece; y el conde de Marcellus presagia con placer este acaecimiento, y considerando el primer paso de Mr. Cousin como uno de los más preciosos frutos de la restauración, felicita a su patria en un artículo que ha tenido por *conveniente* publicar bajo su firma."

"También en Inglaterra, prosigue, está algo de moda el retroceso al escolasticismo, siendo una prueba de ello el crédito con que corren los *Elementos de Lógica* por Whately, Arzobispo (protestante) de Dublin, quien se ha dedicado, según dice, por espacio de diecinueve años a la reforma e introducción de esta clase de estudios. No puede darse una lógica más rigurosamente escolástica, y así es que en su prólogo no ha podido menos de insinuar los argumentos que los filósofos modernos han presentado contra las que podremos llamar pautas escolásticas, pero no ha tenido a bien responderles."

"El contagio va cundiendo y en consecuencia se ha hecho en Boston en el año 1859 una reimpresión de la lógica de Whately, sin duda con gran probabilidad de una buena especulación."

"No será pues muy extraño que mis lecciones desagraden a algunos, que acaso entren en la moda de *antiguar*, y que las crean defectuosas por no explicarse en ellas la forma silogística, con todos sus agregados; cuya inutilidad he demostrado en una obrita que publiqué bajo el título de *Miscelánea filosófica*. Estos malcontentos podrán fácilmente llenar el vacío que tanto les molesta, y ejercitar, esto es, atormentar a los estudiantes con la explicación de todas las fórmulas sin que para ello les perjudique lo que aprendan en esta obra, a no ser que su lenguaje sencillo les haga más repugnante el "Barbara Celarent" y en este sentido pueda servir de obstáculo a la *pautada* enseñanza, que se quiere renovar. Confieso que me ha causado la mayor admiración el retroceso que se quiere dar a la verdadera lógica confundiéndola con un conjunto de reglas mecánicas y de sutilezas inútiles. Sin embargo he examinado nuevamente la materia, leyendo la obra de Whately con toda imparcialidad y procurando deponer toda preocupación, mas confieso que mi estudio sólo ha servido para ratificarme en la opinión que había formado y que cada vez estoy más convencido de la inutilidad de semejantes reglas. Yo no puedo avenirme a pensar por pautas, y a formar discursos como se construyen bancos. El que no puede andar sin muletas es cojo, y no queda duda en ello; y así es en el entendimiento el que necesite ocurrir al Bárbara para formar un silogismo perfecto."

La lectura de este trozo basta para conceder a Varela un lugar respetable entre los más valientes maestros y críticos pensadores de

su tiempo, a pesar de que sus palabras no habrían de poderse catar
a todo gusto hasta el final del siglo en que vivió, ya que para entonces
la más nueva filosofía reaccionó con tanta virulencia contra el
relapso escolástico de mediados de la centuria que devino horro
positivismo: Toda teoría que no se corresponda ampliamente con los
hechos es pura, incomprobable metafísica.

Por eso Guardia, que de los críticos foráneos de Varela ha sido
el más sincero y autorizado, tomó los manuales del criollo como
ejemplo a seguir en la propia enseñanza media francesa, que aún en
1892, permanecía enquistada en los bolsones del verbalismo cousi-
niano típicos de 1840.

* * *

The Catholic Expositor se publicó, según José Ignacio Rodríguez,
hasta septiembre de 1843, pero hemos consultado el ejemplar aparecido en noviembre de 1844 y dudamos que sea el último, pues la
revista no llevaba trazas de desaparecer. La única causal que pudiera haber cortado su existencia en aquel preciso instante, fué la
violenta persecución católica desatada durante ese año por los del
"Native American Party", de la cual Varela brinda una escueta
noticia en carta a sus hermanas, y que en realidad ofreció el triste
balance de muertos y heridos en Filadelfia, con sus consecuentes
amagos de grandes motines en la vecina Nueva York.

Los católicos de Filadelfia, por mucho tiempo tuvieron que vivir
como los judíos en Europa, cercados en una especie de "ghetto", y
siempre a expensas del asesinato, la antorcha o la pateadura. Desde
la primera elección de Jackson, todos los presidentes que le suce-
dieron habían recibido el voto católico, y esto, más que contrarrestar
el progreso religioso de los papistas, era en el fondo cuanto deseaban
evitar los celosos protestantes metidos a políticos. Sin embargo, tales
enconos, que derivarían un lustro más tarde en el partido que por
símbolo electoral esgrimía la afilada lezna del zapatero, para dar
a entender la clase de argumentos que usaba, el "Know-Nothing
Party", trajeron como sano balance a sus dolorosísimas experiencias,
la verdadera tolerancia religiosa que hoy se disfruta en los EE. UU.

Varela contribuyó a los tres primeros números del *Expositor* con
notas y artículos que versaban de la autoridad en religión hasta la
iglesia católica y las Escrituras. Pero ya en el cuarto inició la

publicación de *Las cinco diferentes biblias distribuídas y vendidas por la Sociedad Bíblica Americana.*

Este trabajo hermenéutico vino a culminar sus anteriores sobre el mismo tema, demostrando conclusivamente y hasta la saciedad, con citas entresacadas de los textos contradictorios publicados en inglés, español, francés, portugués, italiano, alemán y polaco, la mala fe de los editores protestantes, cuya actitud, según el propio Brownlee era semjante a la traición de Judas Iscariote.

Como mejor corroboración a las imputaciones de Varela, basta recurrir a la papelería de Joel R. Poinsett, que se encuentra en la "American Philosophical Association", de Filadelfia. En ella se conserva una carta fechada en el año 1826, que le dirige desaprensivamente uno de los administradores de la "American Bible Society", a fin de que le oriente sobre la versión bíblica que considere más apropiada publicar, para destinarla a la "inmensa población" de habla española, situada "al sur de los EE. UU."

Pero no sólo aparecieron artículos eruditos en el *Expositor.* En sus páginas figuraron novelas, versos, relatos de viaje, comentarios de libros y ensayos filosóficos y sociales.

El primero de los trabajos filosóficos de Varela, vió la luz en el número correspondiente a enero de 1842, bajo el título de *Ensayo en torno al origen de nuestras ideas,* y lo escribió para refutar al racionalista Conde de Maistre, cuyas "Veladas de San Petersburgo" estaba traduciendo y publicando Pise. El Presbítero, en su carácter de coeditor, no deseaba que por permanecer en silencio, sospechasen los lectores había desertado de su concepción empirista del conocimiento.

Es lástima que Menéndez y Pelayo, su discípulo Bonilla y otros críticos posteriores y tardíos de Varela, que de sus obras calaron bien poco, no conocieran a su debido tiempo este brevísimo ensayo. A unos se les hubiese quitado el susto de hallar un pespunte herético en nuestro caballero de humilde porte; mientras a los demás, simplemente restado empuje para opinar inconsultamente, porque el Presbítero, a plena conciencia de cuanto especuló en su pensamiento les respondía con buena antelación.

"El sistema de las ideas innatas me ha lucido siempre como una mera serie de aseveraciones cuya sola prueba descansa en el terror de que por el sistema opuesto pudiéramos marchar al materialismo."

Otros dos ensayos filosóficos suyos fueron el consagrado a la apostasía de Lamenais, aparecido en julio de 1842, y el de Kant, al que ya nos referimos en el Capítulo VI.

Pero más que en estos ensayos, que ya corren traducidos al español, y que sólo sirven para justificar lo que sabemos de viejo, detengámonos en la ideología del órgano donde aparecen publicados.

¿Qué respondían, por ejemplo, los editores del *Expositor*, a las acusaciones de deslealtad que le formulaban los "norteamericanos nativos"?

Haciendo historia y tomando el sentimiento general de los católicos radicados en los EE. UU., bajo el rubro de *Religión y patriotismo*, afirmaba la revista, "que el verdadero patriotismo siempre es religioso", y que Norteamérica encontraría a sus ciudadanos católicos, fuesen o no naturalizados, prestos a defenderla en todo momento y bajo cualquier circunstancia. "Si un soberano católico invadiese a los EE. UU., los católicos se alzarían en armas contra él, y si este soberano fuese el mismísimo Papa, que escudado en su calidad de príncipe temporal tratase de someter a los estados libres de la Unión, también sucedería así, porque los católicos, que reconocen y acatan la jurisdicción espiritual del Sumo Pontífice, rechazarían su agresión con el mismo valor e igual denuedo a como repelieron la de Inglaterra, contribuyendo con vidas y fortunas hasta la obtención de la independencia nacional."

Los frutos de aquella ilustración de las masas estadunidenses sobre los que había escrito el Presbítero en *El Mensajero Semanal*, ya se recogían espléndidos, y se completaban con el auxilio de un laborioso y competente artesanado, que concurría de Europa a colmar las pródigas tierras norteamericanas. Pero mientras el país engendraba una fe poderosísima en sus propios destinos por virtud de su ilustración, riqueza y perseverante labor de sus pobladores, cada quien, y en privado, se esforzaba en procurarse más fácil y cómoda existencia. Empero, este loable empeño se respaldaba en otro menos digno, como era la obtención de una sólida y rápida fortuna, que llevaba a los hombres a revestirse con la escama dorada del egocentrismo, para desechar todos los demás bienes espirituales y de cultura que no pudiesen ir subordinados a los fines lucrativos que les obsedía.

Si una epidemia de recio egotismo es la que explica en buena parte el engrandecimiento material de la nación en el curso de breves años, en la vida cotidiana trasunta por una impetuosa prisa individual, que no repara más que en sus propias circunstancias, sin detenerse a considerar las del prójimo. La época se define en una palabra que salta en todos los labios, "Push ahead"! ¡Empuja! No te detengas a meditar lo que acontece a tu alrededor, llega a tus fines áureos, obténlos, no escuches decir a filósofos y predicadores que tus propósitos son efímeros, porque lo único efímero es la vida, y como a los débiles se te puede esfumar cavilando sobre ella: Push ahead!

El *Expositor* no se mostrará remiso en recoger el clamor admonitorio de los contados que se alzan a nombre del espíritu, para contrarrestar el indetenible aluvión, y en sus páginas aparecerán palabras que serán como profecías:

"La codicia de oro que pervade a las grandes masas se extenderá necesariamente a todos los ciudadanos. Las artes útiles y las ciencias prácticas adelantarán con maravillosa rapidez. Las locomotoras, los vapores, la ingeniería florecerán por todas partes, mientras la literatura quedará rezagada. Los artefactos para ahorrar sudor se multiplicarán hasta obtener la perfección; en tanto, las bellas artes, abandonadas, languidecerán. Los cuidados crecientes que irá reclamando el único y sórdido objeto de la vida, no dejarán tiempo para la adecuada expansión y empleo de la educación, la cual, lejos de ser aplicada a iluminar la mente, a liberalizar y mejorar el carácter, se destinará a servir los propósitos y usos de la utilidad y la ganancia."

El único vaticinio incumplido fué que los EE. UU., absortos en la inmensidad de su territorio, jamás la emprenderían en guerra de conquista y despojo, como las grandes naciones europeas.

Fué un yerro entre tantos aciertos. Muy pronto, en 1846, ya se lanzaba contra México emulando a las potencias del Viejo Mundo y bajo los auspicios populacheros de los jacksonians y la protesta de la clique patricia. La guerra por obtener a Texas fué una guerra tan inmoral, como la traición a Cuba de México y Colombia, en 1826.

Sincrónicamente al inicio de la guerra se celebró el Sexto Concilio Provincial de Baltimore. Desde el memorable de 1837 Varela no asistía. Esta vez le llevó como teólogo el obispo Hughes.

De dicho evento se conserva un esbozo a pluma que reúne el encanto de algo que sin ser masivo como los dibujos de Doré, conserva la indefinible atracción de las cosas idas con la grandeza de que se creyó investido el siglo xix. Prelados y teólogos figuran frente al altar mayor de la Catedral de Baltimore. Algunos obispos lucen cansados e indiferentes ante el eclesiástico que predica. Los teólogos, unos de frente y otros de espaldas resultan inidentificables a causa de los débiles trazos que iluminan sus rostros. Cualquiera de ellos puede y no puede ser Varela.

Lo más interesante del Concilio fué su Carta Pastoral, que suscribió el Presbítero, nuevamente como el primero de los teólogos. Al igual que nueve años antes, se estimulaba la fe; rechazándose siempre de plano las reiteradas acusaciones de que los católicos anduviesen en connivencias con los poderes extranjeros.

Cuando Varela retornó de Baltimore en medio de aquella primavera, no quiso contemplar en su esplendor que era a otro mundo al que volvía. Un mundo distinto, que a él ya no tocaba vivir. Nueva York había crecido mucho, y su iglesia, aunque llena de débitos, alcanzaba un valor altísimo, al extremo que por estar emplazada en el barrio de más comercio y trasiego citadino, Hughes quería venderla. Pero el Presbítero resentía desprenderse de ella. Era como si deseara asirse un poco más al ambiente en que deslizara mitad de su existencia y que la muerte de Muppieti, ocurrida a la sazón, simbolizaba clausurar.

La nueva tónica eclesiástica la daba Hughes, en pleno auge de su autoridad. Constituía el obispo ideal para los nuevos tiempos. El era de los del Push ahead, y como buen "irlandés de barracón", manejaba tan bien a los trustees que pudo aniquilarlos antes de darles tiempo a chistar. Metido entonces en el problema económico, no sólo había consolidado las deudas de todas las iglesias, sino hasta inaugurado otras. Su visión política igual le decía pactar con los populacheros que con los de la clique patricia. El gran destino que presintió le había deparado Dios, lo gastaba según otro cubano del Push ahead, Domingo Goicuría, en adular a los tiranos para alcanzar alguna vez la púrpura cardenalicia. A Hughes no le interesaba mucho si Polonia, Grecia, Cuba o Irlanda gemían bajo el yugo del despotismo, que hubiera o no esclavitud en el mundo. Con el mismo desenfado que un día se declara imparcial en la cuestión, andando el tiempo y a reclamos de Seward acudirá al Vaticano y a Francia a defender la causa de Lincoln. Push ahead! Push ahead! también era la consigna del jardinero que llegó a párroco, de párroco a Obispo, de Obispo a Arzobispo, y que moriría idiotizado cuando descubrió ya anciano, que el gran destino que Dios le deparara se detenía aquí y no en la antesala del papado. ¡El!, ¡que fué a una diócesis de fieles insubordinados y obispos y curas famélicos, hasta convertirla en la rica, espléndida, aristocrática que simbolizaron los cimientos que echara del moderno Saint Patrick de Fifth Avenue!

En 1847, la poca salud que quedaba a Varela se le escurrió luchando a brazo partido para obtener los cinco mil dólares que debía a sus fieles pobres. Ese año fué el de la famosa hambruna en Irlanda por haberse perdido la cosecha de papas. Consiguió el dinero, pero ya el asma se le había prendido con intenciones de matarle, y casi para morir se marchó al Sur en busca de calor. Se detuvo en Charleston, donde permaneciera departiendo, hasta junio de 1847, con otro sacerdote de su misma fibra, el Reverendo O'Neill. Regresó en esa fecha, pero apenas avanzó el otoño tuvo que salir nuevamente disparado al Sur.

El 17 de noviembre de 1847 volvía a desembarcar en Charleston. El 27, el *Teller* publicaba un suelto comunicando a los numerosos amigos del "venerable y piadoso sacerdote" que se hallaba disfrutando de buena salud. Fué durante esta segunda ausencia que se publicara en Nueva York la semblanza del Presbítero que ya conocemos.

Pero Charleston le resultaba también demasiado frío, descendió más al Sur, hasta San Agustín, el lugar de su niñez, en plena y caliente Florida. Desde allí volvió a escribir a sus familiares: "Yo estoy casi bueno y pienso permanecer aquí hasta que me fortalezca en término de no tener recaídas. El paisaje es muy agradable para mí por ser muy retirado, pues parece una ciudad separada del resto del mundo. Hay un continuo silencio por la poca población, y porque las calles no están empedradas sino cubiertas de arena. En fin, el que padezca de la cabeza puede venir a curarse en este buen clima y en esta ciudad."

Para el invierno sufrió una añagaza, se creyó repuesto y desanduvo el trayecto a Nueva York. A la calle Reade vino a verle Gaspar Betancourt Cisneros, para hablarle de los negocios de Cuba. Apenas pudo hacerlo. Confiesa que su visita fué de "dos minutos". "De silla a silla": no podía escucharle. Lugareño se retiró creyendo que los días de Varela estaban contados, y éste corrió nuevamente en busca del calor floridano.

Rebasó la crisis, y con el fin de la primavera retornó. En junio de 1849, recibe otra vez la visita de Lugareño. Ahora Betancourt

Cisneros le halla famoso, hablador, criollo, y entonces estima oportuno sondearle sobre "asuntos cubanos".

¿Qué le demandó? Lo de siempre, lo que le demandaran en 1823, cuanto le reiteraran en 1839, que se colocase al frente del movimiento insular.

Pero, ¿qué movimiento?

¿La anexión que propugnaban Lugareño, Lorenzo de Allo, Cristobalito Madan, o el posibilismo que inaugurara formalmente Gener un cuarto de siglo antes, y que ahora patrocinan Saco, los Alfonso, del Monte? En fin, el movimiento que no era su fórmula política. Aquella por la que renunciara volver a Cuba, la misma por que decidió permanecer apatrida en su segunda y poderosa patria norteamericana. La fórmula que, aún en 1842, le mantiene enhiesto, y le obliga a responder a las insistentes demandas de retorno de sus hermanas:

"Sólo puedo contestarte a tu carta melancólica recordándote nuestro deber de conformarnos con la voluntad de Dios. Mi separación de mi patria es inevitable, y en esto convienen mis más fieles amigos. Acaso yo he tenido la culpa por haberla querido demasiado, pero he aquí una sola culpa de que no me arrepiento."

Betancourt Cisneros quiere saber qué piensa el Presbítero, pero no logra de él otra respuesta que está retirado de la escena. Por eso se encabrita y escribe a su rival y antagonista Saco, del "Apóstol Varela":

"Yo concluí mi visita encajándole que si Cuba no era de él, él era de Cuba y Cuba nunca renunciaba de su derecho a Varela."

Pero, ¿qué querían los discípulos? Querían una respuesta definitiva. Querían, o anexismo extranjerizante, fomentado con la sangre aventurera que volvía de Texas, o posibilismo hincado de rodillas ante el amo metropolitano.

¿Iba a decirles que ninguno de los dos constituía su ideal político, ahora cuando sentía llegar la muerte a brazadas? ¿Iba a avivar el fuego de una discordia que hasta ese momento no había cobrado fuerzas? No. También González del Valle pensó que habría de recibir una respuesta categórica y favorable a su partido de aquel que nunca quiso abusar de su magisterio y sólo deseó con orgullo, su único orgullo, oír hablar a sus discípulos con ideas propias.

Lorenzo de Allo, fué quizás el único que pareció comprenderlo así, y lo proclamó a los cuatro vientos: A él tocó señalarnos los derroteros, nosotros somos los dueños del futuro.

¿Acaso necesitaba Varela ofrecer a sus discípulos otra prueba de patriotismo que el ejemplo dignísimo de toda su vida?

Betancourt también quiso interpretarlo de esta manera, y por un instante dice a Saco: "la verdad es que este pobre santo no pertenece a este mundo". Pero en fin, como es impetuoso no se resigna y retrocede haciendo sarcasmo del maestro: "lo que es del diablo a nosotros los diablos nos lo deja, a lo Pilatos, lavando sus manos".

En parte tenía razón, Varela ya no era de este mundo y lo abandonaba, pero no como Pilatos, sino como un incomprendido en su última hora. Lugareño no percibió que ni anexismo, ni posibilismo era lo que esperaba de ellos, sino Independencia.

Lo que Varela no advirtió cuando regresaba de Baltimore tres años antes, lo comprendió en este momento: ¡El ya no era de este mundo! En vano querría permanecer asido a él.

Ordenó papeles, acomodó algunos libros, lo metió todo en una caja y dió órdenes de que se la enviaran a San Agustín, y sin más bártulos que una ropilla y su violín, se despidió para siempre de Transfiguration Church, de la contigua casita de Reade Street y se largó al Sur ese mismo año. Sin mirar atrás, como siempre había marchado. Porque sabía que para este mundo, él, ¡había muerto!

XVIII

EL FIN DE VARELA

Al radicarse definitivamente en San Agustín contaba sesentiún años de edad. El mismo se llamaba "viejo revencudo", en buen criollo, un anciano que se resiste a la muerte; y del pasado de esa vida múltiple y agitada que comenzara en una isla, continúase en una península, para terminarla en un continente, no le quedan otras ataduras que los débitos de su iglesia.

Su mundo de tres mundos ha ido disolviéndose en el cambio perenne. Casi diez años atrás, en plena madurez, murió aquel Nicolás Manuel Escobedo, que fué como el poste que le sacara de su ensimismamiento, y la tiranía en su desgraciada Isla había alcanzado grado de tan ridícula suspicacia, que ya no era lícito, para el afecto metropolitano, llamar Patriótica a la Sociedad de Amigos del País, sino simplemente Económica, como quería el bueno de Ramírez.

De sus íntimos neoyorqueses muy pocos vivían. Murieron el doctor James McNeven, Levins, Dubois; acababa de morir Power. Algunos de ellos no vivieron lo bastante para contemplar a Brownlee y a Bourne prodigándose anatemas y expulsándose mutuamente, por heresiarcas, del presbiterianismo. Tampoco para constatar los fraudes que uno y otro se arrojaban a la cara, entre ellos, el celebérrimo de María Monk. ¡Cuánto daño no habían causado el par de pícaros!

Pero los perdonaba a todos, a Brownlee y a Bourne, a Ferrety y a Zambranita, a Tacón, a don Francisco de Arango y Parreño y su grupo de hacendados; al saludador de todas las ciencias, Sagrita, y hasta al Tuerto Morejón, sin exclusión, ni fronteras.

No obstante, Cristobalito Madan persiste en sacarle de la transición que vive, y le solicita el proyecto de Ultramar, a raíz del fracaso de la primera expedición de Narciso López.

"No tengo la copia del Reglamento para el gobierno de las provincias de Ultramar hecho por las Cortes de 1823, le responde. Lo peor es que creo que lo he perdido con todos los papeles que dejé en New York... Con la franqueza con que siempre hablo, y con la que me inspira la amistad de usted debo decirle, que aunque tuviese el manuscrito no lo mandaría, porque considero su impresión muy imprudente. Si el gobierno español quiere hacer uso de alguna de las ideas de dicho Reglamento lo tiene en su Secretaría o puede conseguirlo fácilmente. Yo estoy persuadido que basta que sea obra de las Cortes de 1823 para que no le haga caso   Tengo otras muchas razones, pero es inútil exponerlas, cuando no tengo el manuscrito, ni pienso mandarlo aunque lo tuviera. Dispénseme usted mi terquedad porque soy viejo y basta."

Después se refería a su existencia en precario:

"No me va muy bien de salud, y me iría peor si no fuese por este clima. En New York, acaso hubiera muerto."

Con antelación había escrito a esta ciudad sobre la deuda de la iglesia. Demanda, a través del granel de acólitos, secretarios y coadjutores con que se amuralla Hughes, para que diafanicen el problema que tanto le hace cavilar. Hughes, que ya es Arzobispo, le ha simulado tantas ventas y reventas, hipotecas y manejos, que Varela, alarmado, teme por su acrisolada reputación.

Está viejo, ya lo ha dicho, y se vuelve exageradamente puntilloso, pero no está solo en su vejez. El párroco de San Agusín, Edmond Aubril, se halla junto a él, le tiene recogido y le ha facilitado una habitación al fondo de la escuela parroquial, adjunta a la iglesia. También están con él los niños. Cuando no realiza funciones eclesiásticas, los reúne y con sus dedos y manos trémulas, arranca al violín las notas musicales que todavía recuerda su cabeza de mártir civil. Así los embelesa y se embelesa para no dejarse arrastrar de preocupaciones y nostalgias.

Ahora no acude, como en su infancia, a contemplar, desde las márgenes del río, los movimientos masivos de las marsopas, acude al cementerio de la calle Tolomato. Muchas veces le acompaña el Padre Aubril. Aquí están las tumbas de su tía y del Padre O'Reilly. Varela dice a Aubril, que cuando muera quiere ser enterrado junto a su tía. Será la única forma de hallarse contiguo a un familiar desde la mitad de su misma existencia. En otras ocasiones, se queja de que la parroquia sea tan pobre como para no mejorar el cementerio y se le ocurre levantar una capilla donde acudir a orar. Solamente planes, ya las energías le abandonan, apenas ve, apenas puede sostener la pluma o el arco del violín y la mayor parte del tiempo ni puede decir misa, porque el ahogo le doblega.

Frecuentemente, al entrar o salir de su morada, mira hacia la plazuela donde se vendían esclavos. Ahora la plazuela tiene en su centro un obelisco, como aquellos cientos que se colocaron en la Isla y en España al ser proclamada la Constitución. Este, es una reliquia en tierra foránea. Aquí consta que siendo don Sebastián de Kindelán gobernador, se implantó el texto político que había enseñado y por cuya causa sufrió un largo destierro, que él quiso prolongar hasta el siempre que aún no le acudía en la llamada del Señor.

* * *

Finalizaba 1852, y los habaneros todavía recordaban la ferocidad con que el gobierno colonial había reprimido la segunda invasión de López.

El rencor y la persecución exagerada de los "voluntarios" perduraba como el primer día, y el exilio que Varela inaugurara treinta años antes, era la única senda que se abría a los inconformes. Sus discípulos volvían a palpar otra vez la frustración de sus ideales políticos, que lejos de avanzar, retrocedían. Sobre todo, estaban mohinos y acongojados los que eligieron el campo anexista.

Entre éstos, quien más siente la derrota es Lorenzo de Allo, y como nunca, necesita inspiración. Por eso, de Charleston, donde se encuentra circunstancialmente, salta a San Agustín, a recibirla de labios del agonizante maestro.

Aquí arribó el día de la Navidad de 1852. Atravesando la plazuela notó que se celebraba gran misa cantada, y con unción se adentró en la nave. Imaginaba ver oficiar a Varela, pero no lo advirtió por parte alguna.

Se concluyó la misa, e inquirió impacientemente. Entonces le condujeron hasta el cuarto situado al fondo de la escuela.

Era una habitación humildísima. Su mobiliario se componía de una mesa, dos sillas y un sofá acolchonado. No había libros, ni papeles, ni nada que evidenciara que su morador poseía preocupación intelectual alguna.

A — La vieja iglesia de San Agustín.
B — Edificio que ocupaba la escuela parroquial, donde murió Varela.

Sobre el sofá yacía Varela, como dormitando con sus ojos muy abiertos, "viejo, flaco, venerable, de mirada mística". El Presbítero no reconoció al discípulo. Allo tuvo que presentársele y luego le solicitó permiso para besar su mano.

El moribundo se alegró con el gesto. Este le desandaba parte de su existencia hasta situarle otra vez en el Colegio, cuando todos eran muy jóvenes y le besaban la mano como saludo matinal.

Enseguida preguntó por los demás, y hasta con humor habló de las cuantas enfermedades que padecía, pero que de lo único que se hallaba cierto, era que ni podía leer, porque estaba casi ciego; ni escribir, porque le temblaba mucho el pulso.

Mientras la conversación giró sobre sus discípulos y La Habana, dice Allo, "mostraba tal animación que no parecía estar enfermo".

Cuando Allo conmovido se despide del Presbítero, lo hace sólo para correr a la posada y escribir apresuradamente al Padre Francisco Ruiz:

"Nosotros como un deber, le dice, por el buen nombre, y hasta para librarnos del epíteto de ingratos, estamos obligados a dirigir una mirada piadosa al hombre benéfico que fué nuestro maestro, y que tanto nos ama. Ese hombre me dijo entre otras cosas, que había tenido el mayor gusto hablando conmigo, porque durante nuestra conversación se había creído en La Habana, de donde hacía muchos años que nadie le escribía, y de donde no había recibido ningunas noticias. Me dijo también, antes solía recibir algunos elencos de los exámenes que había en las clases, y tenía un placer singular en leerlos; pero hace muchos años que no tengo ni aún ese gusto."

Ruiz convocó a los demás discípulos. En la reunión hubo un estremecimiento cuando se leyeron estas palabras escritas por Allo:

"Varela moribundo sobre un jergón habla más a mi alma, que Sócrates tomando la cicuta."

Después, todo fué prisa en recaudar los fondos necesarios para despachar un emisario que trajese al maestro a morir rodeado por ellos.

Se encargó a Luz del cometido, pero fué imposible. No se había repuesto del pesar que le ocasionara la muerte temprana de su única hija, y desesperaba por el injusto repudio que le hacía su propia mujer. Entonces partió José María Casal.

Mientras, el altivo don Gonzalo Alfonso, dolido por el abandono en que se tenía al mentor de sus hijos, daba órdenes precisas a su banquero en Nueva York, ¡John B. Lasala!, para que pusiese a disposición de Varela inmediatos doscientos dólares. Lasala, que fungía ahora de director de la Mohawk & Hudson Railroad, un poco amoscado corrió a manifestárselo al todopoderoso Hughes, y éste, que había hecho un jugosísimo negocio con la venta de Transfiguration, asignó a su antiguo vicario, y como respuesta a los criollos, el cargo de pastor perpetuo de la nueva iglesia que había adquirido, con la renta anual de quinientos dólares, "cobrables en cualquier parte que se encuentre". El efectista de siempre, no perdía ocasión de deslumbrar al hacendado más rico de Cuba. Lasala, que era español y tan ingrato como Hughes, escribió una larga carta a su cliente, donde le ofrecía toda clase de explicaciones:

"El Señor Arzobispo ignoraba la indigencia en que estaba reducido, y el acto que acaba de hacer en su beneficio, ha sido más por su deber que por limosna, y ha sentido infinitísimo que en lugar de que se le socorriese por New York, se adelantasen sus amigos de La Habana. El expresado Señor Arzobispo, que nunca puede acordarse del Padre Varela sin hacer los elogios que se merece aprovechó la buena coyuntura que providencialmente se le presentó para cumplir sus deseos."

El 3 de marzo de 1853 llegaba José María Casal a San Agustín. Junto a los dineros trae una carta dirigida a Varela por Francisco Ruiz, donde, en forma ingenua, y unas veces como sacerdote y otras como discípulo, le incita a que retorne a los perdidos lares:

"Usted no necesita que yo le diga la obligación en que estamos por ley natural y divina de conservar nuestra existencia, poniendo cuantos medios estén a nuestro alcance para extirpar las enfermedades o causas de ellas, que puedan comprometerla. Tampoco necesito recordar a usted los numerosos amigos y discípulos que cuenta usted en Cuba, y que contarán como el día más glorioso de su vida aquel en que llenos de efusión, vuelvan a ver y abrazar en el seno de su Patria a su amado e inolvidable maestro."

No hizo Casal más que poner pie a tierra e inquirir por posada, cuando ya estaba preguntando al dueño del mesón por la preciada salud del enfermo. "El Padre Varela no existe, respondió con tristeza y minuciosidad pueblerina el posadero, murió el viernes 25 de febrero a las ocho y media de la noche y fué sepultado el 26."

Tales palabras produjeron un penosísimo efecto en Casal. Tan pronto se rehizo, su primer pensamiento fué recoger los amados despojos y llevarlos consigo a Cuba.

Así se lo comunicó al párroco de San Agustín y último benefactor del cubano.

Eso no lo consentirán los católicos, respondió el Padre Aubril. Pero además, él me reiteró sus vivos deseos de descansar aquí, y cuando íbamos al cementerio, siempre me señalaba el lugar donde reposaba su tía, insistiéndome ser enterrado junto a ella. Trasladar sus despojos a Cuba sería marchar contra su voluntad.

Mientras esto ocurre en la Florida, Hughes, como cuando murió Dubois, ofrendaba en Saint Patrick una gran misa de Requiem y encargaba a Lasala la preparación de una minuta, contentiva de los datos biográficos, del que fuera manso vicario de la ya opulenta archidiócesis. Pensaba publicar un artículo necrológico en el *New York Freeman's Journal and Catholic Register*, que ahora era de su propiedad, y que como un recordatorio involuntario a la labor imperecedera desarrollada por el sacerdote cubano, había refundido a su título inicial de *New York Freeman's Journal* el que ostentaba aquel semanario, que aparecía encabezado por una viñeta representando a Colón al instante de plantar la cruz en San Salvador.

Día a día, y muy prolijamente, el Padre Aubril fué relatando a Casal los últimos momentos de la vida de Varela.

Siempre le consideramos un santo, reiteró. Recuerdo el día de su deceso, por la mañana se sintió muy mal y me solicitó el viático. Cuando iba a suministrarle la eucaristía, me interrumpió para decir: "Tengo hecha una promesa y debo cumplirla. Protesto ante Dios y los hombres que he creído siempre y creo firmemente, que en esa hostia está el mismo cuerpo y el espíritu de Nuestro Señor Jesucristo Salvador del mundo. ¡Venid a mí, Señor!"

Luego que comulgó, dijo sentirse aliviado, y hasta dió muestras de ello. Pero al mediodía fué agravándose, a tal extremo, que el médico vino a verla, sólo para vaticinar su próxima muerte. Se esparció la voz y muchos fieles acudieron a hincarse de rodillas ante él, mientras los que no cabían en la habitación fueron a hacerlo en la iglesia.

Entraba ya en sus últimos momentos, cuando una mujer se le acercó al lecho, suplicándole que le bendijese a sus hijos. Lo hizo, y entonces otra, que era protestante, le expresó el mismo deseo.

Varela afirmó que lo realizaría, pero sólo para obtener de Dios su conversión a nuestra fe. Ella asintió cayendo humildemente de hinojos. La bendijo, y como suspiros se escuchaban las oraciones que entonaba en loor del Señor, por haber ganado un alma para su Iglesia.

Todavía antes de morir, insistió ser enterrado junto a su tía, en la mera tierra, porque siempre conservó claro juicio.

Le cerramos los ojos y recortamos sus cabellos, que fueron distribuídos como reliquias sagradas entre los que allí estábamos. Todos sabíamos que él era un santo.

Entonces Casal propuso al Padre Aubril dirigirse hasta el cementerio, para orar sobre su tumba.

Terminados los rezos, Casal sentía más esclarecida su mente, y se arriesgó en una proposición al párroco:

¿Qué le parecería, Padre, si los cubanos construyésemos una capilla para depositar en ella los queridos restos?

No harían más que cumplir sus deseos, respondió Aubril. Siempre anduvo quejoso de no contar con recursos para levantar un oratorio.

* * *

Y entretanto Casal y Aubril se adentran en conversaciones con los demás fieles, que reciben precios y cotizaciones de constructores y albañiles, en Nueva York, Lorenzo de Allo, que vino a San Agustín a recoger la inspiración que necesitaba en las últimas palabras del Maestro, junto con otros emigrados, como Juan Clemente Zenea y Pedro Santacilia, inauguraba, como símbolo cultural de la emigración criolla en los EE. UU., el Ateneo Democrático de Nueva York.

* * *

El martes 22 de marzo de 1853, se colocó, a presencia de los habitantes de San Agustín la primera piedra de la capilla ideada por Casal. Para la ocasión vino desde Charleston el vicario de la diócesis y buen amigo de Varela, Padre O'Neill, que habló a nombre del clero estadunidense, por sus discípulos lo hizo el propio Casal.

Fué un acto sencillo y elocuente, donde se resaltaron las muchas virtudes que adornaban al desaparecido, pero que no vino a completarse hasta el mes siguiente, 13 de abril, en que fueron depositados

La capilla que levantaron los cubanos para sepultar a Varela, según fotografía de 1944. Nótese a la izquierda la placa de bronce, colocada en época reciente, en la cual reza que alli se encuentran los restos del Obispo Verot. El nombre de Varela no se menciona en dicha placa, que debiera ser removida como desagravio a su memoria.

sus restos en la única fosa funeraria, sin osario, que se construyera en medio del lindo y pequeño edificio, y frente a un altar de caoba y mármol, réplica de los diseñados por Espada para la catedral habanera y que al Presbítero mucho gustaban.

Después se cubrió la fosa con una lápida blanca, de mármol, donde podía leerse:

"Al Padre Varela."

"Los cubanos."

"Falleció el 25 de febrero de 1853."

Según recogimos en la tradición oral de San Agustín, desde el siguiente lunes se constituyó una "Oratorical Society", con el objeto de elevar preces cada semana en torno al sepulcro del santo.

Así se efectuó por más de veinte años, aunque Juan Arnao nos diga en 1877, y en su libro, *Páginas para la historia política de la Isla de Cuba,* que los restos de Varela fueron traídos al lugar de su nacimiento en 1859.

Pero, en 1870, San Agustín alcanzó categoría eclesiástica de diócesis, y un viejo sulpiciano, como Dubois, Agustín Verot, fué designado Obispo.

Seis años más tarde moría Verot. Los nuevos clérigos quedaron consternados: Carecían de sitio donde inhumar decentemente a su dignatario, y como nada había en el reducido camposanto católico que se semejase en grandeza al túmulo funerario de Varela, entonces, sin mucho escrúpulo, decidieron hacerlo en su única fosa.

Hubo protestas de los que integraban la Oratorical Society, pero fueron domeñadas. Los que concibieron la profanación, según los testimonios escritos que obran al efecto, tomaron los huesos del criollo, los vaciaron en una funda de tela y colocaron ésta en un rincón de la capilla, sin reparar en otra losa, que rematando la lápida que cubría la huesa, afirmaba inequívocamente:

"Esta capilla fué erigida por los cubanos el año 1853 para conservar las cenizas del Padre Varela."

Siete años más tarde, muchas de las personas que se negaron en 1853 a que los restos fuesen llevados a La Habana, aún comentaban con escándalo el terrible chasco que recibieron por obra y gracia del clero flamante y osado que invadió su tranquila ciudad, burlando su mejor tradición religiosa. Nada más se supo del destino que corrieron funda y restos.

En Cuba, donde se ignoraba lo sucedido, la preocupación por el destino final de los despojos de Varela no había cesado. En 1891, Alfredo Zayas, Ramón Meza, Manuel Valdés Rodríguez, Enrique José Varona, Raimundo Cabrera, Pedro A. Pérez, Hilario Cisneros, José Varela Zequeira y José Silverio Jorrín, volvieron a insistir sobre el traslado, y a su proyecto se sumó la Sociedad de Amigos del País, que nombró hasta una Comisión para que realizara el patriótico menester.

Sin embargo, el proyecto se frustró momentáneamente, y quizás porque la Isla ya casi se hallaba en vísperas de su gran lucha emancipadora, y no es hasta 1911, que puede llevarse a efecto el plausible propósito.

El 6 de noviembre de ese 1911, el Obispo Kenny, de San Agustín, exhumaba y hacía inocente entrega a los cubanos de las cenizas de Agustín Verot.

Arribadas a La Habana, todas sus instituciones le rindieron tributo. Por último, fueron colocadas sobre pedestal de mármol y se entregaron a la Universidad. Desde entonces, ésta conserva amorosamente, en su Aula Magna, el producto de las preocupaciones mundanas del clero advenedizo de San Agustín, que en 1876 profanó el sepulcro de Varela, para condenar al extravío y la desaparición sus despojos mortales.

Mas, carece de importancia. Y si la tiene será para la tradición bárbara que roba a la tierra los restos perecederos de la vida animal, no permitiéndoles acometer su última y noble función de tornar fecundo el polvo mismo de donde proceden. Porque dondequiera que se alce una voz contra los prejuicios de nación, raza, credo o enseñanza, habrá algo de los otros restos, de los espirituales y permanentes, de este humilde ser, pero gran señor de la libertad, a quien tocó, entre sus muchos dones, forjar la conciencia nacional de un pueblo y vivir la ciudadanía ideal de una patria que sólo existía en su mente.

FIN

BIBLIOGRAFIA

A las obras, publicaciones periódicas, artículos y cartas de Varela mencionados en este trabajo, algunos de los cuales han sido total o parcialmente vueltos a publicar por la Universidad de La Habana, entre 1940 y 1945, pueden añadirse las siguientes fuentes:

Academia de la Historia de Cuba: "Expediente de órdenes del Pbro. Félix Varela y Morales", La Habana, 1927; "Centón Epistolario de Domingo del Monte", La Habana, 1923-1938.

Aguayo, Jorge: "El extraño caso de la Historia física, política y natural de la Isla de Cuba". Memorias de la Sociedad Cubana de Historia Natural, La Habana, Sept de 1946.

Alcalá Galiano, Antonio: "Memorias", etc. Madrid, 1886.

Altamira, Rafael: "España 1815-1845". Historia del Mundo en la Edad Moderna, Barcelona, 1914.

Alvarez, Juan: "Havana, Diocese of". The Catholic Encyclopedia, N.Y., c. 1913-14.

Anónimo: "El Padre Varela", etc. La Ilustración Americana, N. Y., Nov. 12, 1867.

Anónimo (Juan Agustín de Ferrety, autor, según Bachiller y Morales, con la colaboración de Antonio Zambrana): "Apuntaciones sobre "El Habanero", periódico que redacta en Filadelfia el Pbro. Félix Varela, hechas por un discípulo del mismo Varela", etc. Puerto-Príncipe-Habana, 1825.

Arango y Núñez del Castillo, José de: "Nadie se asuste por la segunda y última explicación mía sobre la independencia de la Isla de Cuba", La Habana, 1821.

Arango y Parreño, Francisco de: "Obras", etc. La Habana, 1888.

Argüelles, Agustín: "Examen histórico de la reforma constitucional", etc. Londres, 1835.

Arnao, Juan: "Páginas para la historia política de la Isla de Cuba". N. Y., 1877.

Bachiller y Morales, Antonio: "Apuntes para la historia de las letras...", en la Isla de Cuba", La Habana, 1937.

Bayley, James Roosevelt: "A Brief Sketch of the History of the Catholic Church in the Island of N. Y.", N. Y., 1853.

Besteiro, Domingo: "Gaspar Betancourt Cisneros", etc. La Habana, 1926.

Bisbé, Manuel: "Ideario y conducta cívicos del Padre Varela". La Habana, 1945.

Blakeslee, William Francis, C. S. P.: "Félix Varela". Records of Am. Historical Society. Philadelphia, 1927.

Bonilla San Martín, Adolfo: "Los mitos de la América precolombina", etc. Barcelona, 1923.

Booth, Mary Louise: "History of the City of N. Y.", etc. New York, 1859.

Caballero, José Agustín: "Philosophia Electiva", versión española de Jenaro Artiles, La Habana, 1944; ibídem de **Gustavo Amigó.** Revista Cubana. La Habana, enero-diciembre de 1944.

Carlos IV: "Exposición de las exequias funerales..., del rey Padre don Carlos IV", etcétera, La Habana, 1819.

Castellanos, Jorge: "Raíces de la ideología burguesa en Cuba", La Habana, 1944.

Catolicismo: "An Address from The Roman Catholics of America to George Washington, Esq.", etc. London, MDCCXC; "Concilia Provincialia Baltimore", etcétera (1829-49). Editio altera Baltimori, MDCCCLI; "The Metropolitan Catholic Almanac or Laity's Directory, Baltimore (1834-41); "The Official Catholic Directory, 1822-1942", N. Y., 1942.

Cubí y Soler, Mariano: "Mensage del presidente de los EE. UU. a las dos Casas del Congreso", versión española, Baltimore, 1823.

Chacón y Calvo, José Ma.: "El P. Varela y la autonomía colonial". "Homenaje a Varona", La Habana, 1935.

Champagny, Clerjon: "Album d'un soldat pendant la champagne d'Espagne en 1823", París, 1829.

Chateaubriand, F. A. de: "Congrés de Vérone, Guerre d'Espagne", etc. París, 1838.

Chávez Orozco, Luis: "Un esfuerzo de México por la independencia de Cuba", México, 1930.

Dignan, Rev. Patrick J.: "History of the Legal Incorporation of Catholic Church Property in the U. S.", Washington, D. C., 1933.

España: "Alzamiento de Riego y sus consecuencias", etc. Madrid, 1842-1895. (Incluye documentos inéditos): Constitución política de la monarquía española", etc., Cádiz, 1812; "Diario de Sesiones de las Cortes Generales y extraordinarias. dieron principio el 24 de septiembre de 1810", etc. Madrid, 1870; "Diputados a Cortes por la Península para la legislatura 1822-23", Sevilla, 1822.

Fernández de Castro, José A.: "Medio siglo de historia colonial en Cuba", etc. La Habana, 1923; Introdución y notas a "Escritos" de Domingo del Monte, La Habana, 1929; "Ensayos cubanos", etc., La Habana, 1943.

Gay Calbó, Enrique: "Varela revolucionario", La Habana, 1944.

García Pons, César: "El Obispo Espada" (inédito).

Geoffroy de Grandmaison, Charles: "L'expédition française d'Espagne en 1823; avec onze lettres inédites de Chateaubriand", París, 1928.

González, Diego: "Varela Pedagogo", La Habana, 1944.

González del Valle, José Z.: Su estudio sobre la filosofía en Cuba está anexo al de Mestre. (Véase Mestre, José Manuel.)

González del Valle, Francisco: "Documentos para la biografía del Padre Varela". Cuba Contemporánea, vol. XXIX, La Habana, 1922; "El Padre Varela y la Independencia de la América hispana". Revista Cubana, vol. IV, La Habana, 1935; "Rectificación de dos fechas: Las de nacimiento y muerte del Padre Varela". Revista Bimestre Cubana, La Habana, enero-febrero, 1942; "Varela y la reforma de la enseñanza universitaria en Cuba". Revista Bimestre Cubana, La Habana, marzo-abril, 1942; "Cartas inéditas del Padre Varela", Revista Bimestre Cubana, La Habana, julio-agosto, 1942; "Varela más que humano", La Habana, 1944.

EL PADRE VARELA 457

González Regalado, Antonio: Versión española de las "Instituciones de filosofía ecléctica", de Félix Varela (inédito).

Gran, Manuel F.: "Félix Varela y la ciencia", La Habana, 1945.

Greenleaf, Rev. Jonathan: "A History of the Churches of All Denominations in the City of N. Y.", etc., N. Y., 1846.

Guardia, J. M.: "Philosophes espagnols de Cuba". Revue Philosophique, etc., París, janvier a juin, 1892.

Guerra, Ramiro: "Manual de Historia de Cuba", La Habana, 1938.

Guilday, Rev. Peter: "A History of the Councils of Baltimore", N. Y., 1932.

Guiteras, Eusebio: "Un invierno en Nueva oYrk", etc., Barcelona (1879).

Habana, La: "Guía de Forasteros", etc. (1810-32).

Haynes, G. H.: "The Cause of the Know Nothing Success in Massachusetts", en American Historical Review, N. Y., 1897.

Hernández Travieso, Antonio: "Expediente de estudios universitarios del Pbro. Félix Varela". Revista Bimestre Cubana, La Habana, mayo-junio, 1942; "Varela y la reforma filosófica en Cuba", La Habana, 1942; "Historia del pensamiento cubano hasta Varela". Philosophy and Phenomenological Research, Buffalo, N. Y., December, 1943; "Posición filosófica de Varela", La Habana, 1944; "La personalidad de José Ignacio Rodríguez", La Habana, 1946.

Jorrín, Miguel: "Váloración filosófica de Varela", La Habana, 1944.

Kehoe, Lawrence: "The Complete Works of the Most Rev. John Hughes D. D.", etc., N. Y., 1866.

Kehoe, Lawrence: "The complete works of the Most Rev. John Hughes D. D.", etcétera, N. Y., 1866.

Kenrick, Francis Patrick: "The Diocese of Philadelphia at the Opening of the Year 1834"; "American Catholic Historical Researches", July, 1891.

Lastra, Joaquín de la: "Teresa Montalvo", Revista Bimestre Cubana, La Habana, julio-agosto, 1941.

Le Brun, C.: "Vida de Fernando VII…, o colección de anécdotas de su nacimiento y de su carrera privada y política", Filadelfia, 1826.

Letamendi, Agustín de: "Notas históricas sobre la Revolución española", etc., Charleston, S. C., 1826.

Lizaso, Félix: "Actualidad de Varela", en "El Mundo", La Habana, agosto 24 de 1946.

Longworth & Doggett: "The N. Y. Directory" (1824-1825).

Luz y Caballero, José de la: "La polémica filosófica", La Habana, 1946-47; "Escritos literarios", La Habana, 1946.

Madol, Hans Roger: "Godoy, el fin de la vieja España", etc., versión española de G. Sans Huelin y M. Sandmann, Madrid, c. 1933.

Manning, Wm. Ray: "Diplomatic Correspondence of U. S. Concerning the Independence of the Latin American Nations, N. Y., 1925.

Mañach, Jorge: "Historia y estilo", La Habana, 1944.

Marines Research Society: "The Pirates Own Book", etc., Salem, Mass., 1924.

Martínez Dalmau, Mons. Eduardo: Prólogo y notas a la 2da. edición de la biografía de Varela por Rodríguez, La Habana, 1944; "La ortodoxia filosófica y política del pensamiento patriótico del Pbro. Félix Varela", La Habana, 1945.

Méndez Canel, M. I.: "Notas para el estudio de las ideas éticas en Cuba", La Habana, 1947.

Menéndez y Pelayo, Marcelino: "Historia de los heterodoxos españoles", Madrid, 1881.

Mesa Rodríguez Manuel I.: "Don José de la Luz y Caballero", La Habana, 1947.

Mesoneros Romano, Ramón: "Memorias de un setentón", Madrid, 1880.

Mestre, José Manuel: "De la filosofía en la Habana", La Habana, 1862.

Miraflores, Marqués de: "Apuntes histórico-críticos para escribir la historia de la revolución de España, desde el año 1820 hasta 1823", Londres, 1834.

Monte, Domingo del: "Escritos", La Habana, 1929.

Montoro, Rafael: "Obras", La Habana, 1930.

Morales, Agustín José: "Progressive Spanish Reader", etc., N. Y., 1856.

Morales, Vidal: "Iniciadores y primeros mártires", etc., La Habana, 1901.

Nichols, Roy F.: "William Shaler, New England Apostle of Rational Liberty" en "The New England Quarterly", 1936.

O'Leary, General: "Memorias", etc. Caracas, 1884.

Ortiz, Fernando: "Félix Varela Amigo del País", Revista Bimestre Cubana, La Habana, Nov.-dic. de 1911; "José A. Saco y sus ideas cubanas", La Habana, 1929; "La hija cubana del iluminismo", La Habana, 1941.

Perry, J. B.: "Book of Pirates", etc. N. Y., 1841.

Pezuela, Jacobo de la: "Diccionario geográfico, etc., de la Isla de Cuba", Madrid. 1863; "Necesidades de Cuba", Madrid, 1865; "Historia de la isla de Cuba", Madrid, 1878.

Ponte Domínguez, Francisco de J.: "Arango Parreño", etc., La Habana, 1937.

Portell Vilá, Herminio: "Historia de Cuba en sus relaciones con EE. UU. y España", La Habana, 1938; "El Ideario político del Padre Varela" en "Revista Cubana", La Habana, febrero-marzo, 1935; "Cubí y Soler y el Presidente Monroe", Ib. Habana, mayo-junio, 1932.

Portuondo, José A.: "Significación literaria de Varela". Cuadernos de Historia Habanera, La Habana, 1944.

Post, John J.: "Old Streets..., of New York", N. Y., 1882.

Purcell, Richard J.: "Varela, Félix", en "Dictionary of American Biography", N. Y., 1936.

Putnam, Herbert Everett: "Joel Robert Poinsett, a Political Biography", Washington, D. C., 1935.

Rippy, James Fred: "Joel R. Poinsett, Versatile American", Durham, N. C., 1935.

Rodríguez, José Ignacio: "Vida de don José de la Luz y Caballero", N. Y., 1874; "Vida del Presbítero don Félix Varela", N. Y., 1878; "Father Félix Varela", etc. American Catholic Quarterly Review, 1883.

Roig de Leuchsenring, Emilio: "Varela en "El Habanero", precursor de la revolución cubana", La Habana, 1945.

Ruggles, Edward: "A Picture of New York in 1846", etc., N. Y. (1846).

Saco, José Antonio: "Explicación a algunos tratados de física", etc. La Habana, 1823; "Colección de papeles", etc. París, 1858-59; "Historia de la esclavitud", etc., La Habana, 1944.

Schmeckebier, Laurence F.: "History of the Know Nothing Party in Maryland", en John Hopkins University Studies, Baltimore, April-May, 1899.

Shea, John Dawson Gilmary: "The Catholic Churches of New York City", etc., N. Y., 1876; "History of the Catholic Church in the U. S." N. Y., 1886-1892.

Smith, Rev. John Talbot: "A History of the N. Y. Diocese", etc., N. Y. (1905).

Soto Paz, Rafael: "La falsa cubanidad de Saco, Luz y Del Monte", La Habana, 1941.

Turnbull, David: "Travels in the West", etc. London, 1840.

Valdés Domínguez, Eusebio: "Los antiguos diputados de Cuba", etc., Madrid, 1879.

Valverde, Antonio L.: "La muerte del P. Varela", La Habana, 1924.

Valle, Adrián del: "Historia documentada de la Conspiración de la Gran Legión del Aguila Negra", La Habana, 1930.

Varela, Félix: "Lecciones para la dirección del entendimiento humano..., adoptadas por la Junta directora de Estudios del Estado de Jalisco" s/f. Aunque después de 1824: "Ceremonies of the laying of the corner stone of a chapel in the Roman Catholic Cementery..., dedicated to the memory of the very Rev. Félix Varela, D. D., etc. Charleston, S. C., 1853; "Catalogue of the large & valuable collection of books, etc., being the library of the late Rev. Father Varela of N. Y.", etc. N. Y. (1853).

Varona, Enrique José: "Conferencias filosóficas" (lógica), La Habana, 1880.
— Artículos y discursos, La Habana, 1891.

Villamil, Domingo: "La idea teológica en la personalidad de Félix Varela", La Habana, 1945.

Villa-Urrutia, Marqués de: "Fernando VII, rey absoluto, la ominosa década de 1823 a 1833, Madrid (1931).

Vitier, Medardo: "Las ideas en Cuba", La Habana, 1938.

Whitaker, Arthur Preston: "The U. S. & the Latin America Independence", Baltimore, Md., 1941.

Zambrana, Ramón: "La filosofía de Varela", en "Revista de la Habana", La Habana, 1853.

Zaragoza, Justo: "Las insurrecciones en Cuba", etc. Madrid, 1872.

Zayas, Alfredo: "Discursos y Conferencias", La Habana, MCMXLII.

Zenea, Juan Clemente: "La revolución en Cuba". Veracruz, 1868.

PUBLICACIONES PERIODICAS

(1808-1867)

El Aviso, La Habana.
El Lince, La Habana.
El Patriota Americano, La Habana.
Diario del Gobierno, La Habana.
Diario Cívico, La Habana.
Noticioso y Lucero, La Habana.
Indicador Constitucional, La Habana.

El **Censor**, Madrid.
El **Zurriago**, Madrid.
El **Espectador**, Cádiz.
El **Revisor Político y Literario**, La Habana.
El **Puntero Literario**, La Habana.
La **Cartera Cubana**, La Habana.
U. S. **Catholic Miscellany**, Charleston, S. C.
The **Truth Teller**, N. Y. C.
El **Mercurio de Nueva York**, N. Y. C.
The **Jesuit or Catholic Sentinel**, Boston.
U. S. **Catholic Intelligence**, Boston.
The **Protestant**, N. Y. C.
The **Protestant Vindicator**, N. Y. C.
N. Y. **Weekly Register and Catholic Diary**, N. Y. C.
The **Catholic Herald**, Philadelphia.
The **Metropolitan**, Baltimore.
The **Boston Pilot**, Boston.
The **Religious Cabinet**, Baltimore.
The **Metropolitan or Catholic Monthly Magazine**, Baltimore.
The U. S. **Catholic Magazine and Monthly Review**, Baltimore.
The N. Y. **Freeman's Journal and Catholic Register**, N. Y. C.
La **Verdad**, N. Y. C.
La **Crónica**, N. Y. C.
El **Cronista**, N. Y. C.

PAPELES

(1800-1907)

Del Monte Papers: N. Y. Public Library, Library of Congress Washington, D. C.
Informes, comunicados, etc., de los Cónsules y Agentes: State Department Archives, Washington, D. C.
Poinsett Papers: American Philosophical Ass., Philadelphia.
Rodríguez Papers: Library of Congress, Washington, D. C.
Shaler Papers: American Philosophical Ass. Philadelphia.
Varela. Expedientes y escritos inéditos sobre oposiciones a cátedras. **Cartas,** libros parroquiales, etc.: Dr. José M. Pérez Cabrera, Dr. Jenaro Artiles, Biblioteca Nacional, La Habana; Saint Joseph's Seminary, Yonkers, N. Y.; Transfiguration Church, N. Y. C.; Saint Augustine Cathedral, S. A. Florida.

INDICE

ERRATAS

Página 20, línea 2, debe leerse: *leyendo noticiosos*

„ 87, „ 11, dice: aplicaba, debe leerse *aplicaban*

„ 97, „ 29, „ extremos, „ „ *extremo*

„ 130, „ 30, „ er „ „ *ser*

„ 130, líneas 30 y 31, dice: más muestra debe leerse: *más se muestra*

„ 170, línea 22, dice: ácido azufre, debe leerse *ácido de azufre*

„ 220, „ 29, „ jecutó, „ „ *ejecutó*

„ 242, „ 14, „ acogido „ „ *acogida*

„ 253, „ 23, „ Guera „ „ *Guerra*

„ 274, „ 10, „ garantizase „ „ *garntizasen*

„ 277, „ 11, „ quo „ „ *que*

„ 277, „ 20, „ Si „ „ *¿Si*

„ 280, „ 11, „ pues „ „ *pues,*

„ 296, „ 25, „ ambajes „ „ *anbages*

„ 304, „ 17, „ enmascarados „ „ *enmascarado*

„ 355, „ 6, „ inauguraba „ „ *inaugurara*

„ 355, „ 12, „ Aquel, „ „ *Aquel*

„ 380, „ 19, „ de la perdición. „ „ *de perdición*

„ 411, „ 32, „ uno „ „ *una*

„ 439, „ 8. „ semjanté „ „ *semejante*

„ 457, „ 10, „ oYrk „ „ *York*

„ 457, „ 23, Se cita por segunda vez la obra de Lawrence Kehoe

COMENTARIOS SOBRE EL LIBRO

Antonio Hernández Travieso en un volumen de cerca de 500 páginas ha logrado plasmar la vida luminosa del egregio fundador del pensamiento nacional. ('En Cuba', *Revista Bohemia*, La Habana, 26 de marzo de 1950).

La obra del doctor Hernández Travieso, después de varios años de investigaciones en Cuba y los Estados Unidos, es la definitiva biografía del Padre Varela. (Herminio Portell Vilá, *Revista Bohemia*, 1ro de enero de 1950).

Pocos libros se han escrito en Cuba de tanto interés humano, de tan rica información documental, de tan cabal interpretación (Jorge L. Martí, *El Mundo*, 22 de agosto de 1948).

Tenemos la certidumbre de que en lo futuro, no será posible emitir juicios responsables sobre el Padre Varela sin consultar este libro. (Ernesto Ardura, *El Mundo*, 5 de febrero de 1950).

Hernández Travieso ha logrado coordinar el material encontrado relacionándolo con su período histórico de modo tal, que el lector no pierde de vista el momento vital que se desarrolla junto con la vida del Padre Varela. (Roberto Esquenazi, *El Mundo*, 28 de marzo de 1950).

Hernández Travieso realiza la singular obra de creación artística de ofrecernos un Varela de hoy . . . , en charla con sus discípulos, discutiendo con admirable serenidad y talento en las Cortes españolas. (Ramiro Guerra, *Diario de la Marina*, 1ro de enero de 1950).